中国文字研究

教育部人文社会科学重点研究基地
华东师范大学中国文字研究与应用中心　主办
华东师范大学语言文字工作委员会　协办

2007 年第一辑
（总第八辑）

大象出版社

图书在版编目(CIP)数据

中国文字研究.2007年.第1辑:总第8辑/华东师范大学中国文字研究与应用中心主编.—郑州:大象出版社,2007.9
ISBN 978-7-5347-4823-3

Ⅰ.中... Ⅱ.华... Ⅲ.汉字—文字学—文集 Ⅳ.H12-53

中国版本图书馆CIP数据核字(2007)第125350号

责任编辑	吴韶明
封面设计	美 霖
责任校对	钟 骄
出版发行	大象出版社(郑州市经七路25号 邮政编码450002)
电 话	0371-63863551 63863138
网 址	www.daxiang.cn
印 刷	河南省瑞光印务股份有限公司
版 次	2007年9月第1版 2007年9月第1次印刷
开 本	889×1194 1/16
印 张	18.25
字 数	550千字
定 价	50.00元

若发现印、装质量问题,影响阅读,请与承印厂联系调换。
印厂地址 郑州市二环支路35号
邮政编码 450012 电话 (0371)63955319

编辑委员会

(按音序排名)

顾　问

李玲璞　李学勤　李宇明　裘锡圭　王　宁　许嘉璐　曾宪通

编　委

戴立益　黄德宽　黄天树　李国英　李家浩　刘　钊　刘志基
牟发松　苏培成　王　平　吴振武　徐莉莉　徐时仪　殷国光
喻遂生　詹鄞鑫　张涌泉　张再兴　赵平安　周　竞　庄辉明

主　编

臧克和

副主编

董莲池(第一副主编)
潘玉坤(常务副主编)

编　辑

陶霞波(常务)　陈永生

目 录

古文字研究

非王卜辞中的"天"字研究
　　——兼论商代民间尊"天"为至上神 ················· 董莲池（1）
商代可释文字构形解说（一） ························· 王蕴智（6）
殷墟B119、YH006、YH044三坑甲骨新缀 ············· 蒋玉斌（14）
殷墟村南系列甲骨缀合4组 ························· 刘风华（19）
金文的"臣" ····································· 赵　诚（26）
金文的"年" ····································· 罗卫东（31）
西周金文"讯"字解 ································· 王　晶（36）
"只"字新考
　　——兼说楚简帛文字"人"的一个变体的形成因由 ······ 刘志基（39）
读上博楚竹书《从政》甲篇"悎则亡新"札记 ······ 单周尧　黎广基（48）
"寿敝金石"和"寿敝天地" ··························· 沈　培（50）
"佥成"封泥考 ····································· 徐在国（60）
包山卜筮文书书迹的分类与书写的基本状况 ············· 李守奎（63）
上博竹书"葛"字小考 ······························· 陈　剑（68）
《性情论》与《性自命出》中的不同用字简析 ············· 吴建伟（71）
先秦货币文字借用现象探研 ························· 陶霞波（75）
东汉器物铭文中的"工" ····························· 徐莉莉（82）

《说文解字》研究

《说文解字研究文献集成》序 ························· 王　宁（84）
《说文解字》在大型字书疑难字考释方面的价值 ········· 杨宝忠（87）
《说文解字》注音辨证举例 ··························· 蔡梦麒（94）
《说文解字》会意字归部条例探析 ··················· 王智群（100）

中古汉字研究

楷字的时代性
　　——贮存楷字的时间层次问题 ··················· 臧克和（105）
楷书字际关系考辨（二） ··························· 李国英（116）
魏晋南北朝石刻楷字变异类型研究 ··················· 王　平（121）
关于天治本《新撰字镜》中的原本《玉篇》佚文 ········· 朱葆华（130）
《宋本玉篇》"本亦作"字类考 ······················· 李海燕（133）

古代语言研究

运用语法训释甲骨文字词义的几点心得 ··············· 杨逢彬（138）
铭文语言特点刍论 ······························· 潘玉坤（148）

《尔雅·释器》词语系统性初探……………………………………………………………谢美英（154）
居延新简"辨告"考…………………………………………………………………………葛红丽（162）

汉字规范与应用研究

现代汉字与现代汉字学………………………………………………………………………费锦昌（165）
"书同文"的历史回顾与现实问题的解决思路………………………………………………詹鄞鑫（175）
学习汉语汉字的哲学…………………………………………………………………………戴汝潜（185）
2005年版与2002年版《现代汉语词典》异体字整理比较分析……………………………刘中富（190）
试论汉语的音节结构与认知模式
　　——从对外汉语教学中的"经典案例（"爱"[ai]的发音）"谈起……………………何　丹（201）
语言事实：正常现象抑或病态现象
　　——从社会语言学的立场看字母词、网络语言及相关现象………………………李明洁（207）
一种汉语语义特征句的特征分析和教学……………………………………………………刘艳梅（212）
试论语言文字能力的培养在大学生素质教育中的作用……………………………………谭红岩（216）

汉字理论研究

汉字教学三题…………………………………………………………………………………李玲璞（219）
常用字构造试析………………………………………………………………………………高更生（221）
认知文字学的回顾与前瞻……………………………………………………………………张世超（228）
略论汉语异体字的认知理据…………………………………………………………………徐时仪（233）
汉字认知研究的心理学范式……………………………………………………邱扶东　张再兴（237）

少数民族文字研究

我国含表意成分的民族古文字的定义及在学术研究上的意义……………………………王元鹿（241）
以自源字为依据的水文的初期性质拟测……………………………………………………翟宜疆（246）
近五十年来方块古壮字研究述略……………………………………………………………李　明（251）

研究生园地

上古汉语"二、两、双、再"用法再考察…………………………………………………张静静（256）
象形指事之次第浅论…………………………………………………………………………杨玲荣（262）
《汉语大字典》所收"品"型字探索………………………………………………………韩彦佶（266）
走马楼吴简用字构件混淆释例………………………………………………………………郑　蓓（271）
北魏太和年间碑刻楷书异体字异写模式初探………………………………………………李涛涛（275）
韩中词汇比较研究现状简述……………………………………………………………[韩国]元镐永（278）

CONTENTS

The Study on Character "天" in Non-king Oracle Bone Inscription	Dong Lianchi	1
The Explanation of the Explicable Characters of the Shang Dynasty (Ⅰ)	Wang Yunzhi	6
Newly Rejoining of Oracle Bone & Shell from B119, YH006 & YH044 within the Yin Ruins	Jiang Yubin	14
Rejoining of Four Pairs of Oracle Bones from Seriese Bones of Southland in Xiaotun Village	Liu Fenghua	19
The Character "臣" in Bronze Inscriptions	Zhao Cheng	26
The Character "年" in Bronze Inscriptions	Luo Weidong	31
A New Explanation of the Character "只"	Liu Zhiji	39
A New Interpretation of the Phrase "悟则亡新" in Batch Two of the Collection of Bamboo Slips at the Shanghai Museum	Shan Zhouyao Li Guangji	48
Explain the Meanings of "寿敝金石" and "寿敝天地"	Shen Pei	50
Study of the Lute of Yincheng	Xu Zaiguo	60
The Classification of the Handwriting and the Content of the Writing about the Fortune-telling Documents on the Bamboo Slips of Baoshan	Li Shoukui	63
A Brief Analysis of the Shanghai Museum Slips' Gé (葛) Character	Chen Jian	68
Study on the Different Words in the Same Sentences in "Xing Qing Lun" and "Xing Zi Ming Chu"	Wu Jianwei	71
The Character "GONG"(工) of the Inscription on the Relics in Donghan Dynasty	Xu Lili	82
Preface to "Corpus of the Study of *Shuo Wen Jie Zi*"	Wang Ning	84
The Value of *Shuo Wen Jie Zi* in Philological Studies of Difficult and Complicated Characters in Large-sized Dictionaries	Yang Baozhong	87
Discerning and Rectifying the Phonetic Notation of Chinese Characters in *Shuo Wen Jie Zi*	Cai Mengqi	94
The Study on the Relation between Chinese Characters of *HuiYi* and their Radicals in *ShuoWen Jie Zi*	Wang Zhiqun	100
The Age Characteristics of Kaizi at Wei Jin South and North Dynasties —The Developing Stages of Kaizi Written on the Stone Inscriptions	Zang Kehe	105
The Examination of the Relationships between the Chinese Characters	Li Guoying	116
Research on the Variations of Kaishu Words from Wei Jin South and North Dynasties' Stone Inscriptions	Wang Ping	121
On the Original *Yu Pian*'s Lost Text Found in *Xin Zhuan Zi Jing* (Tianzhi copy)	Zhu Baohua	130
Ideas about Using Grammar to Interpret the Meaning of Inscriptions on Bones	Yang Fengbin	138
The Features of the Language of Broze Inscriptions	Pan Yukun	148
Tentative Study on the Systematic Nature of the Words in *Er Ya Shiqi*	Xie Meiying	154
Modern Chinese Characters and Modern Chinese Characters Studies	Fei Jinchang	165
The History of "Writing Chinese Characters in the Same Form" and the Suggestions of Present Situation	Zhan Yinxin	175
The Philosophy of Learning Chinese Language and Characters	Dai Ruqian	185
Comparison and Analysis of Variants of Character between the Modern Chinese Dictionary of the 2005 Edition and the 2002 Edition	Liu Zhongfu	190
On Structure of Chinese Syllables and Its Pattern of Cognition	He Dan	201
Language Fact: Normal Appearance or Pathological Appearance —A Study of Lettered Words and Language-on-Net in the View of Sociolinguistics	Li Mingjie	207
The Property Analysis of the Semantic Property Sentence of Chinese and Its Teaching	Liu Yanmei	212
Three Topics of Chinese Characters Teaching	Li Lingpu	219
Analysis of the Construct of the Common Used Characters	Gao Gengsheng	221
The Reviews and Prospects for Hierology Learning	Zhang Shichao	228
On the Reason of the Variant Form of the Chinese Character from the Human Cognition Angle	Xu Shiyi	233
Psychology Paradigm for Chinese Cognitive Research	Qiu Fudong Zhang Zaixing	237
The Definition of Ancient Nationality Writing Systems Including Ideographic Parts in China and Their Significance for Academic Research	Wang Yuanlu	241
The Inference of the Initial Nature of "Shuiwen" Based on a Study of Its Self-source Characters	Zhai Yijiang	246
Brief Review of Sawndip Research over the Past 50 Years	Li Ming	251

非王卜辞中的"天"字研究

——兼论商代民间尊"天"为至上神

董莲池

【摘　要】 本文把殷墟王卜辞和非王卜辞区分为王室和民间两个层面，通过对非王卜辞"天"字构形和辞例的分析研究，辅之以当时处于民间地位的先周甲骨卜辞，论证了"天"是商代民间信奉的至上神。传统上说商代"天"不是神，未受到膜拜，这不符合商代整个社会的实际。

【关键词】 卜辞；商代民间；奉天；至上神

在周代以来的中国传统宗教祭祀对象中，"天"是居于首位的神祇。周代以来的古人一向信奉"天"为百神之君，把"天"置于至上的地位加以尊奉。

可是，对于周代以前的商是什么样子，人们曾根据目前掌握的材料加以研究，得出的结论是否定的。在这方面，李绍连先生的说法最具代表性，他说：

在殷代卜辞中还同时存在"天"字。天的字形，也有几种。这个天字，在殷卜辞中不是专指上天，也不是天神，只含广大之义，如"天邑商"即"大邑商"之意。这就是说，殷代的"上帝"和殷代的"天"是两个完全不相干的概念。……

殷墟卜辞表明，殷商时期上帝是至上神，天不是神，它与"上帝"没有关系。在先秦古籍中，有关夏商时期的文句中曾出现过"上帝"和"天命"并存的现象。例如《尚书·汤诰》曰："惟皇上帝，降衷于下民……上天孚佑下民，罪人黜伏。天命弗僭。"《尚书·高宗肜日》曰："惟天监下民，典厥义，降年有永有不永。"这些篇章虽有一定的参考价值，经学者考证为晚出伪书，不可据以为实证。《盘庚》三篇虽比较可靠，亦不免有后人润饰的成分。因此，这些篇章中的"天"和"天命"是后人所为，它们与甲骨卜辞中的"天"格格不入，大相径庭。因此，殷人的"天"和周人的"天"不是一码事。[①]

他的意思是说殷墟所出甲骨卜辞是研究商人信仰最可靠的材料，可是在这种最可靠的材料里，"天"均不表示至上神，足证这个周代以来一直居于中国传统宗教祭祀对象首位的神祇，在商代则什么也不是，它作为至上神被信仰是西周以后的事。这种认识目前已成为学术界不可动摇的结论。

如果只把眼光局限在殷墟出土的王卜辞里面，这种结论的确不可动摇，因为在王卜辞里面，"天"字只有两种用法。

第一种写作 ，上从 ，下从 ，而 实同于 ， 即"大"，为人形，所以 字就是见于金文 形"天"字的俗体。《说文解字》训"天"之本义为"颠也"，"颠"就是人的颠顶，比照上举金文"天"字，《说文解字》的这种解说可信，字形是为了表示颠顶而连带画出了人身。卜辞一律用其本义，如：

庚辰，王：弗疾朕 。（《合集》20975）

"弗疾朕 "是说不会让我的颠顶生长疾患。

第二种写作 ，仅见用于"天邑商"这种专有名词中。"天邑商"，据学界研究，是商王朝的都邑之名。《说文》："有先君之旧宗庙曰都。"《释名·释州国》："国城曰都。都者，国君之所居，人所都会也。"可见都邑乃国家诸邑之首。从这个角度来推断"天"在"天邑商"中所用之义，应是"颠"义的引申，所言"天

【基金项目】 本文是教育部人文社会科学重点研究基地重大课题"近十年来出土古文字集释电子资源库"（批准号05JJD740182）中期成果。

【作者简介】 董莲池，华东师范大学中国文字研究与应用中心教授。（上海　200062）

① 见李绍连：《殷的"上帝"与周的"天"》，载《史学月刊》1990年第4期。

邑商"寓有此"商"为诸邑之首的意蕴。这两种用法都说明在王卜辞中,"天"字所表确实跟作为至上神的"天"没有任何关系。

可是如果把眼光转向非王卜辞,便会发现其中"天"字的使用情况并不完全如此。

首先从所用字形上看,"天"字写作 ꓕ、ꓕ,如:

《合集》22431:于 ꓕ……卲①

《合集》22055:ꓕ……于㘡

上举第一辞是非王无名组,第二辞是午组。

或中竖上穿作 ꓕ,如:

《合集》22093:ꓕ 卲量。十一月

此二辞也是非王午组,绝不作 ꓕ 形。

关于它的构形,姚孝遂先生认为是从大从二(上)②。严一萍说释其构形之由认为:"人所戴为天,天在人上也。"③从严一萍的说释来看,他是将天视为上天之"天"的专字。今考用专字表专事是商人的书写习惯,甲骨文中每每有见,如"舁邕"之"舁"写作"𦥑","陷麇"之"陷"写作"𠤎"等,从"ꓕ"字在写法上上部不作头颠的象形而是改从人、二(上)会意,理解为和头颠有别而另有所指之字是合乎殷人用字规律的。根据"天"字形体的线条化演变及演变过程中发生的讹变等规律推之,这个形体即是"天"字,这一看法学界并无异词,所异在它具体所指上。由于上举有它存在的卜辞都是残辞,无法考证其具体含义。但 1973 年小屯南地发掘,曾得午组甲骨 18 片,考察这 18 片甲骨,可以发现其中编号为 H50:211 的一骨上有这个形体,辞云:

叀卲䋃牛于ꓕ。

拓本作下揭形:

H 50:211
2241

从原拓上可以清楚看到"ꓕ"字下面刻有一条很深的界栏,这说明其辞至"ꓕ"结束,和其前的"叀卲䋃牛于"构成一条完整卜辞。既然是完整卜辞,便可据之探求它的含义。下面就来研究它。

"叀",卜辞用为副词。张玉金指出:"它出现在谓语动词前,表示谓语动词是句子的焦点。"④"卲"即"御"的初文,卜辞中有三种用法:一种后带"事"字构成"御事"一词组,其义为治,"御事"谓掌治事务。另一种与"丝"组成"丝御"一词组,其义为用,传统认为"丝御"犹言此用,商人占卜过后,如按所占者施行,即于卜辞后契记"丝御"(或"丝用")。第三种为祭名,同"禦"。如"御子央于母己三小牢"(《合集》3009),"御"后的"子央"是人名,所为"禦"者;"母己"是亡故的先妣,为"禦"之对象神;"三小牢"是"禦"母己使用的牺牲。上举 H50:211 骨上的这条卜辞,"御"的用法上显然不会是前两种,只能是第三种,也就是说它是作为祭名出现在卜辞中的;"牛"则同于"三小牢",作为牺牲;"䋃"字不

---

① 释文根据《甲骨刻辞类纂》,中华书局,1989 年。
② 详见于省吾主编:《甲骨文字诂林》"天"字条按语,中华书局,1996 年。
③ 见于省吾主编:《甲骨文字诂林》,中华书局,1996 年。
④ 见张玉金:《甲骨文虚词词典》,中华书局,1994 年。

识，所表应为对"牛"的处理方式，辞中修饰"牛"；而"天"在句法地位上显然等同于"母己"，都是被禦祭的对象神，由卜辞看，没有任何材料可以证明这个形体表示的是亡灵，由于它确切无疑是个"天"字，从其以大、二（上）的构形着眼，将其理解为所指即人们头上所顶戴的青天应该是可以的。我们知道，祭名"禦"的厌胜功能是向所禦对象禳除邪祟，则"叀卯骍牛于天"就是言用骍牛向"天"禦祭。

考察非王卜辞，我们发现以大、二（上）会意的"天"作为祭祀对象的完整卜辞不止见于上举小屯南地甲骨一辞，还有下列一辞：

叀𣦍犬于天。（《合集》22454。拓本见下）

此辞"天"作"天"，亦从大从二（上），"𣦍"字不识，据其后面有祭牲"犬"，则其所用为祭名无疑。"叀𣦍犬于天"是言以犬为牺牲对天"举行𣦍祭。

而上举第一条残辞"于天……卯"，原拓作下揭形：

此残辞也可能本不残，径可将其读作"于天卯"，乃是卜对"天"进行禦祭。殷墟卜辞卜于某禦者习见，如"贞于羌甲禦"（《合集》709正）即是其例。至于上举《合集》22093："……天卯量"，"禦"在辞中只能解读为祭名，则"天"亦当是直接或间接被"禦"者；上举《合集》22055："天……于囗"，考虑到辞后有表示灾咎的"囗"，而此"天"构形上又从大从二（上），则辞中所指为至上神——上天亦极有可能。

这样，在非王卜辞里，我们目前至少可以找到二条甚至三条把"天"作为祭祀对象并且从其构形上看是将其奉为至上神对待的卜辞。

我们知道，王卜辞是以商王为中心的王室占卜的记录，它所反映的是王室的社会生活；而非王卜辞是以王室之外的贵族家族族长为中心的占卜记录，它所反映的是王室之外的社会生活。王室是官方的代表，属于官方；而处于王室之外的"非王"无疑可视作相对于官方的民间团体。也就是说我们至今所发现的商代占卜其实是在官方和民间两个层面上进行的。"王卜"是官方的占卜行为，"非王卜"则是民间的占卜行为。民间的占卜行为所反映的是民间的文化习俗，这是毫无疑问的。现在，我们既然在这类民间占卜行为中发现人们有奉戴头上的青"天"为神加以祭祀的现象，并且民间又在书写形式上将其与头颠字严加区分，让它从大从二（上）会意，无疑是有着尊其为至上的寓意在里面的。

因此笔者认为在商代王室之外的民间，人们曾尊"天"为至上神。

以上结论，除了可以得到殷墟非王卜辞的证明外，还可以得到周原甲骨卜辞中部分先周资料的证明。来看周原卜辞：

1. 川（？），告于天，囟亡咎。（H11：96。详下。左一照片选自曹玮《周原甲骨文》，世界图书出版公司，2002年。左一照片有字处作了光处理；右一照片作了反相处理，文字作了描摹处理）

2. 乍夨立（位）。（H11：24。详下）

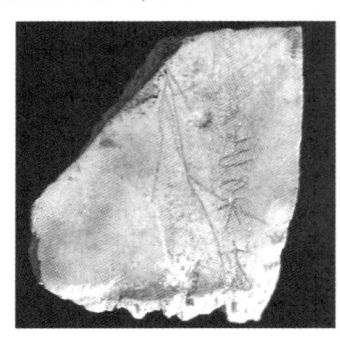

在这两条卜辞中，所用的夨、夨，据篇首的举述，都是表示头颠的"天"字。但 1 辞中它充当"告"的对象，从殷墟卜辞看，"告"为祭名，本辞之用，亦属告于某者，和殷墟卜辞完全一样，且又载于贞卜材料中，表达和神事相关的行为，亦应为祭名无疑。"告"祭就是用言语与神相沟通，《说文》："告事求福曰祷"，"告"略同于祷。这种祭典在殷墟卜辞中屡屡有见，如："告于大甲、祖乙"（《合集》183）、"告于高妣己"（《合集》2383），所"告"对象均为神祇。以此例之，1 辞中所"告"对象"天"虽然使用了头颠字，所表绝非头颠义，从"告"之对象必为神祇来看，则夨必为神祇，夨音天，头上广漠的宇宙空间称作天，夨既不表头颠义，则必表上天。从周书上看，周人是尊上天为至上神的，因此可以论定辞中"天"就是周人心目中的至上神上天。为什么没有使用大、二会意的专字，而是用了头颠字，我们认为这当是周人的书风，即在周文化圈内，不流行使用专字，而是蹠事音同相假。下面来解读这条卜辞的含义。辞云"川，告于天，囟亡咎"，"囟"读同"斯"，全辞之意是卜问河川发了水患，对天告祭，就会消弭灾咎吧。2 辞"乍夨立"，夨是头颠的天字，已如上述，但不消说辞中所表也并非头颠义。除了头颠，头上广大的宇宙空间称作天，辞中夨既不表头颠，则必表上天。"乍"即"作"的初文，"立"，"大"形下缺刻一横画，读为"位"，"作天位"，意甚明了，是言建造上天的神位。给上天建造神位，不外乎为了方便祭享。有的学者认为其"天位"之"作"肇开后世建造天"坛"之先。

周原甲骨大多是先周的遗物。如徐中舒先生指出："周原甲骨绝大部分都是文王时代的遗物。"[①]徐锡台先生更具体云："有一部分相当于周王季晚期和文王早期，大部分卜甲属于文王中、晚期，极少数卜甲可能属于武王时期和周公摄政时期的。"[②]而上举二片甲骨刻辞中的"天"字，表示头颠的部分一律不采取线条化的横线写法，而是作 ◠、◠，保留晚商象形性书风，特别是第一个天字的颠顶形作 ◠，与晚商"子"字作 孚（小子䚄卣）、孚（𢼛䭁卣）的头颠形书写风格一致，属晚商书风，都可证这两片卜辞应契成在先周。而先周在当时是商的"子民"，其地位当然属于民间团体，这一点与商代"非王"的一族基本地位绝无二致。所以说这两条卜辞所反映的也是属于商代民间的文化习俗应该没有任何问题。

通过以上对殷墟非王卜辞和先周周原卜辞"天"字的研究，可以把整个商代社会的至上神信仰下结论如下：

---

① 见徐中舒：《周原甲骨初论》，载《古文字论集》（《四川大学学报丛刊》第十辑）1982 年 5 月。
② 见徐锡台：《周原甲骨文综论》，第 154 页，三秦出版社，1991 年。

商代社会的至上神信仰是在王室和民间两个阶级层面上展开的：在王室这一阶级层面上，信仰的至上神是"帝"；在民间这个阶级层面上，有自己独家的信仰，就是"天"。

因此，以往说商代"天"不是神，未受到膜拜，这不符合商代整个社会的实际。

搞清了以上史实，连带可以廓清长期笼罩在商、周两个王朝至上神信仰上存在"帝"、"天"之别的迷雾：原来造成这种差别的原因是由于"天"本是周人在商时处于民间"子民"地位时的信仰，革殷命后，由民间"子民"地位走上统治阶级的宝座，便把居于民间"子民"地位时的至上神信仰升格为王朝信仰，于是便形成商、周两个王朝至上神信仰的"帝"、"天"之别。

The Study on Character "天" in Non-king Oracle Bone Inscription

Dong Lianchi

(Center for the Study of Chinese Characters and Their Applications, East China Normal University, Shanghai 200062, China)

Abstract: This article divides the oracle bone inscriptions into two categories, royal and folk. And through the study of the non-king oracle bone inscriptions which contain the character "天"(Tian) and the auxiliary study of early Zhou Dynasty's oracle bone inscriptions, we argue that "天"(Tian) was believed as the paramount god among the people in Shang Dynasty. The common view that in Shang Dynasty "天"(Tian) was not a god and was not worshipped is wrong.

Key Words: oracle bone inscription; common people of Shang Dynasty; worship "Tian"; paramount god

商代可释文字构形解说（一）

王蕴智

【摘 要】 随着以甲骨文为主体的商代文字研究的不断深化，如今所通行的一些甲骨文字书有待修订或重编，殷商文字的结体特征及其构形规律尚有待全面总结。据笔者的统计，迄今所见商代文字与后世字书中相对应的可释字形计约 1250 个，加上正在同源分化的字形和主要的通假用字，隶释字目可达 1490 多个。本文试对一部分笔者所整理出来的商代可释文字的结体特征加以解说，解说字目为：一元天丕*吏*上帝旁下示豊（禮）禄*祥祉福*祐*祇神*齋*祭祀祖*袚*祐祠禘*祝祈禜祏社*禍*祟*三王皇玉靈*璞玨气乞*士中串°屮屯每艸△芋△薛*萑苞艾荷*葉*藐*兹*蘊蔡芰若匊薪*蒸*折芳蒿蓄*春藏*蔑莫暮*莽葬萻。

【关键词】 商代文字；可释字形；解说

　　殷墟甲骨文的发现与发掘是中国现代学术史上的一件盛事。近百十年来，海内外刊布的各种甲骨著录已达七万余片，这方面的研究硕果累累，备受世人所关注。对于涉足甲骨学的人来说，其所面临的一个实际问题就是如何正确释读这些三千多年前的文字。据我们所知，许多本专业以外的学人和高校学生都有学习、利用甲骨文原始资料的初衷，但每每因其识字能力不足，或忽略了文字结体的基本训练而事倍功半。现今有关考释成果的整理与推广似乎还不够，有关字书的编纂与当今的释字水平之间亦有一定差距，像《甲骨文编》、《甲骨文字典》诸发行量很大、比较有影响的专门字书，都不同程度地存在着收集字形不全、摹写和隶释有误等问题，亟待修订。对于甲骨文以及商代文字字形，各家还没有作出比较系统的分析解说，构形规律尚有待全面总结。

　　经过前期的基础整理工作，笔者数年前曾承担完成有《甲骨文构形研究》、《商代文字汇编》诸选题。据我们的统计，迄今所见商代文字与后世字书中相对应的可释字形计约 1250 个，加上正在同源分化的字形和主要的通假用字，隶释字数可达 1490 个左右。其他另有近 3000 个字头虽然后来被淘汰，但在当时的文字系统和实际文例中亦大都是有定位、可以被解释的。我们在此旨在系统发凡甲骨文构形条例，充分反映当代释字成果并归纳出科学解说字形的方法，逐一对我们所整理出来的 1490 个字目加以解说。这些字目皆见于后世字书，我们姑称之为"可释文字"[①]。我们采取的办法是先在每一字头下摹释原篆、隶定今字今音、标示古代声韵位置，然后进行构形分析和字形演化条例的阐发，最后附列《说文》解说以供比照鉴别。

　　下面谨先试对卷一中的部分字目加以解说，所见字目皆按《说文》排序，不见于《说文》者则附于该字所从部首的部末。凡标"*"号和加括号者皆为重出字头，其中字头旁加"*"号者主要是指与商代文字有联系的一部分通假字或同源分化字，括号中的字则为后起累增字，它们与括号前一字属于同字（古今字）关系。至于同时期正处在分化之中而尚未彻底分化的字形，如元兀、月夕、小少、晶星、后司、史事等，其字头处则一般不标"*"号，而是在原篆后再注明另见条。为了增加基本字形的数量，我们收纳了一部分在合体字中只充当偏旁部件的字目，如甲骨文萑字所从的屮、灌字所从的巢、霸字所从的革等。这些偏旁字在当时大致也应该是可以独立使用的，为了有所区别，我们在这些字头右上皆标一个"△"号为志。

【作者简介】 王蕴智，河南许昌市人。现任郑州大学历史学院博士生导师，河南省特聘教授，河南省文字学会会长。主要从事古文字与古代文明方向的教研工作。（河南 郑州 450000）

① 参见拙作《商代文字可释字形的初步整理》，载《中国文字》新廿五期（台湾），1999 年 12 月；《商代文字可释字形的初步整理》（修订稿），载《纪念殷墟甲骨文发现一百周年国际学术研讨会论文集》，社会科学文献出版社，2003 年 3 月；又载《字学论集》，河南美术出版社，2004 年 9 月。

还有可以个别补阙的商代金文隶字，盖在字旁用"○"符号表示，个别可以补阙的西周早期甲骨文隶字，则在字旁用"#"符号表示。

一 yī 【於悉切 影 质】 一

取一平画为字。古文字二、三、四皆取这种笔画的积累数。《说文》："一，惟初太始，道立于一，造分天地，化成万物。弌，古文一。"

元 yuán 【愚袁切 疑 元】

元首字初文作（见商金文，《集成》10.5278），象侧立人形而突出其头部位置。甲骨文习将上部圆点线化为一横，或再于上面追加一短横作为装饰笔画。元、兀古本同源，后因异文而别为二字。另见卷八兀字。《说文》："元，始也。从一、从兀。"

古文字上端为横笔者，后多在其上部再别加一短横，以调整、美化字形。古文字中的装饰笔画是汉字书写、演化过程中的一种特殊现象。它利用一些简单的抽象符号，在文字构形中起丰满、点缀、均衡字形的作用。这类笔画不具任何表音或表义的成分，故可称之为"饰笔符号"。

天 tiān 【他前切 透 真】

正面人形，突出头部，本义如"颠"（头顶）。后习将头部团块简约为短横，晚商金文作（《集成》3.1408）。《说文》："天，颠也。从一、大。"

古文字中原来的圆点或团块结构，后来多线化为横画。

丕* pī 【敷悲切 滂 之】

显大为丕，本与不字同源同形。晚周以后不字中下部追加点状区别符号，或再延长而写成横画，遂分化出丕字。参见卷十二不字。《说文》："丕，大也。从一，不声。"

吏* lì 【力置切 来 之】

官吏字本从又持中（或丨），与史、事、使诸字同源同形。周以后种字形演化为官职之史；种字形于周金文中仍用为职事、遣使、官吏字，篆隶因异文而分化出事和吏，追加人旁则孳乳为使。参见卷三史和事字。《说文》："吏，治人者也。从一、从史，史亦声。"

古文字中，字从又即为从手（又为表右手的本字）。

上 shàng 【时掌切 禅 阳】

初为短画在长画（或作上扬弧笔状）之上，上面的短横用来指示方位。晚周以后在下面一横笔的中部再追加竖笔饰画，遂为隶、楷上字所本。《说文》："上，高也。指事也。上，篆文上。"

帝 dì 【都计切 端 锡】

初文作或，后于上部追加短横为饰，晚商金文作（《集成》10.5413）。蒂、禘、缔、啻（商）诸字本作帝。《说文》："帝，谛也。王天下之号也。从上，朿声。帝，古文帝。"

自商代甲骨文始，古文字的间架结构多具平衡对称的基本特征，字的结体正、反写无别。

旁 páng 【步光切 並 阳】

溥大曰旁。字从凡、从方，甲骨文或从凡省。周以后字形上部发生讹变，小篆讹为从上。《说文》："旁，溥也。从上，阙，方声。旁，古文旁；旁，亦古文旁；旁，籀文。"

古文字中，一些合体的两个偏旁或都兼含有表音的因素，可以称为"双声字"。如旁、艱（艱）、翊、冒、舊、虐、差、静、句等字即是。

下 xià 【胡雅切 匣 鱼】

初为短画在长画（或弧笔）之下，下面的短横用来指示方位。晚周以后习在上一横笔的下部追加中竖为饰，遂为隶楷下字所本。《说文》："下，底也。指事。下，篆文下。"

示 shì 【神至切 船 脂】

神主牌位曰示。初文作，商金文作（《集成》10.4797），甲骨文早期亦可简化作T形，后又写作示或示，分别于T形的左右和上部追加了起美化作用的饰笔。示字作表意偏旁，其在所从字中多表示与古代祭祀及御祸祈福之义相关。又古示字竖画中部追加点状或横笔而区别分化出主字，卷五主字另见。《说文》："示，天垂象，见吉凶，所以示人也。从二（二，古文上字）；三垂，日月星也。观乎天文，以察时变，示神事也。𐅱，古文示。"

就古文字构形而言，其取舍对象不论是人体、人体部件、动物乃至物象，往往采用纵向性的构形方式，从而与古汉字的书写习惯相默契。

豊（禮）lǐ　【灵启切　来之】　豐　豐

禮仪字本作豊，从壴（鼓初文）从双玉会意，周以后累增示旁。战国以后俗从乙作礼，乙为声符。《说文》："禮，履也。所以事神致福也。从示、从豊，豊亦声。𐅱，古文禮。"

古文字从壴作者，其下部后多讹为从豆。古文字常用累增义旁的方法，将原来的一部分表意字发展为形声字。古文字从壴从玉的豊字，与从壴、丰声的豐（今简作丰）字形近易混。古文字中的一些合体字，其结构之间交叉挪让，容易给人以独体字或象形文字的错觉。

禄* lù　【卢谷切　来屋】

古文字或借录为福禄字。卷七录字重见。《说文》："祿，福也。从示，录声。"

古文字中习惯将一些字形中间的横笔类化作冂形，以平衡、美饰文字结构。如帝、方、矞、市、帚、录等字即是。

祥 xiáng　【似羊切　邪阳】

古文字或借羊为吉祥字，甲骨文或加示旁为祥，参见卷四羊字。《说文》："祥，福也。从示，羊声。一云善。"

祉 zhǐ　【敕里切　透之】

字从示表义，从止表音，义同福。《说文》："祉，福也。从示，止声。"

福* fú　【方六切　帮职】

初文如长颈盛酒器形，西周以后累加示旁。卷五畐字重见。《说文》："福，祐也。从示，畐声。"《说文》："畐，满也。从高省，象高厚之形。读若伏。"

早期从示的字，其形旁示多为累增后加。

祐* yòu　【于救切　匣之】

古文字或借又为福祐字，秦汉文字别为从示、右声。卷三又字重见。《说文》："祐，助也。从示，右声。"

祗 zhī　【旨移切　章脂】

恭敬曰祗。初文写作𣎵，象树木枝叶茂盛舒展形。字形上下或添加短横。金文讹作二𣎵相悖状，与三体石经古文祗字形近。从示、氏声之祗出现于秦汉，字或写作祇。《说文》："祗，敬也。从示，氏声。"

神* shén　【食邻切　船真】

初文为申，如闪电形，西周以后习追加示旁作神。申、神、电古本一字而分化。卷十四申字重见。《说文》："神，天神，引出万物者也。从示、申。"

齋* zhāi　【侧皆切　庄脂】

古文字或借齊（齐）为齋戒字，后追加示旁。卷七齊字重见。《说文》："齋，戒洁也。从示，齊省声。"

祭 jì　【子例切　精月】

本从手持肉会意，晚商以后累加示旁。《说文》："祭，祭祀也。从示，从手持肉。"

甲骨文中肉旁与口旁有时形近易混，商代以后肉旁与月旁容易相混。

祀 sì　【详里切　邪之】

古文字借巳为年祀字，或借異为祀，晚商以后始追加示旁。卷十四巳字重见。《说文》："祀，祭无已也。从示，巳声。禩，祀或从異。"

祖* zǔ　【则古切　精鱼】

甲金文习借且（象俎几形）为祖先字，周以后习追加示旁。且、祖古本一字，卷十四重见且字。《说文》："祖，始庙也。从示，且声。"

祰* gào　【苦浩切　溪幽】

告祭曰祰。字本作告，后追加示旁。卷二告字重见。《说文》："祰，告祭也。从示，从告声。"

祏 shí 【常隻切 禪鐸】 ⺬ ⺬

宗庙主曰祏。甲骨文或以石为祏，追加示旁孳乳为祏。《说文》："祏，宗庙主也。一曰大夫以石为主。从示、从石，石亦声。"

古石字本不从口，所从之口乃后加羡符。

祠# cí 【似兹切 邪之】 祠

春日致祭曰祠。从示，司声。字始见于周原卜辞（H11：117，H11：20）。《说文》："祠，春祭曰祠，品物少多文词也。从示，司声。"

禘* dì 【特计切 定锡】 禘 禘

甲骨文帝或用为禘祭字，字形中部笔画习作口形，后追加示旁作禘。参见上文帝字。《说文》："禘，禘祭也。从示，帝声。《周礼》曰：'五岁一禘。'"

祝 zhù 【之六切 章觉】 祝 祝

初文象人跪跽形，突出口部，形体与兄（站立形）字有别，后累加示旁。《说文》："祝，祭主赞词者。从示，从人口。一曰从兑省。《易》曰：'兑为口为巫。'"

古文字早期一些跪跽状的人形，周以后因书写的方便而多使下肢线条逐渐舒展成为站姿。

祈 qí 【渠稀切 群文】 祈 祈

甲骨文以斷为祈求字，从單，斤声，周金文累加㫃旁。从示、斤声之祈始见于篆隶，较为晚出。《说文》："祈，求福也。从示，斤声。"

古文字中一些形声字的偏旁之间笔画相连，似有独体字的特点。古文字中在没有近似字形参比的情况下，一些合体字的偏旁位置常常可以上下左右调动。

禦 yù 【鱼举切 疑鱼】 禦 禦

禳除灾祸曰禦。初文从卩（人跪跽状）、午声作卸，甲骨文或累加示旁，篆隶习作禦。古卸字另追加彳旁为御，追加止旁则别为卸字。另见卷二御字。《说文》："禦，祀也。从示，御声。"

祮 guò 【古末切 见月】 祮 祮

禳祸之祭名。卜辞习用为杀牲之法，读为砠或磔。初文本作毛，追加口旁作舌，又累加示旁。晚周以后所从舌旁讹变作昏，隶变后又同化作舌形，故后世写作祮。毛、舌、祮本一字而分化，另见卷二舌和卷六毛字。《说文》："祮，祀也。从示，昏声。"

社* shè 【常者切 禅鱼】 社 社

甲骨文以土为社，表土地之神。晚周以后追加示旁而别出社字。另见卷十三土字。《说文》："社，地主也。从示、土。《春秋传》曰：'共工之子句龙为社神。'《周礼》：'二十五家为社，各树其土所宜之木。'社，古文社。"

祸* huò 【胡果切 匣歌】 祸 祸

灾祸字本从冎（象占卜骨版之形）从卜会意。早期亦或以冎通祸，晚期甲骨文习追加声旁犬作祸，晚周以后始作从示、咼（与冎字同源）声。《说文》："祸，害也；神不福也。从示，咼声。"

祟* suì 【虽遂切 心物】 祟 祟

鬼祟字本从木、从示，乃叔（敊）字之省。所从木旁篆文或讹为从出，并因异文而别出敊、祟、柰（奈）三字。参见卷三敊和卷六柰字。《说文》："祟，神祸也。从示，从出。"

三 sān 【稣甘切 心侵】 三 三

积三平画为字，表示数目。《说文》："三，天地人之道也。从三数。弎，古文三从弋。"

王 wáng 【雨方切 匣阳】 王 王

初文如斧钺形，刃部向下。或于上部追加一横笔饰画，晚商金文作王（《集成》5.2708）。后简省下部，遂成丨贯三状。《说文》："王，天下所归往也。董仲舒曰：'古之造文者，三画而连其中谓之王。三者天、地、人也，而参通之者王也。'孔子曰：'一贯三为王。'玉，古文王。"

古王字中间一横偏上，上两横或偏短，以别于玉字。

皇 huáng 【胡光切 匣 阳】

初本象形，或以为煌之本字。晚商金文下部变形作从王，王亦兼声（见《集成》10.5100 皇祈卣字，又见媓觚媓字所从旁）。周以后讹变上部，并于上部空廓中增加短横饰画，篆隶讹作从自。《说文》："皇，大也。从自。自，始也。始皇者，三皇大君也。自读若鼻，今俗以始生子为鼻子。"

古文字里某些表意字初文在演化过程中被人为地改变局部笔画而注入了读音成分，这种现象可称为"变形音化"。

玉 yù 【鱼欲切 疑 屋】

初文象串玉形，后封闭竖画，简作丨贯三状，唯三横笔等距等长。晚商金文作玉（《集成》7.3940），晚周玉字隙间或加点，以别于王字。《说文》："玉，石之美有五德：润泽以温，仁之方也；䚡理自外，可以知中，义之方也；其声舒扬，尃以远闻，智之方也；不桡而折，勇之方也；锐廉而不忮，絜之方也。象三玉之连，丨，其贯也。"

靈* líng 【郎丁切 来 耕】

古文字借霝（古同零，从雨、从二口或三口）为靈（灵），后追加巫旁。卷十一霝字重见。《说文》："靈，靈巫，以玉事神。从玉，霝声。靈，靈或从巫。"

璞 pú 【匹角切 滂 屋】

璞玉字本象山窟下双手持锐器辛（辛）采玉状，玉下之甾形表玉之所盛。后世省甾和上部山岩形，辛变形作丵，遂演化为璞字。《说文》无璞字。《玉篇·玉部》："璞，玉未治者。"

古文字中，一些较繁的字形逐渐被后人所简化。古辛（辛）字上部经过追加饰画或繁写作丵，双手持辛之形则演化成业。

珏 jué 【古岳切 见 屋】

两串玉相并为珏，古与朋同源。另见卷六朋字。珏字后世或作瑴，从玉，㱿声。《说文》："珏，二玉相合为一珏。瑴，珏或从㱿。"

气 qì 【去既切 溪 物】

本作三平画，象征气流状，早期中横偏短，晚周以后三画上下弯曲，以别于三字。古文字中用为迄、汔、餼（氣）、乞诸义。气与乞古本一字，后省减笔画，变形分化作乞。《说文》："气，云气也。象形。"《说文》无乞字。《广韵》："乞，求也。"

古文字中在有相近字形参比的情况下，一般总会使彼此的字形结构和笔画区别在微末之间，不容苟且。对于古字的辨识，并不在于说明或想象它原来象什么形（其实有些字和结构成分早已高度符号化，已无形可象），主要在于通过字形分析来考察、印证每个可释文字与后世文字的联系，掌握其在不同时期的构形特征及其演化轨迹。

士 shì 【鉏里切 崇 之】

早期甲骨文象直内而前锋尖锐的正面兵器形，商金文作（《集成》14.8757），与出土器物中的圭形或戈形相类。后习将形变写成或形（将字下部的方廓状笔画改变成三角形），抑再简作或形。这一书写作风开始是反映在小屯村南地出土的无名组卜辞中，进而又影响了帝乙帝辛时期的黄组字。古士字在《殷墟花园庄东地甲骨》卜辞文例中可读为"圭"。大约在西周以后，随着古士字使用频率的提高和记词义项的转移，时人又将士字双重书写而别出了圭字。"士"与"圭"乃同源字，另见卷十三土部圭字。《说文》："士，事也。数始于一，终于十。从一、从十。孔子曰'推十合一为士'。"

中 zhōng 【陟弓切 端 冬】

古文字时将标有斿旗状之中用表正中义，无斿旗之中形盖用表伯仲义，后世通用后者字形。另见卷八仲字。《说文》："中，内也。从口、丨。上下通。中，古文中；中，籒文中。"

串° chuàn 【枢绢切，又古患切 见 元】

象物相贯之形。商金文习用为国族名（见《集成》4.1693、6.3203）。串字不见《说文》，《尔雅·释诂下》："串，习也。"

屮 chè 【丑列切 透 月】 ψ ψ

象株草之形，商金文作丫（《集成》18.11780），古与艸（今作草）字同源。《说文》："屮，草木出生也。象丨出形，有枝茎也。古文或以为艸字，读若彻，君彤说。"

古文字从屮与从艸每互作。在合体字中，艸又常与生、木、林、茻等形相通用。

屯 tún 【陟伦切 定 文】 ᵠ ᵠ

初象幼芽生长貌，甲骨文读为纯，或读若春。晚周以后习将字形上部中的团点线化为横笔。卷十三纯字重见。《说文》："屯，难也。象艸木之出生屯然而难。从屮贯一。一，地也。尾曲，《易》曰：'屯，刚柔始交而难生。'"

古文字中的团点或空钩其廓，在结构上没有区别。

每 měi 【武罪切 明 之】 ᵠ ᵠ

初与女、母二字同形，后于女、母上部追加区别符号∨（或作∧）而派出，古文字中习用为晦、悔、诲诸义。女、母、毋、每乃一字而分化，初文本作女。另见卷十二女、母、毋字。《说文》："每，草盛上出也。从屮，母声。"

古文字中为分化新字而在本字基础上追加某种简单笔画，这类添加笔画可称为"区别符号"。

艸△ cǎo 【仓老切 清 幽】 ψψ

古草字。象株草相并之形。从二屮。后世俗将从艸、早声之草（皂本字）用为草木之草。《说文》："艸，百卉也。从二屮。"

芋△ yú 【王遇切 匣 鱼】 ᵠ

叶大根实者谓芋。字从艸、于声，甲骨文㳌字（见《英》1891）所从。《说文》："芋，大叶实根，骇人，故谓之芋也。从艸，于声。"

薛* xuē 【私列切 心 月】 ᵠ ᵠ

本从㝵（辛字变体）从自，或从㝵、月声；或于自字上部增添止旁，后世隶作辥，篆文追加艸旁孽乳为薛，古用如罪孽字。参见卷十四辥字。《说文》："薛，艸也。从艸，辥声。"

萑 huán 【职追切 匣 元】 ᵠ ᵠ

草多貌曰萑。甲骨文从艸，隹声。《说文》："萑，艸多貌。从艸，隹声。"

古文字中从木（或从林）与从屮（或从艸）意义相通，常互作。

苞 bāo 【布交切 帮 幽】 ᵠ ᵠ

草名。字从艸（或从林），勹（包、匍字初文）声。勹演化作包，ᵠ 则演化为苞。《说文》："苞，艸也。南阳以为麤履。从艸，包声。"

艾 ài 【五盖切 疑 月】 ᵠ

从四屮、从乂，乂亦兼声。古文从屮之多寡常无别，后世习从艸。卜辞中用表刈草、芟草之义，文献中或用表草名。《说文》："艾，冰臺也。从艸，乂声。"

荷* hè 【徒哥切 匣 歌】 ᵠ ᵠ

负荷义之荷本与何、㰋（哥）同字，象人负物形，周以后变形音化作从人（或从疒）、可声，后世习借莲荷之荷为字。参见卷五㰋和卷八何字。《说文》："荷，芙蕖叶。从艸，何声。"

葉* yè 【与涉切 余 葉】 ᵠ ᵠ

初文象树木枝头着葉状，甲金文或将表示叶状的团点线化为短横，晚周累增艸旁作葉，今以叶（本音协）和字代葉。葉、世乃一字之分化。参见卷六枼和卷三世字。《说文》："葉，艸木之叶也。从艸，枼声。"

蓺* yì 【鱼祭切 疑 月】 ᵠ ᵠ

本从丮（或省从収）从屮（或从木），象双手种植草木形。甲金文或追加土旁，后累增艸旁作蓺，隶楷习作藝（艺）。《说文》无蓺字，卷三丮部埶字重见。

古文字中偏旁从丮与从収可相通作。

兹* zī 【子之切 精 之】 ᵠ ᵠ

本从二玄，象丝束相并之形。晚周字形上部追加区别符号作二玄，随后上部字头部分又讹为从艸。兹和兹、

11

兹乃一字而分化，其同源母体本是丝字。参见卷四兹、丝和幺字。《说文》："茲，艸木多益。从艸，兹省声。"

蕴 yùn 【於粉切 影文】 🝆 🝆
初文象人在◇中，昷、緼、温为其后起字。藏聚义小篆作蕰，今作蕴，从艸、从緼，緼亦声。《说文》："蘊，积也。从艸，温声。《春秋传》曰：'蘊利生孽。'"

蔡 cài 【苍大切 清月】 🐦
草𦮴（音介）曰蔡，古多用为蔡杀义。初文从大，象下肢一处被割杀状。战国文字另有从艸、祭声之蔡。《说文》："蔡，艸也。从艸，祭声。"

芟 shān 【所衔切 山谈】 🌿
刈草曰芟，甲文从三屮、从殳（殳之繁文）会意。《说文》："芟，刈艸也。从艸、从殳。"
古文字中从又的偏旁，往往可以对称书写作攵形。

若 ruò 【而灼切 日铎】 🌿 🌿
象人跽坐双手理发状，训为顺、好。西周以后习增口形饰笔，篆隶讹为从艸、从右。古若字省变则别出《说文》六下叒字。《说文》："若，择菜也。从艸、右。右，手也。一曰杜若，香艸。"
古文字中常常在一些原始字形的下部累加一个口符，其在构形上并没有特定的音义功能，而仅仅起均衡、衬托、装点字形的作用。

芻 chú 【叉愚切 初侯】 🌿 🌿
象以手取草木状，字从又（篆隶讹为从二勹）从艸（或从林）会意。芻今简作刍。《说文》："芻，刈艸也。象包束艸之形。"

薪* xīn 【息邻切 心真】 🌿 🌿
初文从斤，辛（繁化作亲）声，篆隶追增艸旁作薪。古训取木曰新，柴草曰薪。卷十四新字重见。《说文》："薪，荛也。从艸，新声。"

蒸* zhēng 【煮仍切 章蒸】 🌿 🌿
初文从𠬞、从豆，或追加米旁与示旁，表双手奉豆中食品祭享之意。晚周以后𠬞形和丞字形近易混，其字形上部或追加艸旁，下部再加火旁，篆隶因异文而别出烝、蒸和𦺉字。参见卷五登和卷十烝字。《说文》："蒸，折麻中幹也。从艸，烝声。𦺉，或省火。"

折 zhé 【食列切 章月】 🌿 🌿
本作从斤（或手持斤）断草木状，金文或于二中间添加指事符号＝，篆隶或将二中上下连写，讹为从手。古文折、制二字可相通作。《说文》："折，断也。从斤断艸，谭长说。𣂪，籀文折从艸在仌中，仌寒故折。𢶭，篆文折从手。"

芿 réng 【如乘切 日蒸】 🌿 🌿
草不芟而新草生曰芿，一曰草名。甲骨文从二屮（或从二林、二生），乃声。篆从艸。《说文》："芿，艸也。从艸，乃声。"

蒿 hāo 【呼毛切 晓宵】 🌿 🌿
草名。甲骨文从𦬊（或从茻、林），从高声。晚商所从之艸又可省写作艹（另见周原甲骨文 H11：20，H11：117）。《说文》："蒿，菣也。从艸，高声。"
甲骨文从𦬊、茻、林和从中、艸者每相通作。

蓄* xù 【丑六切 晓觉】 🌿 🌿
积蓄字初文作畜。字从田（甲骨文作⊕中加四中或四点状）从幺（古音如玄），幺亦表音。篆隶追加艸旁，卷十三畜字重见。《说文》："蓄，积也。从艸，畜声。"

春 chūn 【昌纯切 昌文】 🌿 🌿
甲骨文从艸、林、𦬊、茻不别，从屯声；或作从日、屯声；晚周以后习从日、屯，上部从艸作，遂为篆隶春字所本。《说文》："春，推也。从艸，从日，艸春时生也。屯声。"

藏* cáng 【昨郎切 从阳】 🌿 🌿

藏匿字古通作臧。甲金文从戈、从臣（或从口），晚周以后习加声旁爿（牀本字），又追加艸旁作藏。卷三臧字重见。《说文》：" 臧，匿也。臣铉等案：《汉书》通作藏。字从艸，后人所加。"

蓐 rù 【而蜀切 日屋】

象以手持辰除草形，字或省手（又），从艸或作从林。蓐、農、晨古本同源。另见卷三農和晨字。《说文》："蓐，陈草复生也。从艸，辱声。一曰蔟也。薅，籀文蓐从茻。"

莫 mò 【莫故切，又慕各切 明铎】

古莫字从日在茻（或棽）中，亦或从二中、二木、二禾。甲骨文繁简互见，皆表日暮之意，晚商金文作（《集成》12.7264）。后世别增日旁而分化出暮字。《说文》："莫，日且冥也。从日在茻中。"《说文》无暮字。《广韵·暮韵》："暮，日晚也。"

莽 mǎng 【谋朗切 明阳】

甲骨文象犬在茻（或作林、森、棽）中。《说文》："莽，南昌谓犬善逐菟艸中为莽。从犬，从茻，茻亦声。"

葬 zàng 【则浪切 精阳】

甲金文象骨（尸骨形）就爿（牀字初文）之状。魏《三体石经》古文从骨、从茻作葬。篆隶葬字从茻、从死。《说文》："葬，藏也。从死在茻中，一其中，所以荐之。《易》曰：'古之葬者，厚衣之以薪。'"

䔇 hài 【胡盖切 匣月】

古荏蘇草名之别称。甲骨文从艸（或从茻、或从林），害声。卜辞习用为地名。䔇字见于《广雅》、《方言》。《广雅·释草》："䔇，荏蘇也。"《方言》："蘇，沅湘之间或谓之䔇。"

The Explanation of the Explicable Characters of the Shang Dynasty (Ⅰ)

Wang Yunzhi

(History Faculty of Zhengzhou University, Zhengzhou 450000, China)

Abstract: With the advancement of the study in Shang characters whose main body is oracle-bone characters, the recent dictionaries on the oracle-bone characters need to be emended and recompiled, and it's important to summarize the characteristics and the general rules of the structure of the characters totally. According to the author's statistics, the total number of the explicable characters is 1250, each of which have immediet links to the characters kept in the later dictionaries. This numbers adds up to 1490 as the separating characters and the main borrowed characters were included. The present article tries to explain the characteristics of the structure of some explicable characters that the author has packed up. These characters are, YI (一), YUAN (元), TIAN (天), PI (丕*), LI (吏*), SHANG (上), DI (帝), PANG (旁), XIA (下), SHI (示), LI (豊禮), LU (祿*), XIANG (祥), ZHI (祉), FU (福), YOU (祐*), ZHI (祇), SHEN (神*), ZHAI (齋*), JI (祭), SI (祀), ZU (祖*), GAO (祰*), SHI (祐*), CI (祠#), DI (禘*), ZHU (祝), QI (祈), YU (禦), GUO (祮), SHE (社*), HUO (禍*), SUI (祟), SAN (三), WANG (王), HUANG (皇), YU (玉), LING (靈), PU (璞), JUE (珏), QI (气乞*), SHI (士), ZHONG (中), CHUAN (串°), CHE (屮), TUN (屯), MEI (每), CAO (艸△), YU (芋△), XUE (薛*), HUAN (萑), BAO (苞), AI (艾), HE (荷*), YE (葉*), YI (蓺*), ZI (茲*), YUN (蕰), CAI (蔡), SHAN (芟), RUO (若), CHU (芻), XIN (薪*), ZHENG (蒸*), ZHE (折), RENG (芿), HAO (蒿), XU (蓿*), CHUN (春), CANG (藏*), RU (蓐), MO (莫), MU (暮*), MANG (莽), ZANG (葬), HAI (䔇).

Key Words: the characters of the Shang Dynasty; the explicable characters; explanation

殷墟 B119、YH006、YH044 三坑甲骨新缀

蒋玉斌

【摘　要】 在史语所第 13 次殷墟发掘中，探方 B119 以及旁窖 YH006、YH044 三个坑位相互联系。三坑所出甲骨卜辞，绝大多数都是𠂤组卜辞，在内容上也多相关联。其中少数甲骨还与某些甲骨传世品有关系。综理三坑所出及与其相关的甲骨，并尽可能地予以复原，对于深入挖掘这批卜辞的内涵是十分重要的。本文即是作者对这些甲骨的最新缀合成果，共 30 组，计有 B119 甲骨自相缀合的 7 组，YH006 甲骨自相缀合的 8 组，B119 与 YH006 甲骨相互缀合的 6 组，B119 与 YH044 甲骨相互缀合的 1 组，YH006 与 YH044 甲骨相互缀合的 1 组，B119、YH006、YH044 甲骨相互缀合的 2 组，三坑甲骨与传世品缀合的 5 组。

【关键词】 甲骨；卜辞；坑层；缀合

1936 年，史语所在安阳小屯北地进行殷墟第 13 次发掘。在探方 B119 以及旁窖 YH006、YH044 三个坑位中，共出土有字甲骨 565 片[①]。经过初步缀合，它们已在《殷虚文字乙编》、《殷虚文字乙编补遗》中著录，即：

B119：乙 1—237、8496—8500、乙补 1—21、7080—7082（以上字甲），乙 8661—8662、8674—8675、8638—8639、乙补 7335（以上字骨）；

YH006：乙 299—467、8502—8504、乙补 59—80（以上字甲），乙 8651—8654、8655—8656、8688（以上字骨）；

YH044：乙 477—482、8505—8531、乙补 82—84、7083—7089（字甲）。

这三坑的地层关系，石璋如先生曾指出："B119 是 YH006 上口以上的堆积，两者有上下叠压的关系"，B119"与 YH044 虽无叠压的关系，但两者相距不过 15.0 公尺的样子，同属于乙五基址的旁窖"[②]。三坑所出的甲骨卜辞，绝大多数都是𠂤组卜辞，在内容上也多相关联。而且，不少甲骨可以相互拼合。例如，董作宾先生曾把乙 12、乙 303、乙 478 缀合，这几片甲骨即分别出自 B119、YH006、YH044 三个坑位[③]。本文所作缀合也有很多三坑甲骨相互拼接的。具体情况为：

B119 甲骨自相缀合的：第 8、13、14、15、17、22、23 组（另参第 30 组）；

YH006 甲骨自相缀合的：第 1、2、3、7、10、18、19、25 组（另参第 28 组）；

B119 与 YH006 甲骨相互缀合的：第 4、9、11、12、16、24 组；

B119 与 YH044 甲骨相互缀合的：第 5 组（另参第 26 组）；

YH006 与 YH044 甲骨相互缀合的：第 6 组；

B119、YH006、YH044 甲骨相互缀合的：第 20、21 组。

此外，这三坑甲骨还与某些甲骨传世品有关系。黄天树先生曾把合 21310（乙 8523）与合 20964 缀合，

【作者简介】 蒋玉斌，山东泰安人，南开大学文学院讲师。研究方向为：古文字学、古文献学。（天津　300071）

① 此为按原始编号统计的数字。本文所述甲骨出土情况和坑层资料，主要据石璋如：《小屯·第一本·遗址的发现与发掘：丁编·甲骨坑层之二（十三次至十五次出土甲骨）》，中央研究院历史语言研究所，1992 年。该书把 YH006、YH006 南、YH006 南井作为三个单位描述，但又指出三者为一个整体（参该书第 5、37、39 页）。为免纷扰，本文对这三个单位不作细分，一律记作 YH006。

② 同上注所引书，第 38 页。

③ 董作宾：《殷历谱·文武丁日谱》，载《董作宾先生全集·乙编》，第 715 页，艺文印书馆，1978 年（董氏所缀除上揭三片，尚有乙 163，实不能缀上。此蒙蔡哲茂先生见教，谨表谢忱）。另参陈梦家：《殷虚卜辞综述》，第 149 页，科学出版社，1956 年。

前者出于 YH044 坑，后者即《殷虚文字外编》224 号。按《殷虚文字外编》202—227 号所收录的何叙甫旧藏甲骨，多为𠂤组背甲，从刻辞内容上看，也与上揭三坑卜辞相近。有的甲骨还可与科学发掘品缀合，见本文第 26—30 组。

总之，综理三坑所出及与其相关的甲骨，并尽可能地予以复原，对于深入挖掘这批𠂤组卜辞的内涵无疑是十分重要的。

本文是我们根据拓片对三坑甲骨作的新缀，分说明与图版两部分。说明部分介绍相关甲骨的著录和缀合情况，其中合、合补、乙、乙补、缀续、外分别为《甲骨文合集》、《甲骨文合集补编》、《殷虚文字乙编》、《殷虚文字乙编补遗》、《甲骨缀合续集》、《殷虚文字外编》的简称。缀合号中，方括号括起的部分为学者已缀合的成果，其余用加号所连接的为本文新缀。图版部分提供本文缀合的甲骨拓影，为免繁琐，上述三坑甲骨只注出《殷虚文字乙编》、《殷虚文字乙编补遗》号，其他著录情况请参说明部分。

第一组　合 20684（乙 318）+乙 328

第二组　合 22460（乙 453）+合 21207 部分（乙 8504）

乙 8504 一片，《甲骨文合集》缀入 21207 号中，实际上字体不同，属误缀。

第三组　合 5633（乙 325）+合 21915（乙 399）

第四组　合 20387（乙 338）+合 20303（乙 27）

第五组　【合 20163（乙 129+乙 234）+乙补 5】+【合 20475（乙 229+乙 121）+乙补 84】

这是一版小型龟腹甲的大半。林宏明先生缀合了中甲与前甲、后甲与尾甲两部分，今将两部分拼合。

第六组　合 20708（乙 444）+合 21323（乙 8524）

第七组　合 20962（乙 388）+合 20842（乙 390）

第八组　合 20997（乙 86）+乙 88

第九组　合 20961（乙 299+乙 317）+合 20899（乙 147）

第十组　合 21316（乙 397）+合 21321（乙 428）

第十一组　【合 21995（乙 302）+合 20455（乙 376）+合 20545（乙 335）+乙补 66】+乙补 9

前四片为我们缀合（见蔡哲茂先生《甲骨缀合续集》150 页附）。今再加缀乙补 9 一片。

第十二组　合 20924（乙 8499）+乙 214+合 19772（乙 97+189）+合 20903（乙 421）

本组中合 19772（乙 97+189）与合 20903（乙 421）两部分，彭裕商先生曾正确地指出它们"应为一版之折的碎片"，但他认为"不能直接缀合"。

第十三组　合补 6861（乙 136）+乙补 20 倒

第十四组　合 20991（乙 138）+缀续 501【合 20821（乙 23）+乙 24】

第十五组　合 20269（乙 217+乙 170）+乙补 18 倒+乙补 19 倒

第十六组　合 20817（乙 63）+合 3688（乙 381）

第十七组　合 20412（乙 182）+合 20199（乙 212）

第十八组　合 21018（乙 342）+乙补 69

第十九组　合 20823（乙 378）+合 20574（乙 323）

第二十组　合 20925（乙 130+乙 101）+乙补 7083 倒+【合 20920（乙 128+乙 8510）+乙补 7084 倒】+合 20946（乙 450）

乙 8510+乙补 7084 为张秉权先生缀合（史语所编号 R43364，据该所"数位典籍资料库"）。

第二十一组　【合 21387（乙 1+乙 30+乙 42+乙 126+乙 206+乙 400+乙 8519）+合 20835（乙 8565）】+乙 477 倒

合 21387+合 20835 为我们以前缀合。今再加缀乙 477。

第二十二组　合 20222（乙 155）+乙补 3

第二十三组　【合 20476（乙 111+乙 8497）+合 19863（乙 82+乙 146+乙 176）】+合 21037（乙 64）

合 20476+合 19863 为林宏明先生缀合，今再加缀合 21037。

第二十四组　合21785（乙92）+合21039（乙466）
第二十五组　合21988（乙357）+合22003（乙411）+合18510（乙300）
第二十六组　合21025（乙8503）+合补6862【合20964（外224）+合21310（乙8523）】
合补6862为黄天树先生缀合，前文已有引述。
第二十七组　合21340（乙8514）+合21328（外117）
第二十八组　合21153（乙370+乙393）+合21055（外216）
第二十九组　合20914（乙199）+合20841（外208）
第三十组　合21309（外223）+【合11832（乙2）+乙84】
合11832+乙84为彭裕商先生缀合。

【参考文献】
[1] 蔡哲茂. 甲骨缀合续集[M]. 台北：文津出版社，2004.
[2] 陈梦家. 殷虚卜辞综述[M]. 北京：科学出版社，1956.
[3] 董作宾. 董作宾先生全集·乙编[M]. 台北：艺文印书馆，1978.
[4] 黄天树. 黄天树古文字论集[M]. 北京：学苑出版社，2006.
[5] 黄天树. 甲骨新缀11例[J]. 考古与文物，1996（4）.
[6] 蒋玉斌. 𠂤组甲骨新缀三例[J]. 古籍整理研究学刊，2002（2）.
[7] 林宏明. 林宏明近年甲骨缀合号码简表[Z/OL]. http://www.xianqin.org/xr_html/articles/xkzht/440.html. 2006-12-23.
[8] 林宏明. 殷虚甲骨文字缀合二十四例[Z]. "新出土文献与古代文明研究"国际学术研讨会论文（2002-07，上海）.
[9] 彭裕商. 𠂤组卜辞分类研究及其它[A]. 古文字研究，第18辑[C]. 北京：中华书局. 1992.
[10] 石璋如. 小屯·第一本·遗址的发现与发掘：丁编·甲骨坑层之二（十三次至十五次出土甲骨）[M]. 台北：中央研究院历史语言研究所. 1992.
[11] 中央研究院历史语言研究所. 数位典籍资料库[DB/OL]. http://archeodata.sinica.edu.tw/allindex.html.

Newly Rejoining of Oracle Bone & Shell from B119, YH006 & YH044 within the Yin Ruins

Jiang Yubin

(Literature Department of Nankai University, Tianjin 300071, China)

Abstract: During the 13rd archaeological excavation at the Yin Ruins by Institute of Academia Sinica's History and Philology, the pit B119, YH006 & YH044 relate to each other. Most of the oracle inscriptions unearthed in these 3 pits belong to shi- group on character style and connect in content. Besides, minority among them are also related to personal oracle shells. It is very important for deeply exploring the inscription's connotation to synthetically study all the oracle shells mentioned above and restore them as far as possible. As a study at this aspect, 30 groups rejoining of those oracle shells are provided in this thesis.

Key Words: Yin Ruins; oracle shell; pit; rejoining

缀合图版

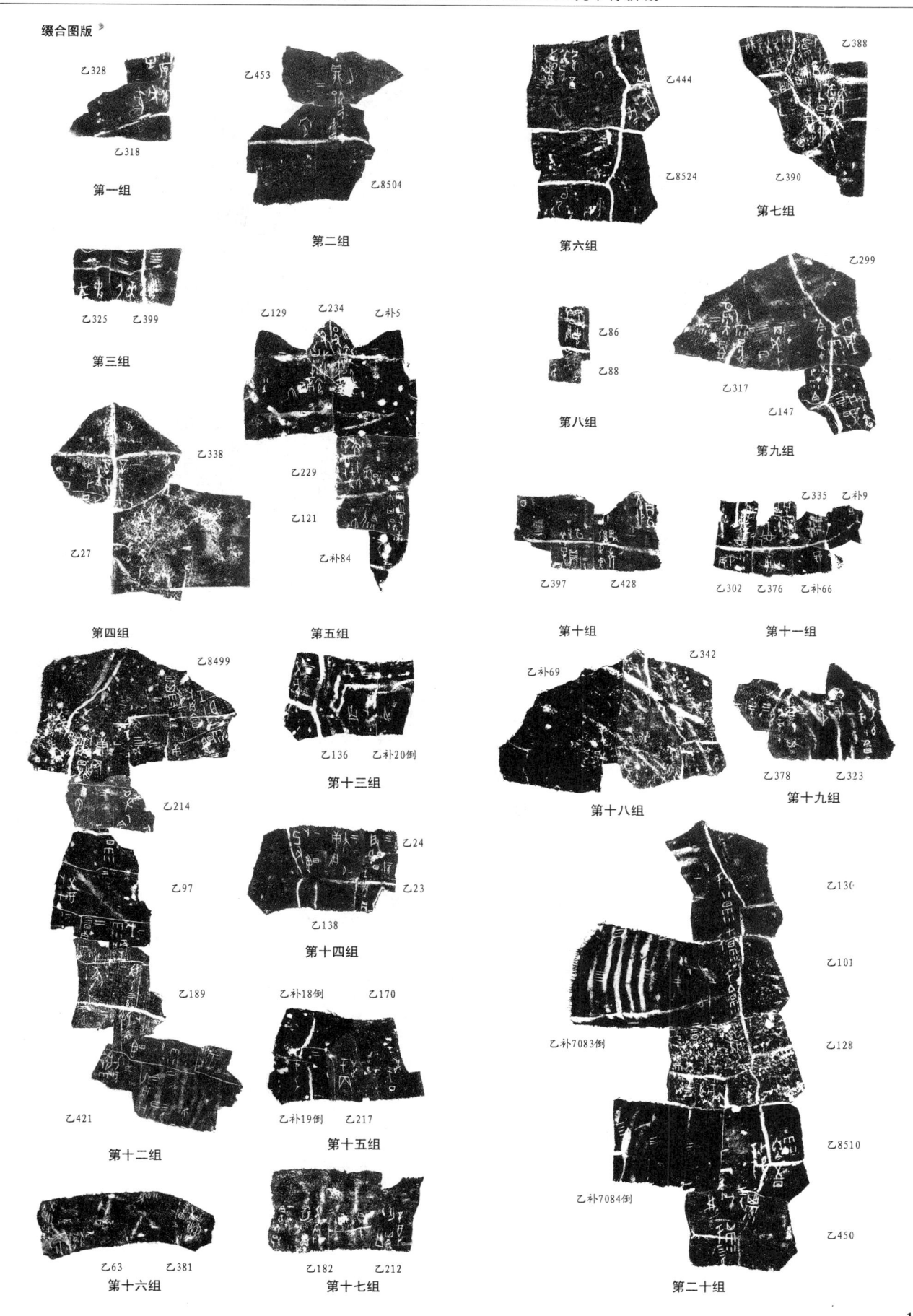

第一组: 乙328, 乙318

第二组: 乙453, 乙8504

第三组: 乙325, 乙399

第四组: 乙338, 乙27

第五组: 乙129, 乙234, 乙补5, 乙229, 乙121, 乙补84

第六组: 乙444, 乙8524

第七组: 乙388, 乙390

第八组: 乙86, 乙88

第九组: 乙299, 乙317, 乙147

第十组: 乙397, 乙428

第十一组: 乙335, 乙补9, 乙302, 乙376, 乙补66

第十二组: 乙8499, 乙214, 乙97, 乙189, 乙421

第十三组: 乙136, 乙补20倒

第十四组: 乙24, 乙23, 乙138

第十五组: 乙补18倒, 乙170, 乙补19倒, 乙217

第十六组: 乙63, 乙381

第十七组: 乙182, 乙212

第十八组: 乙补69, 乙342

第十九组: 乙378, 乙323

第二十组: 乙136, 乙101, 乙补7083倒, 乙128, 乙8510, 乙补7084倒, 乙450

第二十一组

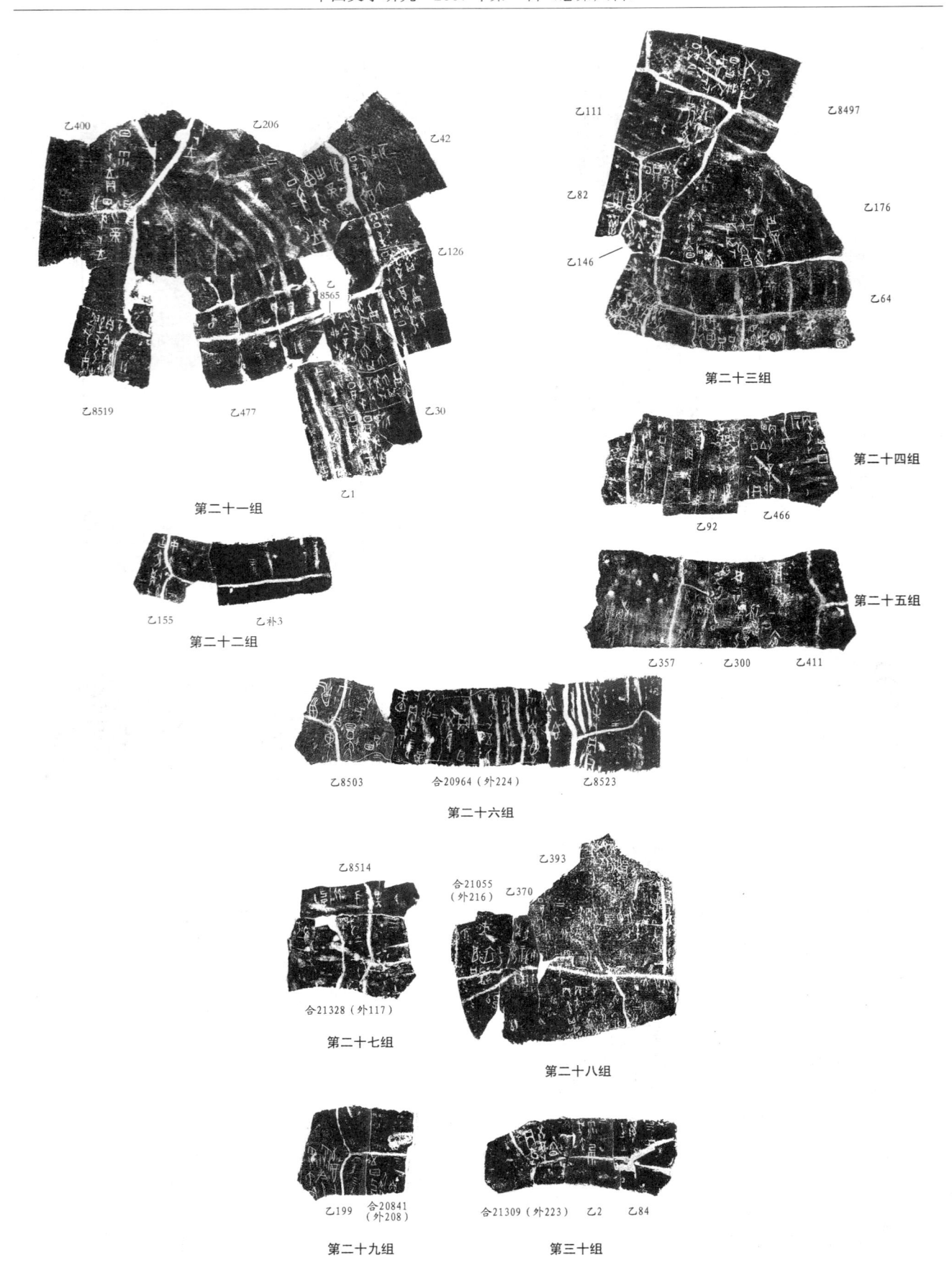

第二十二组

第二十三组

第二十四组

第二十五组

第二十六组

第二十七组

第二十八组

第二十九组

第三十组

殷墟村南系列甲骨缀合 4 组

刘风华

【摘　要】《小屯南地甲骨》188 和 220 版、《小屯南地甲骨》2634 正和 2638 版、《小屯南地甲骨》897 和 2851 版、《甲骨文合集》31079 和《甲骨文合集补编》09709 版可相缀合。其中前 2 例为历组卜辞，后 2 例为无名组卜辞。

【关键词】村南系列；甲骨；缀合；4 组

"殷墟村南系列甲骨"指的是出土于河南安阳殷墟小屯村南（含村中）的系列甲骨，"在王卜辞中，根据出土地的不同，又有村北系列和村中、南系列的分别。据目前的研究成果，自组为两系共同的起源，宾组、出组、何组、黄组为村北系列；历组、无名组、无名黄间类为村中、南系列"[①]。笔者在学习、整理村南系列甲骨卜辞的过程中，曾经缀合过甲骨 20 余组，新近又见 4 组甲骨可以缀合。其中前 3 例出自《小屯南地甲骨》（下文简称为《屯南》），即《屯南》188 和 220 版、《屯南》2634 正和 2638 版、《屯南》897 和 2851 版；末 1 例为《甲骨文合集》（下文简称为《合集》）31079 和《甲骨文合集补编》（下文简称为《补编》）09709 版。其中前 2 例为历组卜辞，后 2 例为无名组卜辞，第 3 例为遥缀。

一

《屯南》188 和 220 版的字体都属历组二类，二者可以缀合。

《屯南》220 版在上方，188 版在下方，请参考图一，图二为本文制作的摹本。《屯南》188 版的左上角有个残字，为跪跽人形的下部，《屯南》220 版的左下角有个"△"形偏旁，两部分合起来，为"令"字，"△"即"令"字所从的声符"今"字之残。卜辞中"令"字后常跟人名，"令"字下方有个残字，仅余部分偏旁"匕"字，而历组卜辞人物名字中含有"匕"字偏旁的唯有"皁"，此人是历组常见的军事将领。"皁"字下方残掉了部分骨版，顺"令皁"二字下行，有个"目"形，"目"形下方为"向（廩）"字。对比《合集》33237 版上内容：

（1）庚子卜：令𦎫省廩？

（2）叀令省廩？

（3）叀竝令省廩？

上文"𦎫"、"皁"、"竝"均为历二类卜辞中的常见人物。由此可推知缀合版中的"目"形为"省"字之残，该卜辞当为"……令皁省廩"。

《屯南》188 版中部竖行数字"……以羌父丁"，"以"字前有个字漫漶较甚，不过经过缀合，与《屯南》220 版下方中部的"丁卯卜：今日……"连读后，可知该字应该是个人名，是"以羌（即贡纳羌俘）"之人。卜辞省刻了"父丁"之前的"于"字，规范句型应为"某人以羌〔于〕父丁"。有了这个线索之后，再对漫漶的笔画仔细辨认，可知此字为"犾"，是历组常见的将领，卜辞常见其向商王贡纳羌俘，如：

甲辰贞：射犾以羌，其用自上甲，𠬝至于父丁，叀乙巳用伐册？（《屯南》0636）

丙申贞：射犾以羌，𠬝用自上甲？（《合集》32024）

【作者简介】刘风华，女，河南鹤壁人，郑州大学历史学院古文字学博士生。（河南　郑州　450000）

① 李学勤、彭裕商：《殷墟甲骨分期研究》，上海古籍出版社，1996 年。

这两条卜辞中的"凡"字是取祭牲的血祭于祖神的意思;"伐"字象以戈击人形首部,是一种杀牲法;"卌"字是数字"四十"的合文。这两条卜辞中射斧贡纳的都是羌俘,分别用作人牲,来祭祀上甲至于父丁或自上甲的先祖群体。

缀合图中"今日"和"斧"字之间间隔较大,可能还缺失一个"射"字,此辞似为:"丁卯卜:今日,〔射〕斧以羌,父丁?"卜辞省刻了部分内容,补足之后为:"丁卯卜:今日,〔用〕射斧以羌,〔于〕父丁?"意思就是今天是否可将射斧贡纳的羌俘作为人牲贡献给父丁。缀合版的释文为:

（1）丁卯卜:今日,〔射〕斧以羌,父丁?（一）
（2）叀𢀝……（一）
（3）癸巳卜:又(侑)羌、一牛?兹用。（一）
（4）……令皋省廪?（一）
（5）（一）

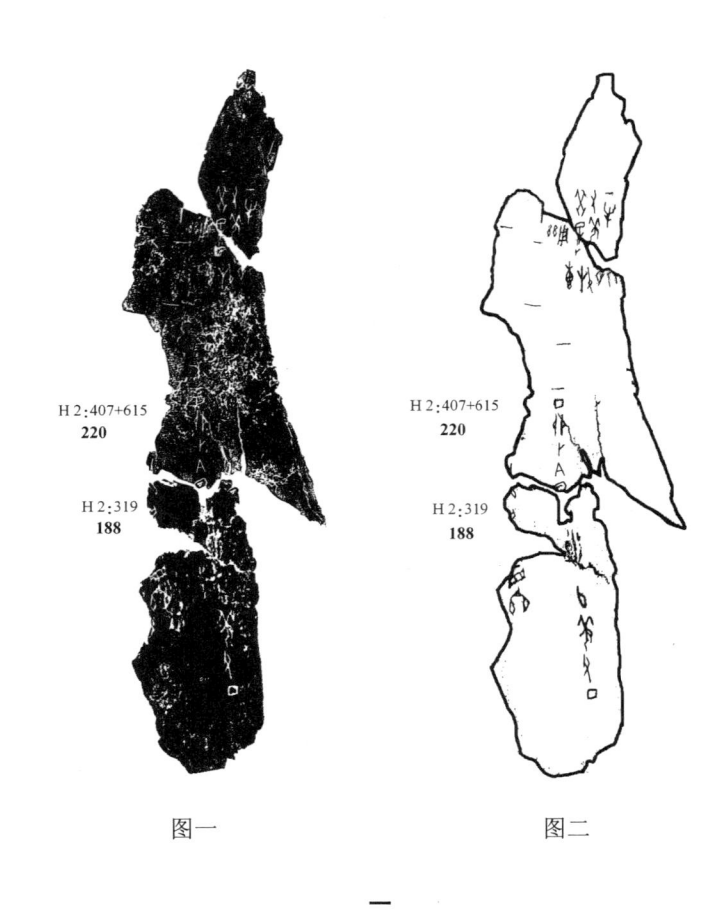

图一　　　　图二

二

《屯南》2634 正与《屯南》2638 版可缀合。

《屯南》2634 正上有 3 辞,骨版正中竖行一辞为"……或伐召方受又",另 2 辞残,其中骨版左上角的卜辞丢失,仅余一兆序"二";骨版右下方仅余一残字"召","召"下另有泐划,其左端为竖笔,上端似为短横笔,为"方"字之残,则此残辞为"……召方……"此版"召"字所从的"刀"字作直背形,这种写法历组一类较多见,结合该版字形多用折笔的特点,推知其属历一 B 类。

《屯南》2638 为一残版,近似三角形,其上仅有一个数字"二",此残版之边缘恰可与《屯南》2634 骨版左侧中上部的断骨边缘相连缀,二者密合无间,且此数字与后者左上角的兆序"二"竖行成列。

殷墟村南系列卜辞多用牛肩胛骨,很少用龟版进行占卜。牛肩胛骨有左右之别,殷人使用卜骨时将左肩胛骨骨臼之左侧切掉,右肩胛骨骨臼之右侧切掉。因为胛骨本身构造的原因,左肩胛骨之右侧较厚,右肩胛骨之左侧较厚，卜辞则多刻写于这些较厚的部位，又因这个部位断裂后通常呈条状，故称"骨条"。卜辞刻写于骨条上，其兆序则通常刻于卜辞内侧靠上方的位置，排列很整齐。骨条与骨臼分离之后，兆序和骨条上的卜辞相分离，故常见有些残版仅余成列的卜辞而不见其兆序，而有些丢失了骨条的残版骨边常留有一列排列整齐的兆序。此缀合版左侧的两个成列的兆序"二"，可能就是这样的。由此推测，此残版可能为某一右肩胛骨之残。

骨版《屯南》2634 正的背面为《屯南》2635 版，其上除了在骨版下端有两个并排的兆序"二"之外，另 2 条残辞为：

（1）……步自排于辔？
（2）辛巳卜……

第（1）辞中的"于"字为介词，卜辞中用于"……自……于……"的词组时，是"至于"即"到"的意思，"步自排于辔"就是"从排这个地方步，至于辔地"。陈炜湛先生曾指出，"卜辞'步'本指前往某处，或为征伐，或为其它"[①]，此版之"步"和卜骨正面"伐召方"即征讨召方有关。

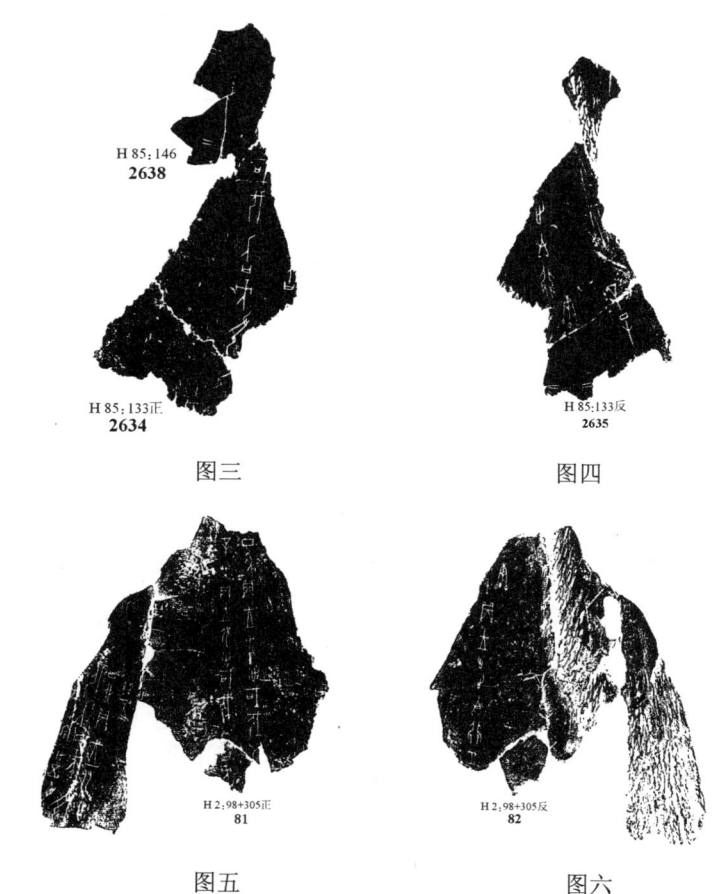

图三

图四

图五

图六

与《屯南》2634 正+2638 缀合版内容一致的卜辞另见《屯南》81、82，前者为骨版正面，后者为其背面，请参考图五、图六，前者之卜辞为：

（1）丁卯贞：王比沚□伐召方，受又？才（在）且（祖）乙宗卜。五月。兹见。（一）
（2）弜……（一）
（3）辛未贞：王比沚或伐召方……
（4）丁丑贞：王比沚或伐召……

《屯南》82 为背面，其卜辞为：

---

① 陈炜湛：《甲骨田猎刻辞研究》，广西教育出版社，1995 年。

(1) □午贞：王步自𦎫于㯱？

(2) 辛巳卜……

这一骨版的"贞"字，正面有⿵、⿵、⿵三形，方耳而两足不带短横，为历一类写法，该版之"未"字作"⿵"形，字形上部为"凵"形，两竖笔间用一平画相连，与历二类多作"⿵"形不同（《屯南》0228）；背面之"贞"字作"⿵"形，方耳而两足带短横，为历二 A 类典型字体。此版兼具历一和历二字体，属于历一向历二类过渡的卜辞。《屯南》2634 正+2638（正面）、2635（背面）和《屯南》0081（正面）、0082 卜（背面）内容一致，干支亦同，前者之兆序为"二"，后者之兆序为"一"，据蔡哲茂、林宏明先生所说，此 4 版为同文卜辞[①]。所谓"同文卜辞"，胡厚宣先生曾有论："殷人占卜，常常使用多块甲骨进行，占卜之后，每块甲骨，都刻上同样的卜辞，这样就出现了卜辞同文的例子。"[②] 李学勤、彭裕商先生曾指出，历组一 B 类和历组二 A 类"关系最为密切，二者有不少卜辞是同时所卜"，此为又一例证。

根据同文卜辞，缀合版释文为：

(1)〔辛未贞：王比沚〕或伐召方……

(2)〔丁丑贞：王比沚或伐〕召方……

(3)（二）

(4)（二）

三

《屯南》897 和 2851 版为无名组卜辞，此二者似可遥缀。

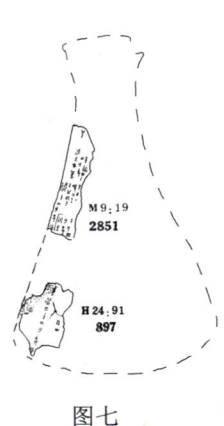

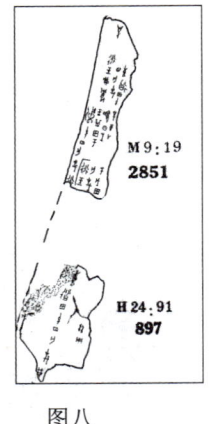

图七　　　　　图八

其于骨版的位置，可用图七来比方。此二者为某一右肩胛骨之残断，原本皆位于骨条之上，其中《屯南》897 位于骨条之下方，2851 位于骨条中上方。二者可缀合的原因如下：

首先，此二版的内容密切相关。其皆有"……叀徣田，屯日亡𢦏"一语，其中的"徣"字为田猎地名。

其次，字体联系紧密。此二版诸字之风格、结构毫无二致，如"叀"、"徣"、"屯"、"日"、"亡"、"𢦏"、"弗"字。其中"叀（⿵）"字类似无二类写法，但字形中部和底部笔画倾斜角度不太大，此类字体较少见；又如"徣"字有加和不加"彳"旁的两种写法，此二版皆用加"彳"旁的字体；"弗"字无一类多作相平行的横笔和竖笔交叉状（⿵，《屯南》0030），无二类多作两竖笔和"Z"形笔画交叉状（⿵，《屯南》2169），此二版皆为无一类写法，上述字形请参考图八。此二版应为同一刻手、同一时间的作品。

第三，此二版所用占卜术语别具特点。其皆有"屯日亡𢦏"一语，此语于卜辞中出现频率很低，村南系列甲骨中多为无名组一类卜辞使用（村北卜辞亦极少），目前仅见《合集》27751、《合集》28832、《屯

[①] 蔡哲茂：《甲骨缀合集》，台北：乐学书局，1999 年。林宏明：《小屯南地甲骨研究》，台北国立政治大学博士论文，2003 年。

[②] 胡厚宣：《甲骨文合集》序，见《甲骨文合集》第一册，中华书局，1979 年。

南》897、《屯南》1013、《屯南》2341、《屯南》2851、《英国所藏甲骨集》（下文简称为《英国》）2303 版用此语。除了可遥缀的《屯南》897 和《屯南》2851 二版之外，其他版从字体上看均为无一类卜辞，这些版中的特征字举例如下：

《合集》27751	（从）（亡）（日）（"叀"字之残）
《合集》28832	（于）（王）（亡）（戈）（擒）
《屯南》1013	（卜）（王）（其）（于）（庚）（辛）（日）（省）（亡）（戈）
《屯南》2341	（酉）（其）（不）（吉）（日）（亡）（戈）（翌）（叀）
《英国》2303	（其）（日）（王）（翌）（吉）

上述诸版中的"卜、不、于、吉、翌、日、其、王、亡、戈"等字，为典型的无一类字体；另外，上述诸版字体结构均不甚紧凑，书写风格较为稚拙，属于无一类风格。

《屯南》897 和 2851 二版亦均有"屯日亡戈"这一占卜术语，但其字形特征和书写风格与上述 5 版大不相同，该二版用右支"卜"字，通版字体结构谨严、风格秀逸，个别字与无二类接近，如 （翌）、 （叀）、 （日）。此二版均有"叀"字，该字写法与典型的无二类之"叀"字（ ，《屯南》0008 版）相似，但又有一定的差别，其字体底部和中部笔画向右上方倾斜，与典型无二字体相比，倾斜的角度较平缓。此种形体的"叀"字为数不多，现所见著录材料约有 50 例。如《合集》29504、28403、28789、28795、28669、28398、28372、27894、28712、29342、29255、27440、30950，《补编》08973，《屯南》227、693、715、763、888、897、2137、2851 等，这些版字体结构紧凑，书写风格严谨、整齐，与无二类接近。所有这些版中，仅有《屯南》897 和 2851 二版使用"屯日亡戈"这一占卜术语。这是此二版可相缀合的重要原因。

该二版缀合之后释文为：
（1）……叀徣田，屯日亡戈？弗……兹用。
（2）于戊田，亡戈？永王。
（3）辛酉卜：翌日壬王其田于淒，屯日亡戈？永□。
（4）叀徣田，屯日亡戈？永王。弗每。
（5）……擒？

四

《合集》31079 和《补编》09709 可缀合。

据蔡哲茂先生《甲骨缀合集》一书所列同文表之第 264 组，《合集》30325、30326 和 31079 为同文卜辞，皆属无名组。

上述 3 版同文卜辞内容如下：
（1）祖丁舌才弜，王受又？
（2）䕍宗，王受又？
（3）□去舌，于之若？（符号"□"表示卜辞缺一字）

《合集》30326：

（1）敝王受又？
（2）弜去舌，于之若？
《合集》31079：
弜去舌，于之若？

《合集》31079　《补编》9709　　《合集》30325　　　《合集》30326
　　图九　　　　　　　图十　　　　　　图十一

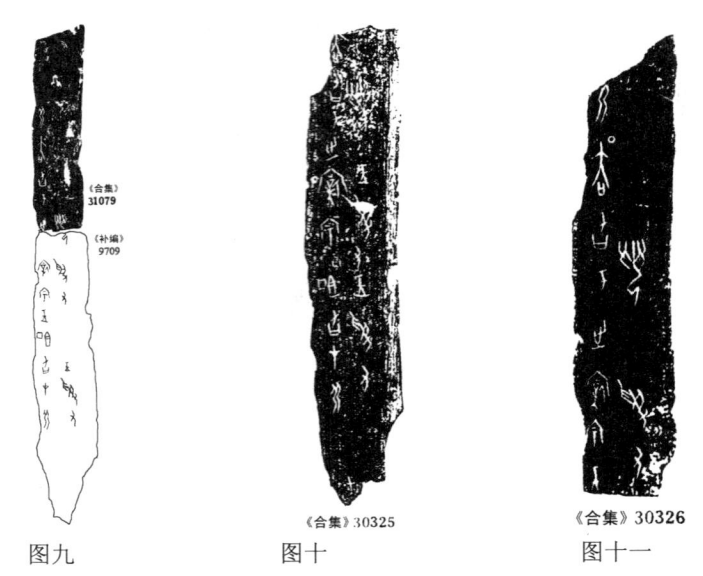

该组同文卜辞除了上述 3 版之外，还可补充《补编》09709（即《天理大学附属参考馆所藏甲骨文字》471 版），此版内容与该组同文卜辞一致，且亦为无名组卜辞。该版仅有 2 辞，内容为：
（1）祖丁舌才弜，王受又？
（2）敝宗，王受又？

村南系列甲骨中的同文卜辞，除了历组一类有屈指可数的几例 4 版甲骨或 5 版甲骨为一套的同文卜辞外，历组二类、无名组以 3 版为一套者多见；无名组不仅同文卜辞数量少，能够 3 版同文卜辞同时面世的数量更少，4 版同文卜辞者更是未见一例。上文蔡哲茂先生已经列举出此组同文卜辞中的 3 版，《补编》09709 是否为该组同文卜辞中的第 4 版呢？对于无名组卜辞来说，此种情况前所未有。此版是否会与前 3 版中的某一版为一版之折呢？此版顶部有一残断笔画，用折笔，呈不规则的"S"形，似为跽跪人形下部之残笔；而《合集》31079 版之底部有一"若"字，残缺下部所从跽跪的人形，其所缺的正是前者的残笔，二者合一，为一基本完整的"若"字（请参考图九）。缀合图中，《合集》31079 位于骨版上方，《补编》09709 位于下方，后者残泐较甚，故本文为其制作了摹本，即图九之下半部分。缀合版上部卜辞为"弜去舌，于之若"，其中的"于之若"是时代相近的村北何组与村南无名组常用的术语，多用于辞末，如：
弜饗，于之若？（《合集》27124）
弜巳祝，于之若？（《合集》27553）
弜烝，于之若？（《屯南》2345）
其奠危方，其祝囗，至于大乙，于之若？（《屯南》3001）

"于之若"意思似为"（采取某种行动）对此会是顺利的吗"，"之"为代词，指代商王所占卜、祈告的事情。

《补编》09709、《合集》31079 经过缀合之后，其内容与《合集》30325（图十）完全一致，二版之行款近同而略有差别，如处于卜骨中部的第二辞，缀合版作左 3 字（"敝宗王"）、右 2 字（"受又"）之行款，《合集》30325 作左 2 字（"敝宗"）、右 3 字（"王受又"）之行款。缀合版与《合集》30326 内容也有重合（图十一），该二版皆有"敝宗，王受又"一辞，且其行款一致，但"弜去舌，于之若"一辞不同，缀合版中"若"和"之"字齐平，《合集》30326 版"若"处于"之"字右上方。根据上述三者行款不同的情况亦可排除其为重复著录的嫌疑。缀合版释文如下：

（1）祖丁舌才弜，王受又？

（2）簝宗，王受又？

（3）弜去舌，于之若？

Rejoining of Four Pairs of Oracle Bones from Seriese Bones of Southland in Xiaotun Village

Liu Fenghua

（History Faculty of Zhengzhou University, Zhengzhou 450000, China）

Abstract: This article is about rejoining of four pairs of oracle-bones. The former three pairs are 188 and 220, the front side of 2634 and 2638, 897 and 2851. They are from *Oracle Bones from the Site of Southland at Xiaotun*（《小屯南地甲骨》）. The last pair is 31079 of *General Compile of Oracle Bones*（《甲骨文合集》）and 09709 of *Addendum of General Collection of Oracle Bones*（《甲骨文合集补编》）. And the former two pairs belong to Li Type（历组）, the next two belong to Nameless Foreteller Type（无名组）.

Key Words: Seriese of Oracle Bones from the Site of Southland at Xiaotun Village; oracle bones; rejoin; four pairs

金文的"臣"

赵 诚

【摘　要】 金文中的"臣"字与甲骨文构形相同，对这个字表示的基本意义学者们也大多不太生疏，因而一般的金文研究者对金文中的"臣"字所表示的词的用义不太在意，发现不多。本文将金文使用"臣"字的文句逐一观察、分析、排比，并结合传世文献和词义演化的一般规律，探索出"臣"字在金文中所使用的二十个义项。这些义项，有一些是新材料、新看法。从这些义项中可知金文中的"臣"字用义比较丰富。

【关键词】 金文；臣；词义

"臣"字在殷墟甲骨文写作 ᕁ（《甲骨文合集》5595）或 ᕀ（《小屯南地甲骨》2672），金文写作 ᕁ（《大盂鼎》）或 ᕁ（《臣辰卣》），构形相同，均象竖目之形。"臣"字为何写成这种形状，至今说法不一。目前大多数学者倾向于这一看法：人屈服时头向下俯则目竖，故以竖目之形表示。《说文·臣部》："臣，牵也，事君也。象屈服之形。"有学者据《说文》释义，认为臣本俘虏之称，因为囚俘人数不一，引之者必以绳索牵之，故名其事则曰牵，名其所牵之人则曰臣矣。但是，战俘并非都是臣服者，说臣之本义为俘虏实有可疑。也有学者以为，人头下俯也非竖目，因而指出"人首俯则目竖，所以象屈服之形"之说亦为牵傅许慎之说解，不可据。看来，"臣"字之构形为何如此尚可再研究。

金文的臣与甲骨文的臣构形相同。后代的演化脉络分明，并且是一个易识常用之字，而对这个字所表示的基本意义，学者们也大多不太生疏，因而一般的金文研究者对铜器铭文中的"臣"字所表示的词的用义不太在意，没有加以细心观察、深入分析，也就发现不多，没有引起足够的重视。为了使学术界对于金文的臣所表示的实际用义有一个比较全面的了解，以利于上古汉语词义发展史的研究，有助于探索周代尤其是西周和后代的臣在用义上的联系和细微差别，并在此基础上更好地认识社会发展和词义演化的关系，因将金文使用"臣"字的文句逐一观察、分析、排比，并结合传世文献和词义演化的一般规律加以比较、验证，特别撰成此文。从铭文可知，金文的臣用义比较丰富。

一、泛指奴隶。《大克鼎》："易（锡）女（汝）井家𤲚，田于埜，目（与）氒（厥）臣妾。"类似用义也见于传世文献。《书·费誓》："臣妾逋逃。"孔传："役人贱者，男曰臣，女曰妾。"有学者以为周代奴隶社会的臣是"家内奴隶"。从铜器铭文来看，臣妾连言之臣可能如此。这种臣，应是包括未婚和已婚者。《伊簋》："官𤔲康宫王臣妾百工。"百工指各种工匠。臣妾与百工对举而言，当指宫内奴隶，应与家内奴隶性质相近。

二、泛指奴隶。《廿七年上郡戈》："工隶（隸）臣積。"与工隶连言，当指做工的奴隶。隶臣，传世文献作臣隶。薛道衡《隋高祖文皇帝颂》："柳塞毡裘之长，皆为臣隶。"所不同的是，后代的臣隶近似于臣仆、奴仆，虽然也可以看成是奴隶，但与奴隶社会之奴隶不相等。有学者认为，金文"工隶臣"之臣是管理做工奴隶的小头目，可供参考。

三、指已成家的奴隶，也可以说是指奴隶家庭。《令簋》："姜商（赏）令贝十朋、臣十家、鬲百人。"《麦尊》："厌（侯）易（锡）者（赭）䵎臣二百家。"把以家为单位的奴隶用来赏赐，当是奴隶社会的特色。

以上三类臣，均指奴隶，本可以合并。但为了表明臣这个词在表示奴隶这一意义上于实际应用时尚有某些细微差别，也为了表明金文的臣和后代的臣在外延和内涵这两个方面都有着某些不同，所以分而列之，以便于探索、研究。

【作者简介】 赵诚，中华书局编审。研究方向：中国古文字学、中国音韵学、上古汉语词汇。（北京 100073）

四、泛指臣民。《邢侯簋》："菁井（邢）灰（侯）服。易（锡）臣三品：州人、俥人、𩊱人。"臣三品，指州、俥、𩊱三地之人。这个臣不宜看成是单指奴隶，应是指这三个地方所有的人众，包括奴隶、自由民和地方上的各级小官吏。从铭文可知，周王把这三个地方的人赐给邢侯，是让他来管理，也就是让邢侯的封地扩大，并非仅仅赐给他奴隶。臣的这种用法，发展到后代即用来指民众。《书·泰誓上》："受有臣亿万，惟亿万心；予有臣三千，惟一心。"《孟子·万章下》："在国曰市井之臣，在野曰草莽之臣，皆谓之庶人。"

五、从西周铜器铭文来看，当时的奴隶主贵族家庭以有血缘关系如祖、父、子、孙和有配偶关系如夫、妻等人为核心而组成，其他还附属有各种奴隶。因为家大、人多、事务繁杂，其间就有各种管理人员。为了区别，这些管理人员被称为臣。《曶鼎》："匡众氒臣廿夫。"这种臣有的可能是从奴隶中选（提拔）出来的优秀者，但已经不是原来意义上的奴隶。传世文献中有的臣用来指官吏，当由此发展而来，但与此有别。《礼记·礼运》："故仕于公曰臣。"

六、奴隶主贵族有臣，周王也有臣，称王臣，地位显然应比前者要高。《大盂鼎》："易（锡）女（汝）邦翤（司）四白（伯）、人鬲自驭至于庶人六百又五十又九夫；易（锡）尸（夷）翤（司）王臣十又三白（伯）、人鬲千又五十夫。"夷司王臣与邦司均称伯，地位似乎相当；从与奴隶（人鬲）称夫对举而言，显然是一种官员，应该是主管某一事务的官员。夷司王臣，当是主管夷族事务的官员。传世文献中的臣司，似与此有关，很可能是由此发展而来。《后汉书·陈忠传》："陛下每引灾自厚，不责臣司，臣司狃恩，莫以为负。"

七、《𣞑簋》："大（太）保易（锡）氒（厥）臣𣞑金，用乍（作）父丁尊彝。"铭文中的𣞑是太保之臣，得到了太保赏赐的铜，用来铸了这件祭器。太保是西周早期国王的辅弼重臣，曾是最高的执政大臣，地位显赫。而能得到太保赏赐之臣，当非一般官员。受到赏赐还能自铸铜器，很可能是一位贵族。把这两方面的情况综合起来看，上一条所讲的夷司王臣可以被赐给其他大臣，应是从奴隶中选拔出来的官员，而𣞑则是贵族出身的官员，地位当然有别。奴隶出身的臣和贵族出身的臣同时存在于西周，当时的臣也就会有身份上的差别，到了后代则基本无可以赐给其他大臣的臣，此当是金文的臣尤其是西周金文的臣的特色之一，也是和后代的臣不同之处。

八、《虡簋》："休朕匋君公白（伯）易（锡）氒（厥）臣弟虡井五采。"从铭文可知，匋君公伯是哥哥，是君，是诸侯国之君；虡是弟弟，是臣。这种臣和君有血缘关系，和以上所说的各类臣均有一定区别。后代皇帝的弟弟也自称臣，与金文的用法应该有继承关系。

九、《中䚂》："丝（兹）褱人入（纳）吏（使）易（锡）于琺王乍（作）臣。"派使者纳贡而作为臣，可能是降臣，也可能是因为周王强大为了表示友好而纳贡称臣。不管是哪一种，均与上述各类臣有别。这种前来称臣者，本是诸侯国的国君。看来当时的诸侯对于周王而言也当是称之为臣。臣的这种用义也见于传世文献。《诗·周颂·臣工》："嗟嗟臣工，敬尔在公。"郑玄笺："臣谓诸侯也。"

十、《师寰簋》："淮尸（夷）繇（舊）我貝晦臣。"如果仅从字面意义来看，居于淮河流域的部族淮夷本是周王的臣属之国，也就是说周是君，淮夷是臣。但是，参照其他铭文结合传世文献来看，事实可能并非如此。

1. 同时代的《兮甲盘》作"淮尸（夷）舊我貝人"，称人不称臣。

2. 铜器铭文明确记载淮夷曾进犯周王朝。《彔𢔀卣》："淮尸（夷）敢伐内国。"也肯定周王曾征伐淮夷。《翏生盨》："王征南淮尸（夷）。"

3. 传世文献的记载和金文基本吻合。《史记·周本纪》："召公为保，周公为师，东伐淮夷，残奄，迁其君薄姑。"《后汉书·东夷列传》："管、蔡畔周，乃招诱夷狄，周公征之，遂定东夷……后徐夷僭号，乃率九夷以伐宗周，西至河上。穆王畏其方炽，乃分东方诸侯，命徐偃王主之……厉王无道，淮夷入寇，王命虢仲征之，不克，宣王复命召公伐而平之。及幽王淫乱，四夷交侵，至齐桓修霸，攘而却焉。"足以说明周和淮夷之间的关系绝非君臣式的，而是敌对式的。从称人不称臣也可以感到这一点。那么，为什么《师寰簋》要称之为臣呢？臣在这里究竟是什么意思呢？比较合理的解释可能是：周王占领了中国主要的中原地区，自认为是中国真正的君主、国王，而各诸侯国以及周王势力尚未到达的各地区的部族均被认为是臣。这种观念反映在传世文献里就是所谓的"溥天之下，莫非王土。率土之滨，莫非王臣"。如果这种解释合理，则《师衮簋》所说之臣，只是自认为的臣，而不是实际上的臣。学术界把意动用法的词称为意动词，则把不是实际上的臣称为臣，当是意名用法，似可称之为意名词。

十一、一般意义上的君臣之臣，臣下之臣。《中山王壶》："燕君子哙，不顾大义，不忌诸侯，而臣宔（主）易位。"臣，本在下位；主即君主，本在上位，燕君子哙则使臣和君互换了地位，臣由下位变居于上位，所以被斥为不顾大义。这种实实在在的君臣观念和词义用法，传世文献习见。《左传·襄公九年》："君明臣忠，上让下竞。"

十二、用作动词，为臣事之义。《邢侯簋》："朕（眹）臣天子。"永远臣事天子。这种用法金文多见，也见于传世文献。诸葛亮《西戎》："地广形险，俗负彊很，故人多不臣。"这种用义的臣，也作臣事。《汉书·匈奴传下》："汉虽彊，犹不能兼并匈奴，奈何乱先古之制，臣事于汉，卑辱先单于，为诸国所笑。"从古汉语演化发展的现实来看，"臣事"之说当为后起。

十三、用作动词，有使之为臣之义，则为使动用法。《中山王壶》："为人臣而彶（反）臣其宔（主），不祥莫大焉。"反臣其主，反而使君主为臣。类似用义也见于传世文献。《战国策·秦策四》："欲以力臣天下之主，臣恐有后患。"臣天下之主，使天下之君主为臣。这种用义的臣，传世文献也作臣使。《荀子·王霸》："臣使诸侯，一天下，是又人情之所同欲也。""臣使"之说当是后起，却把"臣"本有使之为臣之义表现得很清楚。这一事实说明，古汉语某些词的发展演化，是为了表达得更明确而产生的。

十四、用作副词，有尽臣之力地、忠于臣职地之类的意义。《师鼎》："白（伯）大师武，臣保天子。"类似用义也见于传世文献。《书·康王之诰》："今余一二伯父，尚胥暨顾，绥尔先公之臣服于先王。"

十五、臣下对于君主的自称。《中山王壶》："将与吾君并立于世，齿长于会同，则臣不忍见施（也）。"这种用义也见于传世文献。《孟子·梁惠王上》："仲尼之徒，无道桓文之事者，是以后世无传焉。臣未之闻也。"

十六、用作姓。《臣卿鼎》："臣卿易（锡）金，用乍（作）父乙宝彝。"臣这个姓也见于传世文献。《万姓统谱·真韵》："臣，汉臣综，安东将军；唐臣悦，撰《隋平陈纪》。"或以为《臣卿鼎》为西周早期器。西周时的臣为氏族名，后来才演化为姓。也有的认为是君臣之臣，可供参考。

十七、用作人名。《公臣簋》："公臣拜頶首，敢扬天尹不显休，用乍（作）尊簋。"

十八、西周的臣与小臣可能有一定区别，但也有个别的臣是小臣之省称。如《臣辰父癸尊》作臣辰，而《小臣辰父辛尊》作小臣辰。最有力的证据是洛阳出土的几十件臣辰组器，有的就作小臣辰。

十九、用作小臣之臣。小臣就是职官名，始见于商代甲骨文。但是，被称为小臣者有的地位较高，有的地位较低，并不相同。西周的小臣主要出现在早中期铜器铭文，也有地位高低之别。《小臣守簋》："王吏（使）小臣守吏（使）于夷，宾马两、金十钧。"周王派遣小臣守出使，并赏给他马和铜，此当是周王手下的小臣，地位应该较高。《小臣单觯》："周公易（锡）小臣单贝十朋。"由周公赐贝，可能是周公属下的小臣。《小臣宅簋》："同公才（在）丰，令（命）宅吏（事）白（伯）父。白（伯）易（锡）小臣宅画册、戈九。"宅当是同公手下的小臣。《小臣静簋》："小臣静即吏（事），王易（锡）贝五十朋。"静应是周王手下的小臣。这些小臣可能职掌不同，地位也似有差别，但他们接受赏赐之后都因而自铸祭器，可能都是奴隶主贵族。《大克鼎》："易（锡）女（汝）史小臣、霝、龠（籥）、鼓钟。"这个小臣与几种乐器同时被周王赏赐给克，地位当然较低，也许这个小臣是从奴隶中选拔出来充当小臣吏者。东周时齐国的《叔夷钟》，铭文记载夷在追述先祖时提到"伊少（小）臣隹（唯）楠（辅）"，伊指商代成汤时的重臣伊尹。从词义的角度来看，金文中所使用的"小臣"，其所表示的内容，的确有相当距离。传世文献中也有"小臣"。《国语·晋语二》："骊姬与犬肉，犬毙。饮小臣酒，亦毙。"韦昭注："小臣，官名，掌阴事阴命，阉士也。"相当于后代的宦官。《周礼·夏官》："小臣，掌王之小命，诏相王之小法仪，掌三公及孤卿之复逆，正王之燕服位。王之燕出入，则前驱。大祭祀、朝觐、沃王盥。小祭祀、宾客、飨食、宾射，掌事如大仆之法。掌士大夫之吊劳。凡大事、佐大仆。"是协助大仆的宫内小官，共有"上士四人"，可见其职位之低。《礼记·礼运》："故政不正，则君位危。君位危，则大臣倍，小臣窃。"孔颖达疏："大臣谓大夫以上……小臣，士以下。"地位更低。传世文献关于小臣的解释虽有某些出入，但总起来看，有两点基本可知：或在王宫，或地位低下。与金文所说的小臣实在是不相当。传世文献所说的小臣与金文的小臣肯定有一定关联，但不宜仅用传世文献的小臣来解释金文的小臣。

二十、用作虎臣之臣。虎臣，从铜器铭文来看，有两种用义：一指勇猛善战的武将，为职官之名。《毛公鼎》："命女（汝）𤔲（司）公族，雩参（叁）有𤔲（司）、小子、师氏、虎臣，雩朕褻吏（事）。"二指慓悍精锐的武装部队，可用于保卫，也可用于征伐。《𢦏方鼎》："王用肇吏（使）乃于𢦏率臣御（禦）淮戎。"传世文献有虎臣，主要用义也有两种。一用作职官之名。《书·顾命》："乃同，召太保奭、芮伯、彤伯、毕公、卫侯、毛公、师氏、虎臣、百尹、御事。"孔传："虎臣，虎贲氏。"《周礼·夏官》："虎贲氏掌先后王而趋以卒伍。军旅、会同亦如之。舍则守王闲。国有大故，则守王门，大丧亦如之。及葬，从遣车而哭。适四方使，则从士大夫。若道路不通有征事，则奉书以使于四方。"可见虎臣主要为执掌保卫国君及王宫、王门之官员，但不担负征伐之事。二指英勇威武的臣子。《诗·鲁颂·泮水》："矫矫虎臣，在泮献馘。"郑笺："矫矫，武貌。"虎臣，指如猛虎的武将，是形容，是泛指。金文的虎臣指慓悍的部队，加入这一部队者必是勇武之士，由此引申而发展为文献所用之义，应该是很自然的现象。由此可知，上古的虎臣和后代的虎臣，两者之间有联系，有引申，但并不等同。

上列二十个义项，有一些是新的材料、新的看法。由于铜器铭文材料太多，难免有疏漏之处。金文"臣"的某些用义传世文献未见，或与传世文献不完全相同，仅据同类文例比较，依铭文文意参以有关文献据理推断，难免有不妥帖的地方，均望方家指正。

【参考文献】
[1] 孙诒让. 古籀拾遗, 古籀余论.
[2] 杨树达. 积微居金文说（增订本）.
[3] 郭沫若全集考古编.
[4] 于省吾主编. 甲骨文字诂林.
[5] 周法高主编. 金文诂林.
[6] 周法高编撰. 金文诂林补.
[7] 李孝定. 金文诂林读后记.
[8] 中国社会科学院考古研究所编. 殷周金文集成.
[9] 刘雨，卢岩编. 近出殷周金文集录.
[10] 钟柏生，陈昭容，黄铭崇，袁国华编. 新收殷周青铜器铭文暨器影汇编.
[11] 唐兰著. 西周铜器铭文分代史征.
[12] 陈梦家. 西周铜器断代.
[13] 马承源主编. 商周青铜器铭文选.
[14] 陈初生编纂. 金文常用字典.
[15] 周何总编. 青铜器铭文检索.
[16] 张亚初编著. 殷周金文集成引得.
[17] 华东师范大学中国文字研究与应用中心编. 金文引得.
[18] 刘志基，臧克和，王文耀主编. 金文今译类检.
[19] 容庚编著. 金文编.
[20] 陈汉平著. 金文编订补.
[21] 董莲池著. 金文编校补.
[22] 戴家祥编. 金文大字典.
[23] 严志斌主编. 四版《金文编》校补.
[24] 中华书局影印本. 十三经注疏.
[25] 丁福保编纂. 说文解字诂林.

[26] 王念孙著. 广雅疏证.
[27] 宗福邦，陈世铙，萧海波主编. 故训汇纂.

The Character "臣" in Bronze Inscriptions

Zhao Cheng

(Zhonghua Book Company, Beijing 100073, China)

Abstract: The formation of character "臣" in bronze inscriptions is the same as that in oracle bone writing, and the basic meaning of it is familiar. So scholars did not pay much attention to its usage. Combining the coming down documents and the general laws of evolution of word meaning, this article studied all the sentences containing character "臣", and found 20 terms of meaning of character "臣" in bronze inscriptions. Some of these terms of meaning are new views based on new materials. Through the study we know that the meaning of character "臣" is plentiful in bronze inscriptions.

Key Words: character "臣"; bronze inscriptions

金文的"年"

罗卫东

【摘　要】 本文依据现存金文材料，描写了"年"的形体演变轨迹，进而分析"年"字呈现出多条演进序列的原因。依据"年"的构成成分及其位置，辨析"年"的形义关系。分别举例说明"年"在铭文中的各项意义。

【关键词】 年；形体；演变；形义关系

"年"在甲骨文中的形体多写作㫋，由人与禾构成。《说文解字》解释"年"的小篆形体结构："从禾千声。"那么"年"字是怎样从"人加禾"演变为"人与千"，又是如何演变为如楷书"年"结构的呢？金文的"年"形完整地展示了这一变化轨迹。笔者依据现存铜器铭文材料[①]，穷尽性地统计了"年"的各种形体，描绘出该字形体演进的序列。"年"在金文中出现的频率，约 1459 次。"年"的构形以及书写形式在金文中呈现出繁复样式，逐一分析字形后，我们将"年"的金文形体划分为以下几类：

1. "人"与"禾"构成，此字形约 1079 例。字例如下：

　　㫋00631[②]　　㫋00027　　㫋00029　　㫋02699　　㫋02653　　㫋05341

从时间方面分析，此字形出现在西周早期铜器上，直至战国时期铜器；从空间方面分析，此字形出现在各个地域；从器物形制看，大多数铜器种类上都出现过此字形。

2. "人"与"禾"构成，人形中有一点，此字形约有 37 例。字例如下：

　　㫋00946　　㫋02585　　㫋02632　　㫋02692　　㫋04219

此字形的时间分布统计如下：

西中	西晚	春秋	春早	春后	战国	战中	战晚
2	13	7	8	2	2	2	1

铸刻该字形的铜器分别属于以下国家：蔡、郜、陈、申、齐、鲁、郑等，另外尚有部分国别不明的器物。著录该字形的铜器类别是：鼎、簠、壶、瓶、盘、匜、盂、戈、簋、盨等。

3. "禾"与"千"构成，此字形约有 81 例。字例如下：

　　㫋00102　　㫋02430　　㫋02603·1-2　　㫋02608　　㫋02611·1-2

此字形的时间分布统计如下：

西晚	春秋	春早	春后	战国	战早	战晚
11	6	7	2	22	5	28

铸刻该字形的铜器分别属于以下国家：陈、虢、戴、梁、齐、曾、郘、毛、楚、汤、中山、晋、秦、燕、郑等，另外尚有部分国别不明的器物。著录该字形的铜器类别是：鼎、簠、壶、簋、盘、匜、盆、量、权、戈、矛、剑、钺、车器、车軎等。

4. "禾"与"壬"构成，此字形约有 46 例。字例如下：

【作者简介】 罗卫东，女，四川南充人，北京语言大学人文学院副教授，文学博士，主要从事汉字研究。（北京 100083）

① 本文材料统计范围为中国社会科学院考古研究所编《殷周金文集成》，中华书局，1984—1995 年；刘雨、卢岩编著：《近出殷周金文集录》，中华书局，2002 年。同时参见张亚初编著：《〈殷周金文集成〉引得》，中华书局，2001 年。

② 此数字为著录该字形器物在《殷周金文集成》中的编号，若为《近出殷周金文集录》所收器物，则在数字前加"*"号区别。

￼00180　￼00245　￼02592　￼04566　￼04568　￼00261·1

此字形的时间分布统计如下：

春秋	春早	春晚	战国	战晚
8	5	31	1	1

铸刻该字形的铜器分别属于以下国家：鲁、齐、邾、簠、楚等，另外尚有部分国别不明的器物。著录该字形的铜器类别是：盘、簠、壶、鑐、匜、盂、戈、钟、镈等。

5．禾，此字形约有23例。字例如下：

￼02484　￼02461　￼03718　￼03723

此字形的时间分布统计如下：

西中	西晚	春秋	春早	战国	战早	战晚
2	3	3	3	6	1	5

铸刻该字形的铜器分别属于以下国家：番、曾、黄、奊、蔡、燕、陈等，另外尚有部分国别不明的器物。著录该字形的铜器类别是：鬲、簠、盘、盂、鑐、匜、戈、钺、弩机等。

6．"禾"与"土"构成，此字形约有4例。字例如下：

￼10453　￼11325B

此字形的时间分布统计如下：

战国	战晚
3	1

铸刻该字形的铜器国别未定，疑是燕国器物，其中二器（11325、11916）为河北易县出土。战国文字中燕系文字的"年"正沿袭了此字形[①]。著录该字形的铜器类别是：锥形器、戈、铜铤、距末。

7．从禾、从十，此字形约有20例。字例如下：

￼02701·2　￼11338·1

此字形的时间分布统计如下：

春秋	战国	战早	战晚
1	9	3	7

铸刻该字形的铜器分别属于秦、楚等国家，另外尚有部分国别不明的器物。著录该字形的铜器类别是：鼎、壶、盆、戈、戟、剑、钺等，其中15件是兵器。

8．加"厂"之简省形，约4例。字例如下：

￼11717

这四器2240、11681、11717、*1177都属于战国晚期，国别不详，出土地点在今山西等地。器物类别为：鼎、钺（2）、戈。

9．"年"形，一例。字例如下：

￼*1244

此字形出现在战国后期的"廿四年莒阳斧"上。
此字形不见于收集金文字形的各文字编。
另有残缺字形约164例。

金文中异构字（即记录同一音义的不同形体结构）数量多，异写字（即同一形体结构的不同书写样式）也大量存在，"年"字就体现了这一特点。上面我们归纳了"年"的九种异构字，每一个"年"的异构字

---

① 详见何琳仪：《战国古文字典》，第1143页，中华书局，1998年。

同时存在大量的异写字，以"人加禾"这一个"年"字为例，其书写形式多样，有的用线条表示禾穗，有的用圆点体现其饱满的形态，字形正向、反向无别。有的"年"字人形和禾穗下垂方向同向，有的字可以是禾穗垂向左、人形向右或者相反，例如：

　　　02699　　　05341　　　00030　　　00941　　　02584　　　02640　　　02655

从搜集到的字例看，人形和禾形有紧密连接的，也有分开的，例如：

　　　04538　　　04304·1—2　　　02552　　　02437

这一形体结构的"年"既有装饰性较强的字形，也有刻写简略的字形，例如：

　　　00122　　　02590　　　04074　　　04271　　　02557　　　02413　　　10258

大量的金文资料为描绘"年"的形体演变轨迹提供了可能。依据"年"的不同异构字出现的时间先后以及分布空间的不同，我们可以看到，金文的"年"演进序列是：

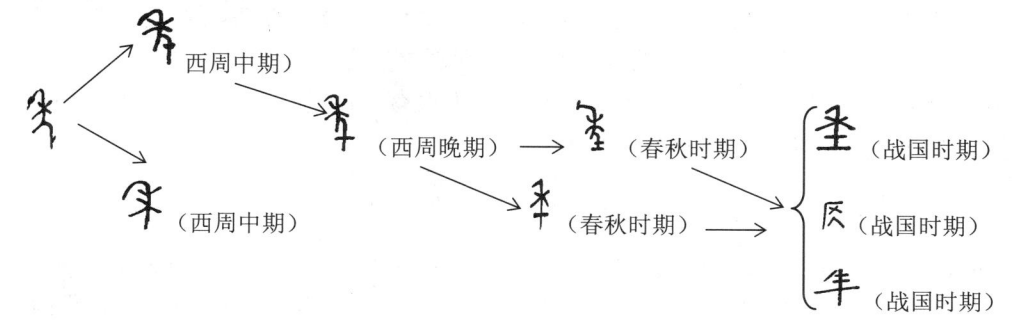

（演变序列图：西周中期 → 西周晚期 → 春秋时期 → 战国时期）

过去因资料不足，人们对"年"字金文形体的描写有遗漏，《汉语大字典》仅收录了 　、　、　这几个形体结构。而上列图表较完整地呈现了金文"年"的形体演变。

新材料的发现弥补和校正了以前学者对"年"形体演变先后顺序的认识，例如董作宾先生认为："按金文卜辞（年）皆从人不从千，金文有从壬者　齐侯壶，知当为壬或人声，从千乃壬之省变。"①而西周晚期已经出现了　，从现有材料看，它早于　形，从千之形并非　的"省变"。李孝定也曾指出："从壬乃从千所衍变，从千则从人所衍变，古文字每增横画，无义。"②我们描写的金文"年"演变轨迹的一段与这一分析吻合。

影响金文"年"多方向演进的因素很多。首先是由于汉字体系在不同历史层面的发展趋势和特点所致，西周金文早、中期象形程度较高，常常出现团块状的铸迹，例如　，用圆点突出人身体中间部位。而从西周金文中后期开始，出现线条化、平直化的趋势，　形出现，圆点变为直线。西周时期另一"年"字形体　则体现了汉字简易化的发展趋势，省去"人"形。甲骨文中大部分"年"的形体由"人加禾"构成，后来也出现了用"禾"代表"年"的形体。叶玉森指出："契文季字并不从千，似状禾下见根形，禾孰则犁其根。根见则一年尽，即季之初谊。"③"禾加千"的"年"发展到春秋时期，因为省简求易，出现了　这一形体，　演进为　后，"千"的形体与"年"的意义无关，《说文解字》把"千"定为"声符"，它只是提示声音。"从统一走向分裂，是春秋时期的总趋势"④，不仅政治上，在文字上也体现出不同区域具有不同特色。铸造铜器在这一时期不再是周王室的特权，因此春秋金文也不像西周金文那样规范。春秋时期出现的"年"的两个形体，就体现了各自的地域特征，　形仅出现于鲁、齐、邾、簋、楚等国器物上，而　形仅见于秦、楚等国器物，其他国家仍使用　及其变体。前辈学者已经对这一现象有所阐述，例如闻

---

① 董作宾：《卜辞中所见之殷历》，转引自于省吾主编：《甲骨文字诂林》，第1438页，中华书局，1996年。
② 详见于省吾主编：《甲骨文字诂林》，第1439页，中华书局，1996年。
③ 叶玉森：《说契》，载《学衡》第三十一期，转引自《古文字诂林》第六册，第641页，上海教育出版社，2003年。
④ 李学勤：《东周与秦代文明》，第5页，文物出版社，1991年。

宥在《古陶文畚录序》提到"如年字，金文多作🔾，人声。与甲文同。惟齐镈作 🔾 ，齐侯盘、齐侯壶作🔾，夆叔盘（出山东滕县）作🔾，知其后有若干地域演为壬声"①。不过🔾形的下部并非与"人"音近的"壬"②，而是"壬"（tǐng），由"人"和"土"构成，会"人"挺立于"土"上之意。战国时期铜器铭文较前几个历史时期要随意、草率一些，常常是直接刻写在铜器上，为了刻写的快捷，往往简省形体，例如出现了将🔾省为"土"的🔾形，也有简化为抽象符号的🔾，还出现了与隶书、楷书"年"形相似的🔾。即使是"人加禾"这一形体，也被简省为🔾。

对于🔾的形义关系的解释，前人的观点分为以下三类：

1. 从禾从人。孙海波认为"此殆象禾成熟而人刈其下，秋收冬藏，岁终之事也，故人负禾曰年"③。叶玉森认为"又疑以人戴禾，初民首部力强，禾稼既刈，则捆为大束，以首戴之归"④。

2. 从禾人声。《甲骨文字诂林》在"年"字下的编者按语曰："'年'象人戴禾之说，纯属臆测。小篆为从'禾''千'声，而契文皆从'人'，而'千'与'人'实本同音。"

训诂学者⑤指出："《说文》'年'字'从禾千声'，由于二字同在真部，一直到清代的《说文》学者都没有怀疑'千声'。但'年'古音泥纽，'千'古音清纽，'千声'实有问题"，"'千声'实为'人声'，'人声'即'仁声'，'仁'谓被包在壳中的实，'年'谓谷粒饱满即有仁。'大有年'即谷粒'大有仁'"。

3. 从禾从人，人亦声。容庚认为"年，从禾从人，人声。《说文》非"⑥。

检视收集到的所有金文"年"字，有1295例字形清晰，其中仅有一例是左右结构，即西周中期的敔簋盖（*0483），字例以及在铭文中出现的位置分别如下：

🔾（年）　　　🔾（万年寿）

因为器物空间有限，而将"年"铸刻为左右结构。这一数据表明："禾"与其下的构成成分位置是固定的，尤其是"人"与"禾"，裘锡圭指出"偏旁之间的位置关系在表示字义上有重要的作用"⑦，我们有理由推断，"人"在"年"形中具有表意作用。因此容庚先生认为"年"是会意兼形声字。何琳仪也分析为"从禾，从人，会人负禾谷丰收之意。人亦声"⑧。这一观点可从。

"年"在铜器铭文中常用的词义有：

1. 时间单位，分四季十二月，即纪岁之"年"。可以指具体的某一年，例如：

02796《小克鼎》："遹正八师之年。"

02798《小克鼎》："唯王廿又三年。"

04047《□贮簋》："追以六师之年。"

"年"也可以泛指时间，多用于成语及固定结构中，例如：

00261《王孙遗者钟》："万年无諆。"

02691《戜叔朕鼎》："万年无疆。"

00647《王伯姜匜》："万年永宝用。"

其他还有"眉寿万年"、"万年眉寿"、"万年永宝"、"万年日鼓"、"万年凤夜奔走"等。

2. 人名。例如：

03579《年姒簋》："年姒乍用簋。"

---

① 参见周法高主编：《金文诂林》，第4510页，香港中文大学，1975年。
② 在上古音中，"人"属于真部、日纽，"壬"属于侵部、日纽。真、侵旁转。
③ 参见李圃主编：《古文字诂林》，第641页，上海教育出版社，2003年。
④ 于省吾主编：《甲骨文字诂林》，第1438页，中华书局，1996年。
⑤ 笔者曾就此问题向黄易清师兄（北京师范大学中文系教师）请教，他讲述了上述观点。
⑥ 参见李圃主编：《古文字诂林》，第641页，上海教育出版社，2003年。
⑦ 详见裘锡圭：《文字学概要》，第128页，商务印书馆，1988年。
⑧ 详见何琳仪：《战国古文字典》，第1143页，中华书局，1998年。

04272《望簋》："王呼史年册命望。"

3. 收成。例如：

*0010《子範编钟》："丧厥师，灭厥年。"

上列金文"年"的用义和"年"在甲骨卜辞中的意义有一些区别。甲、金文中"年"都可以用作"人名"、"收成"义，但是"年"在甲骨文中还用作"祭祀"义，吴其昌指出"卜辞有曰'其年父庚'，此'年'字不以祭祀解之决不可通"[1]。甲骨文的"年"用作"纪时"的很少，陈梦家指出卜辞的"年"一是指"收获"，例如"受年"、"有年"等，一是指"若干个收获季节"，例如"至今十年有五，王丰"[2]。据《尔雅·释天》："载，岁也。夏曰岁，商曰祀，周曰年，唐虞曰载。"郭璞注："岁，取岁星行一次；祀，取四时一终；年，取禾一熟；载，取物终更始。"邢昺疏："年者，禾熟之名，每岁一熟，故以为岁名。"金文中的"年"大部分用于纪时，据笔者统计，不用于纪时的"年"仅数例。而金文中也用"祀"、"岁"等词纪年，例如：

02830《师𩛥鼎》："唯王八祀正月。"

04214《师遽簋盖》："唯王三祀四月。"

10166《鲜盘》："唯王卅又四祀。"

02390《徐子氽鼎》："百岁用之。"

10171《蔡侯盘》："千岁无疆。"

12110《鄂君启车节》："大司马昭阳败晋师于襄陵之岁。"

统计"年"以及金文中其他和纪年相关的字有益于分析、研究先秦纪年法，这一问题有待另文撰述。

The Character "年" in Bronze Inscriptions

Luo Weidong

(Humanities and Social Department, Beijing Language and Culture University, Beijing 100083, China)

Abstract: This text described the form of the "年" changeable track, according to Bronze Inscription materials which are saved now, then analyzing the "年" character present the reason of several evolutions preface row. According to composing composition and its positions of the "年", analyze the relations of form and meaning of the "年". Illustrate with example the "年" respectively in Inscription of various meanings.

Key Words: 年; form; change; the relations of form and meaning

---

[1] 吴其昌：《殷虚书契解诂》，转引自《甲骨文字诂林》，第 1438—1439 页。
[2] 详见于省吾主编：《甲骨文字诂林》，第 1439 页，中华书局，1996 年。

西周金文"讯"字解

王 晶

【摘 要】 通过对西周铭文资料的整理和研究,我们认识到"讯"字在西周金文中做名词时,当"生俘"讲;做动词时,当"问"讲,又根据文例而译成"审问"或"询问"。

【关键词】 西周;金文;讯

西周金文中有字作 ![字], 隶作"嚃", 薛尚功释为偞; 张石瓿释为击; 徐同柏释为諴; 刘心源释为纬; 孙诒让释为絇, 假借为拘; 陈介祺释为讯, 方濬益、吴大澂、王国维、张日昇从之[①]。

通过对西周金文资料的整理与研究,我们发现"嚃"字出现在以下器物中,应以释"讯"为是。按照用法的不同可将其分作两组:

第一组:、、、、、![字]/、/、、、、、、、。

第二组:、![字]/、、、、、![字]、、。

第一组均是军事铭文,"讯"均用作名词,作"生俘"讲。这一组中"讯"绝大部分与"执"连用,"执讯"构成动宾词组。另外在《十月敔簋》中有一例是"告擒諴百,讯卌",是"擒"与"讯"搭配。在《多友鼎》中有一例是"献俘諴讯",是"献"与"讯"搭配。《诗·小雅·出车》:"执讯获丑,薄言还归。"朱熹集传:"讯,其魁首当讯问者也。"[②]《礼记·王制》:"出征,执有罪,反,释奠于学,以讯諴告。"郑玄注:"讯諴,所生获、断耳者。"孔颖达疏:"以生获解讯,以断耳解諴。按《释言》云:'讯,言也。'故《诗》注云:'执其可言问者。'《释诂》云:'諴,获也。'讯是生者,諴是死而截耳者。"[③]王国维:"从糸,从口,执敌而讯之……首谓首级,讯谓俘虏。《易》曰:'有嘉折首。'《诗》曰:'执讯获丑。'又曰:'执讯连连。'"[④]文例如下:

1. 获諴百,执讯二夫。(戜簋)
2. 舁畀其井,师同从,折首执讯。(师同鼎)
3. 汝以我车宕伐玁狁于高陶,汝多折首执讯,戎大同,从追汝,汝伋戎大敦,汝休,弗以我车陷于艰,汝多擒,折首执讯。(不嬰簋、不嬰簋盖)
4. 师袁虔不坠,夙夜恤厥将事,休既有功,折首执讯。(师袁簋)
5. 长榜载首百,执讯卌,夺俘人四百,罟于荣伯之所,于惄衣肄,复付厥君。唯王十又一月,王格于成周太庙,武公入佑敔,告擒諴百,讯卌,王蔑敔历,使尹氏授釐敔。(十月敔簋)
6. 王征南淮夷,伐角、津,伐桐、遹,翏生从,执讯折首。(翏生盨)
7. 丕显子白,壮武于戎功,经维四方,搏伐玁、狁,于洛之阳,折首五百,执讯五十。(虢季子白

【作者简介】 王晶,女,吉林德惠人,广东嘉应学院中文系讲师,中山大学中文系博士研究生,主要从事古文献学、古文字学研究。(广东 广州 510275)

① 周法高:《金文诂林》第3册,第1247—1253页,香港中文大学出版社,1974年。
② 朱熹:《诗集传》,第108页,上海古籍出版社,1958年。
③ 阮元:《十三经注疏》上册,第1333页,中华书局,1980年。
④ 王国维:《王国维先生全集》(初集第十一册),第4935页,大通书局,1976年。

盘）

8．唯五年三月既死霸庚寅，王初格伐㺇、狎狁于䣎盧，今甲从王，折首执讯，休亡愍。（今甲盘）

9．甲申之辰，搏于郲，多友有折首执讯：凡以公车折首二百又□又五人，执讯廿又三人，俘戎车百乘一十又七乘，卒复笋人俘。又搏于龏，折首卅又六人，执讯二人，俘车十乘，从至。追搏于世，多友又有折首执讯，乃轍追，至于杨冢，公车折首百又十又五人，执讯三人，唯俘车不克，以卒焚，唯马驱尽。复夺京师之俘。多友乃献俘馘讯于公，武公乃献于王。（多友鼎）

10．侯苏折首百又廿，执讯廿又三夫，王至于匍城，王亲远省师，王至晋侯苏师，王降自车，位南向。（晋侯苏钟丙）

11．入，折首百，执讯十又一夫。王至。（晋侯苏钟戊）

12．遹逐之，晋侯苏折首百又十，执讯廿夫，大室小臣车仆折首百又五十，执讯六十夫，王唯返，归在成周。（晋侯苏钟A）

13．汝执讯获馘俘器车马。（卌二年逨鼎）

第二组"讯"字出现在册命和争讼类铭文中，作"问"讲，《说文》："讯，问也。从言，卂声。䛇，古文讯。""讯"在铭文中做动词，有审问和询问两种含义。文例如下：

1．正乃讯厉曰："汝贾田否？"（五祀卫鼎）

2．讯讼，取遗五锊。（扬簋）

3．讯讼罚，取遗五锊。（𤼈簋）

4．勿使暴虐纵狱，爰夺庶行道，罙（厥）非正命，乃敢疾讯人，则唯辅天降丧，不[盠]唯死。（盠盨）

这四例中"讯"都表示"审问"。张日昇："嚣字字形讹变最剧烈，然存于兮甲盘之𡄹则尚可推见其造字之朔义。𢀡象以绳（糸）反缚战俘双手于背后之形，下作中非女字，乃𡳿（止）之讹变。……嚣字从口，盖取审问之义。"[①] 第一例是争讼类铭文，审问的宾语是贾田者"厉"。其他三例是册命类铭文：第二例、第三例审问的宾语是"讼"，泛指争讼案件；第四例审问的宾语是"人"，泛指百姓。

5．王若曰：牧，昔先王既命汝作司土，今余唯或餀改，命汝辟百寮，有炯事包乃多乱，不用先王作型，亦多虐庶民，厥讯庶右邻，不型不中，乃侯之籍，以今饎司服厥罪厥辜，王曰：牧，汝毋敢弗帅先王作明型用，雩乃讯庶右邻，毋敢不明不中型，乃毌政事，毋敢不尹人不中不型，今余唯申就乃命。（牧簋）

6．讯小大又邻，取遗五锊。（趞簋）

7．余既讯，我考我母令，余弗敢乱。（五年琱生簋）

8．余告庆，余以讯有司，余典敢封，今余既讯，有司曰：厓令。（六年琱生簋）

这四例中"讯"都表示"询问"。第五例、第六例是册命类铭文：第五例询问的宾语是庶、右、邻[②]，刚好就是《周礼》的万民、群吏、群臣[③]。第六例询问的宾语是又[④]、邻，包括了各级官吏。第五例的牧簋和第六例的趞簋是册命铭文，训告任命的官员在审理案件时要多方征询意见。第七例、第八例是争讼类铭

---

① 周法高：《金文诂林》第3册，第1252页，香港中文大学出版社，1974年。

② 邻，"指左右近臣，《尚书·益稷》：'钦四邻。'孔氏传：'四近，前后左右之臣。'又：'臣哉邻哉，邻哉臣哉。'蔡忱集传：'邻，左右辅弼也。'《尚书大传》卷二：'古者天子必有四邻，前曰疑，后曰丞，左曰辅，右曰弼'"（参见王辉：《商周金文》，第121页，文物出版社，2006年）。

③ 《周礼·秋官司寇·小司寇》："以三刺断庶民狱讼之中：一曰讯群臣，二曰讯群吏，三曰讯万民。听民之所刺宥，以施上服下服之刑。"《周礼·秋官司寇·司刺》："司刺掌三刺、三宥、三赦之法，以赞司寇听狱讼：一刺曰讯群臣，再刺曰讯群吏，三刺曰讯万民。"

④ "右"、"又"均通作"友"，表示助手一类的官职。唐兰："又……通作友，《周礼·太宰》：'以九两系邦国之民……八曰友，以任得民。'注：'友谓同井相合耦锄作者。'其地位比爰为低。"（参见唐兰：《西周青铜器铭文分代史征》，第309页，中华书局，1986年）张亚初、刘雨："友也是古代官职中的一种称呼。《尚书·牧誓》：'我友邦冢君'，传云'同志为友'。《说文》：'友，同志为友，从二又相交友也。'《公羊传》定公四年传：'朋友相卫'，注云'同门曰朋，同志曰友。'在金文中寮与友并称，寮友都是部属、助手之称。友之称西周铭文习见。这种称呼已见于殷墟卜辞，例如'𢆶友角'、'𢆶友唐'等（参《殷墟卜辞综类》，第95页）。角与唐都是𢆶的僚友。"（参见张亚初、刘雨：《西周金文官制研究》，第59页，中华书局，1986年）

文，涉及具体案件的审理：第七例询问的宾语没有直接写出，实际上就是"我考我母"，是与案件的判决有着直接关系的重要人物；第八例询问的宾语是"有司"，是与案件的判决有着直接关系的有关官员。

总之，通过对西周带"讯"字的铭文资料的整理和研究，我们对此字在西周铭文中的用法有了一个相对清晰的认识。"讯"在铭文中做名词时，当"生俘"讲；做动词时，当"问"讲，又根据文例而译成"审问"或"询问"。

Interpretations for the Chinese Character "Xun" Inscribed on the Western Zhou Bronze Inscriptions

Wang Jing

(Chinese Department of Jiaying University, Meizhou 514015, China)

Abstract: Based on collations and studies of the Western Zhou bronze inscriptions, in our opinion, "Xun" means capture as a noun, and means ask as a verb, according to usage, which is translated into "interrogate" or "inquire".

Key Words: Western Zhou; the bronze inscriptions; xun（讯）

"只"字新考

——兼说楚简帛文字"人"的一个变体的形成因由

刘志基

【摘　要】 通过对新出楚简"只"字、从"只"字以及若干从"人"字的定量分析，确认"只"字的"口"下部分为"人"的一种区别性变体，而"只"字正是以"口"与"人"的组合的造字意图来表达其"语已词"的本义。楚简中这种"人"的变体，既是顺应字符单位区别性逐步强化的文字发展规律的结果，又发轫于楚文字字形自身的"行草"化书写特点。通过与楚文字中从"冂"字及相关从"人"字的穷尽对比，并联系《郭店·语丛》的字形特点分析，进一步确认了"只"字"口"下部件的"人"字的归属。

【关键词】 楚简；只；人；变体；定量分析；造字意图

《说文》："只，语已词也。从口，象气下引之形。"许慎"语已词也"的释义，有《诗经》等上古文献为证，当可信从，而"从口，象气下引之形"的字形分析却有可商之处，故林义光曰："语止气不下引。只为歧之本字。……从口。象物形。八象分歧形。"陈独秀则对"只"字造字意图另有一说："象豆、豐等一切器及骰之通称，今语犹谓器一个曰一只。"诸家说解"只"字造字意图，意见虽然各不相同，但均仅据小篆字形立论，不免皮相之嫌。

长期以来，"只"字在小篆以前的古文字材料中罕见：甲骨文及春秋以前金文未见，战国文字材料中也很偶见。或者正是因为材料的短缺，限制了"只"的文字考释的进一步进展。值得庆幸的是，在近年新出战国楚简文献中，"只"字或从"只"字频见，这就为我们重新认识"只"的造字意图创造了条件。

一

楚简"只"字凡3见，原形如下：

《上海博物馆藏战国楚竹书（五）》　　上博三"彭祖"4简　　《郭店楚墓竹简（下简称"郭
（下简称"上博五"）"鬼神之明"简　　　　　　　　　　　　店"）·尊德义》14简

另外，楚简中还有两个从"只"字：一是"邒"，凡4见，均出《包山楚简》（下简称"包山"）；

文书99　　　　文书83　　　　文书173　　　　文书188

二是"枳"，凡8见，其中形体清晰者见下：

【基金项目】 本文为教育部人文社会科学重点研究基地重大项目"古文字属性库及先秦汉字发展定量研究"（项目编号：05JJD740008）成果之一。
【作者简介】 刘志基，华东师范大学中国文字研究与应用中心副主任，教授，博士生导师。主要研究方向为文字学、古文字数字化处理。（上海 200062）

39

| 信阳长台关一号楚墓竹简第二组遣策 18 | 包山·遣策 265 | 郭店·语丛四 17 | 郭店·唐虞之道 26 | 上博三·相邦之道 3 |

很显然，楚文字"只"与小篆"只"字构形差异颇大，而差别主要表现在字形"口"以下部分。从楚文字"只"字构形而言，无论是许慎"气下引之形"还是林义光"象分歧形"的说解均明显无稽。

综合楚文字构形特点来看，"只"字"口"以下构形成分乃"人"的变异构形。楚文字"只"字下部构形的基本特点是一长一短两笔组合，短笔下端与长笔中部相接，形成"丫"状。长短两笔的方位分布虽多为右长左短，却也有恰恰相反者，如《郭店·语丛四》17 简"枳"字。长笔下段多有弯曲，或形成折角，如《郭店》简诸字。而以上诸多特征，正见于楚简"人"字的一种变体。

《郭店》简中有一个本被释为"卯"的字：，凡 6 见：

《语丛一》简 3：天生鯀，人生 。

《语丛一》简 49：又（有） 又（有） ，又（有）终又（有）紿（始）。

《语丛二》简 20：智生於眚（性）， 生於智。

《语丛二》简 21：敓生於 ，怀生於敓。

《语丛三》简 32：……佥者 。

《语丛三》简 45： 则雖䶑（犯）也。

目前，多数学者已认定此字非"卯"，而是"化"字。而此"化"字左旁"人"的写法，本质上与"只"字下部构形无异。而《郭店》中"祡"、"怀"两字中的"化"中之"人"则更与"只"字下部毫无二致：

祡	怀
尊德义 2	性自命出 50

值得注意的是，楚简中的"化"并不都是上述构形：

化	祡	祡	讹	货	怀	迤
老子甲 6	容成氏 16	帛书乙篇	语丛四 6	老子甲 12	性自命出 55	性自命出 38

可见""之类并非楚简"人"寻常写法，而只是一种变体。而能够证明其"人"的变体身份的绝不止一个"化"字。

楚文字"道"字有从人从行者，依其中"人"字写法的不同也有两类形体：

| 郭店·语丛三 50 | 上博一·缁衣 17 |

前者为常见形体，后者虽不常见，但其中之"人"却与"只"字下部构形写法相同。值得注意的是，此类写法的"人"更多出现在合体字的下部，而这又与"人"在"只"中的部位相同。限于篇幅，仅以如下"見"、"堯"、"欲"、"既"数字为例加以讨论。

楚简"見"字"目"下之"人"为了与"视"相区别，较长一笔通常特意加以曲折，在已发现的楚简文字中，这种写法的"見"凡87见[1]，仅录几例代表字形如下：

| 郭店·五行10 | 上博四·昭王毁室—昭王与龚之脾8 | 包山·卜筮祭祷记录223 | 上博四·昭王毁室—昭王与龚之脾10 |

不难发现，这种特殊写法的"人"，与上举"只"字"口"下部分没有什么区别，如《郭店·五行》10简之"見"之下部与《郭店·语丛四》17简之"枳"中的"只"下部几乎全同，如果说有差异，只不过后者多了一短小饰笔而已；而这个"見"与《郭店·唐虞之道》26简之"枳"的"只"相比较，其下部只有朝向差异。然而，是否有饰笔以及字符朝向差异在古文字中通常并无区别意义。至于《上博四·昭王毁室—昭王与龚之脾》8、10简的两个"見"及《包山·卜筮祭祷记录》223简的"見"，"目"下部分竟与《包山·遣策》265简之"枳"中之"只"的"口"下部分全无差异，较之《上博三·相邦之道》3简和《信阳长台关一号楚墓竹简第二组遣策》18简之"枳"的"只"下部分，则只是笔势弯曲程度略甚而已。

"堯"字楚简14见，也有两种形体：一从两"先"（上土下人），凡6见：

| 郭店·六德7 | 上博二·子羔2 | 上博二·子羔5 | 上博二·子羔6-11 | 上博二·子羔6-22 | 上博四·曹沫之陈2 |

出现频率更高的另一种形体均出自《郭店·唐虞之道》，从两"先"从"土"。有了前一种"堯"字的参照，可以确认这种字形中的"先"之"土"下部分也非"人"莫属。而这种形体的"先"的"土"下之"人"又与"只"字"口"下部分无异：

| 1简 | 6简 | 9简 | 14简 | 22简 | 24简17字 | 24简20字 | 25简 |

这种字形中的"人"，因位置的左右不同而各取不同朝向，显然是因两"人"相并，为取得字形构造上的视觉平衡而采用的构形布置，但这也进一步证明这种"人"的朝向确实是可以左右不定的。

之所以要考察"欲"字，只是为了观察其"欠"旁而已。因"欠"作为独立单字并未见于楚简帛材料，

---

[1] 具体出处如次：

包山卜筮祭祷记录222/包山卜筮祭祷记录249/包山卜筮祭祷记录218/包山卜筮祭祷记录223/包山卜筮祭祷记录208/子弹库丙篇/子弹库甲篇/郭店五行10/郭店五行9/郭店鲁穆公问子思2/郭店缁衣40/郭店语丛四10/郭店性自命出38/郭店缁衣40/郭店性自命出2/郭店性自命出12/郭店五行10/郭店缁衣19/郭店五行12/郭店缁衣40/郭店缁衣19/郭店缁衣19/郭店老子丙5/郭店五行12/九店五六号墓竹简释文八60/九店五六号墓竹简释文二24下/九店五六号墓竹简释文三29/九店五六号墓竹简释文四42/上博二从政（甲篇）11/上博二容成氏17/上博二子羔12/上博二子羔12/上博二昔者君老3/上博二昔者君老3/上博二昔者君老2/上博二容成氏44/上博二子羔6/上博二容成氏12/上博二昔者君老3/上博二容成氏33/上博二从政（甲篇）16/上博三周易36/上博三周易1/上博三周易51/上博三周易40/上博三周易4/上博三周易54/上博三周易32/上博三周易33/上博三周易35/上博三周易32/上博三周易51/上博三周易42/上博四昭王毁室—昭王与龚之脾9/上博四曹沫之陈54/上博四曹沫之陈30/上博四曹沫之陈24/上博四相邦之道4/上博四昭王毁室—昭王与龚之脾10/上博四昭王毁室—昭王与龚之脾10/上博四昭王毁室—昭王与龚之脾8/上博四曹沫之陈1/上博四昭王毁室—昭王与龚之脾8/上博一孔子诗论24/上博一孔子诗论23/上博一性情论6/上博一孔子诗论16/上博一孔子诗论16/上博一性情论1/望山一号楚墓竹简疾病杂事札记97/望山一号楚墓竹简疾病杂事札记12/望山一号楚墓竹简疾病杂事札记109/信阳长台关一号楚墓竹简第二组遣策5/望山一号楚墓竹简疾病杂事札记90/上博五竞建内之7/上博五弟子问10/上博五弟子问21/上博五弟子问21/上博五弟子问16/上博五鬼神之明·融师有成氏2/上博五弟子问9/上博五弟子问9/上博五弟子问16/上博五弟子问6/上博五鲍叔牙与隰朋之谏5/上博五鬼神之明·融师有成氏1/上博五姑成家父1。

所以只能把目光投向由"欠"构成的合体字上。"欲"字于楚简帛材料 37 见，虽不算最高频，但其中"欠"的字形却已大致完备，因而足以满足本文的考察要求。

上博四·亙先 4	上博三·周易 55	上博四·曹沫之陈 13	上博四·柬大王泊旱 3	上博四·曹沫之陈 53

《说文》："欠，张口气悟也。象气从人上出之形。"林义光《文源》："象人张口形。"故"欠"也是其上为"口"（向左而已），其下为"人"，正可与"只"相对照。然而，对比之前，需要排除以下两个因素：第一，综观楚简"欲"中之"欠"的下部，不难发现其较长的一笔总是在右，而较短一笔总是在左，形成固定的左向之势，这与"只"下部分的朝向可以左右无定似乎不同。但是，"欲"中之"欠"总是处于字形右旁，其下部人形唯有左向才能获得视觉上的平衡，所以，其左向的定势并不影响它与"只"的"口"下部分的认同。第二，楚文字中"欠"旁多与"次"混同，或可视为"欠"上附加两短横的饰笔，这也是"只"的下部所没有的特征。然而这一造成差异的饰笔实际是因"欠"这个字符而生的，与"欠"下部的人形并无直接关系，所以它的存在也不影响"欠"与"只"下部构形的对应。除去上述两点，"欠"字下部人形与"只"字"口"下部分则毫无二致了。

同样以上"口"下"人"构形的还有"旡"字，因此观察"旡"字有助于我们对"只"字下部构形取象是否为人形作进一步判断。"旡"作为独立单字同样未见于楚文字，于是我们也只能求诸从"旡"的"既"字。"旡"与"欠"的区别应在张口向前还是张口朝后，但这种区别在古文字中往往并不严格，即"旡"与"欠"每每混用，楚文字中也是如此，"既"字在楚简帛文献中凡 138 见，所从之"旡"大多与"欠"无别，真正取张口朝后形态的仅 6 例：

卜筮祭祷记录 202 反	卜筮祭祷记录 236	卜筮祭祷记录 245	卜筮祭祷记录 247	上博一·缁衣 11	上博一·缁衣 24

显而易见，其中四例（均属《包山·卜筮祭祷记录》）与上揭"欲"中之"欠"的构形特点相同，足以为"只"字"口"下构形为"人"的判断再添证据；而另外两例（均出《上博一·缁衣》）的右向"口"下之"人"则保持传统形态，而其存在，再次证明了楚文字中的"人"具有两种不同构形类别，也从另一个层面间接证实了"只"下构形为"人"的判断。

二

综上，我们当可认定：楚文字"只"字"口"下的部件为"人"的一种变体。立足于这个基础，我们可以进一步探讨"只"的造字意图。

前文言及，"只"在古文字中是个相对后见字，在小篆以前的出土材料中罕见，只是在新出楚简中才有了相对集中的呈现，因此我们有理由认为楚简中上"口"下"人（变体）"的结构就是"只"的字源。那么，这样的造字意图对应的本义又是什么呢？前文言及，有"语已词也"（许慎）、"歧之本字"（林义光）、"豆、豐等一切器及骰之通称"（陈独秀）诸说。综合相关材料来看，许慎的说解是可以认同的。首先，"歧之本字"说和"器之通称"说均只是以小篆字形立论，并无坚实的文献字用证据，而"语已词也"则不同，《诗经》中有大量用例，如《柏舟》："母也天只，不谅人只。"《周颂》："有室盈只，妇子宁止。"《左传》亦有其例，如《襄廿七年》："诸侯归晋之德只。"注："只，辞也。"《说文》说形释义，依据的主要是许慎所见上古文献，故"只，语已词也"的说解，正可表明在许慎所见的行于汉代的《诗经》、《左传》等上古文献版本中，"只"作为"语已词"是确实存在的。因此，"语已词"作为"只"的本义，即"只"造字意图所要表示的意义是可以凭信的。问题是许慎"从口，象气下引之形"的说解有明显漏洞，林义光有"语止气不下引"的批驳确实切中了要害。由于楚文字提供了若干新材料，这个历史难题应该得到解决了。

将"人"或人形构件与"口"相组合，用以表达与口的行为动作相关的字义，是古人造字时经常会使用的创意。除上文提及的"欠"、"旡"外，还有"祝"、"兄"、"令"等字。"祝"字甲骨文作，象人跪于"示"前而张口向上祝祷之形。或可省"示"作，金文或作，右旁已同"兄"，上口下人。"兄"字甲骨文作，金文同之，同样上口下人，杨树达谓"当为祝字初文"（《积微居小学述林》53页），虽尚有进一步考察的空间，但其初义涉及人口，却无可疑。"令"字《说文》曰"发号也"，甲骨文作，金文沿袭不变，从亼从卩，"卩"同样是人形构件，而"亼"学者多以为乃向下之"口"形。由此看来，对于"只"这个词，由于其"语已词"的意义内涵，恰恰是很容易被古人运用"人"、"口"组合这种创意来造字的。但是，由于"欠"、"旡"、"兄"、"祝"、"令"等字的存在，"人"与"口"的组合在对应"语已词"这种意义时需要形成自己的区别特征。然而，"口"的变化似乎已经没有了余地："口"左向或右向，会与"欠"或"旡"混同，朝上将与"兄"、"祝"无别，朝下则又会遇到"令"这个障碍，因此，"人"就成为唯一可以设法形成区别特征的选择。在楚文字中，"人"的这种区别性变形在上文提及的"見"字中的存在，已经为人们所揭示，因此，我们有理由认定，与"見"字"目"下之"人"毫无差异的"只"的"口"下部分，也是"人"的区别性变形。

楚文字"兄"有三种写法，或从兄往声（下左），或"口"混作"廿"（下右）：

      上博四·逸诗—多薪1   郭店·语丛一70

但传统的上口下人的写法也不鲜见：

  上博五·季庚子问于孔子15 郭店·六德13 郭店·性自命出61 包山·文书138反

很明显，以上的"兄"与"只"的差别仅仅在于"口"的下部：前者是传统的"人"，后者是楚文字中变形的"人"，而正是这一变形之"人"，把"只"与"兄"区别开来了。

以上讨论，虽然主要以楚文字为材料，但是对我们分析楚文字以外的"只"的古文字构形也不无启发意义。以楚文字"只"为参照，不难发现，秦系文字的"只"也同样是上口下人的结构。

睡虎地秦简虽无"只"字，却有从"只"的"枳"字（原形见下左），而其所从之"只"，实在与睡虎地秦简中的"兄"字（原形见下中）及祝字（原形见下右）所从的"兄"并无差异：

    枳   兄   祝

这种类同，似可表明"只"与"兄"在造字意图上有共同之处，或者说秦简中的"只"与楚简"只"一样，也同样是上口下人的结构。

但是，"只"与"兄"这两个完全不同的字，在造字意图上毫无区别显然是不行的，因为它会导致不同文字单位发生混淆，这种现象更不符合文字的发展趋势，因此，我们看到的小篆、《汗简》及战国秦系金文的"只"，在构形上显然与"兄"拉开了距离：

    广衍戈   汗简   小篆

显然，"口"下之"人"在上举字形中已经演化成了类似于"八"的两根线条。而这种演化其实在秦简中已有踪迹可寻。

在睡虎地秦简中，"人"字表示手臂和身体主干的两根线条每每被写成顶端相接并向左右下方分叉延伸的形态，以下"光"、"頁"和"次"中之"欠"下部人形的写法可以充分表明这一点：

光　　　　　　頁　　　　　　次

因此，小篆等材料中的"只"字"口"下类似"八"的线条，其实也是文字系统顺应着"人"的一种演变趋向而对"只"作出的一种区别性调整而已。如果此说不诬，则更可证明战国秦系文字"只"与楚文字"只"的造字意图本无不同。

三

本文立论的基础，是将楚文字"只"字"口"下构件认为"人"之变体。然而这一"人"的变体究竟是如何形成的呢？这还有必要作进一步探究。

前文已经言及，"人"的这个变体的出现，是文字系统中的文字单位区别性要求所规定的，但是这种规定性只能决定需要产生一个变体，而并不能规定出现怎样的变体。因此，这个特定变体的产生，还应该从其他方面去寻求原由。笔者认为，这个原由，存在于文字书写的层面。

为证明这个观点，我们先来分析一个"見"字：

上博四·相邦之道4　　　　　"見"的"目"下部分

很显然，这个"見"字"目"下之"人"（上右图）的写法颇值得玩味：观其笔势，起笔（即标注为1的线条）从"目"的正下方开始朝左下方延伸，这一线条当是古文字"人"字构形中表示人的手臂的那一较短的笔画；这一向左下方运行的线条并未延伸多长距离便向右偏上方向折返，形成了标注为2的那一笔画，显而易见，这一笔其实并非字形本体所要求的笔画，它只是因连接第1笔和第3笔所需的运笔过程而产生的，换言之，只是因为书写快捷的需要，把运笔轨迹中本应提笔离简的操作忽略了，而它的任务，是要将毛笔从第1笔连接到第3笔；而第3笔则分明就是古文字"人"字构形中表示人的躯干的那一较长的笔画。总而言之，这一特殊写法的"人"，乃是文字书写行草化的结果。

前文列举的那些变体之"人"，形成的途径其实与这个"人"并无本质的差异，如果说前者与后者有所不同，其实只是因为前者将后者的"行草化"又加以厘定，即重新进行了"楷化"。具体来说，后者的并非字形本体所要求的第2笔，由于书写过程中刻意笔尖离简操作而化为乌有。于是，一长一短两笔组合，短笔下端与长笔中部相接进而形成"丫"状的"人"就这样生成了。以下是从《上博四》中的几个"欲"字中切出的4个"欠"，其从左至右的排列，正可以显示这种再度的"楷化"过程：

曹沫之陈2　　曹沫之陈53　　柬大王泊旱3　　亙先4

由此可见，楚文字"只"中之"人"的这种变体，又发轫于战国楚地写手们的文字书写习惯。

四

在本文此前的讨论中，始终存在一个疑问悬而未决："只"字"口"下的部件为什么是"人"而不是"卪"？导致这种疑问的原因有两个：第一，早期古文字中不同的人形构件每每通用，前文分析过的"見"、

"尧"、"欠"、"旡"字均曾有过从"卩"的写法，故"只"字"口"下的部件并非没有是"卩"之变体的可能。第二，从字形的直观上看，"只"字"口"下的部件与楚文字"卩"及通常的"人"都是既有一定的构形差异又有一定的相似点："卩"表示人躯干上部的线条通常是横向的，而"只"字"口"下部件的这部分线条则是纵向的，这是两者最大的相异点；"卩"的表示人手臂的线条则通常是向上扬起，"只"字"口"下部件的这部分线条也是如此，这又是它们明显的相同点。而"只"字"口"下的部件与楚文字通常的"人"相比，这两个异同点恰恰可以颠倒一下。因此，从字形相似度的角度，也很难对"只"字"口"下部件的文字单位归属进行令人信服的判断。笔者以为，要对这种疑问作出合理的解答，还是需要就楚文字构形本身进行系统分析。

"卩"作为独立单字尚未见于战国楚文字，而有"卩"参与构形的字形则达171个，其中既包括"卩"处于第一结构层次的，如"即"、"坐"等字，也包括"卩"处于非表词的下位结构层次的，如"邦"、"郊"等诸多从"邑"字：

起鄾邦鄄邸邻酃郯郎鄭鄩鄏郍邲邴邢邨郪鄏邯鄭郜邸郌郷
邥都郼鄐廊邝加邹郏廊忿邥郭郵邇部都鄭陥邘邻廊郭鄙哪鄚
邤邕鄭郫邳鄐鄮郼郊邒邽陥部郎邫鄬郎鄫邹鄯鄳邲糯邴邳
鄯邎鄭邻邡邕邔邑邮郯城邙郱郰邙鄪邓邫邻邕邾邬胡鄲郢
鄯郲鄯郁邈鄗郡郇邻瓯邟鄯邽郯鄬郘鄚鄲邜齓邴叩郡郕郰邻
鄭郯鄞邘邻郡鄳郹邬郯鄩郱鄯郯餁郢邲鄏鄯鄯鄫鄫裹邳鄭
郫鄃郢郺邗鄗郘都鄲邭邻邔郑鄭邭郝邱鄌鄃邨鄩

经逐一查检这些从"卩"字在楚简帛文献中的所有原形，并未发现有与上文揭示"人"字变体构形相同者。大致来说，楚文字"卩"可以如下诸字中的"卩"作为其不同类型的代表：

周易1·御	性情论17·邵	周易44·邑	昭王毁室—昭王与龚之脽5·邵	相邦之道4·邦	周易23·卿	成之闻之24·色
1	2	3	4	5	6	7

粗略地说，上表1、2中的"卩"为一大类，表示人躯干的线条有大致90度的曲折，而其下部即表示人腿部的根线条并不弯折，要说差异的话，那就是1的那根表示腿部的线条较长，2的那根则较短。3、4为另一大类，其特点是"卩"中表示人腿部的那部分线条有了弯折，两者的不同在于，前者折而不曲，后者则是折中带曲。5中的"卩"表示人腿部的线条被大大缩短，几乎化为乌有。这种写法的"卩"，通常出现在合体字的上部，比如"坐"、"巽"字中的"卩"多属此类。6、7中"卩"的写法都有些另类：6中本来表示人的躯干而应该写得较长的那根线条反而变得较短，其末端笔势直连另一本该较短而实际被拖曳得较长的线条的始端；7中之"卩"表示人躯干的长线条上部略去了水平方向的部分（这似乎是由于另一构件"爪"占据了相应的空间），而表示手臂的短线条则移位到了长线条的下段，即表示腿部的位置，并与之相交。

毫无疑问，所有这些写法的"卩"都与"只"字"口"下部件不类，也就是说，楚文字中所有可以确认的从"卩"字中的"卩"，无一与"只"字"口"下部件相同，这就与前文进行的"只"字"口"下部件与楚文字中诸多可以确定的从"人"字的对照形成了很大的反差，足以证明我们认定的"人"的变体是无法归属于"卩"的。

再从文字书写的笔顺上来看，前文已作过分析，"人"之变体是先写表示手臂的短画再写表示躯干的长画，而"卩"则相反，除了前文分析过的《周易》23简"卿"字中"卩"的写法可以为证以外，如下两个"邑"字则可证实更通用的"卩"字类型也是如此：

　　　　　　包山·文书124　　　　　　　　包山·文书86

略有书法经验者都会一目了然：这两个"邑"下部的"卩"都是先写完有弯折的长线条，再回笔向上带出另一短笔的。而这种与"人"的变体完全相反的书写笔顺，当然又是"卩"与"人"之变体的一个重要区别因素。

五

以上关于"只"字"口"下的构形非"卩"的讨论，似乎还遇到了这样一个问题：前文言及"化"字中"人"的写法的"𠂉"，不是正和楚文字"卩"很像吗？然而，综合各种情况来看，这个"人"是个真正的讹形，并不能因此而取消"人"与"卩"的界限。

前文已经言及，即使"化"中的这个变体"人"，也有"𠂉"、"𠆢"两式，而前者仅见于《郭店·语丛》中的"化"，后者则见于多个从"化"之字，可见，仅就这个变体而言，"𠆢"也是常例，而"𠂉"只是个得不到其他任何从"人"字呼应的特例。而这个特例只出现于《郭店·语丛》，则是有其特殊原因的。

《语丛》的字形，可以说是楚简文字中最具美术体特征的一种，这应当与其美文性质的内容相表里：此种格言警句，正需要以此等刻意求美的文字形态来匹配。正因为如此，我们在《语丛》的文字书写中可以看到一些先秦文字材料中十分罕见的刻意求美现象。如，一个语段中如有重复字则每每变化字形。仅以《语丛二》为例：

简2："嚴生於豊（禮），敬生於嚴。"两个"嚴"分别作：

简3："望生於敬，耻生於望。"两个"望"分别作：

简13："念生於欲，怀生於念。"两个"念"分别作：

简21："敓生於化，矸生於敓。"两个"敓"分别作：

简26："乘生於怒，惎生於乘。"两个"乘"分别作：

简36："伓生於性，疑生於伓。"两个"伓"分别作：

简50："毋失吾勢，此勢得矣。"两个"勢"分别作：

与以上刻意求美的手段相联系，《语丛》在单字书写上，也每每曲折笔画故作姿态，进而形成不同于楚简文字中寻常写法的构形，如：

　　　容　　　必　　　不　　　也　　　於

因此，我们有理由认为，"𠂉"也是一个为求美观而故意婉曲笔画而形成的特殊讹形。有一个事实，恰恰可以支持我们的这一判断。前文言及《郭店·语丛》简36"伓生於性，疑生於伓"中的"伓"被写作"𠆢",

裘锡圭按："此字为'伈'之讹体。……即'溺'字。此处读为'弱'"。"伈"字中的"人"旁之所以会讹成"邑"，原因在于这种写法的"人"与"邑"中的"卩"很像。这表明，即使当时的楚文字写手，也没有将"㇉"识别为"人"，因而导致了这个讹体的产生。由此可见，"㇉"并非楚简"人"之变体的规范写法，因而"只"的下部形体"ㄟ"之类是不能混同于"卩"的。

【参考文献】

[1] 湖北荆沙铁路考古队. 包山楚简. 北京：文物出版社，1991.
[2] 商承祚. 战国楚竹简汇编. 济南：齐鲁书社，1995.
[3] 荆门市博物馆. 郭店楚墓竹简. 北京：文物出版社，1998.
[4] 湖北文物考古所，北京大学中文系. 九店楚简. 北京：中华书局，2000.
[5] 马承源主编. 上海博物馆藏战国楚竹书（一）. 上海：上海古籍出版社，2000.
[6] 马承源主编. 上海博物馆藏战国楚竹书（二）. 上海：上海古籍出版社，2001.
[7] 马承源主编. 上海博物馆藏战国楚竹书（三）. 上海：上海古籍出版社，2002.
[8] 马承源主编. 上海博物馆藏战国楚竹书（四）. 上海：上海古籍出版社，2003.
[9] 马承源主编. 上海博物馆藏战国楚竹书（五）. 上海：上海古籍出版社，2004.
[10] 许　慎. 说文解字（大徐本）. 北京：中华书局，1963.
[11] 林义光. 文源. 1920.
[12] 陈独秀. 小学识字教本. 1942.
[13] 陈　伟. 包山楚简初探. 武汉：武汉大学出版社，1996.
[14] 李　零. 郭店楚简校读记（增订本）. 北京：北京大学出版社，2002.
[15] 刘　钊. 郭店楚简校释. 福州：福建人民出版社，2003.
[16] 上海大学古代文明研究中心，清华大学思想文化研究所编. 上博馆藏战国楚竹书研究. 上海：上海书店出版社，2002.
[17] 上海大学古代文明研究中心，清华大学思想文化研究所编. 上博馆藏战国楚竹书研究续编. 上海：上海书店出版社，2004.
[18] 武汉大学简帛研究中心"简帛研究网"、"简帛网·楚简专栏".

A New Explanation of the Character "只"

Liu Zhiji

(Center for the Study of Chinese Characters and Their Applications, ECNU, Shanghai 200062, China)

Abstract: From the examination of the character "只", characters with the component "只" and "人" in the bamboo scripts of Chu, we reach a conclusion that the component below "口" is a variant of "人", and this is supposed to suggest the meaning of "只". Such a variant in Chu bamboo scripts is both the result of discriminative need of individual character and the result of the cursive writing of Chu bamboo scripts.

Key Words: Chu bamboo script; 只; word formation

读上博楚竹书《从政》甲篇"悁则亡新"札记

单周尧　黎广基

【摘　要】 本文就楚竹书《从政》甲篇"悁则亡新"一句详加考辨，指出"悁"可读为"迫"，"悁则亡新"犹言为政急迫则民不亲附。

【关键词】 楚竹书；上海博物馆；假借；《从政》甲篇

《上海博物馆藏战国楚竹书·从政》甲篇第八简云："[图]"①。张光裕先生释为"悁则亡新"②，并云："'悁'即'悗'。'新'读为'亲'。《说文·心部》：'悗，悥也。'《诗·小雅·頍弁》：'未见君子，忧心悗悗。'毛传：'悗悗，忧盛满也。'"③

对于"悁"字的考释，学者颇有异辞。周凤五先生云：

"悗则亡亲"，整理者引《说文》"悗，忧也"与《诗·小雅·頍弁》"未见君子，忧心悗悗"为说。但，何以君子心中烦忧，人民就不亲附？这点似乎费解。其实，此字可以读为"梗"。《方言·二》："梗，猛也。"《广雅·释诂》："梗，强也。"简文是说，为政如果刚猛强悍，人民就不亲附。④

按："悗"字古音帮纽阳部，"梗"字见纽阳部，二字韵部虽同，但声纽相去甚远⑤。此外，"梗"训为"猛"或"强"，在传世文献中，从没有用来形容治道，也从没有与"人民"并提。因此，读"悗"为"梗"，解为"为政刚猛强悍"，似缺乏文献上的证据。事实上，周凤五先生后来也放弃了释"悗"为"梗"的说法，而改从陈剑先生读"悗"为"猛"⑥。陈氏云：

"猛"原作从心从"丙"的繁体（加"口"旁）形，"丙"与"猛"音近可通。"猛"即"威而不猛"之猛，《左传》昭公二十年云："大叔为政，不忍猛而宽。……仲尼曰：'善哉！政宽则民慢，慢则纠之以猛。猛则民残，残则施之以宽。宽以济猛，猛以济宽，政是以和。'"可与简文讲"从政"的"猛则无亲"参读。⑦

考"猛"字古音明纽阳部，与"悗"字之帮纽相距较远⑧。

此外，徐在国先生也提出新的说法，徐氏说：

《从政甲》第八简"悗则亡新（亲）"。原书作者训"悗"为忧。我们怀疑"悗"字当读为"妨"。楚简"病"字或从"方"声。《说文》"祊"，籀文或从"丙"声。"枋"又作"柄"。《仪礼·士昏礼》："皆南枋。"注："今文枋作柄。"《礼记·礼运》："以四时为柄。"《释文》："柄本又作枋。"因此，"悗"字可读为"妨"。《说文》："妨，害也。"《左传·隐公三年》："且夫贱妨贵、少陵长、远间亲、新间旧、小加

【作者简介】　单周尧，香港大学中文学院主任，教授，博士生导师。

　　　　　　黎广基，香港大学中文学院博士生，香港城市大学中国文化中心导师。

① 见马承源编：《上海博物馆藏战国楚竹书（二）》，第66页，上海：上海古籍出版社，2002年。
② 同上书，第222页。
③ 同上书，第223页。
④ 参周凤五：《读上博简楚竹书〈从政（甲篇）〉札记》，简帛研究网（03/01/10），http://www.bamboosilk.org/Wssf/2003/zhoufengwu01.htm。
⑤ 参《陆志韦语言学著作集（一）》，第229页，北京：中华书局，1985年。帮、见二纽在《说文》谐声仅二见。
⑥ 参周凤五：《读上博楚竹书〈从政〉甲篇札记》，载朱渊清、廖名春合编：《上博馆藏战国楚竹书研究续编》，第185—186页，上海：上海书店出版社，2004年。
⑦ 见陈剑：《上博简〈子羔〉、〈从政〉篇的竹简拼合与编连问题小议》，载《文物》2003年第5期，第64页。
⑧ 参《陆志韦语言学著作集（一）》，第230页。

大、淫破义，所谓六逆也。"孔颖达疏："妨，谓有所害。"简文"妨则亡（无）新（亲）"意为伤害则失去亲近。①

徐氏读"㤺"为"妨"，在声韵上没有问题。不过，从大旨看，解"妨"为"伤害"，似与下文"罚则民逃"之义相重，恐非。

按：张光裕先生释"㤺"为"忧"，其实不一定有问题。忧也有许多种不同的情况，如果是忧国忧民、忧公忘私，人民不会不亲附。但如果在上位者终日忧虑不安、忧愁恐惧，其下属便很容易对他失去信心而不亲附。不过，细审"㤺则亡亲"上下文所说的"七几"，如"狱则兴"、"㥜（威）则民不道"、"罚则民逃"等，其中的"狱"、"㥜"、"罚"，均属于相当具体的政治措施及手段，而"忧"则属于内心的状态，似与其他几项不符。但与其释"㤺"为"梗"、"妨"、"猛"，似不如读之为"迫"。《淮南子·原道》云"昔在冯夷大丙之御也"②，高诱注："'丙'，或作'白'。"③《文选·枚乘·七发》李善注引《淮南子》此文，"大丙"作"太白"④，是"丙"声与"白"声古通之证。按"㤺"古音帮纽阳部，"迫"帮纽铎部，二字帮纽双声，阳铎对转。因此，读"㤺"为"迫"，在音韵上没有问题。

《说文·人部》："促，迫也。"《广雅·释诂一》："迫，急也。"⑤是"迫"字有"促迫"、"急迫"之义。本文"迫则亡亲"，可能谓为政急迫，则人民不愿亲附。《管子·正世》篇云："制民急则民迫，民迫则窘，窘则民失其所葆。"⑥人民一旦"失其所葆"，必然产生离异之心。因此本文作者主张为政宽缓。同篇第五简云："五德：一曰㥈。"⑦又第五至第六简云："㝖（君子）不㥈则亡（无）吕颂（容）百眚（姓）。"⑧又《容成氏》第六简形容帝尧为政"甚缓而民备（服）"⑨。"宽缓"之与"促迫"，义正相反。可见读"㤺"为"迫"，实与上下文文义密合，可备一说。

A New Interpretation of the Phrase "㤺则亡新" in Batch Two of the Collection of Bamboo Slips at the Shanghai Museum

Shan Zhouyao　Li Guangji

(Department of Chinese, The University of Hong Kong, Hong Kong, China)

Abstract: The present article seeks to demonstrate that the character "㤺" found on the Shanghai Museum bamboo slips may be taken as a loan character for "迫". Hence, the phrase "㤺则亡新" carries the meaning that "oppressive rulers can never gain the affection of their subjects".

Key Words: Chu bamboo slips; Shanghai Museum; phonetic loans; *Congzheng* I

---

① 参徐在国：《上博竹书（二）文字杂考》，载《学术界》2003年第1期，第102页。
② 见《淮南子》，第9页，台北：艺文印书馆，1974年。
③ 同上。
④ 见《文选》，第483页，北京：中华书局，1977年。
⑤ 见《皇清经解》，第7725页，台北：复兴书局，1961年。
⑥ 见《管子》，卷一五，第10b页，《四部丛刊》本。
⑦ 见马承源编：《上海博物馆藏战国楚竹书（二）》，第219页，上海：上海古籍出版社，2002年。
⑧ 同上书，第219—221页。
⑨ 同上书，第254页。

"寿敝金石"和"寿敝天地"

沈 培

【摘 要】 新莽和东汉时期的镜铭常有"寿敝金石"的说法,古书中常有"寿敝天地"的说法,还有"功名蔽天地"、"道蔽天地"等说法。其中的"敝"、"蔽"有时可以写成"弊"或"毙",都表示同一个词,今人往往误解其义而说解分歧。其实此词当解释为"终、尽",这些说法表达的是寿命、功名或道与金石或天地相终,即永远存在的意思。

【关键词】 镜铭;寿敝金石;寿敝天地;名蔽天地;训诂

古人常说"寿敝金石"和"寿敝天地",时常看到有人对其中的"敝"字的含义有误解,今试作辨正。"寿敝金石"的说法常见于新莽和东汉时期的铜镜铭文,数量极多。最近,李新城对东汉镜铭作了全面的搜集和整理,为我们提供了很大的便利[①]。下面就从李文中找出一些例子,为了避免繁琐,举例时尽量选"寿敝金石"所在的整个句子在表达上有所差异的例子[②]:

(1)青羊作镜大无伤,巧工刻之成文章,左龙右虎辟不祥,朱鸟玄武顺阴阳,长保二亲富贵昌,寿敝金石如侯王,乐未央。(《江油》图二·七乳神兽镜[③])

(2)尚方作镜大无伤,巧工刻之成文章,左龙右虎辟不祥,朱雀玄武顺阴阳,寿敝金石乐未央,长保二亲富贵昌,子孙备具居中央,女为夫人男为郎。(《文字》图78·尚方作镜之四;《湖南》图60·四神镜)

(3)尚方作镜真大好,上有仙人不知老,渴饮玉泉饥食枣,徘徊名山采芝草,浮游天下遨四海,寿敝金石为国保(宝)[④]。(《故宫》图33·尚方作镜)

(4)尚方佳镜真大好,上有仙人不知老,渴饮玉泉饥食枣,浮游天下遨四海,寿敝金石之国保(宝)[⑤]。(《南阳》·25.尚方四神规矩镜)

(5)尚方作镜真大好,上有仙人不知老,渴饮玉泉饥食枣,徘徊神山采其草,寿敝金石西王母。(《两京》·尚方镜又二)

(6)朱氏明镜快人意,上有龙虎四时置,常保二亲宜酒食,君宜官秩家大富,乐未央,富贵昌,与君相保敝日月光兮[⑥]。(《两京》·朱氏镜又一)

【作者简介】 沈培,复旦大学出土文献与古文字研究中心教授,从事出土文献与古文字研究。(上海 200443)

① 李新城:《东汉铜镜铭文整理与研究》,华东师范大学博士学位论文,2006年4月。该文已收入"中国知网"的"中国优秀博硕士学位论文全文数据库"。

② 镜铭中漏字、错字很多(参看罗振玉《镜话》有"镜铭讹误"条)。有时候,由于脱漏而造成"寿敝金石"所在的话在表达形式上有所不同,这种例子我们一般不取。

③ 本文所录镜铭释文基本上都根据注①所说李文,未及一一核对,请读者原谅。释文一般用通行字,如借"今"为"金",直接写成"金";借"羊"为"祥",直接写成"祥"。个别需要注意的释文则先写原字然后注出现在的通行字。镜铭的出处也从李文用简称,读者欲知全称,请参看李文。

④ 此处"保"字当读为"宝",参看清代顾蔼吉编撰的《隶辨》,第106页,中华书局,1986年4月。

⑤ 翁方纲在《两汉金石记》卷五"汉大吉镜铭"下曾提到《宣和》卷二八的"汉尚方鉴二",认为其铭"寿比金石之国保"的"之国"的"之"字有误讹。此说不正确。镜铭中"寿如金石之国保"、"寿如金石之天保"的说法不止一见,可以把"寿如金石"看作"国保"、"天保"的修饰语。又,《隶续》十四(《隶释·隶续》,第420页,中华书局,1986年11月)引作"寿比金石国之保"(《全后汉文》卷九七所引同),跟《宣和》所摹不同,恐是洪适以己意改之。

⑥ 此句可能是"与君相保敝如日月光兮"的意思,参看下例:"炼治铜华得其清,以之为镜照身形,五色尽具正口青,与君无极毕长生,如日月光兮。"(《小校》卷十五·汉涑冶铜华镜八;《善斋》卷一·汉涑冶铜华得其清镜)"如日月光"的说法在镜铭中常见。"与君相保敝"当是"与君相保"和"与君相敝"的意思,"敝"的含义参看下文的讨论。

镜铭"寿敝金石"的"敝",偶尔也写作"幣":

(7) 泰言之纪从镜始,炼铜锡去其滓,以之为镜宜孙子,长保二亲乐无极,寿幣金石西王母,常安作。(《簠斋》卷下页 06B07A·来言镜;《续编》·泰言之纪镜;《两京》·七言镜又一)

对于上举各例中的"敝"或"幣",有几位研究镜铭的学者都把它们读为"比"。

张颔在《镜铭释文正误》一文里曾引用过两例镜铭,分别读为"寿如金石西王母"(《岩窟藏镜》卷二中 31)和"寿敝(比)金石西王母"(《岩窟藏镜》卷四补遗 22),这显然是把"敝"读为"比"的。张文解释这两句话的意思是"像西王母一样金石永固般的高寿"[①]。

林素清在《两汉镜铭初探》一文中也把"寿敝金石如侯王"的"敝"读为"比"[②],此文在给汉镜铭文字"所见大量简化及讹变通假字体"进行分类时,其中有"同音替代"一项,例中就有"比—敝"一组,与"金—今"、"阳—羊"等属同一组[③]。后来,林氏又在《两汉镜铭汇编》一文中特别加注释说:"敝、比音近,故借用。《史记·龟策列传》:'寿蔽天地',则借蔽字。"[④]

邱龙升《两汉镜铭文字研究》认为"音同或音近,形体不同的借用字,也就是音同音近替代,这类同音借用字在铭文中大量出现",所举例子中就有"比—敝"一组,意即"比"在镜铭中是用"敝"来表示的[⑤]。邱文还认为"镜铭中的通假字基本上可以在汉代的简帛文字中找到原型",所举例子中也有"比—敝"一组[⑥]。

李新城的博士论文没有直接把以上的"敝"或"幣"读为"比",文章中有一处作了这样的解释:

寿敝金石:与金石同寿,言长寿也。《韩非子·存韩》王先谦注曰:"'与金石相弊'谓与金石齐寿也。"[⑦]

这一段解释把"寿敝金石"跟古书中的"与金石相弊"联系起来,是其长处;但他并没有解释"敝"或"弊"的含义,是其不足。

按照一般的看法,"敝"和"比"声母都是并母,韵部分别是月部和脂部,相差也不算远,通假的可能性大概是存在的[⑧]。当然,上述几位学者把"敝"读为"比",可能还有一个重要的原因,就是大家都看到了镜铭中存在着大量的"寿如金石"的说法,下举一例:

(8) 尚方作镜大无伤,巧工刻之成文章。左龙右虎辟不祥,朱鸟玄武顺阴阳,子孙备具居中央。[内]寿如金石佳且好兮。(《文字》图 79·尚方作镜之五)

汉镜铭中常常借"而"为"如"[⑨],所以也可以看到"寿而金石"的说法,下面也举一例:

(9) 尚方作镜真大巧,上有仙人不知老,渴饮玉泉饥食枣,寿而(如)金石天之保(宝)兮。(《全集》图六一·尚方鸟兽纹镜)

偶尔也可以看到"寿汝(如)金石"的例子:

(10) 尚方作镜真大巧,上有仙人不知老,渴饮玉泉饥食枣,寿汝(如)金石国之保(宝),长乐未央兮。(《小校》卷十五·汉尚方作镜九)

有时候还能看到有"寿欲金石"的说法:

---

① 《文物世界》1989 年第 1 期,第 24 页;又载张颔:《张颔学术文集》,第 152 页,中华书局,1995 年 3 月。
② 《中央研究院历史语言研究所集刊》第 63 本第 2 分,第 337、340 页,1993 年 5 月。
③ 参看林文第 347 页。
④ 《古文字论文集》,第 306 页注 63,(台北)国立编译馆,1999 年 8 月。
⑤ 邱龙升:《两汉镜铭文字研究》,第 59—60 页,南昌大学人文学院中文系硕士学位论文,2005 年 5 月。该文已收入"中国知网"的"中国优秀博硕士学位论文全文数据库"。
⑥ 参看邱文第 63 页。邱文此说不知所据。李家浩曾指出,在战国货币文字里,"幣"或借"比"为之。见氏著:《战国货币文字中的"𠂤"和"比"》,载《中国语文》1980 年第 5 期,第 374—375 页。
⑦ 见李新城文第 115 页。
⑧ 前注所引李家浩文指出:"'比、幣'二字古音极近,可以通假,如《方言》十一'蚍蜉',郭璞注:'蚍浮二音。亦呼蟞蜉。'是其证。"见李文第 374—375 页。
⑨ 大概有不少人都指出了这一点,比较早的有翁方纲《两汉金石记》卷五"汉尚方鉴铭"。

（11）此有青铜真独好，上有仙人不知老，渴饮玉泉饥啖枣，浮游天下遨四海，寿欲金石为国保（宝），长生久视家常左。（《文字》图62·此有青铜镜之一）

此例的"欲"有人也读为"如"，似不如读为"犹"[①]。

从这些例子可以看出，凡是"寿敝金石……"之类的话，几乎都可以找到相应的"寿如金石……"或"寿犹金石……"的说法。这似乎增加了"敝"读为"比"的可能性。

但是，从古书中相关的说法以及较早的古注来看，把"寿敝金石"的"敝"读为"比"是不对的。

上述李新城的博士论文中引用过的《韩非子》"以金石相弊"，见于《韩非子·存韩》：

（12）陛下虽以金石相弊，则兼天下之日未也。

陈奇猷《韩非子新校注》汇集了好几家说法，比较全面，我们把它们引用于下：

旧注：弊，尽也。尽以招士。⊙卢文弨曰：冯云："言其时之久也。注解谬。石何可以召士？"⊙洪颐煊曰：按汉《尚方镜铭》："寿敝金石如侯王。"《史记·龟策列传》："寿蔽天地，莫知其极。"金石相弊，谓寿命之延长也。⊙王渭曰：《文选》二十九卷注引此"以"作"与"[②]。以即与也。顾广圻曰：按《七发》注亦引作"与"。旧注误。⊙太田方曰：弊，坏也。《史记》鲁仲连与燕将书："名与天壤俱弊。"《孔丛子》："率由前训，将与天地相敝。"郭璞《不死树赞》："不死之树，寿蔽天地。"弊、敝、蔽三字音通。《文选·古诗》："人生非金石，岂能长寿考？"⊙王先谦曰：与金石相弊，谓与金石齐寿也。虽永寿而无兼天下之日，极言其非计。[③]

由此可见，清人洪颐煊早就把《韩非子》的"与天地相弊"跟汉代镜铭的"寿敝金石"联系起来了。这种联系显然是正确的，"敝"和"弊"虽然写法不同，但在这两种说法中是表示同一个词的。可惜洪氏并没有具体说明其中的"弊"和"敝"到底是什么意思。从上引诸说也可以看出，各家对《韩非子》"弊"的看法不尽一致。其中日本学者太田方之说就与"旧注"之说不同，他认为"弊"是"坏"的意思，还把"与天地相敝"、"寿蔽天地"的"敝"、"蔽"也都解释成了"坏"。

我们抽查了几本现代人所作的《韩非子》注译本，发现把"弊"解释成"坏"似乎成了一种很流行的说法。例如：

王焕镳选注《韩非子选》说：

以，与；弊，坏。以金石相弊，谓与金石同坏，比喻其寿命很长久。[④]

《韩非子》校注组《韩非子校注》说：

以：与。弊：坏。以金石相弊：指与金石一起毁坏，比喻寿命长久。[⑤]

张富祥《韩非子解读》说：

以金石相弊：犹言与金石同寿。以，与。相弊，共衰弊。金石长久不衰弊，故"相弊"犹言不衰。[⑥]

其实，把上引古书中的"弊"或"敝"、"蔽"解释成"坏"是不正确的。古人实际上对这些说法中的"弊"或"敝"、"蔽"有过正确的解释。上引陈书中收录的"旧注"把"与天地相弊"的"弊"解释成"尽"就是正确的说法，但此注接着又说"尽以招士"，则不知所云。卢文弨所引冯氏对此说的批评是正确的，但不能因此否定这里的"弊"就是"尽"的意思。

"敝"的本义是"击"，甲骨文中有"敝"字，字形象击巾之形。因"敝"后来常被借去表示"败"或"坏"义，后人还为了表示"敝"的本义造过一个分化字，即"擎"字[⑦]。在古书中，"敝"字有一个

[①] "欲"与"犹"相通的例子，参看高亨纂著、董治安整理：《古字通假会典》，第333页，齐鲁书社，1989年7月。
[②] 沈按：《诸子集成》所收《韩非子集解》录王渭语无此"此"字，陈书误增。
[③] 陈奇猷：《韩非子新校注》，第33—34页，上海古籍出版社，2000年10月。陈书所引"旧注"指宋代乾道本中的注，本不题姓名。
[④] 王焕镳选注：《韩非子选》，第66页，上海人民出版社，1974年6月。
[⑤] 《韩非子》校注组：《韩非子校注》，第15页，江苏人民出版社，1982年11月。
[⑥] 张富祥：《韩非子解读》，第14页注12，泰山出版社，2004年1月。
[⑦] 参看裘锡圭：《说字小记·1.说"敝"》，载《北京师范学院学报》1988年第2期，第8—9页。

常用义，就是"终"、"尽"的意思。"弊"的常用义是"败"或"恶"，"蔽"的常用义是"掩盖"或"覆盖"，但它们也常常用来表示"终"、"尽"义。这三个字用来表示"终"、"尽"义所代表的词，应当都是假借的用法。

古书中"敝"有明确用来表示"终"、"尽"义的例子。郭店楚简《六德》第46简有下面一句话：

（13）三者，君子所生与之立，死与之遂也。

"遂"原释文读为"敝"，并解释说：

与之敝，犹言与之同归于尽。①

此说可从。颜世铉进一步指出：

"敝"当训为"终"，其义与"尽"相近。《左传·襄公三十年》："国之祸难，谁知所敝。"三引之《经义述闻·春秋左传中》："敝，犹终也，言不知祸难所终也。〈归妹〉象传曰：'君子以永终知敝。'〈缁衣〉曰：'故言必虑其所终，而行必稽其所敝。'是敝与终同义。"②

前面我们说过，像"寿敝天地"之类的话，古人也早就指出其中的"敝"是"尽"的意思。下面再举一些古注来加以说明。

（14）黄帝曰：余闻上古有真人者，提挈天地，把握阴阳，呼吸精气，独立守神，肌肉若一，故能寿敝天地，无有终时，此其道生。（《黄帝内经·素问·上古天真论》）

龙伯坚编著、龙式昭整理的《黄帝内经集解》列举了几种解释，比较有代表性，我们把它抄录于下：

寿敝天地：王冰说：体同于道，寿与道同，故能无有终时，而寿尽天地也。敝，尽也。陆懋修说：《汉书·枚乘传》："敝无穷之乐。"注："敝，尽也。"《灵枢·五十营》篇："故五十营备，得尽天地之寿矣。"喜多村直宽说：《史·龟策传》："寿蔽天地，莫知其极。"又《吕览》："立为天子，功名蔽天地。"高诱《注》："蔽，犹尽也。"宽按：敝、蔽同。伯坚按：《战国策》齐六鲁仲连《遗燕将书》说："名与天壤相敝也。"鲍彪注："言天壤敝，此名乃敝。"③

此处所引各说，把古书中与"寿敝天地"有关的几种说法也列举出来，便于联系和比较。注中所提到的王冰是唐代人。从上引集解中可以看到，比王冰时代更早的高诱在为《吕氏春秋》作注时也认为"功名蔽天地"的"蔽"是"尽"的意思。

后代不少人在注《素问》这一句时，一般都遵从王冰的注释，对此句的"敝"作了正确的解释。

"寿敝天地"的"敝"除了可以作"蔽"外，也可以作"弊"，例如：

（15）两仪子饵销黄金法：猪负革肪三斤，醇苦酒一斗，取黄金五两，置器中煎之，出炉，以金置肪中，百入百出，苦酒亦尔，鮓一斤金，寿弊天地，食半斤金，寿二千岁；五两，千二百岁，无多少，便可饵之。（《抱朴子·内篇·仙药》）

更可注意的是，"寿敝天地"也可以作"寿毕天地"：

（16）泉之不竭九窍遂通（藏精之泉不竭，故九窍通也），乃能穷天地被四海（体固窍通，故能寿毕天地，德被四海）。（《管子·内业》房玄龄注）

（17）《神农经》曰：玉桃，服之长生不死。若不得早服之，临死日服之，其尸毕天地不朽。（《齐民要术》卷十）

（18）纵其不成，亦望长生，寿毕天地耳。（《玄怪录》卷一）

（19）敬伯谓谐曰：吾所以去国忘家，耳绝丝竹，口厌肥豢，目弃奇色，去华屋而乐茆斋，贱欢娱而

---

① 参看荆门博物馆：《郭店楚墓竹简》，第190页注[二八]，文物出版社，1998年5月。原释文对读为"敝"的字隶定不太准确，今改正。"遂"所从之番从采得声，与"敝"声近。参看李家浩《包山楚简"籔"字及其相关之字》、李零《古文字杂识（二则）》，皆载《第三届国际中国古文字学研讨会论文集》，香港中文大学中文系、中国文化研究所编集，1997年10月。

② 参看颜世铉：《郭店楚简〈六德〉笺释》，载《中央研究院历史语言研究所集刊》第72本第2分，第490—491页，2001年6月。

③ 龙伯坚编著、龙式昭整理：《黄帝内经集解》，第25页，天津科学技术出版社，2004年1月。

贵寂寞者，岂非觊乘云驾鹤，游戏蓬壶，纵其不成，亦望长生，寿毕天地耳。(《太平广记》卷一七《裴谌》)

(20) 子今尽食之矣，寿毕天地，位当为司命上真东岳卿君，都统吴越之神仙。(《太平御览》卷六六九道部十一服饵上)

"寿敝天地"作"寿毕天地"，可以说"敝"、"毕"相通。由于"毕"的常用义是"终、尽"，可以把"毕"看作"准本字"[①]。"毕天地"的意思就是"与天地相毕"，而"与天地相毕"的说法在古书中是很常见的，例如：

(21) 墨子曰："愿得长生，与天地相毕耳。"(《墨子后语下·墨子绪闻第四》)

(22) 仙经曰，服丹守一，与天相毕，还精胎息，延寿无极。(《抱朴子·内篇·对俗》)

(23) 抱朴子曰：按黄帝九鼎神丹经曰，黄帝服之，遂以升仙。又云，虽呼吸道引，及服草木之药，可得延年，不免于死也；服神丹令人寿无穷已，与天地相毕，乘云驾龙，上下太清。(《抱朴子·内篇·金丹》)

(24) 又李公丹法，用真丹及五石之水各一升，和令如泥，釜中火之，三十六日出，和以石硫黄液，服之十年，与天地相毕。(《抱朴子·内篇·金丹》，同篇还有"与天地相毕，日月相望"的话)

(25) 凡此草芝，又有百二十种，皆阴干服之，则令人与天地相毕，或得千岁二千岁。(《抱朴子·内篇·仙药》)

(26) 尽三斤，则步行水上，山川百神，皆来侍卫，寿与天地相毕。(《抱朴子·内篇·黄白》)

(27) 悠哉邈乎！与天地相毕矣。(沈约《善馆碑》，载《艺文类聚》七十八)

(28) 元洲在北海中，地方三千里，去南岸十万里。上有五芝玄涧，涧水如蜜浆，饮之长生，与天地相毕。服此五芝，亦得长生不死。亦多仙家。(《海内十洲三岛记》)

其他医书如《普济方》、《医方类聚》、《遵生八笺》中言人长寿，常言"与天相毕"、"与天地相毕"，这里就不一一举例了。

由于"敝天地"的"敝"是"尽、终"的意思，故古书中也说"终天地"，如：

(29) 北邙路非远，此别终天地。(孟云卿《挽歌》)

(30) 更就坟前哭一声，与君此别终天地。(白居易《哭师皋》)

(31) 故能世其爵禄，代有耿光，终天地而不泯焉。(《明实录·太祖高皇帝实录》卷一四三)

与此相应，古书中就有"与天地相终"的说法（见《汉书·晁错传》）。类似的说法又如：

(32) 敕将大乐饮仙人，寿与天地相终始。(《永乐大典》卷一七〇七四《国朝谢肃密庵诗集·青衣洞歌（为卧云平章作）》)

(33) 武王问太公曰："吾欲以一言与身相终，再言与天地相永，三言变诸侯雄，四言为海内宗，五言传之天下无穷，可得闻乎？"(《群书治要》三十一之《齐太公·阴谋》)

"极"也有"尽"的意思，所以古书中也有"极天地"的说法：

(34) 忠之为道也，施之于迩，则可以保家邦，施之于远，则可以极天地。(《忠经》)

《魏书·逸士列传》等书还有"穷极天地"的说法。与此相应，古人也常说"与天无极"，镜铭中就出现过很多次[②]，汉砖、汉瓦当上也很多，不必一一举例。

知道了"寿敝天地"的说法的真正含义，也就知道了"寿敝金石"应当怎么理解了。传世文献中似乎很少有"寿敝金石"的说法，我们检索了电子版《四库全书》[③]，只在《两宋名贤小集》中看到一例"寿獘金石长不朽"的说法[④]，显然跟镜铭"寿獘金石"相当。镜铭中经常出现"寿敝金石"的说法，很

[①] 关于"准本字"，参看裘锡圭：《文字学概要》，第193页，商务印书馆，1988年8月。
[②] 参看李新城文第54—59、75—76页。
[③] 《文渊阁四库全书》电子版，上海人民出版社、迪志文化出版有限公司，1999年11月。
[④] 大徐本《说文》："獘，顿仆也。从犬、敝声。《春秋传》曰：'与犬，犬獘。'毙，獘或从死。"可见"寿敝金石"的"敝"也可以作"毙"。

可能跟镜是用铜做的有关。

在古人心目中，"金石"与"天地"一样，同样有"长久"的特点。"天长地久"的说法人人皆知，而"金石"具有"坚固不朽"的特点，也能有很长久的寿命。《魏故沧州刺史石使君墓志铭》有"丘陇易泯，金石难朽"之语①。《临淄北朝崔氏墓》也说"陵谷非恒，金石唯久"②。《古诗十九首》就有"人生忽如寄，寿无金石固"的诗句。陆游《病起书怀》有"人寿定非金石永，可令虚死蜀山中"之句，对于大家应当不陌生。下面两种说法意思相近，一用"天壤"，一用"金石"：

（35）托身与金石俱固，立名与天壤相弊。（《北史·常爽列传》）

（36）岂不身与山河等安，名与金石相弊？（虞寄《谏陈宝应书》，载《南史·虞荔列传》）

古人还说：

（37）寻尺之身，而以天地为心；数纪之寿，常以金石为量。（颜延之《庭诰》，载《宋书·颜延之列传》）

因此，我们可以看到这样的说法：

（38）寿终金石，等算东父。（曹植《文帝诔》，载《三国志·魏书》）

其义当为"寿终如金石，等算如东父"。我们在前面列举了大量的铜镜铭文，说"寿如金石"，在古人后人所写的诗词中则常常可以看到"金石寿"或"寿金石"的说法：

（39）不如饮酒，人世岂能金石寿。（沈瀛《减字木兰花》）

（40）得开眉处且开眉，人世可能金石寿。（黄庭坚《木兰花令》）

（41）但愿颐斋寿金石，岁岁年年作生日。（《元好问全集》卷五《杂言·寿张复从道》）

"金石寿"表示"如金石之寿"，这比较容易理解。"寿金石"表示"寿如金石"的意思，很可能是"寿如金石"因长期使用而省略形成的。

一般人看到"寿敝金石"，又看到"寿如金石"，就认为两种表达意思相同，"敝"也就是"如"的意思。其实，严格地说，"寿敝金石"是说"寿与金石相终"，而"金石"是不可能"终"的，因此，"寿"也是不会有尽头的。"寿如金石"则是说"寿像金石那样长存"。二者表达的整体效果是相同的，但是字词的具体含义还是有区别的。

检查古书中跟上面讨论的用于"终、尽"义的"敝"、"弊"、"蔽"或"毙"相关的各种说法，我们发现，现代人在解释其义的时候，固然有一些人遵循了古人正确的注释，对这些字的意义和用法作了正确的解释，但是，仍然有不少人囿于这几个字的常用义，把这些字作了错误的解释，完全误解了相关说法的真正含义。为了引起大家的重视，下面举一些例子来说明。

上面讲过，解释《黄帝内经·素问》的人一般对"寿敝天地"的"敝"作了正确的解释。不过，错误的解释仍然可以不时看到。清代已经有人对"寿敝天地"的"敝"不甚了解。清人张阴庵《黄帝内经素问集注》把"寿敝天地"解释为"寿过天地"③，显然不太准确。现代人对"敝"的误解就更多了。任应秋在《校勘〈内经〉诸家》中介绍沈祖绵的《读素问臆断》和《读灵枢臆断》二书，并说：

沈氏亦非医人，惟于小学、子学、经学等均修养有素，而于医学亦特别酷嗜，故于两个八十一篇，均已校勘了过半数。并亦有精校语。如校《素问·上古天真论》"故能寿敝天地"一语云："敝字误，疑敌字也。且与下文'无有终时'义贯。《阴阳应象大论》：'故寿命无穷，与天地终'，足为旁证。若云敝，费解。或云敝当为适，古敌适多假借，取形似则当为'敌'也。"④

其实，沈氏之说毫无道理，任氏实在是判断有误。前面我们说过，有人把镜铭的"敝"读为"比"，这在对《素问》"寿敝天地"的解释中也能看到有人持这种看法。如包顺义编著的《素问评译》就把"寿敝天

---

① 参看赵超编：《汉魏南北朝墓志汇编》，第307页，天津古籍出版社，1992年6月。
② 此墓志铭载《考古学报》1984年第2期。
③ 张阴庵著，孙国中、方向红点校：《黄帝内经素问集注》，第7页，学苑出版社，2002年8月。
④ 任应秋：《校勘〈内经〉诸家》，载《〈内经〉十讲》，第21页，北京中医学院印，1978年11月；又载"《内经》研究论丛"所收《〈黄帝内经〉研究十讲》（任应秋、刘长林编），第38页，湖北人民出版社，1982年4月。

地"翻译为"故寿命能与天地相比"①。有人则把正确的说法跟错误的说法加以并存，认为都有道理。如郭蔼春主编的《黄帝内经词典》"敝"的第二个义项为：

> 通"匹"：比；匹敌。《素问·上古天真论》："故能寿～天地。"按："敌"亦即"匹"义。另王冰注："敝，尽也。"义亦通。②

这种做法大概只能给人们带来认识上的混乱。

日本学者丹波康赖所编撰的《医心方》卷第廿六《延年方》第一引《金匮录》有下面的话：

（42）正月上辰日冶合下筛，令分等，美枣三倍诸草，美桂一分，置韦囊中无令泄，以三指撮，至食后为饮，服之百日，耳目聪明，夜视有光，气力自倍坚强，常服之，寿獘天地。

丹波康赖在"獘"旁加注说：

> 蔽：《玉篇》：必袂反，掩也。獘：《玉》：毗祭反，困也、恶也。《说文》曰：顿仆也。俗作弊。③

这种解释对于了解"寿獘天地"没有什么帮助。在对《医心方》作校注的著作中，有的对其中的"獘"作了正确的解释。但是，错误的说法也还是能够看到。例如沈澍农等校注《医心方校释》说：

> 弊，《素问·上古天真论》"寿敝天地"作"敝"，王冰注："敝，尽也。"今考"敝"、"弊"并通"比"，比拟、比同。④

这似乎是不同意把"敝"解释成"尽"，而把它改读为"比"，其实是不正确的。

前面所引古人注释中已经提到《史记·龟策列传》里的话：

（43）（龟）寿蔽天地，莫知其极。

翻看现代人对这句话里"蔽"的解释，也常常可以看到人们用"蔽"的常用义来解释。例如《全注全译史记》把"蔽"注释"遮盖"，并把全句翻译为"寿盖天地，没有知道它寿命极限的"⑤。吴兆基等译《文白对照史记》注释"蔽"为"盖，遮盖"⑥。杨燕起注译《史记全译》把"蔽"注释为"遮盖。此引申为超过"，把"寿蔽天地"翻译为"寿命超越天地"⑦。许嘉璐主编《二十四史全译·史记全译》把全句翻译为"寿盖天地，没有人知道它的极限"⑧。可见误解的看法是很流行的。

跟"寿敝天地"一样容易被很多人误解的还有"名蔽天地"或"功名蔽天地"的"蔽"。

《吕氏春秋·当染》说：

（44）此四王者所染当，故王天下，立为天子，功名蔽天地，举天下之仁义显人必称此四王者。

在我们看到的各种批注本中，大多数都把这里的"蔽"解释成"遮蔽"、"遮盖"等义。

陈奇猷《吕氏春秋新校释》说：

> 高注：蔽犹极也。奇猷案：蔽犹言遮蔽。"功名蔽天地"，形容其功名之大可以遮蔽天地。高注为极，义亦近。⑨

其实，高诱注本是很正确的。陈书误解高注的意思，说"极"的意思跟"遮蔽"义近，难免牵强附会⑩。由于产生这种误会，"功名蔽天地"本指功名长久存在的意思被很多人都误会成是说功名很大，跟"功盖

---

① 包顺义编著：《素问评译》，第3页，中国医药科技出版社，1991年12月。
② 郭蔼春主编：《黄帝内经词典》，第790页，天津科学技术出版社，1991年12月。
③ 丹波康赖编撰：《医心方》，第593页，人民卫生出版社，1993年3月第1版第3次印刷。
④ 沈澍农等校注：《医心方校释》下册，第1622页，学苑出版社，2001年1月。
⑤ 此书《龟策列传》为吴树平注译，第3280、3303页，天津古籍出版社，1995年3月。
⑥ 吴兆基等译：《文白对照史记》，第3023页，黄山书社，1997年10月。
⑦ 杨燕起注译：《史记全译》（1—9册），第4391页注9、4392页，贵州人民出版社，2001年7月。
⑧ 许嘉璐主编：《二十四史全译·史记全译》第二册，第1520页，汉语大词典出版社，2004年1月。《史记全译》主编是安平秋，译者是杨海峥、曹亦冰、王志平、郭涛。
⑨ 陈奇猷：《吕氏春秋新校释》，第101页，上海古籍出版社，2002年4月。又见氏著：《吕氏春秋校释》，第99页，学林出版社，1984年4月。可知此处新校释对旧校释未作任何改动。
⑩ 同样的误解又见王利器《吕氏春秋注疏》（巴蜀书社，2002年1月）。此书第210页在高诱注"蔽，犹极也"之后自己所作的疏里引《文选》班固《西都赋》"洒野蔽天"，并说"蔽字义与此同"。其实《西都赋》的"蔽"是"覆盖"义，跟《当染》篇的"蔽"意义不同。

天下"相当①。像陈书这样的错误解释在现代各种译著本中可以说比比皆是，这里就不一一举例了。

同样，大家对《墨子·所染》跟例44同样说法的"蔽"也都作了基本相同的错误的解释。张纯一编著《墨子集解》引用两说而不加裁断：

> 孙云：高诱云：蔽犹极也。尹云：立，位也。蔽，盖也。②

尹说是错误的，但是现在一般都把这里的"蔽"解释成"盖"、"遮盖"等义。

马宗霍《墨子间诂参正》有"功名蔽天地"条，对高诱注加以反驳：

> 宗霍按：本文"蔽"字，孙诒让引高诱云："蔽，犹极也。"高说即《吕氏春秋·当染篇》注文。余按《论语·为政篇》"一言以蔽之"，郑玄注云："蔽，塞也。"本文之"蔽"，似以训"塞"为长。塞，犹充也，"功名蔽天地"犹言功名充塞于天地之间也。③

这其实是错误的。

前面我们曾举"寿敝天地"可以有"寿与天地相敝"的说法，其实"名敝天地"也有类似的表达形式。如：

（45）故业与三王争流，名与天壤相敝也（引者按：此处鲍彪曾注：言天壤敝，此名乃敝）。公其图之！（《战国策·齐策》"燕攻齐取七十余城"）

有人不同意鲍注的解释。诸祖耿《战国策集注汇考》引鲍彪语后又引黄式三语：

> 比，并也。《尸子·劝学》曰："惟德行与天地相比也"，与此正同。《策》作敝。敝、比声同。鲍注云："天壤敝，此名乃敝。"失之。④

现在比较普遍的是把这里的"敝"解释为"坏"、"败"，都是误解了"敝"的意义。

除了"寿敝天地"、"名敝天地"以外，古书中还有"道蔽天地"：

（46）如此，则上无殷、夏之患，下无比干之祸，君高枕而臣乐业，道蔽天地，德极万世矣。（《韩非子·用人》）

陈奇猷《韩非子新校注》说：

> 王先慎曰："'蔽'，当作'被'。"奇猷按：谓道之大，遮蔽天地。王说非。⑤

王氏之说固然不对，陈氏之说也是错误的，其误跟他对"功名蔽天地"的解释一样。

现在，由于大家已经习惯了错误的说法，有时候，有人作出了正确的解释，却往往得不到大多数人的同意，甚至遭到别人的批评。例如《法言·五百》有这样的话：

（47）关百圣而不惭，蔽天地而不耻，能言之类，莫能加也。

汪荣宝《法言义疏》对此有很好的解释：

> "关百圣而不惭，蔽天地而不耻"者，"关"读为"毌"。《说文》："毌，穿物持之也。"经典通作"贯"，古音关，读如管。管叔，《墨子·耕柱》及《公孟》并作关叔，故与毌音相近。《礼记·杂记》孔疏云："关，穿也。"是亦以"关"为"毌"也。《公羊传·哀公篇·解诂》云："乐其贯于百王而不灭。"语即本此。司马云："蔽当作'弊'，终也。"按：弊者，"獘"之俗字，此当读为"敝"。《说文》："敝，一曰败衣。"引申为凡抗敝之称；又引申为尽，为极。古书敝、蔽、獘三字每多互通。《吕氏春秋·当染》云："功名蔽天地。"高注云："蔽犹极也。"⑥

注中所引司马光的说法自然是正确的。汪氏从《说文》说"敝"的本义为"败衣"，这大概不一定正

---

① 需要注意的是，"盖"常用于"覆"义，但是在"功盖天下"的说法中，"盖"是超过、胜过的意思（参看《汉语大词典》"盖"第12义项）。
② 张纯一编著：《墨子集解》，第16页，成都古籍书店据世界书局1936年9月初版本影印，1988年9月。
③ 马宗霍：《墨子间诂参正》，第7页，齐鲁书社，1984年3月。
④ 诸祖耿：《战国策集注汇考》，第677页，中华书局，1985年7月。沈按：蔡伟先生来信告知，诸氏所引《尸子》"相比"殆有误，汪继培辑《尸子》、孙星衍《尸子集本》皆作"相獘"，不知诸氏所据何本。谨向蔡先生表示感谢。
⑤ 陈奇猷：《韩非子新校注》，第550页，上海古籍出版社，2000年10月。
⑥ 汪荣宝：《法言义疏》，第256—257页，中华书局，1987年3月。

确[①]，但"尽、极"义确实有可能从"败衣"义引申而来，汪氏的看法不无道理。他还同意司马光的说法，把"敝"解释成"尽、终"，反映出他对相关说法的理解是很正确的。但是，我们却很少看到人们相信此说。例如，韩敬《法言注》解释"蔽"是"遮蔽，充塞"之义，把"蔽天地"翻译为"充塞整个世界而没有什么不够"，并认为：

> 这里"关"是从时间上说，"蔽"是从空间上说。司马光说："'蔽'当作'弊'，终也。"汪荣宝说："弊者，'獘'之俗字，此当读为'敝'。《说文》：'敝，一曰败衣。'引申为凡抵敝之称；又引申为尽，为极。"（《法言义疏》卷十一）两说都是不对的。因为如果这样解释，"蔽"与"关"都指时间，不仅重复，而且互不协调。[②]

其实，"贯百圣"、"蔽天地"的说法，跟例 46"道蔽天地，德极万世"相似，不能说是重复，也没有什么不协调的地方。

下面再举一个现代人已作出正确的解释，但是却遭到别人批评的例子。

银雀山汉墓竹简整理小组编简装本《孙膑兵法》下篇中的《奇正》有这样的话：

（48）形胜之变，与天地相敝而不穷。

整理者注释说：

> 敝，尽。意谓万事万物相生相克的现象和天地共始终而无穷无尽。[③]

这样的解释本来是正确的，但是，张震泽《孙膑兵法校理》却说：

> 复印件注释："敝，尽。与天地相敝，意谓与天地并存。《鹖冠子·王鈇》：'与天地相蔽，至今尚在。'"今按，《鹖冠子》作"蔽"，与"敝"义有别。与天地相蔽谓与天地互相掩覆如一，而敝则训尽。[④]

其实，这里所说的"复印件注释"跟前面我们所引的简装本注释都是正确的，说"与天地相敝"跟"与天地相蔽"意义不同，这才是囿于字形而作了错误的判断。

最后，我们再回到本文一开头所讨论的镜铭。

大概由于"寿敝金石"在古书中比较少见，镜铭中的"敝"曾被误释为"效"，李新城论文已指出，《宁寿》卷十五汉尚方鉴一、汉尚方鉴六皆误释"敝"为"效"[⑤]。李文还指出，《小校》卷十五汉田氏镜一误释"敝"为"如"[⑥]。这几个例子都是误释，从摹本看，其上明明是"敝"字。

另有一例比较特殊，即《宣和》卷二八汉尚方鉴二有"寿比金石之国保"的句子。李新城指出此"比"也是"敝"之误释[⑦]。但是，镜铭所摹确实是"比"字。这大概存在两种可能，一是原镜铭确实是"比"字，《宣和》所摹所释皆无误。不过"寿比金石"的说法似乎仅此一见。另一种可能就是《宣和》把原为"敝"或"如"的字误摹为"比"，因而释文也作"比"。

镜铭中还有"寿尚"的说法：

（49）作佳镜哉真大好，上有仙人不知老，渴饮醴泉饥食枣，寿尚金石为国保（宝）。（《小檀》卷二·佳竞镜三）

"寿尚金石"似乎可以读为"寿当金石"，但此种说法颇为可疑，镜铭仅此一见。李家浩曾指出，汉

[①] 裘锡圭《说字小记·1.说"敝"》认为《说文》对"敝"的解说有问题。并说："㡀"字有可能实际上是省"敝"而成的；也有可能是以巾上有尘来表示破旧的意思的，虽然跟"敝"字左旁同形，但所取之义并不相同。如果后一种推测属实，当破旧讲的"敝"字就应该是假借来表示"㡀"字的意义的。

[②] 韩敬：《法言注》，第 178 页，中华书局，1992 年 12 月。

[③] 银雀山汉墓竹简整理小组编：《孙膑兵法》，第 123 页，文物出版社，1975 年 2 月。

[④] 张震泽：《孙膑兵法校理》，第 197—198 页，中华书局，1984 年 2 月。沈按：张注中所言"复印件"指文物出版社 1975 年 7 月出版的线装大字本《孙膑兵法》。这两种本子所收的"下篇"15 篇，因有些篇肯定不属于孙膑兵法，故文物出版社 1985 年 9 月出版的《银雀山汉墓竹简（壹）》将这 15 篇全部从《孙膑兵法》中移出，准备编入该书第二辑"佚书丛残"中，但同时也承认这些篇当中有的仍可能属于孙膑兵法。

[⑤] 参看李新城文第 68 页。

[⑥] 参看李新城文第 133 页。

[⑦] 参看李新城文第 80 页。

印和唐代碑刻、《万象名义》中"敝"常写作"敞"①。因此，有可能此处本为"敝"或"冎"字，被误认为是"尚"字了。

《西清续鉴乙编》还有"寿同金石"的说法：

（50）尚方作镜真大巧，上有仙……徘徊名山采芝草，渴饮玉泉饥食枣，寿同金石，游天下遨四海。（《西乙》卷十九·汉仙人不老鉴）

古书中确有"寿同金石"的说法，如《曹子建集·飞龙篇》就有"寿同金石，永世难老"的话。但是，"寿同金石"在镜铭中也只出现了一次，颇值得怀疑。有没有可能它本来也作"敝"或"冎"字而被后人误摹误释为"同"字呢？姑记于此，存以待考。

〔附记一〕颜世铉看完本文后，不仅指出其中错误，还补充两条资料，现引用于下，谨向颜先生表示感谢：

1. 关于例12"陛下虽以金石相獘，则兼天下之日未也"（《韩非子·存韩》）可补下说：

日人蒲坂圆《增读韩非子》（见严灵峰编《无求备斋韩非子集成》第40册）引物双松（物茂卿）的说法，"相獘"下云："言陛下之寿，虽使与金石同尽也。"此说又可见蒲坂氏所著《定本韩非子纂闻》（《韩非子集成》第41册）所引。又裴学海《古书虚字集释》页713"相"下云："獘与敝同，尽也。……言陛下虽与金石同尽，尚未有兼天下之日也。"裴说又可参陈启天《增订韩非子校释》页870（台北，台湾商务印书馆）所引。

2. 关于例46"道蔽天地，德极万世矣"（《韩非子·用人》）可补下说：

台湾学者赵海金《读韩非子札记》（载《大陆杂志》第32卷第1期，又收入《校诂札记》，《大陆杂志》语文丛书第2辑）云："案《吕览·当染》：'功名蔽天地'。注：'蔽犹极也。'上用蔽，下用极，互文耳；王说非。"

以上说法皆可参考。

〔附记二〕拙文在"简帛"网发表后，近日才看到李若晖先生和黄灵庚先生都曾谈到相关的问题。

李若晖先生的《银雀山汉简兵书〈奇正〉语词札记》一文有专门讨论"敝"字一节，同意银雀山汉简整理者对"与天地相敝而不穷"的"敝"的解释，不同意张震泽先生对"敝"的说法。他引用了《群书治要》所引《尸子·劝学》"唯德行与天地相弊"、《云笈七籤》所引《神农经》"食药者与天地相弊"、《抱朴子·内篇·对俗》"天地相毕"、《云笈七籤》所引《九仙经》"天地相终"的话，指出："云'相毕'、'相终'，皆与'相敝（蔽、弊）'义同。"②这是完全正确的。

与李文同载一书的黄灵庚先生的《楚辞简帛证例》一文，也有专门讨论"蔽"字一节，谈到"蔽"、"敝"常有"终"义，例子中就有郭店简《六德》之"敝"及银雀山汉简《奇正》之"敝"③。

以上李说和黄说，本人皆失于称引，是不应有的疏忽，谨向李先生、黄先生和读者表示歉意。

又，蔡伟先生来信相告，他认为"一言以蔽之"的"蔽"也当训为"尽"，今人常言"一言难尽"，可资比较。

（下转第67页）

---

① 参看李家浩：《战国货币文字中的"冎"和"比"》，载《中国语文》1980年第5期，第373页。
② 李文谈"敝"一节载张显成主编：《简帛语言文字研究》第2辑，第204—205页，四川出版集团巴蜀书社，2006年1月。
③ 黄文谈"蔽"一节载同上书第230—231页。

"佥成"封泥考

徐在国

【摘　要】 本文考释了上海博物馆馆藏的一方罕见的三晋封泥"佥成守"。封泥中的"佥成"，就是见于《战国策》中的"阴成"，见于《史记》中的"阴城"。"佥成守"封泥的国别属于赵的可能性较大。其地望应与"葛孽"近，确切地点有待进一步考证。

【关键词】 三晋；封泥；阴成

孙慰祖先生的《中国古代封泥》著录了一方罕见的三晋封泥，是上海博物馆馆藏品，以前未见著录。这方封泥如下：

孙先生释为"□城守"[①]。首字缺释。

我们认为首字应当释为"佥"。三晋文字中"佥"字的写法有[②]：

　《古玺汇编》0068　　《古玺汇编》3162　　《古玺汇编》3164

首字 与《古玺汇编》3164 中的" "字形体最为接近，字形当分析为从"云""今"声，释为"佥"。

第二字作" "，原释为"城"。如果将下部边框看作笔画的话，释"城"可从。也有可能是"成"字。三晋文字中"成"字或作：

　三晋71　《战国文字编》962页　　三晋71　《战国文字编》962页

　《古玺汇编》1308　《战国文字编》962页

均与" "形近，我们将其改释为"成"。

末一字作" "，原书释"守"是正确的。这种写法的"守"字在三晋文字中习见，如：

　《古玺汇编》0341　　《古玺汇编》3307　　《古玺汇编》3236

【作者简介】 徐在国，山东新泰人。安徽大学中文系教授，博士生导师，主要研究方向为古文字学，侧重于战国文字的研究。（安徽　合肥　230039）

① 孙慰祖：《中国古代封泥》，第36页，上海人民出版社，2002年。
② 汤余惠主编，徐在国、吴良宝、赖炳伟编纂：《战国文字编》，第767—768页，福建人民出版社，2001年。

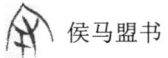

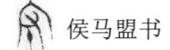

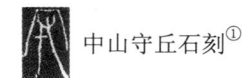

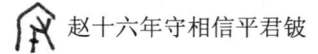

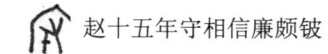

侯马盟书　　　侯马盟书　　　中山守丘石刻①

赵十六年守相信平君铍　　　赵十五年守相信廉颇铍

上引诸形均与""形同或形近。

上释不误的话，此方封泥当释为"侌成守"。"侌成"当读为"阴成"或"阴城"，地名。见于《史记》和《战国策》中。《史记·建元以来侯者年表第九》："阴城（《索隐》表、志缺）。赵敬肃王子。"钱穆先生《史记地名考证》说：

《战国策·赵策》："魏王朝邯郸，抱阴城，负葛孽，为赵蔽。"

《魏策》："抱葛孽、阴城为赵养邑。"

葛孽故城，今河北肥乡县西南二十里，阴成当亦相近。就"抱"、"负"之义，则在葛孽南，于汉属广平。②

何建章先生《战国策注释·赵策四·齐欲攻宋章》："且王尝济于漳，而身朝于邯郸，抱阴成，负（蒿）葛孽，以为赵蔽。"注（24）："葛孽，故城在今河北省肥乡县西南。阴成，与葛孽近。"③

缪文远先生《战国策新校注》：

《赵策四·齐欲攻宋秦令起贾禁之章》："且王尝济于漳，而身朝于邯郸，抱阴（成）[地]，负（蒿）葛薛，以为赵蔽，而赵无为王行也。"注（11）："按：阴地指黄河以南，熊耳山脉以北，陕豫交界地。今河南卢氏县东北有古阴地城，则此'阴城'或'阴地'之误。"注（12）："葛薛当如鲍本作'葛孽'，地在今山西翼城县东南。"

《魏策三·叶阳君约魏章》："谓魏王曰：'王尝身济漳，朝邯郸，抱葛、孽、阴、成以为赵养邑，而赵无为王有也。'"④

王延栋先生《战国策词典》："阴成，地名，在今河南卢氏县东北洛水北岸。""葛孽，地名，在今河北肥乡县西南。"⑤

《中国古今地名大辞典》："阴成，古邑名。战国魏邑。在今河南卢氏县东北。"⑥

上引文献中，将"阴成"、"葛孽"当作地名的，应该是正确的。封泥中的"侌（阴）成"就是最好的证明。缪文远先生《战国策新校注》中，在赵策注中将"阴城"看作"阴地"之误，在魏策中又将"阴成"、"葛孽"分为四地，是不正确的，应当改正。

"阴成"、"葛孽"作为地名，其确切地望，学者说法不一。先说"葛孽"，多数学者认为"故城在今河北省肥乡县西南"。我们认为这个说法可从。至于"阴成"，或说"在今河南卢氏县东北"。此说可疑。因为此说是将"阴成"与"阴地"相混，"阴地在今河南卢氏县东北"。我们还是赞同"阴成，与葛孽近"之说，确切地望有待进一步考证。

由此，我们可以得出以下结论：

一、"侌成守"封泥中的"侌成"，就是见于《战国策》中的"阴成"，见于《史记》中的"阴城"。

二、"侌成守"封泥属于三晋封泥，其国别不能确知。从"守"字的形体、"阴成"地望与"葛孽"近推测属于赵的可能性较大，但也不排除属魏的可能。

三、阴成地望应与"葛孽"近，确切地点有待进一步考证。

---

① 汤余惠主编，徐在国、吴良宝、赖炳伟编纂：《战国文字编》，第500页，福建人民出版社，2001年。
② 钱穆：《史记地名考证》，第1253页，商务印书馆，2001年。
③ 何建章：《战国策注释》，第765页，中华书局，1990年。
④ 缪文远：《战国策新校注》，第735、881页，巴蜀书社，1987年。
⑤ 王延栋：《战国策词典》，第437、366页，南开大学出版社，2002年。
⑥ 谭其骧等主编：《中国古今地名大辞典》，第1349页，上海辞书出版社，2005年。

〔附记〕本文写定于 2005 年 9 月 24 日，投寄一刊物，被退回，理由是太简单。文字的考释是简单了一些，因为古文字学者可能一眼就认出，但由于涉及古书记载，或许有些许价值。文成后曾寄呈吴良宝师弟指正，半年后他在电话中还询问文章发表情况。后见施谢捷教授在其博士论文《古玺汇考》中亦释为"阴城"，但限于体例，其文未作考证。故拙文不废，改投《中国文字研究》。特此记之。

Study of the Lute of Yincheng

Xu Zaiguo

(Department of Chinese, Anhui University, Hefei 230039, China)

Abstract: The inscription *Magistrate of Yincheng*（佥成）on a lute of *Sanjin*, which was collected in Shanghai Museum, was studied in this paper. There is a word *Yincheng*（佥成）in the inscription, namely *Yincheng*（阴成）in *Zhanguoce* and *Shiji*. This lute maybe belong to *Zhao*, and *Yincheng*（佥成）is probably close to *Genie*（葛孽），which exact place must wait pending further research.

Key Words: *Sanjin*; lute; *Yincheng*（阴成）

包山卜筮文书书迹的分类与书写的基本状况

李守奎

【摘　要】 54支包山卜筮简所记录的22次卜筮和4次祭祷集中发生在三年内的八天之内，时间集中，内容完整，字迹清楚，便于字迹分析。通过比较可知，全部文书有八种字迹，各组贞卜文书不是由各组的贞人书写，同一组贞卜记录可以有两个以上的书手书写，同一支竹简有时有三种字迹。有些字迹的交叉是由其他人的修改造成的。

【关键词】 包山卜筮文书；字迹；分类；书写

包山卜筮简共计54支，保存完好。从内容上分为两类：贞问类和祭祷类。祭祷类只有205、206、224、225四支，分别记录着在两天内对四类祭祷对象进行祭祷的简况，每支简内容自为起讫，各自独立。贞问类50支，根据内容间的联系，可分为22组，每组的简数多寡不一，多者4支，少者1支。各组的结构大致雷同，可分为前辞、贞辞、占辞、敚辞、二次占辞，一般来说，这样的一件卜筮文书记录着由两次占卜构成的一轮卜筮过程，个别的还有祭祷记录和验辞。这4次祭祷和22次贞卜集中发生在三年中的八个时日之内，一天之内的贞问，少则1次，多则10次，内容多有重复，地点明确、时间集中、内容多有重复，凡此种种，都为我们辨识不同的字迹提供了便利条件。

根据我们的分析，这54支简依据书写字迹的不同，可以分为A、B、C、D、E、F、G、H八种。简文是手写体，是实用记录，在短时间内一个人写两种书体的可能性不大，因此，八种书迹，就有可能是八个书手的手迹。区分不同书迹的标准有四个：

首先是书写的整体风格。包括笔画的圆转方折、字形的颀长扁平、间距的疏密等。例如：

226　　　　247　　　　　　230　　　　242

上列四支简的这几个字从整体风格上看，显然可以分为226、247和230、242两类。

二是一些常用字或常用偏旁的独特构形，如"爲"、"坪"、"於"和"豕"旁，各组差别大都很明显，列表比较如下：

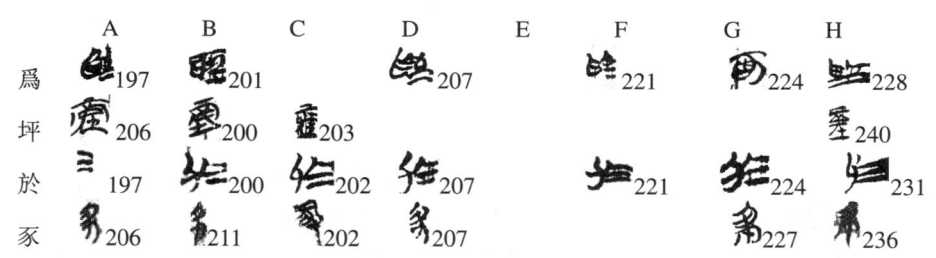

	A	B	C	D	E	F	G	H
爲	197	201		207	221		224	228
坪	206	200	203					240
於	197	200	202	207		221	224	231
豕	206	211	202	207			227	236

三是构字笔画放敛、曲直、枯润、落笔起笔的抑扬轻重等，如197和199两支简上都有两个"又"字，各简中位置在前的作"", 笔画平放，属A组；在后的作"", 笔画曲敛，属B组。

【基金项目】 教育部人文社会科学研究"十五"规划项目"楚文字通论（01JA740014）"成果。
【作者简介】 李守奎，吉林大学文学院教授，博士生导师。（吉林　130012）
本文初稿曾在2003年12月召开的荆门郭店楚简国际学术研讨会上宣读。

四是文字的异写。由于卜筮简重复辞例非常多，不同的书手用字习惯不同，异写十分普遍。所谓"异写"，包括用词不同、讹书、假借或分化、异体等，笼统地说，上文所说的"常用字或常用偏旁的独特构形"也可以包括进来。对于文字异写，我们在另文中要详细讨论。在此只举"坪夜君"的"夜"字的异写，以见一斑。

	A	B	C	E	G	H
夜	夕206	夜200	夜203			夜240
			夜214			

下面是 54 支简依书迹特征的分类：

A 组：197 开头至"恒贞吉"、199 开头至"恒贞吉"、201 开头至"乙未之日"、205 和 206 全简。此组书迹隽秀，笔画纤细，匀称工整，起笔收笔没有明显的变化，有似现在的硬笔书法。

B 组：197 尾端"少又戚"至 198、199 尾端"少外又戚"至 200、201 中间"应会至躬身尚母又咎"35 字（躬身是合文）、209 至 211、212 前半至"以保家为左尹它贞"、213 中间自"占之恒贞吉"至"以其古敚之"、214 后半自"遴应会之说"至 215 简端 10 字、215 尾端"期中又憙"4 字、216 至 217、218 至 219、220、249 至 250。八种字迹中，唯此在三个年份中都出现过，而且，司法简中也有与这种字迹近同的简文。此组字迹也很工整，大都起笔粗收笔细，笔画更富有变化。所有的"东"字都写作 东，"爲"字写作 爲，"之岁"、"之月"、"之日"一般不用合文。

C 组：201 后半自卦画之后至 204。这组字结体松散，笔画夸张，异写特别。"恒"字作 恒、"邵"字作 邵、"豕"旁作 豕，均与他组不同。

D 组：207 至 208、212 后半自"出入侍王"至 213 简端"躬身尚母又咎"、232 尾端"躬身尚母又咎"6 字、234 尾端"躬身尚母又咎许吉"至 235、246。这组字中的一些常用字与 A 组非常相似，二者间有传承关系是显而易见的，但从整体风格上看，其笔画流放恣肆，间距疏密不一，与 A 组的匀称工整明显不同。"赛"字写作 赛，是全部卜筮简所仅见。

在 207－208 这件文书中，居然把问卜者的职官"左尹"写成了"右尹"，把"腹"字错写成"腹"（应当是"腹"，见 239、242、245、247 等简），"尚母又咎"等字削补痕迹明显，"以亓古敚之"的"之"误脱后补，这些都可以说明这位书手对卜筮简的书写不很熟悉。除了这件文书之外，其他文书中只是间断出现，其所记录的内容主要是贞辞中时间之外的具体贞问内容。此书手可能是个临时救急的替补角色。

E 组：213 后半自"遴古敚"29 字至 214 简端 8 字、215 中间"太、侯土……既皆成"17 字。202 反面"新父既成"、"新母既成"8 字和 210 中间"且外又不顺"4 字也可能属于这一组。此组字虽然只断断续续地出现在一件卜筮文书中，但其笔画枯细，有似刀刻，"太"字作 太、"赛"字作 赛，都很有特点。这种书迹没有记录一件完整的文书，数量很少，且多为卜筮之后的祭祷记录。

F 组：221 至 222、223。这组字间距疏阔，字形拘谨，与 D 组的恣肆形成鲜明的对比。用词用字别有不同。其他各组均作"尚母又咎"，独此组作"尚母又羕（殃）"，"戚郢"之"戚"作 戚，更是包山简所仅见。

G 组：224、225、226 至 227、232、234 前半至"尽集岁"、236 前半至"以上气"、236 尾端"母又奈占之恒贞吉疾难瘥以"至 237"亓古敚之与祷太"、243 后半"举盬吉之繁"至 244、245、247 至 248。G 组与 H 组是同一天十轮卜筮记录的主要笔迹，二者区别非常明显，上文所列的两组"己卯之日"就分属 G、H 两组。G 组墨重字拙，"之岁"全部用合文；H 组笔画方折，字迹扁平，"之岁"无一用合文。

H 组：228 至 229、230 至 231、233、236 中间"不甘食旧不瘥尚速瘥"9 字、237 后半自"侯土"至 238、239 至 241、242 至 243 前半"以亓古敚之"。

每一轮卜或筮都有前后两次卜占或筮占，第一次占是依据问卜者的所问进行的，第二次占则是在贞人提出除灾免祸的具体办法后，卜问依此法是否可行。每轮卜或筮从始至终大都是由一位贞人完成的（只有228－229 一组文书前后两占不是一位贞人）。一轮的卜筮记录构成内容相连的一件文书。但是，每一件卜筮文书的书写却不一定由一个人完成。我们对每一件文书的字迹进行分析，54 支竹简构成的 26 件文书与上列 8 种书写风格的字迹的对应关系如下（用"－"表示每件文书内相同字迹的竹简间的相连关系，用"/"表示不同字体简文的相别界划，用 A、B、C、D、E、F、G 表示其所属书迹的类别）：

一件文书一种书迹，凡 17 件：205（A）、206（A）、207－208（D）、209－211（B）、216－217（B）、218－219（B）、220（B）、221－222（F）、223（F）、224（G）、225（G）、226－227（G）、228－229（H）、230－231（H）、239－241（H）、247－248（G）、249－250（B）。

一件文书有两种书迹，凡 6 件：197（A）/197（B）－198（B）、199（A）/199（B）－200（B）、234（G）/234（D）－235（D）、242（H）－243（H）/243（G）、245（G）/246（D）、236（G）/236（H）/236（G）－237（G）/237（H）－238（H）。

一件文书由三人交叉着书写，有三种书迹，凡 3 件：201（A）/201（B）/201（C）－202（C）－204（C）、212（B）/212（D）－213（D）/213（B）/213（E）－214（E）/214（B）－215（B）/215/（E）215（B）、232（G）/232（D）/233（H）。

从上文所列我们可以看到，不仅一件文书的几支简可以由两人或三人书写，而且一支竹简由两人或三人书写也不是偶见。这种多人书写的文书，又分为两种情况，一种是接着写，一种是交叉着写。

两种或三种字迹彼此相接很常见。以宋客聘于楚之岁为例，这一年共有三次贞问，都是在同一日进行的，分别由三位贞人卜了两轮，筮了一轮。三件文书中有三种笔体，但没有一件文书是由一人全部书写的，三种笔体交叉在三件文书中，但每件文书内不同字迹是彼此相接的。197－198 与 199－200 这两件文书都是 B 体接着 A 体，197 和 199 两支简上都有 A、B 两种字迹，两种字迹间还有标志符号"▬"；201－204 简构成的这件文书，前辞中的记时部分是 A 体，贞人、贞具与贞辞是 B 体，占辞、说辞、验辞、记事辞是 C 体，三种字迹是依次相接的，201 号上有前辞和占辞，一支简就有三个人的笔迹。不同字体交叉着写的有 212－215、236－238 两件文书。最为复杂的是由 212 至 215 四支简构成的这件文书，这轮贞卜发生在东周之客归胙之岁夏夷之月乙丑之日，这一日贞问了三轮，也是二卜一筮，分别由三位贞人进行卜占或筮占。这一天的卜筮记录共有三种字迹，应当是由三位书手书写的。其中 209－211 和 216－217 两件文书是由同一位书手完成，字迹首尾一致，均属于 B 类。而由 212 至 215 四支简构成的这件文书由三个书手交叉着书写，前辞的字迹与另外两件文书的字迹一致，也属 B 类，这种字迹间断出现在四支简上，在这件文书中贯穿始终；贞辞是一种字迹，属 D 类；占辞又由写前辞的书手书写，字迹属 B 类；敓辞是"逯"古敝和另外两个贞人的，所逯古敝敓辞字迹属 E，所逯另外两位贞人的说辞字迹属 B；215 简中间记事辞字迹又改为 E，简尾验辞"期中有喜"字迹是 B。212 号简因为有贞辞、占辞和敓辞，所以就出现了三种书迹。215 号简因为有敓辞、祭祷记录和验辞，所以也出现了三种书迹。这件文书的书写情况虽然复杂，但书迹区别并不困难，除了书迹本身的特征外，内容和记录形式也是重要的参考依据。前辞、贞辞、占辞、敓辞、记事辞、验辞等内容区划井然，与书迹的不同恰好吻合。各种书迹之间大都有形式上的标记。214 简 E 类与 B 类之间有长点和间距，215 简 B、E、B 两种交叉书写的书迹之间有长长的空白。内容和书写形式虽然对于区分不同的书迹可以起到一定的参考作用，但不是绝对的。例如由 236－238 三支简构成的这件文书，G、H 两种书体交替出现，G 体写了前辞和贞辞的一半，改由 H 体书写，只写了 9 个字又换为 G 体，G 体补足了贞辞三个字，写了占辞和敓辞的五个字后，又改为 H 体，书体之间既无内容的分界，也无任何形式上的标志。

在司法文书中，也有一件或一组文书属于由不同人书写的情况，但司法程序的不同阶段的文书记录是由不同的人在不同的时间、不同的地点完成的，如 131 至 139 号简构成的这组司法文书就是这样，其中出现几种字迹是很好理解的。但卜或筮大都是由一位贞人在同一时间、同一地点完成的（除了祭祷记录和验辞），为什么一件并不长的卜筮文书的书写字迹却如此复杂？这些文书是由谁书写的？为什么一件文书由两人或三人书写？为什么会交叉着写？这些问题都不很清楚。我们可以知道的是：

一、贞卜文书不是贞人书写的。同一贞人不同轮次的贞卜可以由不同的书手记录，同一轮次的贞卜也可以由不同的书手记录，同一书手可以为不同的贞人记录。

二、贞卜记录不一定有专职人员。有的卜筮文书的书迹与司法文书的书迹很相近，有的可能就是出于

65

一人之手。在卜筮文书中，用 E 种书体没有写过一篇完整的文书，这种书体与 128 号司法简字迹相近，疑是一人所写。B 种书体又见于 12—13 号司法文书。

三、三年内，只有 B 种书迹贯穿始终，其他重复出现的书迹或出现在前两年，或出现在后两年，也有只出现在一年中的。每一个时间单位内以一到两种字迹为主，同一天内的字迹不超过三种。

四、同一支简可以由不同书手书写，不同字迹之间，有的有标志。有的标志是符号，如 197、199、201、212、214 等；有的标志是间距，如 215、243 等。

五、同一天内由几个贞人同时卜筮，几位书手互相配合，有可能是为了及时、准确记录占辞和说辞，在占卜前就知道的前辞、贞辞以及占辞中比较固定的那部分内容先由另外一个人写好，这样就会出现不同字体的相接。197、199 两支简书迹分界相同，232、234 两支简书迹分界也相同，201、232 都是以筮画为界，大概就是这种情况的反映。

六、"逃"或"舆"他人之"敓"时，所逃敓辞常由不同的人书写，如 213 的"逃古蔽"、214 的"逃应会之说"，243 的"舆鹽吉之说"等皆是。这种不同字体间的交叉或相接，可能是由卜筮程序决定的。

七、有些字迹的交叉是由另外的人的修改造成的。如 236 至 237 号简"母又奈占之恒贞吉疾难瘥以亓古敓之与祷太"19 字属 G 类字体，夹在 H 类字体中间，字形小，间距密，应当是后来修改所用的文字较原文多而造成的。另外，210 号简的筮画不仅很小，而且位于占辞后，与其他五筮的筮画都在占辞前不同。此筮画前的"且外又不顺"字体与上下不谐，与 E 类相近，疑也是他人的修改笔迹。

对竹简书写形制的深入分析是有意义的：

一、在竹简编连时，要充分考虑内容相连的一组简或一支简由不同的人书写的可能性，字迹的相同与否，只是参考条件之一。

二、楚简文字异写纷繁，依书手的字迹分类，我们能清晰地看到文字异写与个人用字习惯间的对应关系。通过我们的分析，文字异写除讹书外，大部分都是书手的个人用字习惯不同造成的。例如"母"可以用作否定副词"毋"，但用"母"的不用"毋"，用"毋"的不用"母"，在不同的书手笔下，它们是不通用的。

三、楚简文字一方面因书手用字习惯而异写纷纭，通用现象极为普遍，简体、省形、义近偏旁互换、音近偏旁互换等等异体字更是比比皆是。但另一方面，我们也看到大家用字的一致性。昭氏之"昭"楚文字作"卲"，悼氏之"悼"楚文字作"悹"，在用作姓氏时，二字绝不通用。令长之"令"楚文字作"敓"，与"命"和"令"不混。如果对每一批竹简从笔迹分类入手，详细分析个人用字习惯与文字系统的关系，会使我们对楚文字有更深入的了解。

【参考文献】

[1] 彭浩. 包山二号楚墓卜筮和祭祷竹简的初步研究. 湖北省荆沙铁路考古队. 包山楚墓·附录二三. 北京：文物出版社，1991.
[2] 李零. 包山楚简研究（占卜类）. 中国典籍与文化论丛. 北京：中华书局，1993.
[3] 陈伟. 试论包山楚简所见的卜筮制度. 江汉考古，1996（1）.
[4] 陈伟. 湖北荆门包山卜筮楚简所见神祇系统与享祭制度. 考古，1999（4）.

The Classification of the Handwriting and the Content of the Writing about the Fortune-telling Documents on the Bamboo Slips of Baoshan

Li Shoukui

(College of the humanities, Jilin University, Changchun 130012, China)

Abstract: The study describes and analyzes the writings on the 54 bamboo slips that were unearthed from the Chu-dynasty tomb located in Baoshan. These writings were used on the occasions of offering prayers and memorial service to the departed,and fortune-telling.The contents of the writings on 54 bamboo slips can be classified into 26 kinds, which were written in 8 types of calligraphy styles. The study also elaborates on the classification criteria of these writings, the content of each kind of writing, and the distribution and use of these handwritings in the 26 pieces of documents. The detailed study produced three findings: first, these documents were not written by fortune-tellers; second, these documents on fortune-telling and memorial service were not necessarily written by professionals, and third, the writings on the same bamboo slip can be done by more than one writer. The paper points out that the study of ancient handwritings can contribute to the compiling of the documents on the bamboo slips.

Key Words: the bamboo slips of Baoshan; documents; fortune-telling; handwriting

（上接第 59 页）

Explain the Meanings of "寿敝金石" and "寿敝天地"

Shen Pei

(Research Center for Unearthed Documents and Ancient Writing, Fudan University,
Shanghai 200433, China)

Abstract: There often appeared the expression like "寿敝金石" in the mirror inscriptions in Xin-Mang Dynasty and Eastern Han Dynasty. There also often appeared the expression like "寿敝天地" or "功名蔽天地", "道蔽天地" in ancient texts. In these expressions, the character "敝" or "蔽" can be replaced by "弊" or "毙". Even so, they expressed one same word.Some modern scholars often misundertand its meaning,thus they often explain this word as several different words. Actually, this word's meaning is "finish" or "go to end". All of above expressions express that life, reputation or Tao will go to the end with metals and stones or with heaven and earth.

Key Words: mirror inscriptions; 寿敝金石; 寿敝天地; 名蔽天地; explanations of words in ancient texts

上博竹书"葛"字小考

陈 剑

【摘 要】 本文考释了上海博物馆藏战国楚竹书中的几个"葛"字,将其与传抄古文的"葛"字加以联系,分析其字形演变脉络,并对其结构方式提出了一个推测。

【关键词】 上博竹书;楚简;古文字;考释;古文葛

《上海博物馆藏战国楚竹书(四)·采风曲目》简1有一个曲目名"埜(野)又(有)▲",其中用"▲"代替的字作如下之形:

整理者释为"萊"[①],与字形不合。董珊先生改隶定作"藂",谓字"从'艸'、'素(或索)',以音近可读为'蔬'"[②]。此说分析字形是有根据的(详后文),但"蔬"一般当为人工种植于园圃,说"野有蔬"仍嫌不合。

三体石经《春秋》僖公人名"介葛卢"之"葛"字作如下之形:

施谢捷先生指出:

> 郭店楚墓竹简《六德》12"中䔖"之"䔖"作"䔖",从"中"作"山",与石经"葛"古文从"山"构形相同。作为表意偏旁的"中"、"艸"往往通用,如……又"葛"古文所从"䙴",从其构形看,与两周金文里用为"素"的"索"字相似,如师克盨作"䙴"、辅师嫠簋作"䙴"、曾侯乙钟作"䙴"等,是其例。然从"索"声字与从"曷"声字古音分别归铎部与月部,韵部相隔,俟考。[③]

"䙴"形除去下面的双手形"廾"和"中(艸)"形之后,与简文䔖除去"艸"形作"䔖"相比较,其头部相同。前者中间部分的下端有省略,与古文字常见的"糸"形与"幺"形的交替相类;前者中部笔画断裂,左右两笔又引长下垂(对比《说文》卷四下受部"𤔲"字古文"爰":䙴)。总的来看,两者还是很接近的。

《上博(三)·周易》简43与今本"葛藟"之"葛"相当之字作如下之形:

原注释释为见于《集韵》的"萃",又谓"或读为'葎'"[④],不确。又《古玺汇编》2263、2264(皆

【基金项目】 本文是"全国优秀博士学位论文作者专项资金资助项目"(FANEDD)"上海博物馆藏战国楚竹书研究"(项目批准号:200311)成果之一。

【作者简介】 陈剑,四川眉山人,复旦大学出土文献与古文字研究中心副教授。主要从事古文字学与出土古文字文献整理研究。(上海 200443)

① 马承源:《采风曲目释文考释》,载马承源主编:《上海博物馆藏战国楚竹书(四)》,第165页,上海古籍出版社,2004年12月。
② 董珊:《读〈上博藏战国楚竹书(四)〉杂记》,"简帛研究"网站,2005年2月20日,http://www.jianbo.org/admin3/2005/dongshan001.htm。
③ 施谢捷:《魏石经古文汇编》。此系未刊稿,承施先生赠阅并惠允引用,谨致谢忱。
④ 濮茅左:《周易释文考释》,载马承源主编:《上海博物馆藏战国楚竹书(三)》,第195页,上海古籍出版社,2003年12月。

晋玺）有如下两形：

张富海先生指出，上引三形"都与此石经古文字形有关系"。"古玺之字用为姓氏，即'葛'氏，研究者或释作'萝'，不可信①。

排比以上"葛"字诸形，不难看出其演变脉络：《采风曲目》形下半的头部省略、中间部分笔画断裂分离而略有变化（对比石经字形中的形），即成古玺、形；古玺两形下半类似"冂"的外框再省略，即成《上博（三）·周易》简43的形。

葛草蔓生，《说文》卷一下艸部训"蔓"为"葛属"，字书或训"葛"为"蔓草"（《玉篇·艸部》），旧注或训"葛藟"为"蔓草"、"引蔓缠绕之草"②。《诗经·郑风》有《野有蔓草》篇，《采风曲目》之曲目名"野有葛"正与之相近③。

前引施谢捷先生之说，已经指出古文"葛"字除去"屮（艸）"旁后的部分"与两周金文里用为'素'的'索'字相似。楚竹书"葛"字诸形下半不从双手形"収"，从字形看近于"素"。研究者多已指出，"素"、"索"本为一字分化④，所以前引董珊先生说《采风曲目》之字从"素（或索）"。很多研究者都曾指出，古文字中"廾"形和"二"形、"曰"形的交替多见，如"平"、"方"、"彔"、"央"和"束"字等。就加在"糸"旁或"幺"旁中间的"廾"形而言，"亂"字中部本多作"廾"形，《上博（四）·柬大王泊旱》简6"不敢以君王之身变亂（乱）鬼神之常故"之"亂"字作，"廾"形也变作"二"类形。金文"索"字或作偏旁"素"字上端多从"廾"形，前引师克盨"素"字即其例。石经"葛"字字形中的"乀"，显然属于"二"类形之变；《采风曲目》形下半的中间部分，细看图版正是作"曰"类形的。所以，将石经和竹书诸"葛"字的下半字形看作"索"或"素"，在字形上确实是极为有据的。

但问题在于，"葛"字所从的"索"或"素"，如果分析为声符，前引施谢捷先生之说也已经指出，其读音不合⑤。我最初曾经设想，会不会这些字形的下半部分是另外一个与"葛"音近的表意字（所以用作古文"葛"的声符），其字形意在突出丝形中间的"廾"形或"曰"形，借此来表示与"做绳索的架子"或"做绳索的某种工具"有关的意义呢？但循此思路，却始终找不到合适的词。而且通过上文的分析也可以看出，要在字形上彻底否定从"索"或"素"之说，也相当困难。看来这条路是走不通的。现在换一个角度想，也许这些字形并非形声字，而是用"索"、"艸"两字会意（"索"或变作"素"），从"可为绳索之草"的角度来表示"葛"，或者说由此来"提示"人们想到"葛"。古书提到葛草用途的，多说提取其皮的纤维织成葛布（"絺綌"）以制作衣物，但可以看出也有纠其皮而做成绳索的，与"麻"既可织布又可为绳索相类。如《左传》宣公八年："冬，葬敬嬴。旱无麻，始用葛茀。""葛茀"即用葛的皮搓成的引棺的

---

① 张富海：《汉人所谓古文研究》，第34页，北京大学中文系博士学位论文，2005年4月。释"萝"之说见黄锡全：《利用〈汗简〉考释古文字》，载《古文字研究》第15辑，第138—139页，中华书局，1986年6月。
② 参看宗福邦等主编：《故训汇纂》，第1951页，商务印书馆，2003年7月。
③ 顺便于此指出，《采风曲目》篇中与《诗经》的篇题或句子相近或可相印证的，在整理者和研究者已指出者之外还有两处可说。简2有曲目名"㓋片人母迱虐门"，原考释断读为"㓋（将）片（嫀—美）人"和"母（毋）迱（过）虐（吾）门"两个曲目名。按当连读为一，"将美人毋过吾门"与《诗经·郑风·将仲子》每章首之"将仲子兮，无逾我里/墙/园"极为接近，唯后者多一衬字"兮"。又简3有曲目名"道之远尔"，原考释引《诗经·邶风·雄雉》"道之云远"，谓与简文相似。董珊先生《读〈上博藏战国楚竹书（四）〉杂记》读为"道之远迩"，谓"远迩"似偏指"远"。按"尔"当为句末语气词。《论语·子罕》："'唐棣之华，偏其反而。岂不尔思？室是远而。'子曰：'未之思也，夫何远之有？'"所引逸诗"室是远而"之"而"与简文"道之远尔"之"尔"用法相同，两句结构和意思亦相类。
④ 朱德熙：《朱德熙古文字论集》，第66页，中华书局，1995年2月。施谢捷：《释"索"》，载《古文字研究》第20辑，第201—211页，中华书局，2000年3月。
⑤ 《古文四声韵》入声昔韵"舄"字下引崔希裕《纂古》作"傦"，"舄"与"索"和"素"上古音韵地位接近，也许有人会引此为说。按"舄"与"曷"字形极近，与"葛"也相去不远，"舄"字古文"傦"当本来就是由从"舄"声之字讹变而来的。

绳索①。不过这样讲总感到也很勉强，看来对这个问题还可以进一步研究。

《上博（五）·季康子问于孔子》简 8 云：

☐也。萦畋今语肥也以处邦家之述（术），曰：君子不可以不强，不强则不立。

其中"萦"字原作如下之形：

其上端明从"艸"而非两"火"形，拙作《谈谈〈上博（五）〉的竹简分篇、拼合与编联问题》因成文仓促，将"萦"字误作"縈"②，是很不应该的。简文"萦"字跟今天"縈"的简化字"萦"全无关系。《上博（五）》原注释疑"萦"读为"縈"，"縈"字"有'旋'、'绕'、'纡'之意"③；牛新房先生读为"营"或"瞢"，训为"惑"④。恐皆不可信。

对比前举"葛"字诸形，可知此"萦"字也当释为"葛"。它与前举晋玺两"葛"字之形的不同之处主要有两点：第一，此"萦"字少"糸"旁两边的四小斜笔；第二，此"萦"字中间部分的笔画作两笔交叉与"宀"形相类，而非两边引长下垂的"冂"类形。试对比下引战国文字"萦"字的不同写法，这两种变化都可以看到：

盛君萦簠　　　曾侯乙墓漆匵　　《上博（五）·三德》简 14　　《上博（五）·三德》简 15

《古玺汇编》0927　　《古玺汇编》0926　　《古玺汇编》4046　　《古玺汇编》2338

其中《上博（五）·三德》简 15 等类字形与《古玺汇编》0926 等类字形的关系，跟简文"萦"字与前举晋玺两"葛"字之形的关系完全相同。有区别之处只在于，"萦"字的下面本来就从"糸"，"糸"旁两边所加的四小斜笔是装饰符号⑤。而"葛"字中"糸"旁两边的四小斜笔，本来就是字的笔画的一部分。不过这也不足为奇。我们知道，战国文字中很多写法相同或相近的形体或字形的一部分，虽然其来源不同，但也常常互相影响而类化或逆向类化，从而产生各种平行的变化。

前引《季康子问于孔子》简 8 上残，其首字为"也"。在断句标点时我考虑，"也"字虽然也常用于句中，但更多的是用在句末；"萦"字连下读为"萦畋今"，后文简 14 云"且夫畋今之先人"，古书行文中，同一人或连氏称，或省氏而只称其名，是很常见的。所以拙文《谈谈〈上博（五）〉的竹简分篇、拼合与编联问题》说："'萦畋今'当是人名，'萦'是其氏，'畋今'为其名。"通过上文的简单考释可知，此人之氏就是"葛"。"葛畋今"其人似乎史无可考。

（下转第 99 页）

---

① 杜预注："茀，所以引柩。"陆德明《释文》："茀，引棺索也。"孔颖达《正义》："茀字《礼》或作'绋'，或作'綍'，绳之别名也。"
② 陈剑：《谈谈〈上博（五）〉的竹简分篇、拼合与编联问题》，简帛网（http://www.bsm.org.cn/）2006 年 2 月 19 日。
③ 濮茅左：《季庚子问于孔子释文考释》，载马承源主编：《上海博物馆藏战国楚竹书（五）》，第 214 页，上海古籍出版社，2005 年 12 月。
④ 牛新房：《读上博（五）〈季康子问于孔子〉琐议》，简帛网（http://www.bsm.org.cn/）2006 年 3 月 9 日。
⑤ 战国文字里在字形两边或某部分的两边分别加两小斜笔为装饰符号的情况多见，参看何琳仪：《战国文字通论（订补）》，第 261 页，江苏教育出版社，2003 年 1 月。此书所举例证之外，又如古陶文和古玺文的"緐"字，也有在所从"糸"旁（或作"幺"形）两边各加两小斜笔或两点的。看汤余惠主编：《战国文字编》，第 851 页"緐"字下，福建人民出版社，2001 年 12 月。

《性情论》与《性自命出》中的不同用字简析

吴建伟

【摘 要】 沪简《性情论》与郭店简《性自命出》中共有109组不同用字,这些不同用字可以归纳为以下四种情况:同音假借、一字异体、羡画与减画以及其他不同用字。这些不同用字说明:当时假借字、异体字盛行,并且书写者可以根据个人书写习惯为某些字增减笔画,文字书写的规范性还不是很高,楚文字还处在比较典型的古文字阶段。

【关键词】 上博简;郭店简;性情论;性自命出

我们在读《上海博物馆藏战国楚竹书(一)》[①](以下简称上博简)中的《性情论》时将其与《郭店楚墓竹简》[②](以下简称郭店简)中的《性自命出》进行了比较。很明显,二者属于同一时期的战国竹简,从字体和内容上来看,它们无疑是当时同一文献的不同传本。在将二者进行比较的过程中,笔者发现这两个传本在表达相同意思的语句中共有109例(重复者算作一例)不同的用字,这些不同用字有助于我们了解战国时期楚文字的使用状况。本文旨在研究这些不同用字,以说明楚文字在当时使用过程中出现的同音假借、一字异体以及羡画、减画等不同的用字情况。为了研究的方便,笔者将把这些不同用字分成四类并分述之。需要说明的一点是,本文研究的是上博简《性情论》和郭店简《性自命出》中能够清晰地辨别出来的、简文的意思相当但形体却不同的用字,凡那些两简互有残缺之字或由简文来看本是同一形体而上博简和郭店简的整理者隶定为不同形体之字,都不在本文的研究范围之内。我们对这些不同用字的分类如下:

一、同音假借

将《性情论》和《性自命出》进行对比之后可以发现,这两个写本中的很多不同用字之间是一种假借关系,并且从中我们也可以看到一批比较明显的后起本字。在我们所发现的109例不同用字中,共有23例属于这类不同用字,现在选择几处举例如下。举例时先列上博简《性情论》(其后注明简文编号),后列郭店简《性自命出》(不注简文编号)。

(1)道司于情,情生于眚。(第二简)
　　衍司于青,青生于眚。

应该说,郭店简中的"青"是"情"字的假借字,上博简中的"情"字属于后起本字。"青"字在荆门包山二号墓楚简(以下简称包山楚简)、信阳一号墓楚简中也出现过多次,但都是表示颜色或人名的,没有用作"情"字的用法;不过,在郭店简的另一篇——《缁衣》中我们也找到了"情"字。诸字书中小篆以前都未收"情"字这一形体。据此,我们可以推论:上博简和郭店简中"情"字的用法是较早的用法,该字是直到战国时期才产生的。

(2)凡悦人勿吝,身必企之。(第二十九、三十简)
　　凡兑人勿㥂也,身必从之。

【作者简介】 吴建伟,山东莱芜人,文学博士,东华大学国际文化交流学院汉语系讲师,主要从事文字学和历史音韵学研究。(上海 200051)

① 马承源:《上海博物馆藏战国楚竹书(一)》,上海古籍出版社,2001年11月。
② 荆门市博物馆:《郭店楚墓竹简》,文物出版社,1998年5月。

寺兑而句行，寺习而句奠。（第一简）

走兑而句行，走习而句奠。

这几段简文中的"兑"和"悦"也应当是假借关系。郭店简中只有"兑"字，而上博简中则既有"兑"字，又有今字"悦"。

（3）闻笑聲，则鲜女也斯喜。昏诃要（第十四简）

闻笑聖，则鲜女也斯喜。昏诃谣，则舀女也。

把这两句简文对比一下，就会发现，上博简中的"要"是个假借字，用"要肢"的"要"（"要"是"腰"的本字）来假借作"歌谣"的"谣"。另外，郭店简中的"聖"假借作"聲"，也是个很明显的假借字。

（4）智颣五，唯宜道为近中。（第三十四简）

智颣五，唯宜衍为忻忠。

如果没有郭店简作比照，那么，上博简第三十四简中的"近中"是不好解释的。但将二者进行比较，解释起来就容易多了。笔者认为，简文中所说的"智颣五"即"知颣五"，指的是五类感知，也就是《尚书·洪范》中所讲的"一曰貌，二曰言，三曰视，四曰听，五曰思。貌曰恭，言曰从，视曰明，听曰聪，思曰睿"。这五类感知，只有在"宜（义）"的基础之上，才能使自己的内心感到快乐。所以，上博简中的"近中"两字应为假借字，假借作"忻忠"，这一点从郭店简中可以得到确证。

此外，与上述各例相似的还有 18 例，它们分别见于上博简第九、十五、十九、二十四、二十六、二十九、三十九等简和郭店简相应的简中，情况相似，不再一一分析。

二、一字异体

由《性情论》和《性自命出》可以看出，异体字的使用在当时是相当普遍的。我们对比之后共发现了 45 例。典型的例子如下：

（5）寺勿而句乍，寺兑而句行，寺习而句奠。（第一简）

走勿而句复，走兑而句行，走习而句奠。

这两段简文中的"寺"和"走"、"乍"和"复"各是一组异体字。"乍"和"复"都相当于"作"，即"日出而作，日落而息"的"作"，在甲骨文、金文中也都有以"乍"、"复"为"作"的用法。"寺"和"走"这组异体字则都是"待"的假借字。

（6）熹怒哀悲之氖，眚也。（第一简）

熹怒悏悲之燹，眚也。

此二句中的"哀"和"悏"当为异体字。"悏"字《说文解字》（以下简称《说文》）中未见，《龙龛手鉴》云："悏，哀也。乌纪切"。乌纪切，切出来的读音当为 yi，ai 声和 yi 声同属上古微部，故知"哀"和"悏"在读音上是有联系的；从另一个角度来讲，在汉字发展史上"心"符和"口"符经常可以换用，这两个字无非就是一个用"口"符，一个用"心"符，位置稍有不同而已。

还有，此二句中的"氖"和"燹"也应当是一组异体字。"氖"，《字汇补》："古文气字"。"燹"字各字书中均无，但由简文的意思和它的结构形体来看，把它当作"氖"字的异体字应该不会有多大问题。从形体上来看，"氖"和"燹"都是形声字，"火"字是它们的形符，而"既"和"气"则分别是它们的声符，二者读音相近。所以，我们有理由认为这两个字是异体字。

（7）丌三述者，道之而已。（第八简）

其参述者，衍之而已。

"三"和"参"是很明显的异体字，上博简用三条横杠表示"三"这一概念，而郭店简用的则是三个圆圈，都是指事字。此外，"道"和"衍"也是异体字，前贤对此早有定论，不再赘述。

（8）孝所以生熹于中者也。（第十简）

耆所以生熹于中者也。

本句中的"孝"和"善"是一组异体字。"孝"是"效仿"的"效"的本字，《说文·子部》："孝，放也。"段玉裁注："放、仿古通用。孝训放者，谓随之依之，今人则专用仿矣。教字、学字皆以孝会意。教者与人可以放也，学者仿而像之也。"从简文来看，把郭店简的"善"看作"孝"字的异体字当无异议。

三、羡画与减画

上博简《性情论》和郭店简《性自命出》中还有 11 例因为书写习惯不同而形成的不同用字。它们有的是在原字的基础上增加了一些笔画，我们可以称之为羡画字；有的是在原字的基础上减少了一些笔画，我们称之为减画字。例如：

（9）乐之动心也，濬深或慆，丌拔流女也以悲，攸肰以思。（第十九简）
　　乐之动心也，濬深或舀，其拔则流女也以悲，条肰以思。

上博简中的"濬"在郭店简中写成了"濬"，该二字的不同之处是：右下部一个从"贝"，一个从"目"。作偏旁时，"贝"和"目"在战国楚文字中经常相混，换个角度，我们也可以把"目"看成是"贝"的减画写法。

（10）凡慁思而句悲，乐思而句忻。（第十九简、二十简）
　　凡慁思而句悲，凡乐思而句忻。

同上例一样，本例上博简中的"慁"字也是比郭店简中的"慁"字多了两笔。前者在楚文字中是更常见的写法，后者则是比较少见的写法。据此我们可以说"慁"是个减画字。

（11）昏道反己，攸身者也。（第二十五简）
　　昏道反吕，攸身者也。

将这两段简文进行对比之后，我们可以看出，郭店简中的"吕"是个羡画字，该字下半部的"口"为羡画，这在战国文字中是很常见的。

（12）甬力之聿者，利为甚。（第三十六简）
　　甬力之聿者，利为甚。

本例中郭店简的"聿"很明显是个羡画字，该字左下角的三小撇为饰笔。该字在包山楚简、望山楚简和天星观楚简中也有多例出现，其写法都与郭店简的写法相同。

四、其他不同用字

《性情论》和《性自命出》中还有 30 例其他的不同用字。这些字有的在字形、字音或字义方面有点联系，有的则没有任何联系，这些字无法归并到我们上面所列举的同音假借或一字异体中去，且它们也不是因为书写习惯不同而产生的，所以只好将其单独归为一类。这些字充分说明《性情论》和《性自命出》源自两个不同的传本，同时也能证明我们对这两个传本中不同用字的考察更有意义。下面举几个例子来看一下这类不同用字。

（13）《耆》、《箸》、《豊》、《乐》，丌司出也，並生于（第八简）
　　《时》、《箸》、《豊》、《乐》，其司出，皆生于

此处上博简用的是"並"，郭店简用的是"皆"，两字字义相近，但字形和字音却不相同。

（14）凡孝者求丌心又为也，弗得之矣。（第三十一、三十二简）
　　凡學者隶其心又为也，弗得之矣。

此处比较有意思，共有两组不同用字：第一组是"孝"和"學"，上博简用"孝"，郭店简用"學"，二字形、音不同，意义上有相似之处，一个意为"效仿"，另一个意为"学习"；第二组是"求"和"隶"，上博简用"求"，郭店简用"隶"，二者字形相近，但字音和字义截然不同，比照简文的意思，我们认为郭店简的"隶"乃"求"字的书写之误。

（15）又丌为人之佷佷女也，不又夫柬柬之心则悉。（第三十七简）

又其为人之迎迎女也，不又夫柬柬之心则采。

本句简文中，上博简用"佷"，郭店简用"迎"，二字在形音义方面都相去太远，看不出有什么联系。另外，我们感觉到本句简文中上博简的"悉"和郭店简的"采"相对应很困难，这两个字在形音义方面同样相去甚远，由简文的意思来看，郭店简的"采"字是无论如何都讲不通的，因为简文此处的意思是"细小、轻微"，而"采"字无此意。我们推测，它可能是"悉"字的书写之误。"采"和"悉"在古文字中是可以相通的，《说文》："采，辨别也，象兽指爪分别也。""悉，详尽也，从心从采。"此二字语音上相通，意义上也有一定的联系。

通过对《性情论》和《性自命出》中的不同用字的比较，我们可以得出这样的结论：当时假借字、异体字盛行，并且有些字可以比较随意地增减笔画，不同的书写者也各有一些不同的书写习惯。这说明当时文字书写的规范性还不是很高，楚文字还处在比较典型的古文字阶段，与今文字尚有不小的距离。

Study on the Different Words in the Same Sentences in "Xing Qing Lun" and "Xing Zi Ming Chu"

Wu Jianwei

(International Cultural Exchange School, Donghua University, Shanghai 200051, China)

Abstract: There are 109 groups of different Chinese Characters in "Xing Qing Lun" in Shanghai Museum's Bamboo and "Xing Zi Ming Chu" in Guodian's Bamboo. They can be divided into four types: 1) A word can be replaced by other words which have the same pronunciations at that time. 2) A Chinese character might have several different forms at that time. 3) Different persons had different writing habits. 4) Some other different words were used for unknown reasons. So it can be said that the Chinese characters of Kingdom Chu were not very standard and they were still in a state of typical ancient Chinese characters.

Key Word: Shanghai Museum's Bamboo; Guodian's Bamboo; Xing Qing Lun; Xing Zi Ming Chu

先秦货币文字借用现象探研

陶霞波

【摘　要】 本文对先秦货币文中的借用现象进行了穷尽性的考察和量化统计，并将其与同时代的金文进行了相关比较，在此基础上分析了借用现象的产生原因、条件和影响。

【关键词】 借用；货币文；书写；构形

一、关于借用

借用作为古文字形体演变的一种特殊现象，很早就引起了学者的注意[①]，掌握和运用借用的原理去考释古文字，是一种解决疑难字的有效手段。随着汉字构形理论的建立和发展，不少学者开始对借用现象本身给予理论高度上的关注，即对这一现象进行本体研究——讨论这一现象发生的对象、范围、条件及影响。如吴振武先生在《古文字中的借笔字》（以下简称《借笔》）一文中，不仅利用借用原理新释了部分古文字形体，而且在古文字范围内，对合文和单字的借用方式进行归类界说和举证；又如何琳仪先生在《战国文字通论（订补）》（以下简称《通论》）一书中，对于战国文字的借用情况作了分类论述和举例[②]。两种研究固然有文字材料范围的不同，但是其研究模式不存在本质上的区别，只是《借笔》一文重现象描述，而《通论》更重理论概括。应该说，基于以上两位学者的研究成果，我们已经可以直观地认识古文字中的借用现象，并且通过实例来了解这类现象在汉字形体演变上的一些规律：就借用对象而言，是线条和字符[③]；就借用范围而言，是单字和合文；而借用的条件则是位置相近和形体相同或相似[④]。

二、先秦货币文中的借用

鉴于古文字时期各类文字材料的庞杂，《借笔》和《通论》都只选取了部分典型字形作了举例说明，

【基金项目】 教育部人文社会科学重点研究基地重大项目"古文字属性库及先秦汉字发展定量研究"，项目编号：05JJD740008。
【作者简介】 陶霞波，女，华东师范大学中国文字研究与应用中心助理研究员。（上海　200062）

① 吴振武在《古文字中的借笔字》（《古文字研究》2000年第3期）一文的引言中就文字学界对"借笔"（作者按：该文将"借用"称为"借笔"，其所谓的"借笔"的含义较为宽泛，包括了"借笔画"、"借偏旁"、"借字"等。其中既有合文借笔，也有单字借笔）现象的发现、借用原理的揭示、运用借用原理考释古文字的历史进行了回顾和评价。
② 详见何琳仪《战国文字通论（订补）》（江苏教育出版社，2003年）第四章《战国文字形体演变》之第二节《简化》。作者归纳了十三种战国文字简化的手段，其中有五种关乎借用：第八种"借用笔画"、第九种"借用偏旁"、第十种"合文借用笔画"、第十一种"合文借用偏旁"、第十三种"合文借用形体"，皆是战国文字中的借用方式。其中"借用笔画"和"合文借用笔画"虽然考察对象不同，但"外在形式有异"，而"内在实质相同"；而"合文借用偏旁，是借用偏旁的外延"；唯有"合文借用形体，是战国文字极特殊的简化方式。这类字以单字形式出现，却读二字"。
③ 《战国文字通论（订补）》中将借用的对象称"笔画"、"偏旁或部件"以及"形体"，根据原文对各借用方式的说解，"笔画"应指字的线条，"偏旁或部件"相当于比线条高一级的构件，而"形体"则应是单字，即"合文借用形体"实际上借用的是合文中某一字的整个字形，这一字形既独立成字又充当另一字的构件。在古文字阶段，笔画的概念尚未形成，因此我们用"线条"来指称"笔画"，而《通论》中的"偏旁或部件"以及"形体"统称为"字符"，作为跟"线条"相对的概念。
④ 战国时期的文字尽管已经符号化、定型化，但是构字线条还未上升到笔画的阶段，因此对于借用的条件来说，理论上可以称之为笔画相同，但对古文字来说，从线条的角度来要求形体相同是相当苛刻的，在具体字形中形态相近的线条已经具备借用的条件了。

并未对借用现象进行全面且系统的考察分析。材料来源不一，也就表明材料存在属性上的差异，只能进行表层的论述，而未能涉及该现象背后的原因以及影响[1]。如今我们面对先秦货币文单独一类的文字材料，在限定的材料范围内，有条件对借用现象作穷尽性测查，通过量化统计，从多角度进行剖析，以期在货币文系统内部对该现象之然及所以然作出较为全面的分析研究。

由于借用涉及字符之间的形体关系，因此对借用现象的判定必须以字符形体明确以及字符关系明确为前提，即考察对象应定为构形清晰可考的字形。我们按此要求对先秦货币文中的已释字形[2]进行了逐一排查，共得含有借用现象的字形 177 例，涉及单字 49 个，其中 4 个为合文。另有存疑 2 个，对应字形 11 个[3]。

我们从借用对象和借用范围的角度对货币文中的借用字形（存疑不计）进行了分类，发现有五种借用形式：类型一为单字线条之间的借用，发生这类借用的字形有 112 个，其中 42 个字形借用了多线条[4]，对应单字字数[5]分别为 33 个和 9 个；类型二为单字字符之间借用，发生这类借用的字形有 7 个，对应单字字数为 3 个；类型三为合文之间线条借用，发生这类借用的合文有 1 组即"卢"（卢氏），"卢"字"皿"符的末笔与后一字的"氏"字首笔共用；类型四为合文之间借用字符，3 组合文运用了这类借用；类型五为非单字、非合文之间的线条借用，极为罕见，货币文中仅有一例。

显然货币文中的借用以线条居多，借用字符者较少，究其原因一是线条相同易求，而字符相同难得；二是因为借用尽管是一种"省而不少"的简化方式，但是对字形的改变仍然在所难免。这对于依形表义的汉字来说，字形结构的差异对文字表词功能的影响是直接而必然的。显然，省简字符对于字形的改造远比共享线条来得剧烈，因此字符较之线条的借用在使用条件上更为苛刻，运用余地上更为狭窄。其次，虽然数据显示借用发生的范围单字多于合文，但是从相对比例上看，货币文中除大量的数字合文以外，有确释的合文仅 7 例[6]，其中就有 4 例出现了借用现象，而单字借用只涉及 41 例，不及单字总量的十分之一，可见，实际上借用在合文中的运用更为广泛。再者，在使用条件上，从表中的标注可以看出位置接近和形体相近的双重标准并非同时起作用：47 例 168 个已有确释的字形中，因位置接近和形体相近而借用的有 27 例 94 个字形，因形体相近而借用的有 7 例 14 个字形，因位置接近而借用的有 19 例 58 个字形，不符合以上两个条件的有 2 例 3 个字形[7]。从上述的数据来看，当发生借用所需的双重标准不能同时满足时，位置上的接近更具有优先权。这里所谓的"位置"不再是单纯的空间距离，也可以是不同线条起落之间的顺序：（封）、（陰）中的"丰"与"土"、"金"与"土"，因其末笔皆为横线，且处于同一水平位置，可以连写成一笔；而在（市）中，"兮"的首笔与"土"的末笔无论在线条的运行方向上还是在形态上都相距甚远，但是两者的收笔和起笔之处却相当接近，因此"兮"之首笔不惜改变方向和形态以追求连笔共享。这可以说是一种超越空间距离和形态差异的"强行借用"。

三、与战国金文的比较

为了更加清晰直观地认识先秦货币文中的借用现象，我们以同时代的战国金文为对象，进行比较研究。

---

① 《借笔》一文中，作者已经提及了借用在"先秦古文字向秦汉篆隶过渡中"所起到的作用，以及对今文字的影响（详见该文的序言和结束语部分），惜未展开详细的论述。

② 本文中所有的货币文字形均来源于先秦货币文信息语料库，该数据库为国家教育部重点学科项目"出土古文字计算机全息检索系统"的子课题，其中共收录先秦货币文原形字 7136 个（去除模糊不清、残缺损泐者），其中已释字形 5473 个。

③ 此处借用字形统计分类详见拙著《先秦货币文构形无理性趋向研究》之"先秦货币文借用字形表"，华东师范大学 2005 级博士学位论文。

④ 由于单字借用中出现了多笔画的现象，一个字头可兼有两种现象，因此同一字头可能被重复计入。

⑤ 同一单字不同的字形，发生了不同类型的借用，重复计入，故而"字数"总和大于 49。

⑥ 先秦货币文信息语料库中共集得合文 8 例，其中 7 例学术界已有确切的考释，7 例中"安阳"合文由字形过于潦草而无法分析判断。

⑦ 由于"安"、"阳"、"都"、"市"出现两种以上的借用情况，因而被重复计入。

我们将货币文中 43 个借用单字涉及的 47 个字形单位与战国金文中的对应字形逐一进行了排查，结果如下表所示：

借用字头	借用代表字形①	非借用原形字②	战国金文未借用字形③	战国金文借用字形
雩	(1786)	(1784)	(18405)	/
関	(2831)	(2815)	(16847)	/
鄈	(1118)	(1110)	(3333)	/
堂	(1655)	(1654)	(15003) (18825)	/
大	(5084)	(5167)	(2733)	/
氏	(3113)	(1428)	(163)	/
斤	(1653)	(148)	(3280)	/
釿	(2334)	(870)	(3528)	(3496)
是	(1344)	(1338)	(3580) (14137)	/
坪	(1873)	(1850)	(278) (3281)	/
邪	(2378)	(2376)	(16797)	/
鄂	(1775)	(1769)	/	/
冶	(6058)	(6044)	(16758)	/
虘	(1138)	(1123)	(13532)	/
明	(6084)	(4382)	/	/
盐	(1825)	(1826)	(18825) (3171)	/
郘	(1833) (1830)	(1831)		
臺	(3208)	无	/	/
丘	(217)	无	(18825) (16733)	/

---

① 货币文原形字，其后括号内数字为其在先秦货币文信息语料库中的字形号。
② 由于异体现象的大量存在，此处给出与借用字形结构相同的非借用形体，如"丘"，货币文中共 5 见："(217)"、"(218)"、"(335)"、"(336)"、"(4102)"。其构形可分作两类：前两形均有羨符，而后三者无，因此，对于货币文中的"丘"字而言，增加了羨符的形体均有借用发生，故而没有非借用形体与之对应，表格中以"无"表示。
③ 由于异体现象的大量存在，此处只给出与货币文结构相类似的战国金文未借用形体。

续表

借用字头	借用代表字形	非借用原形字	战国金文未借用字形	战国金文借用字形
陣	(7294)	无	(13487)	(18742)
屈	(1311)	(1313)	/	/
半	(949) (873)	(948) (984)	(3528) (3333)	/
武	(491) (2397)	(490) (1413)	(16329) (16795)	(16735)
齊	(3569)	(3567)	(6380)	/
安	(409) (1356)	(2433) (1354)	(3496) (3528)	(18007)
安[①]	(1367)	(1362)	/	/
禹	(7287)	无	(18828) (13421)	/
封	(3561)	(1066)	/	/
寧	(643) (7433)	无	(13531)	/
亲	(7132)	无	/	(16619)
新	(1744)	(2912)	(18823)	(13531)
瓶	(426)	(435)	/	/
晋	(3117)	(946)	(314)	(18825)
奴	(1422)	无	(16753)	(16831)
鄢	(2007)	无	/	/
俞	(3304)	无	/	/
榆	(1546)			
渝	(2883)			

---

① "安"字作此形体是燕系文字的特有写法。

续表

借用字头	借用代表字形	非借用原形字	战国金文未借用字形	战国金文借用字形
陽	昜（1287）	陽（825）	陽（17644）	/
易	易（3286）	易（879）	易（18425）	易（2610）
陰	陰（935）	陰（937）	/	/
陯	陯（1158）	陯（890）	陯（3281）	/
隆	隆（1856）	隆（1854）	隆（14935）	/
右	右（5067） 右（6296）	右（4942）	右（18416）	/
中	中（5535）	中（5944）	/	/
都	都（1186） 都（2353） 都（2361）	都①（1200）	都（16713）	都②（18557）
市	市（241） 市（275）	市（317）	/	市（18825）

　　为了便于比较，我们对各字形单位在战国铜器上的分布情况作了统计③，以此对金文中"借用"发生的广度和力度有一个量化的说明：47 个字形单位，在战国金文中能找到相应构形的有 33 个④；在战国金文的相应构形中，发生借用的有 12 起，且借用的模式大致与货币文相同，也就是说，这些字形中的借用手法并非货币工匠所独有，其中"宁"、"亲"、"市"三个字形单位在两种文字类型中借用手法一致，且借用率均为百分之百，可见这样的简化手段在正俗文字中都已被认可并传布开去。如果把金文看作一种正统文字，那么货币文就是将正统文字施之于日常器物之上，它们甚至具有相同的书写方式和书写材质，因此货币文与金文之间必然有其续续绵绵的一面，但是这一类字形单位仅占对应字形单位总量的 36.4%。换言之，有 2/3 多的字形单位中的借用形体并非循正统而来：有 12 个单字在货币文中均产生了借用，其中除了 5 个不见于战国金文之外，剩余的 6 个单字中"丘"和"爯（爰）"在战国金文中没有发生借用，而在货币文中则全部发生借用，例如"丘"字在战国文字中多有羡符"丌"和"土"，金文中亦不例外，但是金文中的字形三个字符多泾渭分明，如表格中所示两例，即便构字成分有所变化也毫不含糊，如"丘"（16385）。但是在货币文中，凡有形可借都充分利用，甚至发生层层借用的现象——"丘"、"丌"、"土"三符共享一横画，你中有我、我中有你，如此一来原本独立的三个构件就粘连在一起，难分彼此了。

　　再者，就同类字形的借用方式上来讲，战国金文相当单一，只限于笔画的借用，未见有字符的借用情况，且借用率不高：在 12 起借用字形单位中，除了"宁"、"亲"、"市"三起之外，其他借用字形单位中的借用现象皆较为零星。总的来说，借用字形在战国金文中还只是散兵游勇，远没有货币文字那样使用频繁，范围广阔，手法多变。

---

① 货币文中的"都"字高度轮廓化，本作"都"（1096），但是多数形体将"者"符简作从口，上部字形则简化作"ㄨ"形，且多有变化。
② 古玺文中有"都"作如此构形的，吴振武先生认为此形"邑"部的借用属于单字借用笔画中"横向笔画迭借"一类。详见《古文字中的借笔字》第 325 页。
③ 此处的量化统计表详见拙著《先秦货币文构形无理性趋向研究》第 76—77 页，华东师范大学 2005 级博士学位论文。
④ 无法对应的情况包括字形模糊无法辨别的情况。

通过上述比较可以看出，无论是借用的范围、借用的条件以及借用方式，货币文较之金文远为宽泛和丰富，大胆和随意造成了货币文中的"强行借用"。一种方法若是失去了使用的原则和规则，那么其消极的一面将会显现出来。

四、"强行借用"的原因和影响

从书写和构形的角度来说，借用是一种独特而有趣的简化方式——文字内部或文字之间因位置接近而共享线条或字符——如此一来，"减而不少"。因此有学者称其简化逻辑为"删除重复项"。既简化了文字的形体，给书写者带来了便捷，又巧妙地保全了文字的结构，给释读者一个似是而非的识辨对象，故而在以往的文字学讨论中"借用"被认为是一种具有理性的简省手段，因为从中可以感受到书写者在书写过程中对文字构形理据的顾及和维系。

书写元素的简省，实质上是一种书写行为的简省。书写作为一种生理行为受控于主体，即书写者。而货币文书写者趋简求快的心理也就促成了"强行借用"的生理动因。上述的分析已经表明了货币文的书写者往往借助于"地势"而运用借用的手法构字，位置的接近为书写时的运笔起落提供了方便，这是不言而喻的，而连带运笔恰恰顺应了书写的生理要求，成为提高书写速率的不二法宝。因此，处于同一水平或垂直位置的构字元素因便于将落笔与起笔相接、一笔连书而相互借用，即便线条形态有所差异，也会迁就书写顺序上的衔接而强以为之。

然而，汉字的字形作为一个二维的视觉符号，其平面结构并不完全等同于表词结构，即汉字的书写顺序与字形结构的生成并不完全一致。造字理据的逻辑性存在于具有层次性和等级性的表词结构中，但是在书写过程中这种层次性和等级性并没有表现出来，甚至在顺应书写的生理选择过程中被破坏。当借用受到连笔书写的驱使时，书写的自然顺序与字形结构的生成顺序之间的矛盾必然会被深化和突显出来——在35个借用发生在两个字符之间的合体单字[①]中，就有10个发生在不同层级[②]的字符之间：

借用字头	代表字形	所在字符	所在层次
零	（1786）	雨/夂	（1）（2）
閃	（2831）	户/火	（2）/（1）
邪	（2378）	牙（齿）/邑	（羡符）/（1）

[①] 合体单字，是相对于独体字而言。所谓的"合体"，是就古文字形体而言，并非指其对应的楷书字头，比如"丘"，在现代汉字中为独体字，但在货币文中增加了"土"符和"丌"符。在考定的47个字形单位中，除去4例合文，6例独体单字，1例非单字、非合文借用，共计合体单字借用为36个。借用的情况可分作三类：一是借用发生在同一字符（且该字符不能再作文字学意义上的拆分）上，如（鲽）、（都）字的借用出现在所从字符"邑"上（尽管"邑"仍可拆分为"口"和"卩"，但是考虑到"邑"作为偏旁时整体的独立性很强，故而不再拆分），（坪）字的借用出现在所从字符"平"上，属于此类情况的合体单字共有5例；一是发生在同一层次的不同字符上，如（榆）字的借用发生在同为二级字符的"余"、"舟"上，而"余"、"舟"则构成了"榆"字的一级字符"俞"，属于此类情况的合体单字有25例；一是发生在不同层次的不同字符上，属于这类情况的合体单字有10例。这其中又有"安"、"阳"、"都"、"市"出现两种以上的借用情况，因而被重复计入，所以三类情况的数字总和大于36。

[②] 汉字以少量的象形字为基础，通过相互组合和层层组合的方式而衍字成文。因此合体单字具有可拆分性，而拆分则是组合过程的逆向行为，拆分所得的第一层次的字符为一级字符，直接与字的音义发生联系，为直接构字成分。一次字符如可再次拆分的，生成二级字符，为间接构字成分，以此类推，处于拆分终端的不能再拆分者为最小构字成分。最小构字成分可以是一级字符，也可以是二级字符。

续表

借用字头	代表字形	所在字符	所在层次
臺①	(3206)	止/乔（省）	（羡符）/（1）
鄂	(1775)	爪/目	（3）/（2）
寧	(643)	皿/丂	（2）/（1）
陽	(1287)	阜/昜（勿）	（1）/（2）
陰	(1856)	金/土	（1）/（羡符）
都	(1186) (1203)	者（旅）/邑	（2）/（1）
市	(277)	兮/土	（1）/（羡符）

也许原初邻近线条的连书或写重，是为了满足书写的快速，但是这种具有跨越意味的借用造成的线条或构件的粘连共享，不仅破坏了构字成分的准确性，而且势必对字形结构的层次性和等级性造成冲击：当组合的成分不再明确、结构的层次不再清晰，字符的构字功能、字形的表词功能必然受到影响；而其字符组合的逻辑性、字形结构的理据性也在层层混乱中逐渐消解。

当这种"跨越"被一再放大，所产生的借用现象会变得不可思议：与《通论》所总结的战国文字的借用方式对照，货币文中虽然不具有所谓的"合文借用形体"一类，但是却独独在非单字、非合文的情况下也生出了使用借笔的情况。尽管这类情况极为罕见——仅有"木斤堂（当）比"〈544〉②一例，但却非常特殊——"木"、"堂"二字不仅不属于同一个表词单位，而且在语词中的排列顺序也并不是连续的。也就是说，这一借用跨越了字形单位、书写单位、表词单位这三重界限，完全成为"形式"的而非"意义"的简省。此时的借用不再为构字表义而服务，而沦为书写方的一种线条游戏。

The Study of the Borrowing Cases in Characters on Coins before Qin Dynasty

Tao Xiabo

(Center for the Study of Chinese Characters and Their Applications, East China Normal University, Shanghai 200062, China)

Abstract: This article investigates all the borrowing cases in characters on coins before Qin Dynasty thoroughly, compares the cases with those in bronze inscriptions of the same period, and then discusses the causation, condition and effect of the borrowing cases.

Key Words: borrowing; characters on coins; writing; formation

---

① "臺"字根据《战国古文字典》（第62页）的说解："臺，秦系文字从乔（或高），从至……晋系文字疑叠加止声或者声"。
② 见楚国方足大布"木斤堂（当）比"〈544〉中的"木"、"堂"二字，其中"堂"字首笔借用了"木"字的首笔，见下：

东汉器物铭文中的"工"

徐莉莉

在东汉器物铭文中常出现"工"字，多见于东汉铜器洗和弩鐖的铭文里。我们分析铭文里的"工"，发现其常见用法为物勒工名，即标明造作此器物的工匠。如：

建初元年工杨吴造。四涷八石。（580.建初元年鐖）[①]

汝南郡八石弩鐖郭。永平十八年工李仲造。（581.永平十八年鐖）

建武卅二年一月，虎贲官治十涷铜□□鐖百一十枚。工李严造。（579.建武卅二年鐖）

但是还有一些铭文里的"工"和以上"工"的用法似有不同。如：

（1）延熹元年造作工。（429.延熹元年造洗）

（2）永兴二年堂狼造作工。（427.永兴二年洗）

（3）汉安二年朱提造工。（426.汉安二年洗）

（4）汉案（安）元年堂狼造作工。（425.汉安元年洗）

以上"工"都出现在"造"或"造作"等词后，而在动词"造"或"造作"前面有"堂狼"、"朱提"等词。也有动词"造作"不出现，"工"直接出现在"堂狼"、"朱提"后的用例，如：

（5）永和六年朱提堂狼工。（424.永和六年洗）

归纳以上用例，笔者认为，出现在动词"造"或"造作"前的"堂狼"、"朱提"当为器物制作者。如此，则动词后面的"工"应当另有用途。对比其他文例，我们推测这个"工"的用法与"牢"、"坚"等相似。试看以下文例：

（6）永初元年堂狼造作牢。（413.永初元年堂狼造作洗）

（7）永建五年朱提造作牢。（419.永建五年朱提洗）

按以上7例都是铜器洗的铭文，内容相近，句式也相仿，尤其是（6）、（7）两例句式与（2）、（3）、（4）例十分相似，不同之处仅为"造作"后面的"工"换成了"牢"。在"造作"后面用"牢"的还有以下用例：

（8）建安四年六月造作牢。大吉羊富贵。谢张宜用。（436.建安四年洗）

类似用法还有在动词后面用"坚"表示的，如：

（9）永兴元年神师所作坚。（《中国砖铭》194.2）[②]

（10）故治坚。千岁大富乐。（468.千岁大富乐洗）

也有"牢"、"坚"连用的例子，如：

（11）延光四年七月造作牢坚谨。（《中国砖铭》184.1）

以上动词后的"工"、"坚"、"牢"所处语境相似，用法应当相同。笔者认为它们不可能是制作的对象，而应当是表示制作器物质量精致坚固的形容词。下面试作证明。

按"工"古与"功"通，古书多有用例。《尚书·舜典》："惟时亮天功。"蔡邕《桥公庙碑》"功"作"工"。《尚书·皋陶谟》："天工人其代之。"《尚书大传》、《汉书·律历志》引"工"作"功"。《周礼·春官·肆师》："凡师不功。"郑玄注："故书'功'为'工'。郑司农'工'读为'功'。古者'工'与'功'同字。"《墨子·经下》："而不害用工。"孙诒让《间诂》："'工'与'功'古字通。"

【作者简介】徐莉莉，女，华东师范大学中国文字研究与应用中心教授，博士生导师。（上海 200062）

① 本文所引东汉器物铭文材料除特别注明外，均引自孙慰祖、徐谷甫编著《秦汉金文汇编》，上海书店出版社，1997年4月。括号内器名前的数字为原书图版编号。

② 《中国砖铭》，殷荪主编，江苏美术出版社，1998年。书名后的数字为原书页码和图版次序。

"功"有坚固精好义。《管子·七法》："器械不功。"尹知章注："功谓坚利。"《管子·小匡》："辨其功苦。"尹知章注："功谓坚美。"《荀子·王制》："论百工，审时事，辨功苦，尚完利，便备用。"杨倞注："功谓器之精好者。"《荀子·议兵》："械用兵革功完便利者强。"杨倞注："功，精好加功者也。"《荀子·劝学》："问楛者勿告也。"杨倞注："凡器物坚好者谓之功。""功"在表示坚固精好的意思上与"牢"同义。如《国语·齐语》："辨其功苦。"韦昭注："功，牢也。"

　　"工"又通"攻"，古书多有例证。《诗经·小雅·车攻》："我车既攻，我马既同。"石鼓文中"攻"作"工"。《战国策·魏策三》："非计之工也。"马王堆帛书本"工"作"攻"。《敦煌曲子词·菩萨蛮》："数年学剑工书苦，也曾凿壁偷光路。""工书"即"攻书"。

　　"攻"在古书里也常表示坚固精好义，相当于"功"。《诗经·小雅·车攻》"我车既攻"，毛传："攻，坚也。"《尔雅·释诂上》："攻，善也。"邵晋涵《正义》："攻者，治之善也。"《广雅·释诂》："攻，坚也。"王念孙《疏证》："《月令》'必功致为上'，《淮南子·时则训》作'坚致'。"《后汉书·班彪传下》"嘉车攻"李贤注："攻，坚也。"《后汉书·马融传》"车攻马同"李贤注："攻，坚也。"《文选·左思·魏都赋》："物背窳而就攻。"张载注："攻者，坚也。"

　　再看"牢"的用法。在先秦古书里，"牢"主要指"闲养牛马圈也"（《说文》），后多指祭祀时三牲备的太牢。"牢"由牛马圈的周匝封闭引申表示坚固。这个用法在先秦诸子作品里始见。如《韩非子·难一》："东夷之陶者，器苦窳，舜往陶焉，朞年而器牢。""牢"与"苦窳"对文。《管子·形势解》："奚仲之为车器也，方圆曲直，皆中规矩钩绳，故机旋相得，用之牢利，成器坚固。""牢利"与"坚固"对文。《汉书·高祖吕皇后传》："欲连根固本牢甚。"颜师古注："牢，坚也。"《广雅·释诂一》："牢，坚也。""牢"的坚固义虚化后为副词表示坚决，如《汉书·师丹传》："复曾不能牢让爵位。"颜师古注："牢，坚也。""牢"表示坚固的意思一直沿用到后世。

　　根据东汉器物铭文中"工"与"牢"、"坚"的类似用法，笔者认为，上述语境中的"工"应当通"功"、"攻"，意思是精美坚固。这个意思也可以换作"牢"、"坚"表述。因此，上述文句表示制作的"造作"等动词后的"工"，与"牢"、"坚"一样，都是对所制作器物质量的赞美之辞。

The Character "GONG"（工）of the Inscription on the Relics in Donghan Dynasty

Xu Lili

(Center for the Study of Chinese Characters and Their Applications, East China Normal University, Shanghai 200062, China)

《说文解字研究文献集成》序

王 宁

【摘　要】 编者按：本文是王宁先生给《说文解字研究文献集成》①写的序，先生在序中以高瞻的识界，深刻阐释了《说文解字》产生、流传、逐渐受到历代学者特别是清代乾嘉学者的重视、展开广泛的研究、在中华学术史上生发出"《说文》学"这一学科的不寻常的历史过程。对《说文》学史上的一些重要问题提出了发人深思的看法。最后先生指出："以《说文》为中心的中国传统文字学的理论价值和应用价值还远远没有发掘完，许学的发展任重道远，一切热爱中华文化的有识、有志之士还要不断努力，发掘新材料，探讨新方法，进入更深层的研究。"

【关键词】 说文；许学；六书；文献集成

　　许慎所著的《说文解字》（以下简称《说文》），是一部汉字学史上不朽的著作。如同"红学"缘于《红楼梦》、"选学"缘于《昭明文选》，研究《说文》的学问被称为"《说文》学"，又称为"许学"。一部书生发出一个学科，在中国的典籍史上，并不是很多的。

　　《说文》创稿于汉和帝永元十二年（公元100年），至安帝建光元年（公元121年）献上，并不是一开始便得到社会的重视。从它面世到徐铉奉敕校订《说文》（宋太宗雍熙三年，公元986年），其间850多年，它在学术上的地位并没有定论。从现在看到的传世和出土的大量文献中，它的引用率和被评论率都不是很高。目前所能看到的，是在郑玄"三礼"注中少量引用过它，最早大量引用《说文》的，是唐代解释佛经的《一切经音义》。按说《说文》在唐代应当十分流行，但现在留下的唐代写本只有两个内容很少的残卷。唐代因科举而重视汉字规范，有很多著名的字样书，例如《干禄字书》、《五经文字》等，这些书也并没有完全把《说文》的字形作为楷书规范的标准或参照。可以看出，一部典籍，一份创造，并非一入世就被人注意，大江东去，待到千淘万漉，有了知音，遇到时机，才能显出价值。

　　唐代以前，文字学是附庸于经学的。许慎号称"五经无双"，是古文经学家，古文经学主张"实事求是"，也就是利用汉字的表意特点，由形知义，求得古文经书的正确解释。《说文》最先被发现的功用是字意与经义的互证。正如北齐颜之推在《颜氏家训》里所说："许慎检以六文，贯以部分，使不得误，误则觉之……其为书隐括有条例，剖析穷根源，郑玄注书，往往引其为证，若不信其说，则冥冥不知一点一画有何意焉。"其实，颜之推的这一番话已经讲到了《说文》的应用价值，而且说明了这种应用价值来源于它的严密的条例——也就是它概括的理论价值，但在那个时代，这番话犹如空谷足音，难得而又缺乏反响。

　　从五代起，唐代正字的风气激发了关于汉字的争论，宋代金石之学的盛行和行草书法的盛行引起了关于"六书"问题的大辩论。汉字的造字理据问题在这场争论中成为焦点。使《说文》具有权威性的一个重要原因，是它在"叙"里第一次为分析和解释汉字的"六书"下了定义。这个定义虽然并不非常完善，但是"六书"在《说文》里绝不是一个空洞的概念，而是贯穿在每一个汉字形义分析中的条例；"六书"之学对中国汉字学理论的形成起到了奠基的作用。宋元明时代的一部分革新派，因为"六书"分析古文字和解释行书、楷书有一定的不适应之处，提出了很多否定和修改"六书"的见解；同时，维护汉字造字理据的传统"六书"理论在这场辩论的终点占了上风。大小徐本《说文》在这个阶段问世，完整的《说文》定本在这个时期产生，显然不是偶然的。

【作者简介】 王宁，女，浙江海宁人。现为北京师范大学文学院教授，博士生导师，教育部人文社会科学重点研究基地北京师范大学民俗典籍文字研究中心主任。主要研究领域：文字学、训诂学。（北京　100875）

① 《说文解字研究文献集成》由董莲池教授主编。现当代卷12册，古代卷14册。现当代卷已于2006年6月由作家出版社出版发行。

真正把《说文》推向学术高峰的是清代的乾嘉学者。清代整理古文献的功绩至今无出其右者，乾嘉学者在复兴汉学、继承朴学的学术实践中认清了《说文》在文字训诂音韵之学上的价值，把研究和开掘《说文》的内容、体例和其中的规律作为弘扬传统文化的一个独立工作。"独立"二字谈何容易！没有这个"独立"，便没有现在的"许（《说文》）学"。段、桂、王、朱为首的《说文》学家用自己的研究使《说文》大放异彩，当时的《说文》研究成为一种"时潮"，是从版本、校勘、注解、诠释、演绎、理论开掘等方面全方位展开的。文献文字学的主要精神是汉字形音义的统一，所以，清代学者认为《说文》绝不只是字形之书，段玉裁在《许冲上说文解字书注》中说：《说文》"以形为主，经之为五百四十部，以义纬之，又以音纬之，后儒苟取其义之相同相近者，各比其类为一书，其条理精密胜于《尔雅》远矣。后儒苟各类其同声者，介以三百篇古音之部，分如是为一书，周秦汉之韵具在此矣。故许书可以为三书"。近代国学大家黄侃在《文字声韵训诂学笔记》（黄焯整理）里言及"小学所需之书籍"时，列出了十部主要书籍，简称"小学十书"，以轻重次之，把《说文》排在第一，就是继承了这个精神。

20世纪初开始的以反封建为主题的文化革命，一开始就对准了文化的基础——汉字，为解释古代经书而编写的《说文》被关注的程度自然降落。但是，《说文》的地位并没有受到太大的损害。最明显的是，主张"打倒汉字"的钱玄同仍在北大、师大开《说文》学的课。何况，陈独秀等学者提倡普及汉字教育，仍以《说文》为重要的依据！这一时期还有一个对《说文》学有影响的情况，那就是古文字学的逐步昌盛。但是，古文字学主张的是"双重证据法"，既然没有否定传世文献在古文字考据中的作用，也就不会全盘否定《说文》的价值。王国维是20世纪初古文字学的代表人物，他把为中国文字学奠基的《说文》作为汉字史的资料，对《说文》所收的三种文字篆、古、籀的时代和地域做出了界定，认为籀文乃东周时代规范过的文字，小篆上承籀文，是再度简化了的秦系文字，而古文属战国时期的六国文字。这一结论赋予《说文》新的历史价值。

用古文字学来否定《说文》，在20世纪50年代逐步盛行。在古文字初兴的时候，说明《说文》的一些小篆不符合古文字字形，这是一种进步。而且，清人对《说文》的估价确有不够切实的地方。20世纪初，在传统"六书"学长期的、固化的影响下，用《说文》来否定或怀疑古文字的风气还很浓郁，如果不对《说文》作一个实事求是的评论，古文字学在破土而出后，就很难得到进一步的发展。古文字学开阔了人们的眼界，不但以大量的出土文字的真实性对《说文》的字形及其讲解提出了疑问，而且在断代的科学汉字史的形成上也立了汗马功劳。从当时背景来分析《说文》的处境，是可以理解的。但是，50年代后期对《说文》全盘否定的倾向愈演愈烈，从盲目批判到全盘否定，认为《说文》学是保守的产物，减弱了这部阅读传世文献的根底书在几代学人中应有的影响，对国学的继承和普及，不能不说是一种损失。

坏事有时也会变成好事，这种全盘否定，使清代对《说文》绝对权威性的过分推崇受到冲击，促使文献文字学的研究者对《说文》真实的性质和特点进行了深入的反思。1979年以后，学坛开始从盲目粗暴的大批判误区中摆脱出来，恢复了冷静的态度；20—21世纪跨世纪这二三十年，《说文》学走出了低谷，更新了研究的理念和手段，解决了很多根本的问题。

最重要的，是以实事求是的态度，根据大量的材料，明确了《说文》一书的性质。许慎《说文》的基本作用是利用汉字系统的表意性，来证实"五经"词义的真实，巩固古文经典思想的权威性。《说文》是以秦代规范过的小篆字体为基础，优选东汉可见的历代汉字字形，全面体现了汉字形与义的统一。所以，《说文》记载的字形结构不完全是共时的，更不是最古的。《说文》也不是实用秦篆的汇编，而是集合经典用字，从构建汉字系统出发，选择东汉以前历代字的字形，以小篆为统一字体表现出来的汉字学专书。秦代政权为时极短，李斯"或颇省改"的理想文字并未达到普及的程度，《说文》的小篆与秦代出土的典籍在字体和字形上不完全能对上号，将其直接用来考古，有着明显的局限性是不奇怪的。

那么，《说文》的价值表现在什么地方呢？严格讲，它不同于一般意义上的字典，而是具有自觉理论意识的理论证实性质的专书。其理论意识表现在：它使九千多个小篆穷尽地被"六书"覆盖，实现了形和义的统一，显示了汉字的表意特性；提取了形义统一的结构部首，展示了汉字构形、意义的系统关系。所以，《说文》字形的真实性不能只从个体上去衡量，还必须从总体系统上去评价，要看到它构建汉字构形系统的自觉意识和思路的严密。更应当看到,《说文》的字意(本义)训释,不论总体系统和个体意义,都忠实地直接或间接反映了"五经"词义的实际,基本上作到每个字义都能在先秦经典中找到出处。《说文》考义的价值要比考形的价值更高。何况,它使表意汉字的特点得到深刻、具体的显示,奠定了以形索义和因声求义的训诂方法,延伸出引申理论与字用规律,保留了汉字形义统一中的诸多文化内涵。《说文》应当作为传世文献文字学的专书,《说文》学与古文字学的关系应当摆对,也应进一步沟通。《说文》的实用性是要在清人整理和研究的基础上,不断汇集上古传世和出土文献的证据,经过校勘、核证、比较、归纳后,才能体现出来的。

科学地估计了《说文》的局限,才能深入发掘《说文》学更深的理论研究价值。例如,以新的方法论,研究《说文》整体,描写出小篆的构形系统;利用《说文》贮存的上古汉语意义系统,引发出中国特有的、不依赖语法的独立的语义学;从《说文》对小篆形体取象的讲解中,在一定程度上实现汉字与古代文化的互证等,都是很重要的工作。

《说文》小篆已经进入计算机,正在进入 UNICO 国际字符集,因而不久也会进入互联网,这是中国文字走向世界的一个重要里程碑,《说文》学也将由此走向世界。

时代改变了《说文》与《说文》学的命运。《说文》与《说文》学曲折的经历也告诉我们,评价任何一部书,都不要怀有成见一笔抹杀它的功绩,也不要盲目推崇夸大它的作用,只有还原它,褒其真长,非其所短,才能真正明确它的历史地位,切实地继承它来为今天服务。

以《说文》为中心的中国传统文字学的理论价值和应用价值还远远没有发掘完,许学的发展任重道远,一切热爱中华文化的有识、有志之士还要不断努力,发掘新材料,探讨新方法,进入更深层的研究。在这个时候,把当代《说文》的研究论著的一部分汇编起来,也许可以看到今天的学者用不同的观点研究和运用《说文》所作的努力。

我奉命为"集成"作序。但这部"集成"是博采众家之言的,而我在这里只能说说个人的体会,与"集成"作者的观点和理念并不完全一样,放在这里,仅供大家讨论。

Preface to "Corpus of the Study of *Shuo Wen Jie Zi*"

Wang Ning

(School of Chinese Language and Literature Beijing Normal University, Beijing 100875, China)

Abstract(editor's note):This article is Professor Wang Ning's preface to "Corpus of the study of *Shuo Wen Jie Zi*". Professor Wang gives a profound explanation about the special history of *Shuo Wen Jie Zi*'s birth, circulation, and study which was thought more and more highly of and was studied more and more profound, especially by the scholars of Qianlong and Jiaqing's reign in Qing Dynasty, until a discipline engenders gradually. Professor Wang also puts forward her insights into some important issue in the history of the *Shuo Wen Jie Zi* study. And in the end, Professor Wang points out that the Chinese traditional study of writing in which *Shuo Wen Jie Zi* is the nucleus still has theoretical and application values worth further exploration, and the scholars with insights and lofty ideals should strive to research continuously and deeply with new materials and new ideas.

Key Words: *Shuo Wen Jie Zi*; the study of Xu Shen and his book; six writing; corpus

《说文解字》在大型字书疑难字考释方面的价值

杨宝忠

【摘 要】 《说文解字》是一部传统小学经典著作，是我国一切字书始祖，不仅在考释古文字方面具有利用价值，在考释近代汉字方面同样具有重要的利用价值。本文结合大型字书疑难字具体考释，从《说文解字》字形、读若、释义和列字次第四个方面论证了《说文解字》的利用价值。

【关键词】 《说文解字》；大型字书；疑难字；考释；价值

《说文解字》（下简称《说文》）是一部传统小学经典著作，在文字、训诂、音韵研究等方面，都具有极高的利用价值。该书在古文字考释与研究方面的利用价值，已被众多的古文字研究成果所证实；在大型字书疑难字考释方面的利用价值，前人论述颇少，补说如下：

一、《说文》字形在疑难字考释方面的价值

《说文》是我国一切字书始祖，后世大型字书或直接或间接地收录了见于《说文》中的字形。由于字体由篆而隶、由隶而楷的演变，由于字书转录与传抄失误，《说文》中的字形进入后世字书都程度不同地发生了变易与讹误。变易有规律可循，讹误有原因可究，因此，《说文》字形在大型字书疑难字考释方面具有重要的利用价值。

1.《说文》小篆

有些疑难字是在《说文》小篆的基础上隶变或楷定而来的，根据《说文》小篆字形，参考汉字隶变、楷定的一般规律，可以对这些疑难字作出考释。

01 巨

yī，音衣。义未详。见《篇海》。（《中华字海》44B）

按：《篇海》卷八《匚部》引《搜真玉镜》："巨，音衣。"以音求之，并参考字形，此字当是"𠂤"字俗书。《说文》八篇上《𠂤部》："𠂤，归也。从反身。"大徐等引《唐韵》於机切。《广韵》平声《微韵》"𠂤"字於希切，与"衣"字同一小韵，是"巨"、"𠂤"二字读音相同也。"𠂤"字篆书作"𠂤"，隶变作"𠂤"，亦作"𠂤"，顾蔼吉《隶辨》卷六："𠂤、𠂤，读若依，《说文》作𠂤，从反身，隶变如上。今俗作𠂤，亦作𠂤、𠂤，亦作巨、𠂤，殷字从之。""巨"亦"𠂤"之隶变。由篆到隶，变屈曲笔画为平直、方折笔画，为隶变一种主要途径，故"𠂤"变作"巨"。《篇海》卷十三《户部》引《川篇》："𠂤，音衣。"《汉语大字典·户部》收之而义缺，《字海·户部》收之而"义未详"，"𠂤"亦"𠂤"字之变也。《万象名义·𠂤部》"𠂤"作"𠂤"，"𠂤"即"𠂤"字笔画重组造成的俗体。

02 匷

chóu，音愁。义未详。见朝鲜本《龙龛》。（《字海》45A）

按：《篇海》卷十三《匚部》引《搜真玉镜》："匷，时留切。"此朝鲜本《龙龛》所本。以形求之，并参考字音，此字当即"畀"字之变。《说文》十三篇下《田部》："畴（原字作左田右畀），耕治之田也。从田，象耕屈之形。𠃉，畴或省。""𠃉（畀）"当是"畴"之初文，"畴"乃"畀"之后起加旁字，"匷"则是据"畴"字初文所楷定。《集韵》平声《尤韵》"畴、畀"时流切，又陈留切，陈留与时留音近，时流与

【作者简介】 杨宝忠，河北大学人文学院教授，博士生导师。主要研究方向：文字学、训诂学、文献学。（河北 保定 071002）

时留音同。《古文四声韵·尤韵》引《籀韵》"畴"字古文作"㠯"、"㗊"。"㠯"、"㗊"皆据"弓"字所楷定。《篇海》卷十四《口部》引《搜真玉镜》:"圁,时留切。"同部又引《龙龛》:"圁,音酬。"(今本《龙龛》同)卷二《口部》又引《类篇》:"昌,音畴。""圁"、"圁"、"昌"亦"弓"字之变。

03 㐄

luàn,音乱。义未详。见《篇海》。(《字海》216A)

按:《篇海》卷十三《乙部》引《搜真玉镜》:"㐄、弓,二并音乱字。""乱"即"亂"字俗书。二字音乱,究属可疑。《篇海》同部引《龙龛》:"㐄,居幽切。目缭也。"《字海》云:"㐄,同'丩(纠)'。《龙龛》:'〜,居幽反,目缭也。'宋本作'月缭'。朝鲜本杂部作'刂','目缭'、'月缭'当为'相纠缭'之误。"(216A)张涌泉先生曰:"《字海》谓此字注文各本'目缭'、'月缭'为'相纠缭'之误,近是(也可能为'纠缭'或'相缭'之误)。唯《字海》所谓'宋本'有点问题……当改称影辽刻本。至于'㐄'字,则当是'丩'的讹俗字。'丩'字俗书作'九','㐄'即'九'进一步讹变的产物。"(《汉语俗字丛考·工部》"㐄"字条,171-172)张氏谓"㐄"即"丩"的讹俗字,所言极是;唯涉及"㐄"字注文的问题,似乎尚未得到彻底解决。《字海》谓注文"目缭"、"月缭"为"相纠缭"之误,张氏谓也可能为"纠缭"或"相缭"之误。"目缭"、"月缭"或即"弓(丩)缭"之形误也。《说文》三篇上《丩部》"丩"字篆文作"弓",楷定作"弓"、"丩"、"㐄"、"㐄"、"弓"亦据篆楷定之字,不当音乱。《龙龛》卷四《杂部》:"刂,或作;弓,正。居幽反。月缭也。""㐄"、"刂"、"弓"、"弓"并楷定之异,可资比勘。"音乱"当是"音糺"之误,草书"乱"字作"乱"(鲜于枢),与"糺"形近。

2.《说文》古文

《说文》收录古文,这些古文保存在汉字贮存领域,在应用领域一般不再使用,因此,古文对普通人来说,已经变得比较陌生,古文的构形理据多已不可说解。构形理据不明的字,在后世转录或传抄中多发生讹变,发生讹变的"古文"字形与《说文》古文失去联系,因而成为疑难字。遵循汉字变易规律与书写习惯,参考字音,不难发现讹变"古文"字形是由《说文》哪个古文讹变而来的。

04 奭

xíng,音形。义未详。见《篇海》。(《字海》9C)

按:《篇海》卷四《大部》引《搜真玉镜》:"奭,音行。"此《字海》所本。以音求之,并参考字形,"奭"当是"衡"字所变。笺注本《切韵》(斯2071)平声《庚韵》"衡"、"行"并户庚反,故宫本《王韵》、《裴韵》及《广韵》同,"奭"字音"行",与"衡"字读音相同。《说文》四篇下《角部》载"衡"之古文作"奭",转写或作"奥"、"奭"、"奭"(并见《古文四声韵·庚韵》引崔希裕《纂古》),"奭"字显即"奭"、"奭"之变。《篇海》卷六《卜部》引《搜真玉镜》:"奭,音行。""奭"亦"衡"字之变。"奭"、"奭"既为"衡"字之变,则当读同"衡"音;《字海》收之而并读为 xíng,欠妥。

05 㞋

同"威"。《集韵·微韵》:"威,古作㞋。"(《汉语大字典》2531C)

同"威"。见《集韵》。(《字海》13C)

按:此字当释为"畏"。《说文》九篇上《甶部》"畏"字篆文作"畏",古文作"鬼","㞋"字即据古文楷定。《集韵》平声《微韵》:"威、㞋、鬼、畏,于非切。《说文》:姑也。引《汉律》:妇告威姑。一曰有威可畏谓之威。古作㞋、鬼、畏。"又去声《未韵》:"畏、㞋、威,《说文》:恶也,鬼头而虎爪,可畏也。古作㞋,或作威。""鬼"据篆文楷定,"㞋"据古文楷定,皆"畏"字也。"畏"字古与"威"通用,非即"威"字。

06 龜

guī,音归。义未详。见《龙龛》。(《字海》105C)

按:《龙龛》卷一《人部》:"龜,音归。"《篇海》卷十五《人部》引同。《说文》十三篇下《龟部》"龟"字古文作"龜",或楷定作"龜",《字海》上文曰:"龜,同'龟'。见《直音篇》。"(105C)是也。俗书宀旁、人旁相乱。"龜"上所从似宀,因转从人作"龜"。《篇海》卷十五《入部》又据《川篇》收"龜"字,注云："𪓐，音龟。"即以正字为俗字作音。俗书从人、从入亦相乱。

二、《说文》读若在疑难字考释方面的价值

《说文》读若为疑难字考释提供了语音信息。根据《说文》读若和汉字变易的一般规律与书写习惯，参考字义，可以对一些疑难字作出考释。

07 帒

pèi《改并四声篇海》引《川篇》音佩。粗布。《字汇·巾部》："帒，大布。"（《汉语大字典》730A）

pèi，音配。大布。见《字汇》。（《字海》464B）

按：《篇海》卷二《巾部》引《川篇》："帒，音拨，布也。又音佩，大布也。"同部又引《川篇》："帗，音拨。布也。又音佩，大布也。""帒"、"帗"音义相同，一字之变也。《说文》七篇下《巾部》："帗，一幅巾也。从巾，犮声，读若拨。"音北末切。"帒"、"帗"音拨，并"帗"字俗书也。《万象名义·巾部》正作"帗"，注云："帗，补达反。一幅。"其列字次第正当《说文》"帗"字。"帗"字增笔作"帗"，减笔作"帒"。又作"帔"、"帗"，《龙龛》卷一《巾部》："帗，俗；帔，正。北末反。一幅布也。又音弗。毳也。"《篇海》卷二《巾部》引同。又作"帗"，《篇海·巾部》引《奚韵》："帗，夫勿切。毳也。又音拨。"又作"帗"，《篇海·巾部》引《川篇》："帗，音钵。巾也。""帗"讹变作"帒"，《川篇》望形生义解作大布，不可信。《汉语大字典》转训作粗布，欠妥。"帗"本音拨，北末切；《川篇》音佩，疑音亦有误。

08 乁

yí，音仪。流。见《直音篇》。（《字海》25B）

按：《直音篇》卷七《杂字部》："乁，音移。流也，𠂆也。"此《字海》所本。以音义求之，此字当是"乁"字之变。《说文》十二篇下《乁部》："乁，流也。从反𠂆。读若移。""乁"音移、训流，与"乁"字音义相同。《万象名义·乁部》字作"乁"，注云："乁，以支反。流也。移字。"今本《玉篇》字作"乁"，注云："乁，以支切。流也，万也，移也，徙也。"《五音集韵·脂韵》字作"𠃑"，注云："𠃑，《说文》：流也。""乁"字当是据"𠃑"字楷定。

09 㾱

同"愈"。《字汇补·丿部》："㾱，音义同愈。"（《汉语大字典》76A，《字海》39B 略同）

按：《篇海》卷六《辰部》引《龙龛》："㾱，音愈。义同。"（今本《龙龛》无此字）此《字汇补》所本。然"愈"字似无由变作"㾱"。以音求之，并参考字形，"㾱"当是"㼌"字俗讹。《说文》七篇下《瓜部》："㼌，本不胜末，微弱也。从二瓜。读若庾。"《广韵》"庾"、"愈"并以主切，"㾱"音愈，与"㼌"字读音相同。俗书"瓜"字作"辰"（见《万象名义·瓜部》），与"辰"形近，故"㼌"变作"㾱"。故宫本《裴韵》上声《麌韵》以主反："㼌，本不胜末。"是其切证。

10 芉

rèn《改并四声篇海》引《奚韵》如甚切。较长大的羊。《改并四声篇海·羊部》引《奚韵》："芉，稍长，亦羊也。"（《汉语大字典》3125A）

同"羊"。见朝鲜本《龙龛》。（《字海》1284A）

按：《篇海》卷十四《羊部》引《奚韵》："芉，如甚切。稍长。亦羊也。"如甚切之"芉"当是"芉"字之变。《说文》三篇上《干部》："芉，撠也。从干，入一为干，入二为芉。读若饪。言稍甚也。""言稍甚"说"芉"字从入二之意，谓入二（芉）稍甚于入一（干）也。"芉"字如甚切，"芉"字读若饪，二字读音相同。后世字书编纂者不明许意，误以"言稍甚"、"稍甚"为"芉"字之义。《万象名义·干部》："半（芉），如甚反。撠，言补（稍）甚也。"今本《玉篇·干部》："芉，如甚切。言稍甚也。"敦煌本《王韵》上声《寑韵》如甚反："芉，稍甚。"故宫本《王韵》、《广韵》同，余迺永谓"芉"应解作"撠也"，其说甚是。"芉"字如甚切，与"羊"字读音相同；其训稍长，又稍甚之形误，俗书"甚"、"长"二字形近。《篇海》引《奚韵》又云："芉，亦羊也。"谓此字作为构字部件与羊相同也，如"羍"字，而与"羊"同之"芉"不读如甚

切。《汉语大字典》不知"䍽"即"羊"之加笔字,承《篇海》引《奚韵》之误而转训为"较长大的羊",大误;"䍽"字一身二任,一读如甚切,同"羴",一读羊,即"羊"字之变,《字海》但谓"䍽"同"羊",而不顾"䍽"字如甚切一读,亦欠妥。

三、《说文》释义在疑难字考释方面的价值

《说文》释义多为后世字书所援引,在援引、传抄过程中,释义难免出现失误,字形亦多有讹变,虽然,后世字书某字释义既然本出《说文》,其间必然或多或少地保留了一些意义信息,以《说文》释义与字书疑难字释义相比勘,有时会发现疑难字字形与《说文》字形之间存在的演变脉络,发现字书释义与《说文》释义之间存在的联系。

11 虸

chǐ《集韵》丑里切,上止彻。虫伸行。《类篇·虫部》:"虸,虫伸行。"(《汉语大字典》2838A）

chǐ,音齿。虫伸长爬行。见《类篇》。(《字海》1194C）

按:《集韵》上声《止韵》丑里切:"虸,虫伸行。或书作蚩。"(《类篇·虫部》同)此《汉语大字典》、《字海》所本。此字《广韵》、《玉篇》及此前字书俱不收录,以义求之,并参考字形,"虸"当是"蚩"字俗讹。《说文》十三篇上《虫部》:"蚩,虫申(原作"曳",依段注改)行也。从虫,屮声。读若骋。"俗或作蚩,《万象名义·虫部》:"蚩,丑善反。虫伸行。"《玉篇·虫部》同。"虸"训虫伸行,与"蚩(蚩)"字义同。俗书山、止二旁形近相乱,"岳"字从山,魏《元嵩墓志》变从止,"岱"字从山,唐《于孝显碑》亦从止,是其例,故"蚩"字进而变作"蚩","虸"则"蚩"之部件易位字。"蚩(蚩)"字本读丑善切,变作"虸"、"蚩",《集韵》因改其音为丑里切,望形生音也。

12 䇓、13 䇓

bìng《字汇补》卑病切。礼器。《字汇补·干部》:"䇓,礼器。"(《汉语大字典》410A）

bìng,音病。礼器。见《字汇补》。(《字海》116B）

按:《篇海》卷二《久部》引《川篇》:"䇓,音井。礼器。"同部又引《搜真玉镜》:"䇓,音并。"井、并形体至近,"䇓"、"䇓"当是一字之变。《字汇补·干部》:"䇓(下变从"并"字旧字形),卑病切,音并。礼器。"盖所据《篇海》"䇓"亦作"䇓",而"音井"作"音并","卑病切"即据《篇海》"音并"而补作切音(王力《康熙字典音读订误》:"卑病不切'并'。"此吴任臣据方音补作反切也)。"䇓(䇓)"、"䇓"训礼器,形义关系不明,构形理据不可说解,以义求之,当是"䉒"字俗讹。《说文》五篇上《豆部》:"䉒,礼器也。从収持肉在豆上,读若镫同。"《万象名义·豆部》字讹作"䉒",注云:"䉒,都腾反。礼器也。"故宫本《王韵》平声《登韵》都滕反:"䉒,礼器。"字或作"䉒"、"䉒",《龙龛》卷二《井部》:"䉒、䉒,二古文,音登。今作甄。瓦器也。""䇓(䇓)"、"䇓"与"䉒"义同。"䇓(䇓)"、"䇓"所从之久,肉旁之变也;所从之丌,豆旁之变也;所从之并或井,廾与豆之下部粘连也,与"䉒"之作"䉒"、"䉒"同一理。"䉒"本音登,"䇓"、"䇓"音并者,望形生音也。

14 犝

xū《篇海类编》音须。牛狠。《篇海类编·鸟兽类·牛部》:"犝,牛很也。"(《汉语大字典》1812A）

xū,音需。牛凶狠。见《篇海类编》。(《字海》852B）

按:《篇海》卷三《牛部》引《川篇》:"犝,音须。牛佷(很)也。"此《篇海类编》"犝"字所从出。以义求之,并参考字形,此字当是"犟"字讹变。《说文》二篇上《牛部》:"犟,牛很,不从牵也。从牛、臤,臤亦声。一曰大兒。读若贤。"《万象名义·牛部》:"犟,胡结反。牛佷(很),不从引。"《龙龛》卷一《牛部》:"犟,限、遣、颉三音。牛很不从兒。"故宫本《王韵》入声《屑韵》胡结反:"犟,牛很。又丘殄反。"《广韵》上声《产韵》胡简切:"犟,牛犟很,不从牵。"又《獮韵》去演切:"犟,牛很,不从引也。"又入声《屑韵》胡结切:"犟,牛很。又口殄切。""犟"训牛很,与"犝"字义同。俗书臣、目二旁形近相乱,目、耳二旁形近亦相乱,故"犟"变作"犝"。"犟"字限、遣、颉三音,而"犝"字音须者,

"须"盖"颔"字形误。

15 津

jiān《改并四声篇海》引《奚韵》子仙切。①志。《改并四声篇海·氵部》引《奚韵》:"津,《埤苍》云:志也。"②进。《改并四声篇海·氵部》引《奚韵》:"津,《埤苍》云:息进也。"《字汇补·氵部》:"津,进也。"(《汉语大字典》297B)

jiān,音坚。①志。②息进。二义均见《篇海》。(《字海》146B)

按:《篇海》卷六《氵部》引《奚韵》:"津,子仙切。《埤苍》云:志也,息进也。"此"津"字所从出。然此字形义不合,"息进"亦费解。以音求之,并参考形义,此字当是"逮"字残误。《说文》二篇下《辵部》:"逮,自进极也。"大徐等注:"子仙切。""津"、"逮"读音相同。《万象名义·辵部》:"逮,子千切。至也,自进极也。""自进极"之训本《说文》,"至也"之训盖出《埤苍》。《广韵》平声《先韵》则前切:"逮,《埤苍》云:至也。《说文》云:自进极也。"是其证。《篇海》引《奚韵》"津"训志,"志"当是"至"字之声误;又训息进,"息"当是"自"字之形误,又脱"极"字耳。

16 亅

gǔn《集韵》古本切,上混见。钩的倒尖。《集韵·混韵》:"亅,钩逆铓。"(《汉语大字典》48A)

gǔn,音滚。钩的倒尖。见《集韵》。(《字海》25A)

按:此字当是"亅"之俗书。《说文》十二篇下《亅部》:"亅,钩逆者谓之亅。象形。读若橜。"段注:"《司马相如列传》:犹时有衔橜之变。集解引徐广云:钩逆者谓之橜。索隐引周迁《舆服志》云:钩逆者为橜。皆谓橜为亅之假借字也。"俗书竖笔往往带出钩势,"丨"字因与"亅"字混同,为与"丨"字俗书相区别,因变"亅"字之形为"亅"。《万象名义·亅部》:"亅,居月反。钩逆也。"《玉篇》与《万象名义》"亅"字位置相当之字正作"亅",音义相同。此"亅"为"亅"字俗书之明证。"亅(亅)"训钩逆,《集韵》"亅"训"钩逆铓",妄增"铓"字耳;"亅(亅)"音居月反,《集韵》"亅"音古本切,以"亅"、"丨"混同误读"丨"音也,《集韵》"丨"字古本切。

17 𡎺

kū《改并四声篇海》引《川篇》苦骨切。突。《改并四声篇海·土部》引《川篇》:"𡎺,突也。"(《汉语大字典》485B)

按:此字《篇海》以前字书不收,构形理据不可说解,以音求之,并参考形义,此字当是"㙇"字讹变。《说文》十三篇下《土部》:"㙇,囚突出也。从土,叡声。"大徐等引《唐韵》胡八切。字或作"𡎺",敦煌本《王韵》入声《没韵》苦骨反:"𡎺,囚突出。又胡八反。"胡八反乃其正音,苦骨反当是俗读(盖误以其字从"圣"得声,"圣"字《广韵》苦骨切)。同书入声《辖韵》胡瞎反:"𡎺,囚突出。又口没反。"《万象名义·土部》:"㙇,胡八反。囚突出也。"(《玉篇·土部》作"㙇",注云:"㙇,胡八、口没二切。囚突出也。")或作"㙇",故宫本《王韵·没韵》苦骨反:"㙇,囚突出。又胡八反。"同书《辖韵》胡八反字作"㙇",注云:"㙇,囚突。又口没反。""𡎺"字苦骨切,与"㙇"字读音相同,与"㙇"、"㙇"、"㙇"形亦近。"㙇"训囚突出,或脱"出"字训囚突,而"𡎺"训突者,复脱"囚"字耳。

四、《说文》列字次第在疑难字考释方面的价值

顾野王《玉篇》在《说文》基础上编纂而成,《说文》收9353字,分作540部,部首据形系联;顾氏《玉篇》收16917字,分作542部,部首据义系联。虽二书收字、部序不同,然同部共有之字,顾氏《玉篇》列字次第则从《说文》。顾书经唐宋人增字减注,今日所见《玉篇》,已远非顾书原貌,虽然,今本《玉篇》与顾氏《玉篇》列字次第仍未大乱。因此,依据《说文》列字次第,可以发现今本《玉篇》所存的疑难字并对其作出考释。

18 䔲

gǒu《玉篇》雇后切。草名。《玉篇·艸部》:"䔲,草也。"(《汉语大字典》3239A,《字海》271B

略同）

按：此字形声不谐，以列字次第求之，当是"茁"字俗讹。《说文》一篇下《艸部》："茁，艸也。从艸，血声。"《万象名义·艸部》："茁，霍舌反。草。"列字次第与《说文》大致相当。《玉篇·艸部》："蓋，雇后切。草也。"列字次第与《万象名义》大致相当。"茁"字霍舌反，而"蓋"字雇后切者，"雇"与"霍"、"后"与"舌"形皆近（俗书后、舌二旁相乱）。

19 硕

sì《集韵》床史切，上止崇。石堕声。《玉篇·石部》："硕，石堕声。"（《汉语大字典》2435B，《字海》1026B 略同）

按：此字《广韵》、《万象名义》、原本《玉篇》均未收录，以义求之，当是"硞"字之误。《说文》九篇下《石部》："硞，碎石陨声。从石，岝声。"原本《玉篇·石部》作"硞"，注云："硞，山栢反。《说文》：猝也（二字当依《说文》作"碎"）石堕声也。"故宫本《裴韵》入声《陌韵》所戟反："硞，碎石堕声。"唐写本《唐韵·陌韵》所戟反："硞，碎石堕地声。出《说文》也。加。""硞"训石堕声，与"硕（硞）字"意义相同。今本《玉篇·石部》："硕，山指切。石堕声。""山指切"当是"山栢切"之误，俗书"指"、"栢"二字形极近，而"山栢切"乃"硞"字之音，此亦可证"硕"乃"硞"字之误。《说文》"硞"字在"碑"、"礫"、"磺"之下，在"碻"之上；原本《玉篇》"硞"字在"礫"、"碑"、"磺"之下，在"碻"之上（《万象名义》同而字变作"䂮"）；今本《玉篇》"硞"字居《石部》之末，而"硕"字则在"礫"字之下，"碑"、"磺"、"碻"之上。从列字次第看，今本《玉篇》"硕"字与原本《玉篇》"硞"字位置相当，亦可证"硕"即"硞"字之误。今本《玉篇·石部》之末又收"硞"字，注云："硞，所戟切。石落声。"此盖"硞"误作"硕"，孙强、陈彭年等不知"硕"即"硞"字之误，见他书有"硞"字（疑据《切韵》系韵书），因增于部末，造成一字正误兼收。"硕（硞）"本山栢切，今本《玉篇》误作山指切，《集韵》见其字从矣而读山指切，声不甚谐，因改为床史切，去本真愈远矣。

20 橒

yún《玉篇》以荀切。木名。《玉篇·木部》："橒，木名，可为锄柄。"（《汉语大字典》1254A）

yún，音云。一种树。见《玉篇》。（《字海》765C）

按：以义求之，并参考字形，此字当即"橒"之俗书。《说文》六篇上《木部》："橒，大木，可为锄柄。从木，䎮声。""橒"、"橒"二字义同；俗书从兮之字多变从子，故"橒"俗变作"橒"。《万象名义·木部》："橒，似荀（荀）反。大木可为锄柄也。"其列字次第与《说文》"橒"字相当，而《万象名义》"橒"上所出篆文正从兮作"橒"，此"橒"为"橒"字俗书之切证。笺注本《切韵》平声《真韵》相伦反："橒，木名。"故宫本《王韵》同，"橒"亦"橒"之俗书。"橒"字似荀反，为邪母谆韵字，《切韵》系韵书"橒"字相伦反，为心母谆韵字，"橒"、"橒"读音至近；《玉篇》"橒"字列字次第与《万象名义》"橒"字相当而读以荀切者，"以"盖"似"字之残误。《汉语大字典》、《字海》既收"橒"字，又收"橒"字，而不沟通二字关系，且又读音各异，殊有未当。

【参考文献】

[1] [汉] 许　慎. 说文解字. 北京：中华书局，1963.
[2] [清] 段玉裁. 说文解字注. 上海：上海古籍出版社，1981.
[3] [梁] 顾野王. 玉篇.《续修四库全书》影印日本东方文化丛书本.
[4] [日本] 释空海. 篆隶万象名义. 北京：中华书局缩印日本崇文丛书本，1995.
[5] [辽] 释行均. 龙龛手镜. 北京：中华书局影印高丽本，1982.
[6] [宋] 陈彭年. 广韵. 北京：北京市中国书店影印张氏泽存堂本，1982.
[7] [宋] 陈彭年等. 玉篇. 北京：北京市中国书店影印张氏泽存堂本，1983.
[8] [宋] 丁　度. 集韵. 北京：北京市中国书店影印扬州使院重刻本，1983.
[9] [宋] 司马光. 类篇. 上海：上海古籍出版社影印汲古阁影宋抄本，1988.

[10] [金]韩道昭. 篇海.《四库存目丛书》影印明成化七年墓刻本.
[11] [明]梅膺祚. 字汇. 上海：上海辞书出版社影印清康熙二十七年刻本.
[12] [清]吴任臣. 字汇补. 上海：上海辞书出版社影印康熙五年刻本.
[13] [明]章黼. 直音篇.《续修四库全书》影印明万历三十四年明德书院刻本.
[14] [明]李登. 详校篇海.《续修四库全书》影印明万历三十六年赵新盘刻本.
[15] [明]张自烈，[清]廖文英. 正字通. 北京：中国工人出版社，1996.
[16] [清]张玉书等. 康熙字典. 北京：中华书局，1958.
[17] 汉语大字典编辑委员会. 汉语大字典. 武汉：湖北辞书出版社；成都：四川辞书出版社，1986—1990.
[18] 冷玉龙等. 中华字海. 北京：中华书局，中国友谊出版公司，1994.
[19] 周祖谟. 唐五代韵书集存. 北京：中华书局，1983.
[20] 葛信益. 广韵丛考. 北京：北京师范大学出版社，1993.
[21] 王宁. 汉字学概要. 北京：北京师范大学出版社，2001.
[22] 王宁. 汉字构形学讲座. 上海：上海教育出版社，2002.
[23] 裘锡圭. 文字学概要. 北京：商务印书馆，1988.
[24] 余迺永. 新校互注宋本广韵. 上海：上海辞书出版社，2000.
[25] 宁忌浮. 校订五音集韵. 北京：中华书局，1992.
[26] 张涌泉. 汉语俗字研究. 长沙：岳麓书社，1995.
[27] 张涌泉. 汉语俗字丛考. 北京：中华书局，2000.
[28] 杨宝忠. 疑难字考释与研究. 北京：中华书局，2005.

The Value of *Shuo Wen Jie Zi* in Philological Studies of Difficult and Complicated Characters in Large-sized Dictionaries

Yang Baozhong

(The College of Humanities of Hebei University. Baoding 071002, China)

Abstract: *Shuo Wen Jie Zi*（《说文解字》）is a classic in the history of Chinese philological studies and the forefather of the Chinese dictionaries. It has great value in the philological studies not only of ancient Chinese words, but also of modern Chinese words. The author gives a comprehensive study of its values from the angles of the writing ways, *read as*（读若）, meaning and the arranging order of the characters in *Shuo Wen Jie Zi*, on the basis of making philological studies of difficult and complicated Characters in large-sized dictionaries.

Key Words: *Shuo Wen Jie Zi*; large-sized dictionary; difficult and complicated characters; philological studies; values

《说文解字》注音辨证举例

蔡梦麒

【摘　要】《说文解字》的注音都是后人加上去的，其中徐铉注音是古代反切注音的代表，而《汉语大字典》的注音是现代拼音注音的代表。分析许慎的释义，综合各种注音材料，再比较字与字之间的关系，我们可以发现这两种注音材料中都可能存在某些缺失，特选数例，稍作辨证。

【关键词】《说文解字》；徐铉反切；《汉语大字典》；注音

由于体例的原因，许慎《说文解字》原本并没有为每个汉字标注读音，我们现在所能见到关于《说文》收字的读音都是后人加上去的。陆德明作《经典释文》，李善注《文选》，都曾大量引用所谓"《说文》旧音"，说明在此之前有关《说文》的注音已经初具规模。而从唐写本《说文》木部残卷看，唐代《说文》抄本加注注音（反切或直音）已很通行。但我们现在能见到的、影响最大的有关《说文》的系统注音只有南唐朱翱、北宋徐铉的反切。随着新的注音方法的出现，也随着《说文》研究的普及与深入，用拼音方案为《说文》加注今音，成为《说文》普及工作中的一项主要内容，大型工具书如《汉语大字典》全引《说文》并标注今音，是这一工作的开始，各标点注音本《说文》的相继推出，是这一工作的继续。但无论是以徐铉反切为代表的反切注音，还是以《汉语大字典》为代表的现代注音，都可能存在某些疏漏，本文略举 10 例稍作辨证，以期引起同道的注意。

1. 《说文·金部》：锲，鎌也。从金契声。（苦结切）

"锲"字之义主要是两个：一是《说文》所谓"鎌也"，一是锲刻。作为"鎌别名"的"锲"，又写作"鐹"，注音多为屑韵见母，今读当作 jié。《方言》卷五："刈钩，江淮陈楚之闲谓之鉊，或谓之鐹，自关而西或谓之钩，或谓之鎌，或谓之锲。"锲，郭璞音结。《广雅·释器》："锲，鎌也。"曹宪音结。《广韵》古屑切："鐹，鎌别名也。锲，上同。"《玉篇·金部》："锲，古节切。鎌也。鐹，同上。"《集韵》吉屑切："锲、鐹，《博雅》：鎌也。或从絜。"都是一个读音。《说文系传》朱翱注音经节反，也与此相同。这样《说文》"锲"字当注音古屑切无疑。而锲刻意义的"锲"注音则为屑韵溪母，今读 qiè。《左传·定公九年》："尽借邑人之车，锲其轴，麻约而归之。"杜预注："锲，刻也。"释文："锲，苦结反。"《广韵》苦结切："锲，刻也，又断绝也。"可见徐铉注音苦结切，是以后世通行"锲刻"意义的"锲"读《说文》"鎌也"之"锲"，因而导致读音与意义不能对应。《切三》、《王一》、《王三》古屑反："锲，鎌别名。"《王二》古屑反："鐹，鎌鐹。"《唐韵》古屑反："鐹，鎌别名也。"注音非常一致，相反苦结反下都不出现"锲"字[①]，不知徐铉依《唐韵》注音时为何对此视而不见。

2. 《说文·豕部》：豩，二豕也。豳从此。阙。（伯贫切又呼关切）

徐铉注音伯贫切又呼关切，而段玉裁注云："（阙）谓其音其义皆阙也。"《王韵》、《广韵》均无"豩"字。该字徐铉注音伯贫切，《万象名义》、《龙龛手鉴》音百贫反，大概是由许慎"豳从此"之"豳"字读音转换而来。《说文·邑部》："邠，美阳亭，即豳也。民俗以夜市，有豳山。从山从豩。阙。""豳"是"邠"的或体，徐铉补巾切。补巾切与伯贫切、百贫反同音。这一注音后世被普遍接受，《六书故》音伯贫切，《集韵》、《类篇》音悲巾切并称引《说文》，均源于此。《汉语大字典》据此注音 bīn。但这一读音也许不是"豩"字本音。《说文》"豩"所谓"二豕"当为形，非指义，音义则缺。《说文》言"豳"字"从山从

【作者简介】　蔡梦麒，湖南师范大学文学院副教授，主要从事文字音韵研究。（湖南　长沙　410081）
① 《王三》苦结反有"锲，断"。

豭",不言声。《说文·火部》:"燹,火也。从火豭声。"徐铉稣典切。《说文·斗部》:"闗,斗连结闗纷相牵也。从斗燹声。"徐铉等注:"燹,今先典切。从豭声。豭,呼还切。盖燹亦有豭音,故得为声。"徐铉直言"豭"呼还切,这正与徐铉又音呼关切、《篆韵谱》音呼还反、朱翱音呼闲反相同,《集韵》、《类篇》又音呼关切也源于此。段玉裁注:"二豕乃兼顽钝之物,故古有读若顽者。"刘禹锡《答乐天见忆》:"与老无期约,到来如等闲。偏伤朋友尽,移兴子孙间。笔底心无毒,杯前胆不豭。唯余忆君梦,飞过武牢关。"这是"豭"字难得见于韵脚的一个用例。元陶宗仪《说郛》卷八一引阙名《汉皋诗话》"酒胆豭"条云:"豭,字呼关切,顽也,当在山字韵。刘梦得有'杯前胆不豭',赵磵有'吞船酒胆豭'之句。《礼部韵》不收,《唐韵》亦无此。"知虽不见于韵书,但"豭"确实有此音,徐铉注音当是根据当时实际读音而非《唐韵》。

3. 《说文·艸部》:苝,枲实也。从艸肥声。(房未切)蕡,苝或从麻贲。

徐铉房未切,《篆韵谱》同,《广韵》扶沸切[①],《玉篇》父沸切,读音相同。《篆韵谱·文部》符分反:"苝,枲实。蕡,同上。"朱翱"苝"字注音扶云反。《说文》重文"蕡"经典通作"蕡"。《尔雅·释草》:"蕡,枲实。"郭璞注:"《礼记》曰:苴麻之有蕡。"释文:"蕡,本或作黂。苻刃反,或扶沸反。"《礼记·内则》:"饘酏酒醴,芼羹菽麦蕡稻黍粱秫,唯所欲。"郑玄注:"蕡,熬枲实。"释文:"蕡字,又作黂。扶云反。徐扶畏反。大麻子。"《玉篇·艸部》:"苝,扶沸切。枲实也。或作蕡。"《集韵·文韵》符分切:"蕡,枲实也。亦作苝,或书作蕡,通作黂。"又未韵父沸切:"苝,《说文》:枲实也。或作蕡、黂,亦书作蕡。"从字形看,表示"枲实",字可作"苝"、"蕡"、"蕡"、"黂";从读音看,"苝"等字至少有房未切、符分反两个读音。因为取舍不同,所以徐铉音房未切[②],朱翱音扶云反,区别明显。《汉语大字典》于"苝"下取《广韵》扶沸切(切语下字作了改动)注音 fèi,释义为"麻子";于"蕡"下列《广韵》扶涕切(切语下字不作改动)而取《集韵》符分切注音 fén,释义为"大麻的果实,俗称麻子"。这样实际上就把"苝"、"蕡"割裂开了,使一个词变成了两个词。《广韵》将"苝"、"蕡"置于同一小韵之下,虽然没有说明两者是异体关系,但对照《经典释文》、《玉篇》、《集韵》等,再比较"苝,枲属"、"蕡,《尔雅》曰:蕡,枲实。《礼》曰:苴麻之有蕡",可以肯定两者是同一个词,所以将两者都注音 fèi,完全没有问题。从《经典释文》、《篆韵谱》、《集韵》看"苝"、"蕡"均有符分切一音,但《广韵》却没有收。《广韵·文韵》符分切:"蕡,草木多实。蔜,古文。""蔜"不成字。周祖谟《广韵校勘记》:"蔜字当作苝字。《说文》云:'苝,枲实也。'《周礼·笾人》注云:'蕡,枲实也。'可知苝、蕡一字也。"周说可信。如此则《广韵》"苝"字有符分切一音。龙字纯进一步校正说:"《切三》及《全王》本组'蕡'下有'蕡'字,云:'麻实也。'《全王》且云:'亦作苝。'可证本书此'苝'上夺'蕡'字。'蕡'、'苝'二字于《说文》为或体,此云'苝'为古文者,盖韵书作者习见'蕡'字,少见'苝'字,遂目少见者为古文。"如此"苝"、"蕡"二字在韵书系统中都有并行不悖的符分切、扶沸切两个读音,取其中的任何一个为其标注今音都是正确的,但不能"苝"音 fèi,"蕡"音 fén。

4. 《说文·艸部》:藨,鹿藿也。从艸麃声。读若剽。一曰蒇属。(平表切)

徐锴《系传》云:"《尔雅》:鹿藿,鹿豆也。一名蔨。《尔雅》'藨麃'注云,即苺也。与鹿豆相近,疑《说文》注误以'藨麃'为'鹿藿'字也。"段玉裁注:"前葹篆训'鹿藿之实',此藨训'鹿藿',则当类处。……盖麃误为鹿,浅人因妄增藨藿字耳。"徐锴、段玉裁均认为《说文》"藨"即《尔雅》"藨麃"字。《尔雅·释草》:"藨麃。"郭璞注:"麃即苺也。今江东呼为藨苺,子似覆盆而大赤,酢甜可啖。"《广韵·豪韵》普袍切:"藨,醋苺,可食。"这一意义的"藨"《集韵》有普辽、悲娇、蒲交、普刀、举夭、彼小、滂表七个不同的读音,其中普刀切与《广韵》普袍切同音,《汉语大字典》据此为"藨麃"之"藨"注音 pāo。《说文》"一曰蒇属"之"藨",则有另一读音。《广韵·小韵》平表切:"藨,草名,可为席。"《玉篇·艸部》:"藨,平表切。蒯属,可为席。"《仪礼·丧服》:"疏屦者,藨蒯之菲也。"释文:

---

① 原作"扶涕切",据《王韵》各本及《唐韵》改。
② 《唐韵·未韵》扶沸反不收"苝"等字。

"藨,皮表反。刘扶表反。"《礼记·曲礼下》郑玄注曰:"此皆凶服也,苞藨也,齐衰藨蒯之菲也。"释文:"藨,白表反,一音扶苗反。"《文选·(张衡)南都赋》:"其草则藨、苎、蘋、莞。"李善注:"(藨)平表反。《说文》曰:藨,藣(藐)之属。"注音相同,都是小韵并母字,与徐铉注音正合,折合为今音当作 biào。《汉语大字典》取《广韵》甫娇切为"藣属"之"藨"注音 biāo,而《广韵·宵韵》甫娇切:"藨,萑苇秀。《尔雅》云:麃、藨,芀。"《尔雅·释草》:"葭、芀、荼,麃、藨、芀。"郭璞注:"皆芀、荼之别名,方俗异语。"释文:"藨,郭方骄反,谢苻苗反,一音皮兆反。"郭璞方骄反同《广韵》甫娇切,可见甫娇切乃"藨"字另一意义之音,不能用来注"藣属"之"藨"音。如果强调音义的对应关系,"藨麃"之"藨"可音普袍切(pāo),"藣属"之"藨"可音平表切(biào),"萑苇秀"之"藨"可音甫娇切(biāo)。而所谓"鹿藿"之"藨"大概是因为讹误的缘故,《广韵》、《玉篇》等均不载其读音,而徐铉注音平表切,《集韵·小韵》被表切:"藨,艸名。《说文》:鹿藿也。一曰藣属。"因此如不改动《说文》注释,则"鹿藿"之"藨"当取《集韵》被表切注音 biào,而《汉语大字典》取《广韵》甫娇切注音 biāo,这是音义对应不明。如果强调其共性,各个意义的"藨"都有注平表切音者。如前所列,"藣属"之"藨"音平表切,几乎没有例外。《尔雅·释草》"藨麃"释文:"藨,谢蒲苗反或力骄反,孙蒲矫反,《字林》工兆反,顾平表、白交、普苗三反。"孙炎蒲矫反、顾野王平表反,与徐铉注音同,则"藨麃"之"藨"也可音平表切。而"萑苇秀"之"藨"陆德明也收"一音皮兆反",与徐铉注音同。因此徐铉选择平表切为《说文》"藨"字注音,是比较切合实际的,而《汉语大字典》的注音却完全抛开这一切语,殊为不妥。

5.《说文·艸部》:薄,艸皃。从艸津声。(子僊切)

徐铉子僊切。《集韵》于子仙切下称引《说文》,与徐铉注音合。《广韵·仙韵》子仙切:"薄,草茂皃,出《字林》。"子仙切、子僊切在仙韵。《篆韵谱》音则前反,《集韵·先韵》将先切:"薄,艸貌。《诗》薄薄者莪。李舟说。"则前反、将先切在先韵。《广韵》称"出《字林》"而不言"出《说文》",《集韵》称"李舟说",大概指注音而言,《篆韵谱》之作参考了李舟《切韵》,所以《篆韵谱》与《集韵》所谓"李舟说"相同。如果理解是有人先仙混切,则各家读音相同,今音当作 jiān。朱翱音自先反,与《玉篇》才千切、《集韵》才先切同,若依此今音当读 qián。《集韵·清韵》咨盈切:"薄,茂貌。《诗》薄薄者莪。通作菁。"《诗·小雅·菁菁者莪》作"菁"字,《汉语大字典》据此为《说文》"薄"字注音 jīng。其实"薄薄者莪"与"菁菁者莪"未必为同字重文,而更可能是同义异文。《集韵》注音咨盈切又可能是根据"薄薄者莪"与"菁菁者莪"同义异文而附会上去的,不一定可靠。相反子僊切、将先切之音(虽然有先仙之别)是各家普遍认可的读音,未可轻易变动。所以"薄"字今读当依徐铉、《广韵》等注音 jiān。

6.《说文·癶部》:癹,以足蹋夷艸。《春秋传》曰:"癹夷蕴崇之。"(普活切)

徐铉普活切,《篆韵谱》同,朱翱普末反,读音同。《说文》引《春秋传》见《左传》。《左传·隐公六年》:"为国家者见恶如农夫之务去草焉,芟夷蕴崇之,绝其本根。"陆德明释文:"芟,所衔反。《说文》作癹,匹末反,云:以足蹋夷草。"王筠句读:"《秋官·叙官·薙氏》注引作'癹夷蕴崇之',似亦后人不识癹字,而改以既讹之《左传》也。"《玉篇·癶部》:"癹,匹葛、扶葛二切。以足蹋夷草也。"以匹葛切为首音,与《经典释文》、徐铉等注音同。《广韵》只收蒲拨切一音,但注文云:"癹,除草。《说文》音鏺。"所谓"音鏺",即《经典释文》匹末反、《玉篇》匹葛切、徐铉普活切音。《广韵·末韵》普活切无"癹"字,当是《广韵》编撰的疏漏,宜补。《广韵》普活切有"撥(芟撥)"、"跋(蹋草声)",都是《说文》"癹"的分化字[1],也可间接证明"癹"字当读音普活切(pò)[2]。因此,《汉语大字典》依《广韵》蒲拨切注音 bá,实际不是《说文》"癹"字本音。

7.《说文·言部》:諗,问也。从言念声。《周书》曰:勿以諗人。(息廉切)

徐铉息廉切,朱翱先廉反。《篆韵谱》两收,其息廉反云:"諗,问也。"又虚检反云:"諗,诐也。"徐锴两个读音意义有别。《广韵》息廉切下不收"諗"字,但琰韵虚检切:"諗,諗诐。《说文》息廉切,

---

[1]《集韵·末韵》:"癹,《说文》:以足蹋夷艸。或从手。"
[2]"跋"字《汉语大字典》取《广韵》普活切注音 pò,释义"蹋草声",引《广韵》;释义"用足踏平草",引《类篇》。

问也。"《玉篇·言部》:"譣,虚俭、息廉二切。问也,诐也。"可见《广韵》"譣"字当有息廉切之音。从徐铉、徐锴、朱翱以及《广韵》的特别强调"《说文》息廉切"看,《说文》"问也"之"譣"当读息廉切,今音 xiān。《说文》所引《周书》,今本《书·周书·立政》作"勿以憸人,其惟吉士",段注:"此引《周书》说假借也。此譣正憸之假借。"《说文·心部》:"憸,憸诐也。憸利于上,佞人也。"徐铉息廉切。《书·周书·立政》释文:"憸,息廉反。徐七渐反。本又作思。马云:憸利,佞人也。""譣"字表示"譣诐",《广韵》有七廉、虚检二切,而表示同一意义的"憸"《广韵》有息廉、七廉、虚检、七渐四切,其中第三、四个注音同"譣"字音。从徐铉注音、陆德明注音看,"憸"字正音当作息廉切,因此《汉语大字典》取息廉切为"憸"注音 xiān 是正确的,"憸"的异体"思"字《广韵》、《玉篇》都只出息廉切一个读音可以佐证这一选择。而与"憸"相通的"譣"字却因为《广韵》漏收息廉切之音(实际保存在又音里),《汉语大字典》却取虚检切注音 xiǎn,这既与"譣"字本义(问也)不符[①],也与其假借义(诐也)不合。因此《说文》"譣"字无论是本义还是假借义,都当据《广韵》息廉切注音 xiān。

8.《说文·孔部》:䫁,相踦之也。从孔谷声。(其虐切)

徐铉其虐切,《篆韵谱》同,朱翱其雀反,读音同。《广韵》几剧切,读音不同。"䫁"《玉篇》、《集韵》作"䫁"。《玉篇·孔部》:"䫁,其虐、纪逆二切。相踦䫁也。"将徐铉、《广韵》音都收入其下。《集韵》极虐切:"䫁,《说文》:相踦䫁也。"与徐铉注音同,又讫约切:"䫁,足相踦兒。""䫁"当即"䫁"字,《正字通·谷部》:"䫁,旧本作䫁。"《说文》"䫁"字"相踦之也"之义,晦涩难通。桂馥义证:"踦䫁者足倦相倚也。"《史记·司马相如列传》:"观壮士之暴怒,与猛兽之恐惧,徼䫁受诎。"司马贞索隐引司马彪云:"徼,遮也;䫁,倦也,谓遮其倦者。"引《说文》云:"䫁,劳也,燕人谓劳为䫁。"裴骃集解引徐广曰:"䫁音剧。"引郭璞曰:"䫁,疲极也。"《文选·(司马相如)上林赋》:"与其穷极倦䫁,惊惮詟伏。"李善音剧,同时引郭璞曰:"穷极倦䫁,疲惫者也。"可见桂馥言"䫁"是"足倦相倚"是有道理的。《说文·人部》:"倻,徼倻,受屈也。"与《上林赋》之"徼䫁受诎"相同。《广雅·释诂》:"倻,劳也。"《广韵·药韵》其虐切:"倻,须臾。亦倦也。"又《说文·心部》:"惃,劳也。"段玉裁注:"此与《人部》倻音义皆同,本一字耳。"《玉篇·心部》:"惃,疲力也。"《广韵·陌韵》几剧切:"惃,劳也。"从这些材料看"䫁"、"䫁"、"倻"、"惃"都是疲倦的意思,从注音看"䫁(䫁)"《广韵》几剧切,《玉篇》其虐、纪逆二切;"倻"《广韵》其虐、绮戟二切,《玉篇》其虐切;"惃"《广韵》奇逆、几剧二切,《玉篇》去逆切,并称"《说文》其略切"。其中"其虐切"是采用得最多的一个读音。"䫁"、"倻"、"惃"三字徐铉都注音其虐切,《篆韵谱》、朱翱注音也是三者同音,《集韵》也是同在极虐切下称引《说文》,体现了徐铉等对三者在意义、读音上的认同。因此,我们认为《说文》"䫁(䫁)"、"倻"、"惃"三字今读均当《广韵》其虐切或《集韵》极虐切注音 jué。相形之下,由于受到《广韵》反切的限制,加上对各字之间的关系认识不清,《汉语大字典》对这几个字的注音则显得凌乱不堪:惃注音 jǐ,倻注音 jué,䫁注音 jí,䫁注 jué、jí 二音。

9.《说文·食部》:飳,杂饭也。从食丑声。(女久切)

该字徐铉女久切。又米部:"粗,杂饭也。从米丑声。"徐铉女久切。从注音可以看出徐铉认为"飳粗"异体。《集韵》女九切:"粗、飳,《说文》:杂饭也。或从食。"将二字完全合并。《玉篇残卷·食部》:"飳,女又反。《楚辞》:芳与泽其杂飳。王逸曰:飳,杂也。《说文》:杂饭也。为粗字,在米部。"《广韵》女救切:"飳,杂饭。亦作粗。"也认为两字异体,只是注音与徐铉不同而已。《玉篇·米部》:"粗,女救切,杂饭也。糅,同上。"《说文》无"糅"字,而惠林《一切经音义》卷九:"糅,古文粗、飳二形,同,女救反。《说文》:杂饭也。今谓异色物相集曰糅也。"又卷四八:"《说文》:糅,杂饭也。"《广雅·释诂》:"糅,杂也。"王念孙疏证:"《说文》:'粗,杂饭也。'又:'飳,杂饭也。'粗、飳、糅并同。"可见"杂饭"之词字作"飳",亦作"粗",亦作"糅",其读音则主要有两个。徐铉"飳粗"女久切,《玉篇》"飳"女久切,曹宪《博雅音》"粗"女九反,读上声。而《玉篇残卷》女又反、《广韵》女救切、惠琳《音义》

[①] 《广韵》虚检切:"譣,譣诐。"不含"问也"之义。

女救反、《玉篇》"粗"女救切、曹宪《博雅音》"䎭"女又反，都读去声。从前面注音释义看，"䎭粗粈"今读应该统一处理成一个读音，取女久切注音 niǔ，或取女救切注音 niù，都是可行的。《汉语大字典》"䎭"字取《广韵》女救切注音 niù，而"粈粗"二字同样《广韵》女救切却注音 róu，这两种处理就将"䎭"与"粈粗"的关系割裂了。既然"粈粗"今读可以作 róu，所以我们主张"䎭"字注音也向它们看齐注音 róu。

10. 《说文·邑部》：郗，周邑也。在河内。从邑希声。（丑脂切）

徐铉丑脂切，《篆韵谱》、朱翱同，《玉篇》敕梨切，《集韵》抽迟切，读音同。《左传·隐公十一年》："王取邬、刘、蒍、邘之田于郑，而与郑人苏忿生之田：温、原、絺、樊、隰郕、攒茅、向、盟、州、陉、隤、怀。"杜预注："（絺）在野王县西南。"释文："絺，敕之反。""絺"即"郗"字。《广韵》"絺"字在脂韵，《经典释文》或敕其反、敕之反、丑疑反，在之韵；或耻知反、敕宜反，在支韵；或丑尼反，在脂韵。可见作为地名的"郗"读音并无二致，今读当作 chī。而《汉语大字典》注音 xī（旧读 chī）。《现代汉语词典》"郗"作为姓氏收 chī、xī 二音，实际上是两个来源不同的姓。唐林宝《元和姓纂卷二·六脂》："郗，出自己姓青阳氏之后，苏忿支孙封郗邑，因氏焉。"这一支郗姓与《说文》"郗"字有关，音丑脂切，今读 chī。另一支则来自郤姓。《广韵》绮戟切："郤，姓，出济阴、河南二望。《左传》晋有大夫郤献子。俗从阝。"《集韵》乞逆切："郤、郄，地名，晋大夫叔虎邑。亦姓，或作郗。"今读 xī。宋王应麟《姓氏急就篇卷下》："郤，音隙。郤氏，《左传》作郄，出自唐叔晋郤叔虎芮之后。郗，音絺。郗氏，《姓纂》己姓青阳氏之后，赵有郗疵。"明凌迪知《氏族博考卷八·字辩》："郗，姓也。晋郗超。又晋大夫郤真子，食采于郤。郗、郤二姓，一作希，一作隙。"郗、郤二姓，来源不同，读音亦别，但因"郗郤"二字形近，两字互讹。宋朱熹《原本韩集考异》卷八："郤氏。今按：郤绮戟反，俗郤字，与郗字相乱，今流俗郗超字多作郤，误也。"《正字通·邑部》："郗，姓。郗与郤别。黄长睿曰：郗姓为江左名族，读如絺绣之絺，俗讹作郤，呼为郤诜之郤，非也。郤诜，晋大夫郤縠之后。郗鉴，汉御史大夫郗虑之后。姓源既异，音读各殊。后世因俗书相乱，不复分郗、郤为二姓。"后世又有读"郗"如"希"者，乃以"郗"字声符讹读而来，北方方言入声消失后，又与"郤"字音近，致使"郗郤"二字关系错综复杂。《正字通·邑部》："郗，虚欺切，音希。"不注丑脂切之音，将讹读音列为正音。

【参考文献】

[1] 徐铉等校订. 说文解字[M]. 北京：中华书局，1979.
[2] 徐锴. 说文解字系传[M]. 北京：中华书局，1987.
[3] 徐锴. 说文解字篆韵谱[M]. 丛书集成初编. 北京：中华书局，1985.
[4] 汉语大字典编辑委员会. 汉语大字典（缩印本）[M]. 武汉：湖北辞书出版社；成都：四川辞书出版社，1990.
[5] 周祖谟. 广韵校本[M]. 北京：中华书局，2004.
[6] 丁度. 集韵[Z]. 上海：上海古籍出版社，1985.
[7] 顾野王. 宋本玉篇[Z]. 北京：中国书店，1983.
[8] 周祖谟. 唐五代韵书集成[Z]. 北京：中华书局，1983.

Discerning and Rectifying the Phonetic Notation of Chinese Characters in *Shuo Wen Jie Zi*

Cai Mengqi

(College of Humanities, Hunan Normal University, Changsha 410081, China)

Abstract: The phonetic notation of Chinese Characters In *Shuo Wen Jie Zi* (说文解字) was subjoined afterward. The phonetic notation of *Xuxuan* is the representation of ancient *fanqie* while that of *Han Yu Da Zi Dian* (汉语大字典) is the representation of current phoneticizing, form which some shortage of phonetic notation can be found out when we analyse *xushen*' explanation and compare the relation of Chinese Characters that we discern and rectify in this paper.

Key Words: *Shuo Wen Jie Zi* (说文解字); *Xuxuan's fanqie* (徐铉反切); *Han Yu Da Zi Dian* (汉语大字典); phonetic notation

（上接第 70 页）

A Brief Analysis of the Shanghai Museum Slips' *ge* 葛 Character

Chen Jian

(Research Center for Unearthed Documents and Ancient Writing, Fudan University, Shanghai 200433, China)

Abstract: This paper analyzes examples of the character *ge* 葛 found in the Warring States Chu bamboo slips held by the Shanghai Museum. It links the character to ancient script (*guwen* 古文) examples for *ge* 葛 found in transmitted materials, traces the development of the character's form, and makes a conjecture concerning its structure.

Key Words: Shanghai Museum bamboo slips; Chu bamboo slips; palaeography; character analysis; ancient script 葛

《说文解字》会意字归部条例探析

王智群

【摘 要】 本文从分析会意字如何"会意"的过程入手,总结出《说文》会意字的归部条例与部首字素对成字造义所起的作用密切相关,从而归纳出《说文》会意字的归部多依准以下条例:充当部首的字素表示动作意义、表示客体意义、表示主体意义、表示特征、表示效果等。

【关键词】 《说文》;会意字;归部;条例

许慎《说文解字》一书,将9353个字"据形系联"[①],分别归入540个部首,使汉字有史以来第一次形成了科学系统。那么,这些字是按照什么样的条例归部的呢?这是每一个读《说文》的人都会思考的问题,其中尤以会意字最令人困惑,特别是组构会意字的两个或两个以上的字素[②]都能担当部首职责时,许慎为什么把它归入了这一部,而没有归入那一部,更是值得深入探讨的问题。本文拟通过客观归纳,以期总结出《说文》会意字的归部条例。

许慎对会意字作的界定是:"比类合谊,以见指㧑。"[③]如果以这个标准搜检会意字,却很难将它们与一些指事字、合体象形字区分开来。王筠在分析会意字时,提出"正例三、变例十二"[④],又嫌过于臃繁。本文采用今人石定果在《说文会意字研究》[⑤]一书中确立的会意字标准:"会意字必须由两个或两个以上的成字部件所组成,且不包含非字部件;会意字的构件都是意符。即它是'比类'的,也是'合谊'的。"该书中据此确认的会意字计634个。关于会意字的形训、释义等,本文主要依据大徐本《说文》,因传抄刻印而出现的个别讹误,不会影响我们对《说文》会意字归部总体情况的认识。石定果确定的会意字中有33个是"大徐本《说文》未训为会意字,而参照甲金文字"[⑥]定为会意字的,本文因考察《说文》内部规律,故以《说文》的说解为准。这样一来,我们实际讨论的会意字就是601个。

这601个会意字从归部的角度看有如下四种情况:

1. 本身就是部首。如珏、是、炎等,计115个字。也就是说,在《说文》540个部首中有115个是会意字。《说文》部首字没有另行归入某一个部首,所以这些字不存在如何归部的问题。

2. 重文中的8个会意字:弘("彈"之重文)、�““（禷）、閧（闢）、灾（烖）、㯃（橐）、毓（育）、劓（劓）、劋（劋）。重文附在正字之后,它们也不存在归部问题。

3. 归部条例明确的。这一部分会意字基本上是叠文[⑦],即重叠某一字素而形成的字,如"哥"、"聶"、"舜",也包括"亞"、"㠭"这样正反、倒转重叠的字。《说文》中这样的叠文所叠字素都是部首,它们的排列规律是清晰的,王筠《说文释例·卷九·列文次第》已经指出:"叠部首为字者,必在部末。"如果叠文自身为部首者自当别论(这已包括在第1种情况中)。这部分会意字共38个。

【作者简介】 王智群,女,江苏扬州人,华东师范大学中文系博士研究生,专业为汉语言文字学。(上海 200062)

① 引自许慎《说文解字·叙》。
② 李玲璞先生说:"汉字的字素是构成汉字的结构要素,是汉字中形与音、义相统一的最小的造字单位。"(详见《说字素》,载《语文研究》1993年第1期)本文采用此说。下文引用的石定果界定会意字的标准所称"部件"即相当于"字素"。
③ 引自许慎《说文解字·叙》。
④ 见王筠《说文释例·卷四·会意》。
⑤ 《说文会意字研究》,石定果著,北京语言学院出版社,1996年5月第1版。
⑥ 同上书,见第112页。
⑦ 王筠《说文释例》里把这类字称为"叠文"。

另有一反文[①]"归","形训为"从反印",入"印"部;还有一个半反文"夅","从夂夂相承不敢竝也","夂"乃反夂。反文归正文部首,其归部条例也是明确的。

4. 归部条例不明确的。以往讨论《说文》会意字的归部问题,所关注的主要是这一部分会意字,有人称之为"异形合体会意字",而把上文提到的"叠文"称为"同形合体会意字"[②]。所谓"异形合体会意字"在《说文》会意字中占绝大多数,这部分会意字正是本文讨论的重点,计438个。

我们首先按照《说文》中对这些会意字进行形训的格式进行了分类。在不知道是否有规律可寻以及有什么规律的情况下,我们只能抓住现象中的特征以求能够归类。形训的格式共有如下几种:

A．从×从×(省)。如:"苗,生于田者,从艸从田。""逐,追也,从辵从豚省。"
B．从××(省)。如:"赘,以物质钱,从敖贝。""牢,闲养牛马圈也,从牛冬省。"
C．从×××或从×从×从×从×,即从三个字素以上的。如:"暴,晞也,从日从出从収从米。"
D．从×从××亦声。如:"羌,西戎牧羊人,从人从羊羊亦声。"
E．从×语言描述。如:"祭,从示,以手持肉。""料,量也,从斗,米在其中。"

其中以A、B两种格式为最多。我们发现这两类会意字所从的两个字素中,部首字素出现在前的居多,占到80%左右。这一现象也已有人注意,并称部首在前的为"正例",部首在后的为"误例"。也有人不以为然,认为部首在说解形态中的出现次第是顺应了汉字构形表义的要求[③]。笔者认为这是许慎对会意字作形训时所表现出来的一个特点,它是一种现象,但不是规律,也许它可以表明许慎注意到了训释与部首的关系。

不少学者认为异形合体会意字的归部是依照"义有所重"的标准。《说文》口部"唬"字段玉裁注曰:"与吠意同,主于说口,故不入犬、虎部。"匕部"顷"字段氏注:"页者,头也。匕其头,是不正也。义主于不正,故入匕部,不入页部。"王筠也有类似的看法,他在《说文释例·卷四·会意》中说:"信字在言部,信以言为主也。"又说:"(会意)既两字皆义,而义有主从,当入主义所在之部。"这种义有所重说或称义有主从说,大体上符合《说文》的实际情况,但作为归部标准来看待,则有它的不可行性。薛克谬指出:"字义的重与轻、主与从,都是相对的,在某些情况下,彼此的界限很难划分得十分清楚。因而确定重轻主从的尺度很难把握。"[④]薛氏的分析是有道理的,不过,前人对异形合体会意字归部的分析,也有很大的参考价值。会意字以哪一个构字字素为部首是形的问题,也涉及义的问题,义有所重说正好为会意字归部条例的探讨规定了方向。

李玲璞先生提出的"汉字学元点理论"[⑤]概括了"以汉语单音节语素为出发点的造字取象、成字造义的'物化'过程与以单音节语素为归着点的'物化回归'过程"。在"物化回归"过程中,李先生指出:"成字不单单是个字形空壳,它具有自身的造义,叫做成字造义。""成字由两个字素(或两个以上字素)构成",它们组合起来,就形成"一种取象造字指向","这个造字指向还并不等于语素的核心意义,而只是运用这样的成字造义来导引人们进行类比迁移认知"。把这个理论运用到会意字身上,其实就是组构会意字的字素如何"会意"而成该会意字的过程,那么各个字素尤其是充当部首的字素在这个过程中起到怎样的作用,应该和它之所以充当部首的原因大有关系;而且应该认识清楚的是,充当部首的字素产生作用的对象是成字造义,而非语素核心义,因为语素义不能由其中一个字素决定,而是由各字素组合而成字造义,再由成字造义导引语素义。所以,我们从分析会意字怎样"会意"的过程即部首字素与会意字成字造义的关系入手,来推寻《说文》会意字归部的条例。

---

① 王筠《说文释例·卷四·会意》称"反文以会意者"。
② 见薛克谬:《论非形声字的归部及〈说文解字〉部首的形成》,载《河北大学学报》1987年第3期;高一勇:《会意字归部辨析》,载《河北大学学报》(哲社版)1990年4期。
③ 见赵伯义:《〈说文解字〉顺递析形》,载《河北师院学报》(社会科学版)1993年第3期。
④ 见薛克谬:《再论〈说文〉非形声字的归部》,载《河北大学学报》1991年第4期。
⑤ 李玲璞:《汉字学元点理论及相关问题——兼谈汉字认知的若干误区》,载《中国文字研究》第5辑,广西教育出版社,2004年11月。

会意字的部首字素与成字造义的关系主要有如下三类：一、成字造义是描述性的事件或过程，部首字素在其中往往表示主体、客体或动作意义；二、主从关系；三、修饰关系。每一类下我们根据部首字素对成字造义所产生的不同作用归纳出若干归部条例，具体如下：

一、主谓或动宾关系

1. 表动作意义的字素为部首。以许慎所举的会意字"信"为例，"人言为信"，简短的四个字就已表达了"比类合谊"的过程："人"是主体，或者说是动作发出者，"言"是动作，或者说是行为，由主体发出，以"人言"这样一个事件表达"信"的含义，即"诚也"。可见，部首字素"言"在会意过程中的地位或者说充当的角色是清晰的，即表示动作意义。又如攴部"敗"字，"从攴貝"，"攴"义为"小击也"，表示动作，"貝"则是"攴"的对象。"敗"以表动作意义的"攴"为部首。属于这一类的会意字有：逋、遴、逐、靑、信、計、討、讟、競、興、奻、閔、穀、殷、寇、牧、叡、伙、辜、喪、爻、霻、孫、緜、送、後、戀、朝、敗、畋、卜、占、貞、攸、叟、奞、侖。

2. 表示客体或者说对象、受事者意义的字素为部首。如珏部"班"，"分瑞玉也，从珏从刀"。"珏"是刀分割的对象，是客体。又如秝部"兼"，"并也，从又持秝"。"又"是手，"秝"是手持的对象。这一类计60个字：班、采、析、贊、科、伏、孝、尋、耐、罩、圍、報、砅、淵、庫、聅、圣、凭、处、斬、官、陛、獸、若、牢、盻、瞿、朵、贅、買、采、秦、祀、尊、祝、直、祭、斯、隻、雙、雋、蔓、解、負、兼、㝱、付、縣、辱、螯、羑、執、蒎、戍、或、岂、帚、尉、霹、奄。

最后七个字稍作说明。戈部"戍"，它与"兼"不完全一样。"兼"是"从又持秝为兼"，而"戍"是"从人持戈以守为戍"。"戈"固然是人手持的对象，但就整个会意过程而言，称之为"凭借物"更为准确。其他六例同。为了不使分类繁琐，而且几个部首也确实表示动作的对象，姑且归入此类。

3. 表示事件、行为的主体意义的字素为部首。如音部"章"，"乐竟为一章，从音从十，十，数之终也"。这里描述的是一个事件，事件的主体是"音"。再如人部"伐"字，"击也，从人持戈"。这是一种行为，其主体是"人"。这一类会意字计59个，分别是：章、竟、娑、美、鳴、肘、肙、利、沓、譬、躬、稟、贊、尃、刺、保、襄、屋、顥、煩、薦、靁、猋、臭、獄、灰、熑、規、衍、沙、邑、乳、開、閒、聯、奴、弢、至、衝、寙、聜、眉、逸、昊、好、晏、繼、貪、解、慶、懇、霍、侵、伐、帠、夾、婦、嬰、虐。

4. 表示动作发出者意义的字素为部首。如口部"吠"字，"犬鳴也，从犬口"，鸣的动作是由口发出的。刀部"刵"字，"断耳也，从刀从耳"。刀是发出断的动作的工具。按照惯常思维，"断"这样的动作是由人或其他的生命体发出的，但在"刵"字的字素中并未出现人，断也确实是由刀来施行的，我们就视其为动作发出者。这一类会意字计50个，具体如下：吹、名、君、畀、右、吉、唐、吠、奱、嚚、孚、及、叟、取、相、皆、初、則、剑、制、罰、刵、劎、羅、罟、罵、䨪、盭、剬、肥、羞、卑、删、斲、釿、丞、弅、斈、具、弄、戒、兵、叔、秉、叟、彗、看、闔、承、捧。

与主体相关的事件是被描述出来的，不一定有动词出现。以动作发出者为部首的会意字的"会意"动作性都很强，其所从部首基本上是器官或工具，与动作的关系也非常紧密。

二、主从关系

5. 会意字字义与部首义为从属关系。如艸部"苗"，"艸生于田者，从艸从田"，长在田中的艸就是苗。依据上述四个条例难以给"苗"定位，但从会意字字义与部首义的关系上，我们可以看出它们是从属关系——苗是艸的一种。又如竹部"筭"，"长六寸，计历数者。从竹从弄"。这种计算工具用竹制成，属于竹器。这一类会意字计45个，分别是：蕨、蓾、苗、鷽、聿、笘、筭、覞、彤、某、疢、裒、麃、尨、戎、叏、医、彎、蠱、輦、昔、珊、菌、卉、扁、雀、胅、飤、佥、磬、鬽、舛、燅、韔、篁、癝、令、妻、封、窨、耊、屍、辰、宄、邦。

6. 部首义主导会意字字义，即会意字字义与部首义相同、相近或在部首义的基础上引申而来。如八部"分"，"别也，从八从刀，刀以分别物也"。很显然，刀是分的工具。"八"呢？《说文》："别也，象分别相背之形。""分"与"八"义完全相同，也就是"八"与"刀"会意成"分"，"八"主导了"分"字的含义。再如林部"森"，"木多貌，从林从木"。"林"字说解是"平土有丛木曰林"，两者意思是相近的。

这一类会意字计 48 个，具体如下：分、宋、悉、筆、參、惠、刪、昕、獄、尌、森、棥、寙、同、旱、頃、卬、兜、羑、容、脊、辟、辭、昏、复、禹、爭、晉、嵒、桑、豖、艮、彔、匊、旬、彪、敬、合、僉、灋、奏、奞、內、里、兌、盜、勻、鼓。

三、修饰关系

7. 作为部首的字素表示特征。如"武"，它表达的是一个事件，《说文》引楚庄王说"夫武定功戢兵"。"止"象形，表示足；"戈"，"平头戟也"，是兵器。两者之间似乎没有必然的联系，但都与"武"这个事件紧密相联：出兵行军用足，敌我争斗以足相抵，战场上留下足印等；兵器更是"武"的象征。"止戈为武"相当于现代汉语修辞中的借代手法，那么"武"入"戈"部就是以表特征的字素为部首。又如爻部"棥"，"藩也，从爻从林"。"爻"释"交也"，相交错是"藩"的特征。这一类会意字计 36 个，分别是：妾、晝、棥、翟、蓼、曩、殉、槀、槖、躳、般、參、禺、沬、奄、夷、侃、冰、匠、蠅、加、莤、男、葘、索、冥、吳、勞、卸、易、臭、武、旋、旅、族、馗。

另有 11 个会意字，8 个归日部：晉、曙、昌、昆、暴、皀、昔、曩，3 个归夕部：夗、夙、外。因为它们都是在"日"下或"夕"时出现的事物，即以"日"或"夕"为条件，也可算作特征。

8. 作为部首的字素表示状态或效果。这一类只有 5 个字。口部"启"，"开也，从户从口"。这里的"口"不同于动作发出者的作为器官的口，它表示开门敞户所成的状态。"囡"、"饕"的部首也都表示状态。奞部"奪"，"手持隹，失之也"。"奞"训"鸟张毛羽自奋也"，正是"手持隹"而"失之"的最后效果。瞿部"矍"与之同。

四、其他

这一部分其实是笔者存在疑问、有待进一步思考的内容，列出来以求教于学者同仁。

1. 方位关系

这个"方位关系"不同于上述三类关系，因为它不是部首字素与成字造义间的关系，而是构字字素间的关系。其中有一部分字可以归入上述相关的条例，但因它们有一个共同特点，即构字字素的意义间具有方位关系，所以将它们归在一起。具体又分为三小类：

（1）包围结构。又有两种情况：

a. 以外围者为部首。一般作为部首的有"宀"、"广"、"厂"、"门"、"户"等等。这一类会意字有：寶、宦、宰、守、寡、宋、宗、庶、莽、廑、突、莫、葬、尢、央、雀、困、囚、圀、盇、安、宄、寒、穿、竄、突、仄、庐、闲、閃、闔。

b. 以居内者为部首。共有 8 个字，分别是：字、閨、羼、鬮、扁、戾、寧、冤。

（2）上下结构。同样分两种情况：

a. 以居上位者为部首。有 8 个字：麤、众、前、杲、桑、光、早、肅。

b. 以居下位者为部首。如水部"汙"，"浮行水上，从水从子"。丌部"奠"，"从酋，酋，酒也，下其丌也"。"伙"、"典"、"梟"也属此类。其实"水"、"丌"可称作承载物，这样说来，有一部分以器皿类字为部首的会意字也可归入此类。它们是：皿部的益、盈、盎、醯、盉；臼部的舂、舀、臽以及几部的凥、且部的俎、斗部的料。

（3）木部"杲"、"杳"、"休"三字的字素也有明显的方位关系，但它们的归部不因为字素居上位或居下位，而是以表示参照对象意义的字素作为部首。"杲"与"杳"，日和木相对人的视觉来说，木是静止不动的，于是以木做参照物，日在木上为杲，日在木下为杳。"休"，人倚木而息，木相对人而言也是静止的，被取作参照物。

2. 少许会意字的归部属个案，抑或费解

（1）彳部"御"字，"使马也，从彳从卸"。"彳"为"小步也"，"卸"为"解马车也"，驭马车以行与解马车皆"御"之职也，两者是并列关系。夂部"夏"，"中国之人也。从夂从页从臼。臼，两手，夂，两足也"。"页"训"头也"，头、手、足都是人体的一部分，三者并列。字素间是并列关系的字还有：逛、衙、敖、象、奓、喬、委、臾、虜、鬱、矣。它们归部有何条例，尚未发现。

103

（2）竹部"算"，"数也，从竹从具"。段注："筭为算之器，算为筭之用。""筭"因属于竹器而归竹部，"算"则因所用之器属于竹器而归竹部。

（3）尾部"尿"，"人小便也，从尾水"。尾训"微也，从到毛在尸后"，尾乃尿之部位之所在。

（4）鬲部"䰜"，"所以枝鬲者，从鬲省冎省"。冎乃鼎属，䰜是鬲时所用之器。

（5）火部"炅"，"见也，从火日"，其义不可解。段注："按此篆其义不可知。《广韵》作光也，似近之，从日火。亦不可晓。盖后人羼入。"

（6）人部"件"，"分也，从人从牛，牛大物故可分"，此字也颇费解。

（7）壬部"望"，"月满也，与日相望，似朝君。从月从臣从壬"。此字的归部与封建制度有关，包含尊君思想。段注："不入月部者，古以从臣壬见尊君之义，故箸之。"

上述归部条例未必是许慎本人对会意字归部时所使用的标准，但它至少可以说明《说文》会意字的归部是有"章"可"寻"的。通过这样的梳理，可以避免对一些会意字归部理解上的分歧，从而有利于加深对会意字及其会意规律的认识。

The Study on the Relation between Chinese Characters of *HuiYi* and their Radicals in *Shuo Wen Jie Zi*

Wang Zhiqun

(Center for the Study of Chinese Characters and Their Applications, East China Normal University, Shanghai 200062, China)

Abstract: This paper analyzes the relation between the meaning of a Chinese Character of *HuiYi* (会意) in *ShuoWenJieZi* (说文解字) and that of its components, and finds that the component as radical has a great effect on the meaning of the Chinese Character of *HuiYi* (会意), maybe which is why the Chinese Character of *HuiYi* (会意) takes this component not that component as radical.

Key Words: *ShuoWenJieZi* (说文解字); Chinese Character of *HuiYi* (会意); Radical of Chinese Character

楷字的时代性
——贮存楷字的时间层次问题

臧克和

【摘　要】　作为贮存形态的楷字发展及其资源调查，涉及楷字使用的时代属性问题。调查表明，所谓楷字时间层次的调查，能够大致区分的只是楷字使用的下限，也就是最迟不会晚于哪个时段出现的情况。传世字汇贮存的历史楷字，经过若干历史时段的积淀，一般不能简单作为断代的坐标。传世字汇未加贮存的楷字，未必说明当时或此前的社会生活中并没有使用过。归纳不同时期的楷化特点，有助于楷字变异的分析。本文所涉及的，是魏晋南北朝到隋唐之际的楷字发展时间层次的几个相关问题。本项调查，尽可能结合共时楷字社会实物用例及相关数据进行说明，力求文献准确可靠。

【关键词】　楷化；宋本；名义；石刻

第一，一般说来，字汇集合大都是历史楷字的积淀，时间层次不清。不能仅靠贮存字书，作为使用时代的上限根据。

（1）《宋本玉篇》（泽存堂刻本，下简为《宋本》）："祣，力煮切。祭名。《论语》作旅。"[①]《论语·八佾》："季氏旅于泰山。"清·刘宝楠《正义》："《玉篇·示部》：'祣，力煮切，祭名。《论语》作旅。'《广韵》同。此后人所增字。"按刘氏臆断，作暗中摸索语。东汉《说文解字》、唐抄《万象名义》（下简为《说文》、《名义》）无此字，但这不等于《宋本》没有传承关系。魏晋南北朝石刻已用此字，如《元弼墓志》"旅"作祣，《龙门山造像二十三段之北海王元详题记》作祣，《于景墓志》作祣。"旅祭"多见，一般使用"军旅"字，祣为后出本字。这个后出本字，有可能就是在魏晋南北朝俗写的基础上楷化定型的。魏晋南北朝石刻所用楷字，包括抄本用字，方、才、示等记号区别性降低，部件往往混用，旅所从"从"形，混为衣形。

（2）《宋本·言部》："訣，古穴切。死别也。"按《说文》仅见于新附部分："訣，别也。一曰法也。从言，决省声。古穴切。"《名义》等本不存，但魏晋南北朝石刻用此字，如《元义墓志》作訣，《长孙瑱墓志》作訣。南北朝及此前文献似亦用訣字，《史记·孙子吴起列传》："与其母訣，啮臂而盟曰：起不为卿相，不复入卫。"南朝·宋·鲍照《代东门行》："涕零心断绝，将去复还訣。"

（3）《宋本·宀部》："寡，古瓦切。少也。"未见省略"分"形之寡。按敦煌本郭象注《庄子南华真经》辑影抄写"寡人"之楷字省"分"形。战国郭店楚墓竹简《老子》甲"少厶寡欲"作寡，主体即大页形；《语丛三》"寡谋"作寡，页形为主体，仅是雨、宀替换。北魏《尔朱袭墓志》"贼众我寡，强弱势殊"作寡，"寡"下亦无"分"形[②]。基于此，我们可以对照推断唐抄本《名义》还保存了这个省形的"寡"字。如《名义·瓦部》："瓦，五寡（寡）反。盖屋也。"反切下字即抄作从宀从页，为"五寡"之切音，只是页、真抄写形近而已。又如《瓦部》："甑，胡寡（寡）反。大口。"如此看来，一般传世字书未见贮存的形体，

【基金项目】　本项调研内容属教育部人文社会科学重点研究基地课题（"魏晋南北朝汉字发展史研究 05JJD740009"和"唐宋字书收字时间层次研究 05JJD740183"）。
【作者简介】　臧克和，华东师范大学终身教授，华东师范大学中国文字研究与应用中心主任。（上海　200062）
[①]　有关传世字书资料数据，参见华东师范大学中国文字研究与应用中心研制"传世字书楷字资源库"。下面所援引有关字书资料数据，若未注明出处，均来源于该资源库。
[②]　有关传世字书资料数据，参见华东师范大学中国文字研究与应用中心研制"魏晋南北朝实物语料库"。下面所援引有关石刻、简牍等资料数据，若未注明出处，均来源于该语料库。日人寺冈龙含编《敦煌本郭象注庄子南华真经辑影》"天道品"第 13 页、25 页，日本福井汉文学会 1960 年 11 月影印。

不等于社会用字历史上就没有出现过。同一省略类型可以联系者,尚有"釁—衅":《宋本·爨部》:"釁,许靳切。以血祭也,瑕隙也,动也,罪也,兆也。或作衅。"《名义·爨部》:"衅,义（義）镇反。罪也。动也。离也。光景也。又釁也。"《说文·爨部》:"釁,血祭也。象祭竈也。从爨省,从酉。酉,所以祭也。从分,分亦声。臣鉉等曰:分,布也。虚振切。"北魏《元延明墓志》"神钲告警,釁起边垂"作釁,《元均及妻杜氏墓志》作釁,南北朝石刻所用楷字皆不从"分",记号作从酉从灬。

第二,由于传世文献经过历代传抄传刻,一般传世文献用字不足为时代依据;如果有明确的文献用字说明,或出土文献有用例,则为可信时代依据。

（1）《宋本·土部》:"塘,徒郎切。隄塘也。"按《说文》仅见于新附部分:"塘,堤也。从土唐声。徒郎切。"唐塘古今字,《名义》未见传抄"塘"字,但南北朝石刻楷字已经使用,像南朝·梁《旧馆坛碑》作塘。清·杭世骏《订讹类编·地理讹》"钱唐"条援引《七修类稿》:"钱唐之名,按《史记》始皇浮江下丹阳,至钱唐。历代地志亦有钱唐县令,至唐避国号,始加土焉。《辍耕录》谓唐字从土,误矣。至以为以钱易土,筑塘避钱湖之水等事,《杭志》已辩其讹。考之《释文》:唐,途也。杭地五代以前路止西北一带,逼近于钱湖,故谓钱唐耳。"①杭氏在清儒中号淹贯,但于此处所见不广,穿凿也多。看来即清人等考订笔记,也不能轻易信据。魏晋南北朝传抄楷字存"隓"字,《名义》:"隄,都奚反。限也。隓也。封也。陼,同上。"《原本玉篇》（南朝顾野王《玉篇》残卷,以下简作《原本》）:"堤,都奚、徒奚二反。《左氏传》弃诸堤下。野王案:《说文》:堤,隓也。"今本《说文》只用唐字:"隄,唐也。从阜是声。都兮切。"《原本》援引《说文》"隓也",说明魏晋南北朝本《说文》已有"隓"字,《名义》抄用"隓"字。唐→隓→塘:隓可能为其中间过渡形体。

（2）梌→搽→茶。关于"茶"字的使用时代问题,朱大渭等著《魏晋南北朝社会生活史》认为:"这一时期'茶'字被写作'荼'或'梌'字,荼字使用范围较广,《本草》、《齐民要术》等专门著作中则以茶树为木本,故从木,写为梌,至唐代以后,才被确定为今天的'茶'字。但现存这一时期的文献由于经过后人传写、翻刻,已多改为今天所用的'茶'字,不可因此而误认为当时已经使用'茶'字,此外,槚、蔎、茗、荈等,亦被用来作茶的名字。"按《名义·木部》:"梌,雉加反。槚也。荼字。"《玉篇·木部》:"梌,丈加切。苦梌也。"传抄字书表明南北朝是使用"荼"或"梌"字来记录"品茶"一类词义的,舌头音已经分化出读舌上音的"茶"。茶字属于后起,南北朝时期的字书和石刻等用字实物都没有出现"茶"字。可能就是为了明确已经分化的语音,在荼字的基础上加以部分楷化改造而形成茶。《镜花缘》假托才女品茶,表现作者对于"茗茶"来源的认识:"六经无茶字……茶即古荼字,就是《尔雅》'槚苦荼'的荼字,《诗经》虽多此字,并非茶类。至荼转茶音,颜师古谓汉时已有此音,后人因荼有两音,故缺一笔为茶,多一笔为搽:其实一字。"②不过作者所谓"荼即古茶字",就字形的古今关系而言,正好翻了个。后来出现的"搽粉"等词,其实说的还是"涂抹",可见已经使用以"茶"作为声符的楷字了。南北朝石刻《元礼之墓志》有"桂采松荼",字作荼。但根据上下文,所用荼字,还是取"华"的解释,是指松华与桂采并列。《名义·艸部》:"荼,杜胡反,茅秀也,华也。"今天还说的成语"如火如荼",依然保留着这个语义。

（3）桑→枽。如果有明确的文献用字说明,可以跟实物用字互相印证。如《魏晋南北朝社会生活史》提到《三国志·蜀书》卷一一《杨洪传》注引《益部耆旧传杂记》三国人赵直能梦占寿夭,蜀国何祗"尝梦井中生桑,以问占梦赵直。直曰:'桑非井中之物,会当移植。然桑字四十下八,君寿恐不过此'"③。说解虽出附会,但至少表明三国时"桑"字必早已解体为枽形,魏晋南北朝石刻《元光基墓志》用字作枽,与三国《走马楼吴简·嘉禾四年·文书》所用字从枽作枽相近,传抄魏晋南北朝字书的《名义》也如此构造。《宋本》以枽为俗字:"桑,思郎切。蚕所食叶。俗作枽。"其实,桑字由三又即三手形的叒,变异

---

① 杭世骏:《订讹类编·地理讹》"钱唐"条,上海书店,1986年。
② 朱大渭等著:《魏晋南北朝社会生活史》第三章《饮食习俗》,第107页。北京,中国社会科学出版社,2005年；精绘《全图足本镜花缘》第8卷第61回第1页,李松石撰,上海启新书局民国13年仲春月印行。
③ 《魏晋南北朝社会生活史》,第241页。

为草木化的三十形即接近卉形，汉代隶碑《韩敕造孔庙礼器碑》所用"桑"字已经隶变为上从三十下从木形。若进一步追溯，睡虎地秦简《日书乙种》第124，桑字已作𣘻。又如《晋书》卷一二七《慕容德载记》时谣曰："大风蓬勃扬尘埃，八井三刀卒起来。四海鼎沸中山颓，唯有德人据三台。"① 其中"八井三刀"指并州，描述了"并州"地理用字的楷化情形，而且当时是盛行的。《元寿安墓志》州作 州，三国·魏·钟繇《贺捷表》"并"字作 并，可以印证。

（4）习。南北朝楷化已经变为上部为二彐形，下部为曰形。北魏·杨衒之《洛阳伽蓝记》卷三记载高祖出字谜，考验群臣反映之徐疾，题目就是将"习"字记号化的分析："高祖大笑，因举酒曰：'三三横，两两纵——谁能辨之？赐金钟。'御史中丞李彪曰：'沽酒老妪瓮注瓨，屠儿割肉与秤同。'尚书右丞甄琛曰：'吴人浮水自云工，妓儿掷绳在虚空。'彭城王勰曰：'臣始解此字是习字。'高祖即以金钟赐彪。朝廷服彪聪明有智，甄琛和之亦速。"② 只有"习"字结构在当时被楷化过程中分解为上部为二彐，下部为曰形的记号，才有可能包容相并列的三三九横笔和上下两组两两相对的四竖笔。所给出的答案，自然既包含了这些笔画数量和组合关系，又关合了"习"字所具熟能生巧的基本意义。北魏《杨范墓志》"习"字就作 習，已经楷化上部为二彐形、下部为曰形。该墓志作为社会实物用字，与北魏·杨衒之《洛阳伽蓝记》所反映的当然是共时的社会用字现象。其他像从习构造之"甄"，北魏《元显儁墓志》作 甄，《元湛墓志之一》作 甄，《廉富等造像记（阳）》作 甄，也可以作为共时用字参考。

（5）墨。《宋本·黑部》："墨，亡北切。以松烟造。"《名义》归属《土部》。南北朝《元诱妻薛伯徽墓志》"至使语及刑政，莫非言成准墨"作 墨，《宝泰墓志》"兼秉绳墨"作 墨。从出土文献用字情况来看，"墨"的产生和使用，可能会比较早。战国早期《曾侯乙墓》"墨毛"作 墨，还有"驭墨乘"字。战国中期《包山楚简》"臧王之墨"作 墨，《文书》192号简"断人武贵墨"作 墨。《殷周金文集成》第10922号为兵器铭文"即墨华戈"，第11363号为战国早期"析君墨楖戟"，字作 墨。

第三，结合社会实物用字作为时代依据。字书所未存楷字，未必说明当时社会没有使用。

（1）志→誌。《宋本》："誌，之吏切。记志也。"按《说文·言部》新附："誌，记志也。从言志声。职吏切。"《名义》等各本无贮存，誌为志之后出分化字。但魏晋南北朝石刻已志、誌并用，如《叔孙固墓志》作 誌，《胡明相墓志》作 誌，《鞠彦云墓志盖》作 志，《穆亮墓志》作 誌。字书著录，不足为断代依据，此堪为例。

（2）崚嶒。《宋本·山部》："崚，力升切。崚嶒，山皃。"按《名义》等各本无此字。魏晋南北朝石刻《元遥妻梁氏墓志》作 崚，《元瞻墓志》作 崚，其中后者语境正复"崚嶒"成词使用，这说明《名义》及所抄《原本》贮存楷字，并非魏晋南北朝社会用字全部。又嶒字，《宋本·山部》："嶒，疾陵切。崚嶒。""崚嶒"双音成词，《名义》等各本无此字，而《元瞻墓志》用作 嶒。

（3）嵌。《宋本·山部》："嵌，口衔切。坎傍孔也。又山岩。"《说文》新附："嵌，山深皃。从山，欺省声。口衔切。"《名义》等各本无此字，但魏晋南北朝石刻《昙乐造像记》作 嵌。

（4）峙。《宋本·山部》："峙，直里切。峻峙。"《名义》等各本无此字。魏晋南北朝石刻《元纂墓志铭》作 峙。

（5）嵠。《宋本·山部》："嵠，户佳切。溪谷名。亦与溪同。"《宋本·水部》："溪，口兮切。溪涧。"《名义》等本无此字，而《廉富等造像记（阳）》作 嵠。

（6）嶠。《宋本·山部》："嶠，巨肖切。山锐而高。"《说文·山部》新附："嶠，山锐而高也。从山乔声。古通用乔。渠庙切。"《名义》等本无此字，而《宝泰妻娄黑女墓志》作 嶠。

（7）巓。《宋本·山部》："巓，多田切。山顶也。"《名义》等各本无此字，但魏晋南北朝石刻《邓羡妻李榘兰墓志》作 巓。

（8）屹。《宋本·山部》："屹，鱼乙切。山皃。"《名义》等各本无此字，但魏晋南北朝石刻《元液墓志》

---

① 《魏晋南北朝社会生活史》，第232页。
② 周祖谟：《洛阳伽蓝记校释》卷三，第63—64页，北京：科学出版社，1958年。

（9）圾。《宋本·土部》："圾，渠劫切。土圾也。"《名义》未见传抄，魏晋南北朝石刻《唐耀墓志》作圾。

（10）隧。《宋本·土部》："隧，辞类切。墓道也。正作隧。"《名义·阝部》："隧，辞醉反。俓也。"《宋本·阝部》："隧，似醉切。墓道也，掘地通路也。或作隧。"《名义》无此字，但魏晋南北朝石刻二形皆用：《元诱妻冯氏墓志》作隧，《元诲墓志》作隧。

（11）墙。《宋本·土部》："墙，疾羊切。垣墙。正作牆。"按《名义》、《说文》皆未见从土之形，但魏晋南北朝石刻诸形皆用，如《元诱墓志》从土作墙。

（12）壕。《宋本·土部》："壕，胡高切。城壕也。"《名义》未见传抄，《元钴逺墓志》作壕。

（13）塚。《宋本·土部》："塚，知陇切。塚，墓也。正作冢。"按《名义》未见传抄，但魏晋南北朝石刻《元绪墓志》作塚，多用"冢"字。

（14）墬。《宋本·土部》："墬，直类切。落也。"《名义》未见传抄，但魏晋南北朝石刻用此字，如《山晖墓志》墬，《元桢墓志》作墬。

（15）腰。《宋本·肉部》："腰，於消切。骹也。本作要。"按《名义》未见传抄。但魏晋南北朝石刻多用字，晋《黄庭内景经》作腰，《尔朱绍墓志》作腰。

（16）悭。《宋本·心部》："悭，口闲切。悭悋也。"按《名义》未见传抄。《维摩经碑（见阿门佛品）》作悭。

（17）惋。《宋本·心部》："惋，乌贯切。惊叹也。"《名义》未见传抄。魏晋南北朝石刻《元瞻墓志》作惋，《宝泰墓志》作惋。

（18）惓。《宋本·心部》："惓，巨眷切。闷也。"按《名义》未见传抄，但《元子正墓志》作惓。

（19）慝。《宋本·心部》："慝，他得切。恶也。"按《名义》未见传抄，但《南宗和尚塔铭》作慝。

（20）懸。《宋本·心部》："縣（懸），户涓切。挂也。本作縣。"按《宋本》贮存楷字字头传刻有误，应改为从心结构。《名义》未见传抄，但魏晋南北朝石刻多用此字，《元子永墓志》作懸。

（21）慼。《宋本·心部》："慼，且的切。忧也。"按《名义》未见传抄，但《元项墓志》作慼，为"休戚"本字。

（22）憙。《宋本·心部》："憙，许记切。乐也。"按《名义》未见传抄，但魏晋南北朝石刻多用此字，如《郑黑墓志》作憙，《笱景墓志》作憙，《郭显墓志》作憙。

（23）役。《宋本·人部》："役，营只切。使役也。"按《名义》未见传抄，但魏晋南北朝石刻多用此字，楷化彳、亻记号区别性降低，如《元茂墓志》作役，《黄庭经》作役。

（24）優。《宋本·人部》："優，于尤切。優，游也。"按此为"优游"本字，但《名义》未见传抄。魏晋南北朝石刻楷化彳、亻记号区别性降低，《元平墓志》作優，《元悌墓志》作優。

（25）逍。《宋本·辵部》："逍，思遥切。逍遥也。"按《说文新附》："逍，逍遥，犹翱翔也。从辵肖声。臣铉等案：《诗》只用消摇。此二字《字林》所加。相邀切。"《名义》未见传抄，但《檀宾墓志》作逍。"逍遥"双音成词，与"翱翔"为一声之转，与"消摇"为一词异形。

（26）迢。《宋本·辵部》："迢，徒辽切。迢遰。"按《说文新附》："迢，遰也。从辵召声。徒聊切。"《名义》未见传抄，但《檀宾墓志》作迢。

（27）途。《宋本·辵部》："途，度胡切。途，路也。"按《名义》未见传抄，但魏晋南北朝石刻如《元悌墓志》作途。

（28）歧。《宋本·止部》："歧，翘移切。歧路也。"按《名义》未见传抄，但魏晋南北朝石刻《元固墓志铭》作歧。

（29）寇。《宋本·宀部》："寇，苦候切。贼寇也。亦姓。"按《名义》未见传抄，但魏晋南北朝石刻多用此字，结构或如《寇慰墓志》作寇，《高盛墓碑》作寇，《寇俨墓志盖》作寇。

（30）寥。《宋本·宀部》："寥，力雕切。空也，寂也，廓也。"按《名义》未见传抄，但魏晋南北朝石刻《于纂墓志之一》作家。

（31）阀。《宋本·门部》："阀，扶月切。在左曰阀，在右曰阅。"《名义》未见传抄，但魏晋南北朝石刻如《元寿安墓志》作阀。《说文新附》："阀，阀阅，自序也。从门伐声。义当通用伐。房越切。"

（32）扃。《宋本·户部》："扃，书掌切。户耳也。"《名义》未见传抄，但魏晋南北朝石刻如《元诠墓志》、《元纂墓志铭》、《元谭妻司马氏墓志》等皆用从户从向楷字。

（33）疹。《宋本·疒部》："疹，之忍切。癔疹，皮外小起也。《说文》曰：籀文胗。"按《名义》未见传抄，但魏晋南北朝石刻《元睿妻于仙墓志》作疹。

（34）痼。《宋本·疒部》："痼，古护切。久病也。痼，同上。又小儿口疮。"《名义》："痼，古护反。久病也。""痼"只在《宋本》出现，《名义》和《说文》只出现"痼"，但东晋·王羲之《官奴帖》（一名《玉润帖》）使用"痼"字。

（35）窃。《宋本·穴部》："窃，千结切。穴也，盗也。又浅也。"按《名义》未见传抄，但《元澄妃冯令华墓志》作窃，《于景墓志》作窃，魏晋南北朝石刻多用此楷字。

（36）窂。《宋本·穴部》："窂，力刀切。窂，实也。与牢同。"按《名义》未见传抄，但魏晋南北朝石刻如《冯邕妻元氏墓志之二》用窂楷，《元睿妻于仙墓志》用窂楷。《宋本·宀部》："牢，来刀切。牲备也，廪仓也。又坚也。"

（37）窿。《宋本·穴部》："窿，力董切。孔窿也。"按《名义》未见传抄，魏晋南北朝石刻《刘阿素墓志铭》作窿。

（38）横。《宋本·木部》："横，胡觥、胡孟二切。闲木也。"按《说文》："横，阑木也。从木黄声。户盲切。"《名义》未见传抄，但魏晋南北朝石刻如《王君妻韩氏墓志》作横，《尔朱绍墓志》作横。

（39）椒。《宋本·木部》："椒，子姚切。木名。《尔雅》云：檓，大椒。檓，同上。"《名义》未见传抄，但《名义·艸部》释义用此字，魏晋南北朝石刻如《王诵妻元氏墓志》等数用此字，作椒。

（40）楞。《宋本·木部》："楞，力登切。木楞也。亦作棱。"按《名义》未见传抄，但魏晋南北朝石刻如《元顺墓志》作楞，《刘根四十一人等造像记》作楞。《宋本·木部》："棱，力增切。柧棱。"

（41）柁。《宋本·木部》："柁，徒可切。正船木也。"《名义》未见传抄，但《刘猛进碑》作柁。"柁"、"舵"同源字。

（42）羁。《宋本·网部》："羁，居宜切。寄也。"《名义》未见传抄，但《尔朱袭墓志》作羁，《王璨墓志》作羁。

（43）茕。《宋本·几部》："茕，瞿营切。单独也。与茕同。"《名义》未见传抄，但《刘阿素墓志铭》用茕字。

（44）弧。《宋本·弓部》："弧，户都切。木弓也。"《名义》未见传抄，但《说文》："弧，木弓也。从弓瓜声。一曰往体寡，来体多曰弧。户吴切。"魏晋南北朝石刻如《宝泰墓志》作弧。

（45）引—弘。《宋本·弓部》："弘，羊忍切。挽弓也。"《名义》无此楷字，疑即"引"楷添加区别记号分化而成，其实没有分化区别的必要。参见《姚伯多供养碑之三》"引"楷作弘，《郭法洛等造像记》作弘，皆为添加毫无区别功能的记号用例。

（46）弘。《宋本·弓部》："弘，胡肱切。大也。"《说文》："弘，弓声也。从弓厶声。厶，古文肱字。胡肱切。"《名义》本部未见传抄，但反切凡用 6 弘字，释义凡用 3 弘字。《元袭墓志》用从口作弘，《郑君妻墓志》记号从厶作弘。

（47）秃—秀。《宋本·页部》："颓，徒回切。颓下。"《名义》未见传抄。《尔朱绍墓志》作颓，《元子正墓志》"遽等山颓，奄同川逝"作颓。魏晋南北朝石刻楷字记号化过程中，秀、秃丧失区别性。

（48）"刹那"、"梵刹"，为魏晋南北朝释典常语。《宋本·刀部》："刹，初八切。刹柱也。"《说文新附》："刹，柱也。从刀，未详。杀省声。初辖切。"东魏《南宗和尚塔铭》"梵刹"字作刹。然而《名义》未见传抄。

（49）前、剪古今分化字。《宋本·刀部》："剪，俗翦字。"《说文》："剪，齐断也。从刀歬声。子善切。"

《宋本·羽部》："翦，子践切。勤也，羽生也，采羽也，齐断也。俗作剪。"《名义·刀部》未见传抄，全本反切用字凡使用 2 剪字。魏晋南北朝石刻使用此楷字，如东魏《李挺墓志》"顾眄生荣，剪拂增价"字作 剪，北周《寿安妃卢兰墓志》"剪发"字作 剪，北魏《元平墓志》"爱深勿翦"字作 翦，北魏《元瞻墓志》作 翦。

（50）钩—鉤。《宋本·金部》："钩，古侯切。铁曲也。"《名义》未见传抄。东魏《元宝建墓志》作 鉤，北魏《卢令媛墓志》"玉钩曜室，金纽映陛"楷字作 鉤。勾句之别，在于口符记号化为△。

（51）冲—沖。《宋本·冫部》："冲，直中切。俗沖字。"《宋本·水部》："沖，除隆切。沖虚也。"南朝·梁《罗浮山铭》"吐纳冲气"作 冲，《朱氏邑人等造像记》作 沖，《元思墓志》作 沖。《名义》未见传抄。

（52）决—決。《宋本·冫部》："决，古穴切。俗決字。"《宋本·水部》："決，公穴切。判也。又呼抉切。"北魏《元延明墓志》"决目之报"作 决，《宋虎墓志》作 決：正俗兼施，而《名义》未见传抄。

（53）减—減。《宋本·冫部》："减，古斩切。俗減字。"《宋本·水部》："減，佳斩切。少也，轻也。"《曹望憘造像铭》作 减，《道常等造像记》作 減：正俗兼施，而《名义》未见传抄。

（54）霍。《宋本·雨部》："霍，呼郭切。挥霍。"《名义》未见传抄。魏晋南北朝石刻使用楷字如《刘霍周造塔记》作 霍，《元子正墓志》作 霍。

（55）凯。《宋本·风部》："颽，苦海切。南风也。亦作凯。飇，同上。"《名义》异体三种皆无。《宋本·岂部》："凯，空改切。凯，乐也。或作恺。"北魏《元恪贵华王普贤墓志》"凯风"作 凯，《秦洪墓志》作 凯。

（56）氲。《宋本·气部》："氲，於云切。氛氲，祥气。"《名义》未见传抄，而《长孙士亮妻宋灵妃墓志》"氤氲瑞气"作 氲，《姜纂造像记》"香气氤氲，充塞世界"作 氲。

（57）氤。《宋本·气部》："氤，于人切。氤氲，元气。"《名义》未见传抄，而见《长孙士亮妻宋灵妃墓志》"氤氲瑞气"，《姜纂造像记》"香气氤氲，充塞世界"。

（58）魔。《宋本·鬼部》："魔，莫何切。魔鬼也。"《说文新附》："魔，鬼也。从鬼麻声。莫波切。"《名义》未见传抄，但晋《黄庭内景经》"百谷之实土地精，五味外美邪魔腥"作 魔。

（59）魁。《宋本·鬼部》："魁，口回切。师也。又北斗名。"《名义》未见传抄。北齐《宝泰妻娄黑女墓志》"魁杰"作 魁，北魏《李壁墓志（阳）》"魁岸独绝"作 魁，唯《元融墓志》使用楷字鬼形头部加一"丿"笔记号。

（60）暖。《宋本·日部》："暖，奴短切。温也。"《名义》本部未见传抄，魏晋南北朝石刻《宝泰墓志》"加以宽而得众，惠以使民。言笑之恩，暖同布帛；欬唾所及，知若旸眷"楷字作 暖。

（61）碁。《宋本·日部》："碁，居其切。後也。"《名义》所无。碁碁期当为异体，以日、月记号区别性降低通用。北魏《元悌墓志》"功踰碁月，惠化若神"作 碁，《乞伏宾墓志》"方期眉寿"作 碁。

（62）暄。《宋本·日部》："暄，许圆切。春晚也。"《名义》所无。北魏《元显儁墓志》"春风既扇，暄鸟亦还"作 暄。

（63）昶。《宋本·日部》："昶，丑两切。明久。"《说文新附》："昶，日长也。从日、永。会意。丑两切。"《名义》所无，但北魏《于纂墓志之二》"所谓心期高尚，志昶清云者也"作 昶，晋《笔阵图》人名用字作 昶。

（64）暝。《宋本·日部》："暝，亡定切。夜也。"《名义》本部所无。北魏《元浚嫔耿氏墓志》"暝暝长夜"作 暝，穴、冖记号混淆。

（65）导。《宋本·日部》："导，五爱切。"《名义》本部所无。魏晋南北朝石刻或用声符替代，或用碍字，如《无量义经之二》"无碍乐说大辩才"作 导，《丘穆陵亮妻尉迟氏造像记》作 碍。

（66）昕。《宋本·日部》："昕，许斤切。旦明也。"《名义》所无，北齐《僧静明等修塔造像碑》作 昕，作 昕，皆为人名用字。《说文》："昕，旦明，日将出也。从日斤声。读若希。许斤切。"

（67）夺。《宋本·大部》："夺，徒活切。《左传》曰：一与一夺。"《名义》本部所无。北魏《元纂墓志铭》"资性胶成，与松王并质；禀气开凝，夺霜金之洁"作䔍，《李颐墓志》"何以旻天不弔，遽夺贤哲"作夲。

(68) 燃。《宋本·火部》："燃，俗为烧然字。"然、燃古今分化字，《名义》本部未见传抄，北魏《王璨墓志》"幽庭无晓，华灯讵燃"作燃。

(69) 炉。《宋本·火部》："炉，洛乎切。火炉也。"《名义》所无。南北朝《韩山刚造碑像记》"香炉"作炉。

(70) 勋。《宋本·火部》："勋，许云切。功勋也。"《名义》所无。勋勲异体字。南北朝《寇臻墓志铭》作勲，《元子直墓志》作勲。

(71) 焰。《宋本·火部》："焰，以赡切。光也。"《名义》所无。北魏《崔承宗造像记》"神飞三光，普焰十地"作焰。

社会实物用字，有时也会提供某一时代所用楷字的过渡性形体。例如：

(1) 礙→厈→碍。《宋本·厂部》："厈，音礙。张幕也。又石名。"诸本未贮存。如果分析构造联系，厂、山、石作为可以互换的部类，从厂之厈，可以替换为从石之碍。或者说，由礙到碍，厈有可能成为中间过渡环节。魏晋南北朝石刻或用声符替代，或用礙字，如《无量义经之二》"无碍乐说大辩才"作㝵，《丘穆陵亮妻尉迟氏造像记》作礙。

(2) 硁→碓。《宋本·石部》："硁，古拜切。石次玉。"《名义》："碓，古拜反。石次玉。"《原本》："碓，古拜反。《坤苍》石之次玉者也。"按字形《原本》从石在声，《名义》抄同，只是"在"所从的土符多一"丶"笔记号。硁、碓异体，犹怪、恠异构（本来"怪"字小篆从心圣声，隶变后来写作"恠"，为从心在声的结构。"在"形在汉代石刻就隶变作"圣"，省略了才符的竖笔，变成了"又"，于是"在"、"圣"相混，形成异体）。变异之际，远播汉魏晋南北朝。石刻用字"在"形往往少一竖笔，也就是从又形而不从才声。如汉代《敕造孔庙礼器碑》"在"字少竖笔，魏晋南北朝《高叡定国寺塔铭碑》作恠，《崔宣华墓志》"怪"字写作从心在声，而"在"符仍少写一竖笔，变成上从又下从土形，也就变为跟从"圣"符相近的楷书形式。

第四，文献用字，不等于所记时代用字。

(1) 谜。《宋本·言部》："谜，米闭切。隐言也。"按《说文》见于新附："谜，隐语也。从言、迷，迷亦声。莫计切。"各本无贮存，可能为魏晋南北朝以降新增字。如《汉语大词典·言部》"谜"条下注明南朝·宋·鲍照有《字谜》诗，援引宋·周密《齐东野语·隐语》："古之所谓廋词，即今之隐语，而俗所谓谜。"但魏晋南北朝字书如唐代传抄的《名义》无此字，同时期的石刻也未用此字，文献用字不足为断代依据。

(2) 恌。《宋本·心部》："恌，他雕切。《尔雅》曰：恌，偷也。"《说文》、《名义》未见传抄，魏晋南北朝石刻亦不见。然而今本《诗经·小雅·鹿鸣》："视民不恌，君子是则是效。"朱熹《集传》："恌，偷薄也。"晋·潘岳《河阳县作》诗之一："虽无君人德，视民庶不恌。"亦文献用字不足为时代依据之例。

(3) 佋。《宋本·人部》："佋，时昭切。《说文》云：庙佋穆。父为佋，南面；子为穆，北面。"段玉裁《说文解字注》"昭"下："自晋避司马昭讳，不敢正读，《一切》读'上饶反'，而陆氏乃以入《经典释文》，陋矣，又别制'佋'字……无识者又取以窜入《说文·人部》中。"清·王绍兰《说文段注订补》："刘向《请雨华山赋》'殊佋诊赏'，则汉时已有'佋'字，非晋人所制，此其明证。以其义与'昭'同，故《经典》假'昭'为'佋'。"按《说文》："佋，庙佋穆。父为佋，南面；子为穆，北面。从人召声。市招切。"《名义》："佋，时招反。昭也。"段氏以为"佋"字为唐人"别制"，对照《名义》所传抄的魏晋南北朝字书已经贮存的时代关系，显然为臆断，固毋庸置论。王氏以汉人赋中使用过"佋"字为据驳段，亦不过五十步与百步之比。清人所见汉代典籍，实际上是经过了相当复杂的传抄过程，未必反映文献传抄尚未定型阶段的用字情况。

(4) 村。《宋本·木部》："村，千昆切。聚坊也。"《名义》："邨，且昆反。邨聚落也。"村、邨异体，魏晋南北朝已并用。《卫和墓志》作邨，《元袭墓志》作村。传世文献用字较早见于晋·陶渊明《桃花源记》，时代相去不远。然则后世工具书字形出处，即字时代属性标识已嫌过晚。

（5）爺。《宋本·父部》："爺，以遮切。俗为父爺字。"《名义》本部未见传抄，南北朝石刻数据库亦未见记录。但《乐府诗集·横吹曲辞·木兰诗》"军书十二卷，卷卷有爷名"、"不闻爷娘唤女声"，不一而足。梁绍壬《两般秋雨盦随笔》亦援引《玉篇》和《木兰诗》为说，以父为爷，而今北人呼祖为爷爷[①]，是语言词汇发展，而文字调整未及时反映之例。

第五，字书所贮存，对照社会用字实物，反映出楷化的时代因素。

首先，字书保存楷化变异线索，形体变异而归部分类的反映。

（1）弔→吊。该例属于字书归部分类尚未来得及反映的类型。《宋本·人部》："弔，丁叫切。弔生曰唁，弔死曰弔。又音的，至也。"《名义》："吊（弔），都叫反。伤也。恤也。问也。死也。"按《说文》："𢎨，问终也。古之葬者，厚衣之以薪。从人持弓，会驱禽。多啸切。"《名义》字形抄作"吊"，由弔到吊，也许就是魏晋南北朝传抄过程导致形体相近。该时期石刻《元彦墓志》作吊、《张安姬墓志》作吊、《卫和墓志》作吊：隶变的关键是"人"符记号的破坏，楷化的关键则是弓符记号破坏成两个部分。虽然形体被破坏，但《名义》归类依然入《人部》，说明联系线索依然存在，变异是在传抄过程中发生的。

（2）之→山。字形楷化变异，影响到字书归部分类例。《宋本·土部》："封，甫龙切，坴，古文封。或作坓。"《说文·土部》："𡉣，爵诸侯之土也。从之从土从寸，守其制度也。公侯，百里；伯，七十里；子男，五十里。徐锴曰：各之其土也。会意。府容切。坴，古文封省。坓，籀文从𡴀。"《宋本》关联坴封异体，其实坴为封字声符，《说文》分析"封"字结构为"从之从土从寸"，不胜破碎支离。魏晋南北朝时期对于坴字构形认识已失其溯，《名义》即归《山部》："坴，甫庸反。古封字。界也。厚也。"《说文》仍归《之部》："坴，艸木妄生也。从之在土上。读若皇。徐锴曰：妄生谓非所宜生。《传》曰：门上生莠。从之，在土上。土上益高，非所宜也。户光切。"按《名义》归部分类，反映了魏晋南北朝楷化过程中，元部件已经混淆的情况。

其次，字书贮存，反映出楷化过程的时代特征。

（1）汛→汎。《宋本》："汛，居洧切。仄出曰汛泉。"《说文》："汛，水厓枯土也。从水九声。《尔雅》曰：水醮曰汛。居洧切。"《名义》："汛，君（居）洧反。"《名义》重见："汎，居洧反。泉也。"《名义》所存"汛"、"汎"，为一字异体，汎就是汛字九符传写小变者，《龙龛手鉴·水部》以从几之形为从九之形的"俗"字。从字书楷字贮存情况来看，魏晋南北朝时期就有此字，《名义》贮存魏晋南北朝形体。

（2）泉→洤。《宋本》："洤，古文泉字。"《名义》："洤，似缘反。泉字。"洤字所从声符全形，魏晋南北朝石刻《高盛墓碑》作全，《名义》抄同，为泉之魏晋南北朝所见形声结构。现代字书如《汉语大字典》等，但据《宋本》标注来源属性，已落后尘。

（3）弄→弃。《宋本》："弄，良栋切。玩也。《诗》云：载弄之璋。"《名义》："弃，梁栋反。玩也。"按《名义》弄字抄作弃，贮存魏晋南北朝字形。现代字书如《汉语大字典》等，但据《改并四声篇海》转引标注来源属性，已落后尘。

（4）膝→脉。《宋本·肉部》："膝，思疾切。胫头也。亦作𦞬。"《名义》："脉，胃疾反。胫头也。"按《名义》字形抄从土从米，魏晋南北朝石刻用字如此，《公孙猗墓志》作脉、《无量义经之一》作脉。《名义》抄存魏晋南北朝字形，现代字书如《汉语大字典》等，但据《字汇》标注来源属性，已落后尘。

（5）溢→溢。《宋本》："溢，弋质切。盈也。器满也。余也。"《说文》："溢，器满也。从水益声。夷质切。"《名义》："泗（溢），余质反。满（也，）余也。[或]静也。盈（也，）[或]溢也。"《原本》："溢，余质反。《说文》：器满也，从水从皿。溢，《声类》亦泗（溢）字也。"按字形今本《说文》从水益声，《原本》作从水从皿，《名义》、《原本》所传抄所有"泗"字，皆为泗、溢形近而混。益形皿上从水符，为溢字初文，溢为后出分化字，参观有关出土古文字材料。《原本》所抄魏晋南北朝《说文》字形尚未分化，以此传抄为"器满也，从水从皿"。今本《说文》作"器满也，从水益声"，为分化之后的形体分析。对照

[①] 梁绍壬：《两般秋雨盦随笔》卷七，第 373 页，上海古籍出版社，1982 年。

表明，魏晋南北朝《说文》小篆，传抄到宋代大徐本《说文》，已经连同小篆字形根据后出分化结构作了调整和改动。至于隶定为左水右皿的结构，出土文字见于马王堆汉墓帛书《老子》乙种本，传世贮存仅见于《集韵·质韵》。《宋本》没有传承，后出工具书联系线索中断，更是久湮不知其溯。

（6）啇—啻。《宋本·金部》："镝，丁狄切。矢锋也。"《名义》："镝，者狄反。矢锋（锋）。"《说文》："镝，矢鏠也。从金啇声。都历切。"北周《寿安妃卢兰墓志》"锋镝交横，死生离别"楷字作镝，《元天穆墓志》作鏑：南北朝石刻楷字记号化，啇、啻丧失区别性。《宋本·攴部》："敵，大的切。对也。"《名义》："敵，徒的反。对也。当也。辈也。"《说文》："敵，仇也。从攴啇声。徒历切。"东魏《仪同三司文静公李宪墓志》"迴顾敵齿，傍望肩随"作敵，《元颢墓志》作敵。南北朝石刻啻、啇楷化丧失区别性，唐抄《名义》抄同。从现存有关楷字使用实物来看，这种混淆，即使到了中唐时期，敦煌抄本有关用字也尚未楷定。如"仲尼适楚"，敦煌本《郭象注庄子南华真经》抄同南北朝《郭显墓志》之適字①。

第六，大量楷字使用，体现出元部件与变异部件在某个时段共存的局面，表现出楷化过程带有过渡性时代特征。

（1）㳄→次。《宋本》："㳄，徐仙切。《说文》曰：慕欲口液也。亦作涎、㵪。㳄，籀文。"《名义》："㳄（次），囚仙反。慕也。欲也。口液也。"《原本》："㳄（次），囚仙反。《说文》：慕也，欲也，亦口依（液）也。或为㵪字，在水部。㳄，《字书》籀文次字也。"按《说文》："㳄，慕欲口液也。从欠从水。㵪，㳄或从侃。㳄，籀文㳄。"字形从水从欠形，《原本》、《名义》抄为"次"。魏晋南北朝石刻有关结构次、㳄部件皆用：《元熙墓志》作羡，《元仙墓志》作羡。

次、㳄记号丧失区别，部件混用，影响到盗—盗。如《宋本》："盗，徒到切。逃也。《说文》曰：私利物也。"《名义》："盗，徒到反。逃也。偷也。"《原本》："盗，往到反。"按《说文》："盗，私利物也。从㳄，㳄欲皿者。徒到切。"字形所从㳄，《名义》抄从次，《原本》抄同；魏晋南北朝石刻兼用：《元爽墓志》作盗，《元延明墓志》作盗。

（2）誕→逛。《宋本》："誕，徒旱、徒旦二切。大也，天子生曰降誕。逛，籀文。"《名义》："誕，达怛反。欺也。大也。"《原本》："誕，達垣反。《说文》：词誕也。逛，《说文》籀文誕字。"按《说文》："誕，词誕也。从言延声。徒旱切。逛，籀文誕省正。"《原本》抄存字形变异过程：逛、誕异体，魏晋南北朝不省，而《说文》籀文省"正"符为"逛"。《名义·辵部》："逛，宜箭反。迎也。唁辂失国也。"魏晋南北朝石刻《高湆墓志》作誕，《慈庆墓志》作誕，《元湛墓志之一》作誔：标明廴、辶记号丧失区别，魏晋南北朝尚处混用阶段。誕→逛，楷字传抄变异过程是：省略中间的"正"符，廴、辶部件同类替换为辶部。

（3）夲→幸。《宋本》："夲，女涉切。盗不止也。今作幸。"《名义》："夲，如涉反。大声也。惊人也。"《原本》："幸，如涉反。"按《说文》："夲，所以惊人也。从大从羊。一曰大声也。"《名义》抄为夲，《原本》抄为"幸"，记号区别性降低，《名义》抄从欠下从羊形，以欠、大、土形近抄混，羊、羊形近抄混。魏晋南北朝石刻《元宥墓志》作幸，《叔孙固墓志》作幸。

夲→幸记号区别性丧失，还影响到執→执。如《宋本》："執，之入切。持也，守也，结也。"《名义》："執，之入反。拘结也。"《原本》："執，口入反。"按《说文》："執，捕罪人也。从丮从夲，夲亦声。之入切。"《原本》字形楷化作"执"，《名义》亦如此，是魏晋南北朝楷化，大、土记号区别性降低，作为部件已经通用。《元诱墓志》作执，《元子直墓志》作執。

夲→幸记号区别性丧失，还影响到報→报。如《宋本》："報，补到切。酬也，荅也。"《名义》："報，补到反。荅也。"按《说文》："報，当罪人也。从夲从㞋。㞋，服罪也。"《原本》残缺，《名义》字形已抄用幸符，魏晋南北朝石刻《笱景墓志》作報，《长孙子泽墓志》作报。

（4）夰→夭—夫。如《宋本·夰部》："昊，乎老切。昊天。皞，同上。"《名义》："昊，朝老反。旴也。皓也。"《说文》："昊，春为昊天，元气昊昊。从日、夰，夰亦声。"《名义》抄作下从天形。"昊"演

---

① 《敦煌本郭象注庄子南华真经辑影》"达生品"第十九。

变为"昊",属于涉及整个部类的现象。魏晋南北朝石刻,二形皆用:《元端墓志》作昺,《元思墓志》作昊。《宋本·日部》:"昊,胡老切。昊昊,元气广大也。"《名义》:"昊,胡老反。天(元)气大。"《元思墓志》作昊,《冯迎男墓志》作昊,《元端墓志》"昊天不弔,景命云徂"作昺,兲、天、夫记号区别性丧失,魏晋南北朝石刻三符作为部件共用。

第七,魏晋南北朝楷化定型过程中,产生一批变异特征明显的记号部件,这批记号部件的构形结果影响相关部类的构字整体,可以作为楷字使用时代标志。此前汉末时期所用接近隶书的楷化字,由于是直接汉隶,尚未形成可以作为断代标志的楷化变异部件。

(1) 氐→互。魏晋南北朝石刻用字,以及共时的《原本》、《名义》传抄字书,遇到氐符或由氐符构造的形体,一般抄近"互"形,几无例外。氐、氏记号形成区别,氐则楷化变异为互,但氏绝不有混于互,原因在于隶变过程中篆文构造氐、互接近,而氏、互并不接近。睡虎地秦简《日书乙种》第127,氐字已作互。氐→互,成为魏晋南北朝楷字使用时代分期标准部件。下面先看相同声符的例字:

低,魏晋南北朝石刻《元延明墓志》作伍,《元谭妻司马氏墓志》作伍,《元均之墓志》作伍。《名义》:"閱,妄震反。伍目视人也。"其中"低目"作"伍目"。《宋本》所关联俗字作近伭形,已发生变异:"低,丁泥切。垂也。伭,同上。俗。"

邸,《名义》:"邸,都礼反。舍也。本也。"湖南长沙走马楼出土吴简《嘉禾四年》"伻丘男子潘邸",所用邸字作邸,直承汉隶,去古未远。

呧,《宋本》呧、詆异体字,《名义》:"呧,都礼反。诃也。訾也。"

抵,《名义》:"掋,薄阶反。抇也。推也。"《名义》:"抇,都礼反。摧也。剌也。挤也。"《宋本》:"抵,多礼切。掷也。《说文》云:挤也。"

氏不混同互,《宋本》:"抵,之是切。"《说文》:"抵,侧击也。从手氏声。"《名义》:"抵,之是反。机也。侧击也。"《名义》字形从氐者抄作互、从氏者仍从氏,井然不混,犁然有别。此一楷化特征,成为楷字使用时代特征标志:《名义·土部》:"坁,都礼反。坂也。"《说文》:"坁,箸也。从土氏声。诸氏切。"《左传·昭公二十九年》:"物乃坁伏,郁湮不育。"杜预注:"坁,止也。"自开成石经讹作坻,尔后传刻《左传》、《释文》等皆作"坻"。南北朝尚不讹,如果从氏形,唐抄本《名义》必抄作互形,此为南北朝与隋唐之际用字时间分界之例字。

(2) 卒→杂。卒、杂记号形成变异区别,影响所构字的相关部类,亦成为魏晋南北朝楷字使用部件时代分期标志。"杂"形是"雜"字的构成部分,而雜、襍异体。"襍"为从衣从集形,《说文》:"襍,五彩相会。从衣集声。"卒亦从衣形,《说文》:"卒,隶人给事者衣为卒。卒,衣有题识者。"从杂之俤字跟从卒或杂之俤字,在基本平面构造层次上,由于楷化变异而衣卒杂杂记号化部件功能相同,从而形成一系列异构形式,如綷/䌶、犹翠/翠、倅/伜、瘁/痒之比。

《名义》:"唼,麦江反。杂语也。异言也。乱也。"是释义用"雜"字;魏晋南北朝石刻用字已二形杂用,如《洛神十三行》作雜,《元彝墓志》作雜。现代语文工具书只是据《篇海》所引《字汇》,以"雜"为"雜"的俗字。由雜到雜,变异的部件是局部的,即"卒"的衣形变为九符。但由此带来的,却是整个部类的变异:

《名义》:"鮮,子律反。儵。"字形所从卒声,《名义》抄为杂形。

《名义》:"伜,会愤反。副也。盈也。"

《名义》:"捽,存没反。击也。持头发也。奉也。"

敦煌"十五甲"发现《流沙坠简》"书籍"部分所用隶书"杂"字作雜,尚去古未远。

第八,字书之间的贮存及其变异,会反映出版本依据及时代关系。

此类关系,最为常见。这里仅举一例,如《宋本·土部》:"塔,他盍切。《字书》:塔,物声。《说文》云:西域浮屠也。"《名义》:"塔,物声。"但今本《说文·土部》仅见于宋人新附部分:"塔,西域浮屠也。从土荅声。土盍切。"《宋本》援引《说文》全同《新附》,说明《宋本》修订者当时所见《说文》,或即为宋代大徐新增本。佛塔为魏晋南北朝常见事物,塔字亦为石刻高频用字,如《灵山寺塔下铭额》作塔,《灵

114

山寺塔下铭》作 塔，《张世宝三十余人造塔记》作 塔，等等。说明《说文》新附，亦来源有自。

比较而言，作为贮存形态楷字的时代属性，不同于出土文字那样单纯明确。调查楷字发展及其资源问题，需要考虑的因素也就相对比较复杂，涉及楷字使用的时代相关问题。调查表明，所谓楷字时间层次的调查，所能区分的只是楷字使用的大致下限，也就是最迟不会晚于哪个时段出现的情况。

另外，传世字汇贮存的历史楷字，经过了若干历史时段的积淀，一般不能简单作为断代坐标。也就是说，传世字汇未贮存的楷字，未必说明当时或此前的社会就没有使用过。

The Age Characteristics of Kaizi at Wei Jin South and North Dynasties
—The Developing Stages of Kaizi Written on the Stone Inscriptions

Zang Kehe
(Center for the Study of Chinese Characters and Their Applications, ECNU, Shanghai 200062, China)

Abstract: This paper talks about some related problems about the different developing stages of Kaizi at the Wei Jin South and North Dynasties. This survey explains some Kaizi examples on the basis of linking with the excavated stone inscriptions and associated statistics as much as possible. Try hard to be exact and credible.

Key Words: Kaihua; Songben; Mingyi; Stone Inscriptions

楷书字际关系考辨（二）

李国英

【摘　要】 全面系统整理楷书汉字是汉字研究的一项基础工程，此项工作对进一步科学规范现行汉字、古籍整理用汉字，对于提高大型汉字字典的编写质量等都有重要价值。系统整理汉字的一项核心工作是字际关系的系统整理，对于字际关系不清的字还要加以考辨，为系统整理提供坚实的基础。本文选取《汉语大字典》所收18个字际关系不清的字进行考辨，希望能进一步引起学术界对这项工作的重视，推进汉字系统整理工作的开展。

【关键词】 汉字整理；楷书；字际关系；考证

勴，kè《改并四声篇海》引《奚韵》珂珀切。勤作。《改并四声篇海·力部》引《奚韵》："勴，勤作也。"（《汉语大字典》p.382）

按：据音义"勴"字当以力为形旁，广为声旁，广旁与珂珀切之音不合，广旁必讹。今考"勴"即"劾"之讹字。《说文·力部》："劾，法有辠也。从力，亥声。"《广韵·德韵》胡得切："劾，推穷罪人也。"又《代韵》胡槩切："劾，推劾。"皆与《说文》义同。《广韵·怪韵》苦戒切："劾，勤力作也。"此别一音义。《集韵·怪韵》口戒切："劾、勘，勤力作也。一曰勉也。或作勘。""劾"讹作"勴"。《字汇·力部》："勴，珂伯切，音客。勤作也。"《康熙字典·力部》："勴，《篇海》珂伯切，音客。勤作也。"《中华字海·力部》："勴，kè音刻。勤作。见《篇海》。"皆未沟通"勴"与"劾"的讹变关系。

崖，xié《广韵》户圭切，平齐匣。姓。《玉篇·山部》："崖，姓也。"《广韵·齐韵》："崖，姓，出《纂文》。"《姓觿·齐韵》："崖，《千家姓》云：'梁郡族。'"（《汉语大字典》p.782）

毒，xié《广韵》户圭切，平齐匣。姓。《广韵·齐韵》："毒，姓也。"《姓觿·齐韵》："毒，出《篇海》，《千家姓》云：大梁族。"（《汉语大字典》p.2383）

蜀，xié《广韵》户圭切，平齐匣。姓。《广韵·齐韵》："蜀，姓也。梁四公子蜀闾之后。"（《汉语大字典》p.2921）

按：《广韵·齐韵》户圭切："蜀，姓也。梁四公子蜀闾之后。毒，姓也。崖，姓，出《纂文》。"三字相连。同韵："覀，姓，出《说文》。""崖"、"毒"、"蜀"、"覀"皆一字之异体。《说文·西部》："覀，姓也。从西，圭声。"徐锴《系传》："张说《梁四公子记》有覀䶪。"王筠《说文句读》："《玉篇》不收覀字，《广韵》：'蜀，姓也。梁四公子蜀闾之后。'又云：'毒，姓也。崖，姓也。出《纂文》。''覀，姓。出《说文》。'然四字皆音畦，殆即一字。梁四公子，本亡是公。故传者不同，而其字皆不可以理解，不足深辨也。"王说可从。"覀"小篆作"𧆞"，上所从之部件，或隶变作"西"，写作"覀"；或隶定作"罒"，故"覀"、"蜀"为一字之变。"崖"又"覀"、"蜀"之误。"毒"之来源待考。

宓，（二）fú《篇海》房六切。姓。《汉书·古今人表》："太昊帝宓羲氏。"颜师古注："宓音伏，字本作虙，其音同。"《颜氏家训·书证》："虙字从虍，宓字从宀，下俱为必，末世传写，遂误以虙为宓。"《通志·氏族略四》："宓氏，即伏羲氏之后也。'伏'亦作'宓'。仲尼弟子宓不齐，字子贱，鲁人，后转为密。"《楚辞·离骚》："求宓妃之所在。"（《汉语大字典》p.923）

按："宓"即"虙"之讹字。《颜氏家训·书证》："张揖云：'虙，今伏羲氏也。'孟康《汉书》古文注亦云：'虙，今伏。'而皇甫谧云：'伏羲或谓之宓羲。'按诸经史纬候，遂无宓羲之号。虙字从虍，宓字从宀，下俱为必，末世传写，遂误以虙为宓，而《帝王世纪》因更立名耳。何以验之？孔子弟子虙子贱为单

【作者简介】 李国英，北京师范大学文学院教授，博士生导师。（北京　100875）

父宰，即虙羲之后，俗字亦为宓，或复加山。今兖州永昌郡城，旧单父地也，东门有《子贱碑》，汉世所立，乃曰：'济南伏生，即子贱之后。'是知虙之与伏，古来通字，误以为宓，较可知矣。"今按，颜说是。隶书"虍"字头的写法形近"雨"，故"虍"字头的字常讹从"雨"，如"虐"讹作"雹"，"處"讹作"霋"，"彪"讹作"霂"，皆其例。俗书又或讹作从"穴"或"宀"。如"虐"讹作"窑"，"虔"讹作"宴"，即其例。故"虑"讹作"宓"。

旳（一）yì《龙龛手鉴》逸、聿二音。辞。《龙龛手鉴·日部》："旳，辝（辞）也。"（二）huān《字汇补·日部》："旳，许官切，音欢。见《篇韵》。与旳字音聿者不同，旳从曰。"（《汉语大字典》p.1495）

按："旳"即"曰欠"之讹字。《说文·欠部》："曰欠，诠词也。从欠，从曰，曰亦声。《诗》曰：'曰欠求厥宁。'"段玉裁注："诠词者，凡诠解以为词，如'曰欠求厥宁'、'曰欠中和为庶几'是也。……'曰欠'，其正字，'聿'、'遹'、'曰'，皆其假借字也。"是"曰欠"即文献中常用的句首语气词"聿"、"遹"、"曰"的本字。"曰欠"字文献很少使用，而字书、韵书多收录，但字形多讹作"旳"。《广韵·质韵》夷质切："旳，辝也。"小韵代表字为"逸"。又《术韵》余律切："旳，词也。"小韵代表字为"聿"。为《龙龛手鉴》所本，字形均已讹从日。周祖谟《广韵校本·校勘记》："旳，段改作曰欠，与《说文》合。"[1]已校正。余廼永《新校互注宋本广韵·校勘记》："旳，夷质切。注：'辝也。'《王韵》各本及《集韵》同。按《说文》从曰亦声，读余律切，此俗写从日而有之音；本书术韵余律切并讹从日。《玉篇》单音由律切是也，然从日亦误。"[2]《正字通》亦早有辨正。《正字通·欠部》："曰欠，聿、遹同。《说文》：'诠词也。'……本从曰，俗从日，非。"据此"曰欠"之音当读余律切，亦与曰声相合。其夷质切一音为形讹从日之后之讹音。《汉语大字典》未能沟通"旳"与"曰欠"之间的关系，又据形讹误读之音注音，皆应订正。

牰，yóu《篇海类编》羽求切。不动。《篇海类编·鸟兽类·牛部》："牰，不动也。"（《汉语大字典》p.1803）

按：杨宝忠《疑难字考释与研究》："《篇海类编·牛部》：'牰，羽求切，音由。不动也。'《详校篇海·牛部》同，《字汇·牛部》亦同。考《详校篇海》、《篇海类编》乃芟剪《篇海》而成，前者依《篇海》体例，后者按部首义类重排。两书均于《篇海》所收之字有删减而无增加，换言之，两书所收之字应全见《篇海》。而'牰'字见两书，而今本《篇海》所无。'牰'当即'牪'字之误也。《篇海》卷三牛部四画引《川篇》：'牪，音状，正也。'两书'牰'训不动，当是所据《篇海》'牪'训正而形残为止，'止'即不动，'牪'音状而'牰'羽求切者，盖亦望形生音。《篇海类编》、《详校篇海》以及《字汇》四画内有'牰'无'牪'，由此亦可知'牰'即'牪'字讹误，而'牪'则又'状'字俗讹。"[3]杨说不确。"牰"乃"忧"字之讹。《说文·心部》"忧，不动也。从心，尤声。读若佑。"段注改作"心动也"，注："各本作'不动也'，今正。《玉篇》曰：'心动也。'《广韵》曰：'动也。'与《页部》之'頄'义近。"当从。《集韵·尤韵》于求切："忧，不动也。"则本《说文》之误本。此即《篇海类编》所本。

朎，cōng《改并四声篇海》引《川篇》音聪。①病。《改并四声篇海·肉部》引《川篇》："朎，病也。"②赤色。《字汇·月部》："朎，赤色。"（《汉语大字典》p.2089）

按：义项①为"腔"字之讹，《中华字海》已释，可从。义项②为"朎"之异写字。《字汇补·心部》："朎，赤色。"义为"赤色"，当以《字汇补》的"朎"字为正。隶楷之后，"丹"与"月"形近，从"丹"旁之字或变异从"月"。如"青"，小篆作"𩇑"，字本从生、从丹，隶书作"青"，是其证。"朎"盖即由"彤"字之音转而生。《说文·丹部》："彤，丹饰也。从丹，从彡。"《玉篇·丹部》："彤，丹饰也。赤色。"《广韵·冬韵》徒冬切："赤也。丹饰也。"《诗·邶风·静女》："静女其娈，贻我彤管。"郑玄笺："彤管，笔赤管也。"[4]可证"朎"与"彤"同义。读音"彤"《广韵》收《冬韵》徒冬切，为定纽冬韵字，"朎"所

---

[1] 周祖谟：《广韵校本》下册，第513页，中华书局，2004年第3版。
[2] 余廼永：《新校互注宋本广韵》，第853页，上海辞书出版社，2000年。
[3] 杨宝忠：《疑难字考释与研究》，第440页，中华书局，2005年。
[4] 《十三经注疏》，第310页，中华书局，1980年。

从之"忩"《广韵》收《东韵》仓红切，声韵皆近。

䂺，yíng《广韵》五到切，上迥疑。短小貌。《玉篇·矢部》："䂺，小儿。"《字汇·矢部》："䂺，短小貌。"（《汉语大字典》p.2582）

按："䂺"即"䂼"之讹字。《广韵·迥韵》五到切："䂼，小儿。"周祖谟《广韵校本·校勘记》："《玉篇》作䂺，《集韵》作䂼。"①余廼永《新校互注宋本广韵·校勘记》："按䂺字夭旁疑乃'开'之误写。《周校》：'《玉篇》作䂺，《集韵》作䂼。'《龙校》：'疑当作矸，从矢，开声，开声之字或读疑母，入耕、清、青诸韵。（如《集韵》伒字音鱼茎切）从廾之字多书作夫，故矸作䂺。此上腔字云直视貌，与《说文》䀏：'一曰直视也'义合，疑䀹与䀏同字，犹之《集韵》俓又作伒。"②但诸书无"矸"字，龙说不可从。

穜，xiàng《字汇补》音象。柔。《字汇补·禾部》："穜，《广雅》'穜，柔也。'"（《汉语大字典》p.2637）

按："穜"即"橡"之讹字。《字汇部》之"穜"本《广雅》。《广雅·释木》："橡，柔也。"王念孙疏证："各本讹作柔，惟影宋本、皇甫本不讹。"③卢文弨注本"橡"作"橡"，"象"字隶定或作"㝢"、"㒳"，是橡即橡字异写。《字汇补》形旁"木"讹作"禾"，声旁用古体而形稍误，义训则据误本《广雅》而未能订正，《汉语大字典》又沿其误。

窏，qià《改并四声篇海》引《川篇》口夹切。不重。《改并四声篇海·穴部》引《川篇》："窏，不重也。"（《汉语大字典》p.2732）

按："窏"即"窒"之异体。《玉篇·穴部》："窒，口典切。不动也。"《广韵·铣韵》牵茧切："窒，不动。"《集韵·铣韵》牵典切："窒，不动也。"《类篇·穴部》："窒，牵典切。不动也。"诸书形、音、义皆同。《字汇·穴部》："窒，口典切，音遣。牵茧不动。"将《广韵》切语"牵茧"二字误入义训（《五音集韵》已误）。《改并四声篇海》引《川篇》所收之"窏"字当为"窒"字之省，义训"不重"之"重"则为"动"字之误字。惟口夹切之音与"窒"不合，疑"夹"为"夾"之讹，《川篇》m 尾并入 n 尾，故反切下字用之。

蟝，cuì《改并四声篇海》引《奚韵》七醉切。虫名。《改并四声篇海·虫部》引《奚韵》："蟝，虫名。"（《汉语大字典》p.2872）

按："蟝"即"蟓"之讹字。《说文·虫部》："蟓，虫也。从虫，祭声。"《广韵·祭韵》此芮切："蟓，虫名。""蟓"或写作"蟄"（《篆隶万象名义》，p.252），讹作"蟄"。"欵"，《说文》本作"欵"，《说文·欠部》："欵，意有所欲也。"隶变作"款"。构件"出"变异作"土"，邵瑛《群经正字》："凡篆文偏旁'出'字，隶法当作'土'。"④"款"又变异作"欸"。《字汇·欠部》："欸，俗款字。"可与"蟓"变异作"蟝"相比勘。

罦，fú《改并四声篇海》引《奚韵》缚谋切。古代一种附设有机关的捕鸟兽的网，即覆车网。《改并四声篇海·网部》引《奚韵》："罦，覆车也。"（《汉语大字典》p.2916）

按："罦"即"罦"之讹字，"罦"又"罬"之异体。《说文·网部》："罦，覆车也。从网，包声。《诗》曰：'雉离于罦。'罬，罦或从孚。"大徐："缚牟切。""罦"与"罦"音义皆同，"罦"即"罦"之书写变异。上部所从之"罒"，即"网"的变体，"网"旁在字的上部，或作"网"，或作"罒"，或作"罓"，或作"罒"。"罦"，或从网作"罦"，或从罒作"罦"，或从冈而包旁构件"勹"变异作"冖"，即成"罦"字。"置"字或作"寘"，"罟"字或作"罟"，亦可资参证。

羘，zāng《改并四声篇海》引《龙龛手鉴》子唐切。公羊。《改并四声篇海·羊部》引《龙龛手鉴》："羘，牴羊也。"（《汉语大字典》p.3128）

按："羘"即"牂"之讹字。《说文·羊部》："牂，牡羊也。从羊，爿声。"段玉裁改"牡"为"牝"。《龙

---

① 周祖谟：《广韵校本》下册，第 320 页，中华书局，2004 年第 3 版。
② 余廼永：《新校互注宋本广韵》，第 730 页，上海辞书出版社，2000 年。
③ 王念孙：《广雅疏证》，第 355 页，中华书局，1983 年。
④ 邵瑛：《说文解字群经正字》，第 231 页，载续修《四库全书》第 211 册。

龛手鉴·爿部》："牂，则郎反。牴羊也。"为《改并四声篇海》所本，字则讹从月。俗书"爿"旁与"月"旁或相混误。《字汇·爿部》："胈，白肉。按：此字宜从肉作胈，此从爿，似讹。"即"月"旁讹作"爿"之例。

  麣，zūn《五音集韵》将伦切。古代打猎穿的皮裤。《五音集韵·谆韵》："麣，羽猎韦裤。"(《汉语大字典》p.3165)

  按："麣"即"韏"之讹字。《说文·韭部》："韏，羽猎韦袴。从韭，弅声。襃，或从衣从朕。《虞书》曰：'鸟兽襃毛。'"大徐注："而陇切。"段玉裁注："韏本音盖在六部，转入九部也。"《玉篇·韭部》："韏，子徇切。羽猎韦袴。"《五音集韵》之"麣"与《玉篇》之"韏"音义皆合，形则"粦"旁为"弅"的形近讹体。《广韵·稕韵》："韭，猎之韦袴。《说文》曰：'柔韦也。'又音奘。韏，上同。又而陇切。"

  赿，chì《玉篇》丑亦切。①超。《玉篇·走部》："赿，超也。"②行。《玉篇·走部》："赿，行也。"(《汉语大字典》p.3478)

  按："赿"即"趰"之讹字。"趰"又"跇"之异体。《说文·足部》："跇，述也。从足，世声。"大徐注："丑例切。"段玉裁注："述，当作迣，字之误也。《乐书》：'骋容与兮跇万里。'裴引如淳曰：'跇，谓超逾也。'"《玉篇·足部》："跇，翼世、丑世二切。超逾也。"段说与《玉篇》合。"跇"或从走作"趰"。《玉篇·走部》："趣，丑世切。渡也；超特也。趰，同上。"《玉篇·走部》："赿，丑亦切。超也。"见《走部》后部，为宋本所补。义与"趰"、"跇"同，所从的"止"与"世"相近，当即"世"旁之讹。"趰"又写作"赸"。《四声篇海·走部》："赸，丑世切。超也。"《字汇补·走部》："赸，丑世切，音憞。超也。"皆与"赿"音义同，亦可证"赿"即"趰"的讹字。

  鈆，(一) qiān《广韵》与专切，平仙以。元部。①同"铅"。《干禄字书·平声》："鈆、铅并同。"……(二) zhōng《广韵》职容切，平钟章。铁。《广韵·钟韵》："鈆，铁鈆。"《集韵·钟韵》："鈆，铁也。"《字汇·金部》："鈆，美铁也。"(《汉语大字典》p.4178)

  按：义项(二)之"鈆"亦"铅"之俗字，不当别立义项。《广韵·钟韵》职容切："鈆，铁鈆。"余廼永《新校互注宋本广韵·校勘记》："《五代刊本》及《集韵》诸容且有此字，盖铅字之俗写。《仙韵》与专'鈆'为'铅'之上同字，可证；然遂以之从公声入职容切，则大谬。"[1]《正字通》亦早有辨证。《正字通·金部》："鈆，俗铅字。旧注：'音终。美铁。俗作铅，误。'按，《集韵》'铅'或作'鈆'，改音终，非。"其说可从。俗书"㕣"旁或写作"公"。如"沿"或作"浤"，是其例。又，古代字数、韵书多以搜罗广博为目标，而缺乏严密的考辨，据俗体、讹体而误读其音情况十分常见，前人举例很多，此不赘述。

  霐，hóng《五音集韵》乌宏切。①幽深貌。《改并四声篇海·雨部》引《俗字背篇》："霐，深皃。"《正字通·雨部》："霐，幽深貌。"《文选·王延寿〈鲁灵光殿赋〉》："隐阴夏以中处，霐寥窲以峥嵘。"李善注："霐，幽深之貌。"②水名。《五音集韵·庚韵》："霐，水名。出《灵宝经》。"(《汉语大字典》p.4069)

  按："霐"即"宖"、"窚"的讹字。《说文·宀部》："宖，屋响也。从宀，弘声。"朱骏声《说文通训定声》："《系传》引《鲁灵光殿赋》'宖寥窲以峥嵘'，此字按即宏之或体。凡屋必深大乃响。"是小徐所见《鲁灵光殿赋》尚作"宖"。字或作"窚"。《玉篇·宀部》："宖，户萌切。安也。《说文》曰：'屋响也。'"《玉篇·穴部》："窚，胡萌切。屋声。"两字分收，而义无不同。《类篇·宀部》："宖，乎萌切。《说文》：'屋响也。'"又《类篇·穴部》："窚，幽深皃。"亦两字分收，而"窚"的释义为"幽深貌"，与《改并四声篇海·雨部》引《俗字背篇》"霐"字释义同。俗书宀、穴旁字或作雨。如《说文·穴部》："窊，污衺下也。从穴，瓜声。"《龙龛手鉴·雨部》："雫，下也。正从穴。"

【参考文献】
[1] [汉]许慎撰，[宋]徐铉校. 说文解字. 北京：中华书局，1963.

---

[1] 余廼永：《新校互注宋本广韵》，第562页，上海辞书出版社，2000年。

[2] ［梁］顾野王. 宋本玉篇. 北京：中国书店，1983.
[3] ［宋］陈彭年. 宋本广韵. 北京：中国书店，1982.
[4] 字汇·字汇补. 上海：上海辞书出版社，1991.
[5] ［明］张自烈. 正字通. 北京：国际文化出版公司，1996.
[6] 汉语大字典编辑委员会. 汉语大字典. 武汉：湖北辞书出版社；成都：四川辞书出版社，1995.
[7] 冷玉龙等. 中华字海. 北京：中国友谊出版社，2000.
[8] ［日］释空海. 篆隶万象名义. 北京：中华书局，1995.
[9] ［宋］丁　度. 集韵. 北京：中国书店，1983.
[10] ［清］张玉书. 康熙字典. 北京：中华书局，1958.
[11] 周祖谟. 广韵校本. 北京：中华书局，2004.
[12] 余廼永. 新校互注宋本广韵. 上海：上海辞书出版社，2000.
[13] ［清］王念孙. 广雅疏证. 北京：中华书局，2004.
[14] ［清］王　筠. 说文句读. 上海：上海古籍出版社，1983.
[15] ［辽］释行均. 龙龛手镜. 北京：中华书局，1985.

The Examination of the Relationships between the Chinese Characters

Li Guoying

(School of Chinese Language and Literature, Beijing Normal University, Beijing 100875, China)

Abstract: The overall and systematic sort of the Kai style of Chinese characters is the fundamental subject of the Chinese characters research, such work is vital important to further standardize the current using Chinese characters and the ancient-works-sorting using Chinese characters, and raise the quality of large Chinese characters dictionary as well. The core part of such work is the research about the relationships of the Chinese characters and the investigation of the Opaque ones which will Provide solid foundation for the systematic sorting. Therefore, By researching some Chinese characters with Opaque relationships in Hanyu Dazidian, this thesis is hoped to cause an academic circles' further attention for such work and push forward the executing of the sorting of the Chinese characters system.

Key Words: the sort of the Chinese characters; the Kai style; relationships between the characters

魏晋南北朝石刻楷字变异类型研究

王 平

【摘 要】 在楷字发展过程中，魏晋南北朝时期是楷化变异最为重要的阶段。本文以魏晋南北朝石刻所使用楷字中变异程度最高的一批字作为调查分析对象，考察楷字的变异类型。具体来说就是对于从我们所建立的总字量达30余万的"魏晋南北朝石刻语料库"中所筛选统计出的4220个单字，除去重复得到的上万字种里面，存在19个以上异体的这批字，进行逐类统计分析，归纳出该时期石刻楷字变异的五种类型，并指出变异主要发生在楷字的笔画和构件层面，而换用和省减是魏晋南北朝石刻楷字变异的主要类型。

【关键词】 楷字；变异；类型

变异是指汉字在使用和发展过程中的变化现象。变异有的发生在笔画层面，有的发生在构件层面，这两个层面的变异都能引起字形结构的变化。魏晋南北朝时期，从汉字形体来看，汉字经隶而楷，楷书定型的趋势越来越明显；从书写材质来看，竹、木、石、纸等书写材质空前丰富；从汉字数量来看，该时期汉字的数量急剧增多，异体字大量涌现。书体的变化，书写工具的丰富，文字系统内部的自身调整等原因都对魏晋南北朝时期汉字的变异产生了直接的影响。由于当时社会用字没有严格的规范，汉字的变异现象极具普遍性，仅从魏晋南北朝石刻楷字就可以略见一斑。

由中国文字研究与应用中心开发的"魏晋南北朝石刻语料库"共收录石刻文献1123种（自公元220年至公元589年，共370年），总字量30余万，去重后的单字量4220个，字种数量高达1万多。根据本文统计，得到如下数据：

单字数	字种数	单字数	字种数	单字数	字种数	单字数	字种数
2	29	4	18	50	10	843	2
1	28	5	17	78	9	1439	1
2	26	10	16	95	8		
1	25	16	15	157	7		
2	24	18	14	186	6		
1	21	19	13	227	5		
1	20	19	12	403	4		
2	19	36	11	603	3		

可见，在魏晋南北朝石刻楷字中，接近三分之二的汉字有两种以上的写法。今天我们所使用的楷书的直接源头应该就是魏晋南北朝时期的楷书，魏晋南北朝楷书的大宗材料完整地保留在该时期的石刻文献中，因而全面清理魏晋南北朝石刻文献用字，归纳变异类型，分析变异原因，总结变异特点和规律，是汉字发展断代史研究的一项重要工作。本文选取了魏晋南北朝石刻文字中存在19个以上（含19个）字种的12个汉字（聲華年歲靈善巍德將劉龍旌）为调查对象，旨在通过对石刻文字中多异体字之字的调查，归纳出魏晋南北朝楷字的变异类型，为魏晋南北朝楷字系统以及结构功能的描述提供参考。

【基金项目】 教育部社科研究基金"魏晋南北朝汉字发展史研究"（项目编号：05JJD740009）。
【作者简介】 王平，女，华东师范大学中国文字研究与应用中心研究员。（上海 200062）

一、移　位

移位是指构字时因笔画或构件在空间方位上发生变化而互为异体的一种类型。尽管笔画和构件的位置发生了变化，但所构之字的音义功能不变。

1. 笔画移位

在我们所调查的 12 个石刻楷字中，因为笔画移位而形成的异体字主要集中于横画和点画。横画在某些字中的位置尚未固定，上下移位比较多见，例如華字中的横画上下不定，如 苹（陈神姜等造石像记阳）。点画在某些字中的位置比较随意，如 歲（许和世砖志）、戌（侯海墓志阳）、岚（开府仪同贺屯植墓志）。

2. 构件移位

从书写位置上看，12 个石刻楷字中，有 7 个是上下结构（聲華年歲靈善巍），有 5 个是左右结构（德將劉龍旌），发生构件移位的楷字只有聲和巍。构件移位的层次又分直接构件移位和间接构件移位两种情况。

（1）直接构件移位

《说文》："聲，音也。从耳殸声。殸，籀文磬。"依照《说文》小篆，聲字是上下结构。经隶古定以后，聲字有上下和左右 2 种不同的结构位置形体，但主流写法是上下结构[1]。聲字的左右结构写法集中于北魏到东魏时期（北魏至东魏时期有 26 个异体，其中有 8 个异体为左右结构，如 聲（姚伯多供养碑之二）、聲（寇凭墓志铭）、聲（叔孙协墓志）、聲（元子正墓志）、聲（元钻远墓志）、聲（李挺墓志）、聲（李挺墓志）、聲（邑主造石像记）。其中东魏兴和三年的李挺墓志中的聲字同现于一处而有两种不同的写法。根据我们的调查，聲字的上下结构在北齐时期趋于定型，为上下结构。

（2）间接构件移位

《说文》："巍，高也。从嵬委声。"依照《说文》小篆，巍字的写法是左右结构。隶定作魏（汉·杨著碑阴），《隶辨》中收录了魏[2]字和巍[3]字。《孔龢碑》巍字下按："《说文》魏字从嵬，巍高之巍，即巍国之巍。诸碑巍高字山皆在下，巍国字山或在上，今俗巍国字省山作魏。"[4]在魏晋南北朝石刻文字中用于记载北魏时代的魏字有时写作魏，有时写作巍。巍字在石刻文字中有 19 种写法，其中有山符的巍字 8 个，无山符的魏字 11 个。写作魏的，如 魏（杨范墓志）、魏（笱景墓志）、魏（元爽墓志）；写作巍的如 巍（净悟浮图记）；将山符移于鬼符下的如 巍（元定墓志）、巍（杨宣碑）、巍（元子直墓志）。

汉字经过《说文》小篆的规范和统一，偏旁部首的位置已经固定，这应该是小篆对汉字标准化、规范化的重大贡献。自此以后，汉字虽然又经隶变和楷化，但在结构位置上传承小篆的因素尤其突出。与构件相比较，石刻楷字在笔画上的移位现象比较常见。汉字的基本笔画因隶变产生，但汉字彻底摆脱小篆的影响，真正成为笔画形态丰富的今汉字应该是在楷书阶段。在汉字楷化的过程中，笔画的变化最为丰富。正是在这些变化中，楷书才趋于定型。

二、换　用

换用是指构字时由于选用了不同的笔画或构件而形成互为异体的一种类型。虽然参与构字的笔画和构件有别，但所构之字的音义功能不变。

1. 笔画换用

笔画换用是指在构字时选用了不同的笔画，并因此形成异体字。从我们调查的 12 个字来看，笔画换

---

[1] 清·顾蔼吉：《隶辨》，第 66 页，北京：中华书局，1986 年。
[2] 同上书，第 18 页。
[3] 同上书，第 126—127 页。
[4] 同上书，第 18 页。

用的情况主要有以下几种：

(1) 横笔换用

长横或写作短横。例如華字中的最后一横笔有时是长横，有时是短横。长横如華（寇凭墓志铭）、華（元融墓志）、華（王翊墓志）；短横如華（元谭妻司马氏墓志）、華（元焕墓志）、華（元宝月墓志）、華（胡明相墓志）、華（长孙士亮妻宋灵妃墓志）。

横或写作提。例如：華字中的最后一横笔换用作提，如華（元秀墓志）、華（元寿安墓志）；劉字中金符的最后一横笔或用作提，如劉（刘根四十一人等造像记）、劉（元茂墓志）、劉（元寿安墓志）、劉（王翊墓志）；巍字中女符的横笔或作提，如巍（元定墓志）、魏（穆亮墓志）、巍（元嵩墓志）、巍（元斑墓志盖）、魏（公孙猗墓志）。

横或写作捺。例如：旌字中的第六笔横或作捺，如旌（元嵩墓志）、旌（宝泰墓志）。

(2) 竖笔换用

竖或写作竖钩。例如聲字中耳符的竖或作竖钩，如聲（寇臻墓志铭）、聲（王诵妻元氏墓志）。

竖或写作撇。例如德字中十符的竖或作短撇，如德（常文远等造像记）、德（颜玉光墓志）。龍字中月符的竖或写作撇，如龍（宝泰墓志）、龍（黄庭内景经）。

竖或写作点。劉字中倒数第二笔竖写作点，如劉（灵山寺塔下铭）、劉（元新成妃李氏墓志）、劉（元寿安墓志）、劉（马都爱造像记）、劉（李挺墓志）、劉（元湛妃王令媛墓志）。年字中的第四笔短竖或作点，如年（高湛墓志）。德字中十符的短竖或作点，如德（元恭墓志）、德（太尉公刘懿墓志）、德（元鸷妃公孙甑生墓志）、德（元澄妃冯令华墓志）、德（无量义经之一）。短竖和点的换用在魏晋南北朝石刻文字中比较多见，说明点和短竖的写法在这一时期还在形成之中。

(3) 点笔换用

点笔或写作短横。旌字异体旅中的最后一笔点都写作横。又如将（侯海墓志阳）、将（杜世敬等造老君像记）中寸符的点也写作一短横；点或作短提，如将（山晖墓志）、将（骠骑将军韩寿墓碣）；两点或写作一横，如劉（刘敬爱造像记）；四点或写作提，如驪（元斑墓志）、驪（郑黑墓志）。

(4) 折笔换用

将字中爿符的折笔或写作点，如将（奚智墓志）、将（元寿妃曲氏墓志）、将（元愿平妻王氏墓志）、将（司马绍墓志）、将（元谭妻司马氏墓志）、将（元秀墓志）、将（郭显墓志）、将（元平墓志）、将（元纂墓志铭）、将（张玄墓志）、将（宝泰妻娄黑女墓志）。龍字中月符的冂或写作冖，如龍（李蕤墓志）、龍（贾良造像记残石）、龍（元秀墓志）、龍（秦洪墓志）、龍（勃海太守王偃墓志）、龍（道明墓志）、龍（宝泰墓志）。乚或写作⌐，如龍（道明墓志）、魏（元继墓志）、魏（贾景等造像记）。

从我们调查的12个字来看，笔画的换用主要集中于横、竖、点三种笔画，撇和捺的换用基本没有，换用的原因主要是笔画的形状相似或相近。

2. 构件换用

构件换用是指在构字时选用了不同的构件，并因此形成互为异体的关系。我们调查的12个字有表义构件的换用、表音构件的换用、表义表音构件换用三种情况。

(1) 表义构件换用

表义构件换用是指在构字时选用了不同的表义构件，并因此形成互为异体的关系。这种换用发生在形声字和会意字中。从我们调查的12个汉字来看，这种换用发生的频率比较高，可以说这是产生异体字最主要的方式。

A. 直接表义构件换用

《说文》："德，升也。从彳悳声。"德字的直接表义构件是彳，直接表音构件是悳。见于《隶辨》的德字有13种写法[①]。在魏晋南北朝石刻文字中，德字的写法有29种。从石刻文字来看，声符悳在29种写法

---

① 同上书，第189页。

中没有发生整体换用，说明声符是相当稳定的。形符彳与亻经常换用，如德（姚伯多供养碑之二）、德（穆亮墓志）、德（吐谷浑玑墓志）、德（元尚之墓志）、德（窨懋墓志）、德（元湛妻薛慧命墓志）、德（元诲墓志）、德（于祚妻和丑仁墓志）、德（颜玉光墓志）。德字的形符彳换用作亻在《隶辨》所收的13种写法中没有记录，说明这是在汉字楷化过程中出现的新情况。《说文》："彳，小步也。象人胫三属相连也。"彳与亻的换用可能是因为这两个字符在构字时所提示的意义范围都和人有关系，也可以看作是形近而讹误。

《说文》："華，荣也。从艸从㢢。"華字的直接表义构件是艸，直接表音构件是㢢。又："艸，百芔也。从二屮。"艸隶变做艹。见于《隶辨》的華字有12种写法[1]，见于魏晋南北朝石刻文字中的華字有28种写法，其中艸与山经常换用，如華（杨范墓志）、華（元继墓志）、崋（元宝建墓志）。魏晋南北朝石刻文字中的崋、崒，《隶辨》未收。艸与山的换用可能首先是艸简化作屮，屮与山因为字形相近而混用。

《说文》："歲，木星也。越历二十八宿，宣遍阴阳，十二月一次。从步戌声。律历书名五星为五步。"歲字的直接表义构件是步，直接表音构件是戌。见于《隶辨》的歲字有9种写法[2]，在魏晋南北朝石刻文字中有26种写法。石刻中歲字的不同写法主要集中在步符中，表音构件戌变化不大。《说文》："步，行也。从止少相背。"又："少，蹈也。从反止。"步中的止或写作山。在歲字的26种写法中，歲中止符写作山的有19个，如歲（王翊墓志）、歲（元钴遂墓志）、歲（赠沧州刺史王僧墓志）、歲（刘霄周造塔记）、歲（元凝妃陆顺华墓志）、歲（董桃树造像记）、歲（傅隆显墓志）、歲（开府仪同贺屯植墓志）、歲（李明显造像），所占比例比较大。歲字止符写作山，在汉碑中已经存在[3]。魏晋南北朝石刻中歲字中的少符或写作木，如歲（许和世砖志）、歲（傅隆显墓志）、歲（罗浮山铭）；或写作小，如歲（李蕤墓志）、歲（元纂墓志铭）、歲（于景墓志）、歲（元顼墓志）；或写作未，如歲（元仙墓志）；或写作止，如歲（三宝造像记）、歲（刘霄周造塔记）等。这些换用，多是字形相近讹误所致。

《说文》："靈，巫。以玉事神。从玉霝声。靈或从巫。"靈字的直接表义构件有玉、巫，直接表音构件是霝。《说文》收了靈字的2种写法。见于《隶辨》的靈字有16种写法[4]，魏晋南北朝石刻文字中靈字有26种写法。石刻中靈字的表义构件换用现象比较多见，有王（玉）、巫、工、亚等。霝符下写王的如靈（卢令媛墓志）；霝符下写作巫的如靈（寇凭墓志铭）、靈（叔孙协墓志）、靈（胡明相墓志）、靈（赵郡王元毓墓志铭）、靈（寇霄墓志）；霝符下写作心的如靈；霝符下写作工的如靈（元仙墓志）；霝符下写作亚的如靈（宇文诚墓志）、靈（刘猛进碑）。这些换用的构件，一部分是由于换用的构件之间存在着意义上的联系，一部分则是由于换用的构件因形体相近而混同。《隶辨》所收的16种靈字的形体中，有从王（玉）、巫、土、工、亚者，未见有从心者。

《说文》："善，吉也。从誩从羊。此与义美同意。善，篆文善从言。"见于《隶辨》的善字有7种写法[5]，石刻中善字的写法有21种。石刻中有的善字写作譱，如譱（韩显宗墓志铭）；也有写作善，如善（元飖妃李媛墓志）、善（元子正墓志）。发生在善字中的构件换用主要集中在言符上，言和口换用，善写作善。言和口换用的现象也见于汉碑和古文字，可能是因二者意义联系密切。

B. 间接表义构件换用

《说文》："聲，从耳殸声。"又："殸，籀文磬。""磬，乐石也。从石、殸。象县虡之形。殳，击之也。"见于《隶辨》的聲字凡10种写法[6]，在魏晋南北朝石刻文字中有29种写法，从石刻文字来看，形符耳在29种写法中没有发生整体换用，说明形符是相当稳定的。殸符变化则比较活跃。磬是一种打击乐器，多用玉或石制作，虡是古时悬钟鼓木架的两侧立柱。《说文》言磬从石、殸，石当是磬之材质，殸当指以殳击磬发出

---

[1] 同上书，第54—55页。
[2] 同上书，第133页。
[3] 同上书，第133页。
[4] 同上书，第67页。
[5] 同上书，第102页。
[6] 同上书，第66页。

的声音。在声字的异体字中，最富于变化的就是殳符，分别体现在间接构件声和殳中。前者以笔画增减为主，后者则以构件和笔画换用为主。在石刻文字中殳写作攵、攴，如䢼（寇凭墓志铭）、聲（元诱妻薛伯徽墓志）、聲（元馗墓志）。《说文》："殳，以杖殊人也。《礼》：殳以积竹，八觚，长丈二尺，建于兵车，车旅贲以先驱。从又声。凡殳之属皆从殳。"殳、攴、攵的意义都与手的动作有关，在字形上也有相似之处，所以在声组异体字中经常换用。

《说文》："將，帅也。从寸，牆省声。"见于《隶辨》的将字有 5 种写法[①]，在魏晋南北朝石刻文字中有 24 种写法。将字中的形符寸比较稳定，未见有构件换用。换用的情况主要发生在间接构件夕（肉）符上，其中有以宀与夕换用者，如將（元愿平妻王氏墓志）、將（元谧妃冯会苁墓志）。此种情况也见于汉碑[②]，这可能是字符形体相近混用或写法上的变异。

《说文》："龍，鳞虫之长。能幽，能明，能细，能巨，能短，能长；春分而登天，秋分而潜渊。从肉，飞之形，童省声。凡龍之属皆从龍。"见于《隶辨》的龙字有 7 种写法[③]，在石刻中有 20 种写法。依照《说文》的解释，音符下部的月符为肉符，立符是"童省声"而成，隶变之后，音的理据丧失，成为一个整体的符号。在魏晋南北朝石刻中有的龍字将音符与帝符换用写作龍，如龍（净智塔铭）。㠯，《说文》释为"飞之形"，在魏晋南北朝石刻文字中有的写作㐱，如龍（宝泰墓志）；或写作㐱，如龍（元悌墓志）、龍（净智塔铭）。以上写法也见于汉碑[④]。

从以上分析可见，表义构件的换用在魏晋南北朝石刻文字中是相当普遍的，换用的原因大致有两方面：一是换用的两个构件在意义上有联系，并且这种换用在古文字阶段已经存在，例如殳、攴、攵都与手的动作有关，口和言都和说话的动作有关，亻和彳都和人有关等。二是换用的两个构件字形相近，汉字在经隶而楷之后混用，例如艹与山，止与山，土与士，少与木、小、朩等换用，都属于这种情况。

（2）表音构件的换用

表音构件换用是指在构字时选用了不同的表音构件，并因此形成互为异体的关系。这种换用发生在形声字中，从我们调查的 12 个楷字来看，这种换用发生的频率相对于表义构件的换用来看偏低，但也是产生异体字的重要方式。

A．直接表音构件换用

《说文》："秊，谷孰也。从禾千声。《春秋传》曰：大有秊。"见于《隶辨》的年字有 9 种写法[⑤]，在石刻中有 25 种写法。石刻中的年字有的写作秊，其中将表音构件千写作干，如秊（杨范墓志）、秊（元诲墓志）、秊（寇胤哲墓志）。千与干一笔之差别，当然不排除讹写，从语音地位来看，千字的语音地位是：苍先切，山开四平先清。干字的语音地位是：古寒切，山开一平寒见，两字属于音近。

B．间接表音构件换用

《说文》："鐂，杀也。"徐锴曰："《说文》无刘字，偏旁有之，此字又史传所不见，疑此即刘字也。从金从卯，刀字屈曲，传写误作田尔。"见于《隶辨》的刘字有 10 种写法[⑥]，在石刻中有 21 种写法。石刻中刘字的变异主要集中在间接表音构件卯符上，《说文》："卯，止也。从田卯声。"石刻中刘字的卯符有时写作卯，如劉（李挺墓志）、劉（元湛妃王令媛墓志）、劉（姚景等造像记）。卯与卯是同一个字形的不同写法，但这种写法未见于《隶辨》。石刻中刘字的卯符有时写作㔾或厸，如劉（咸阳太守刘玉墓志）、劉（僧静明等修塔造像碑）。表音构件换用的原因大致有两方面：一是音同或音近，一是由于字形的讹误所至。

（3）表义表音构件换用

[①] 同上书，第 58 页。
[②] 同上书，第 58 页。
[③] 同上书，第 4 页。
[④] 同上书，第 4 页。
[⑤] 同上书，第 44 页。
[⑥] 同上书，第 72 页。

表义表音构件换用是指在构字时选用了不同的表义和表音构件，并因此形成互为异体的关系。这种换用发生在形声字中，从我们调查的 12 个汉字来看，这种换用仅发生在旌字中。

《说文》："旌，游车载旌，析羽注旄首，所以精进士卒。从㫃生声。"见于《隶辨》的旌字有 5 种写法[①]，石刻中有 19 种写法，表义表音构件都有换用的情况。表义构件的换用是将㫃中的方换用作礻，如 裎（元嵩墓志）、裎（元秀墓志）、祫（于纂墓志之二）；或换用作衤，如 裎（元宏充华赵氏墓志）、裎（元延明墓志）、裎（元恭墓志）。以上换用情况《隶辨》中未见。表音构件换用的情况是：有的将生换用作金，如 旌（元融墓志）；或换用作令，如 旌（元愿平妻王氏墓志）、旌（元宏充华赵氏墓志）、旌（元谭妻司马氏墓志）、旌（元秀墓志）、旌（元寿安墓志）；或换用作圭，如 旌（龙门山造像二十三段之北海王元详题记）、旌（王诵妻元贵妃墓志）、裎等，以上三种换用除圭之外，都未见于《隶辨》。

汉字结构成分换用现象的发生，分析起来是具有内在对应联系的。构件换用沟通了不同义类音类的关联，而之所以发生不同的义类音类关联，主要是两个或两个以上的义类音类之间存在着或者说曾经存在着可以进一步归类的基础。这种现象的系统研究与考察，对于认识异体字的形成以及历史汉字系统内在的形体整合规律都具有重要的价值。

三、增　加

增加是指构字时由于增加笔画或构件而形成互为异体的一种类型。虽然参与构字的笔画和构件有所增加，但所构之字的音义功能不变。

1. 增加笔画

就我们所调查的 12 字来看，增加笔画的主要有以下几种情况：

增横。例如：劉（刘阿素墓志铭）、旌（王诵妻元贵妃墓志）、旌（元液墓志）、裎（元恭墓志）、華（寇凭墓志铭）、華（刘阿素墓志铭）、年（张整墓志）、將（奚智墓志）、將（长孙瑱墓志）等。

增点。例如：旌（元液墓志）。

2. 增加构件

（1）增加直接构件

石刻中有的龍字写作驪，是在原字龍的基础上增加构件馬，如 驪（张整墓志）、驪（寇臻墓志铭）、驪（元秀墓志）、驪（元斑墓志）、驪（郑黑墓志）。

（2）增加间接构件

靈字声符霝下的三个口符（古文字表示雨滴，隶变后写作口），有的增加一个，如 靈（元仙墓志）、靈（道颖等造像记），有的增加两个，如 靈（姜纂造像记）。

四、省　减

省减是指构字时由于减少笔画或构件而形成互为异体的一种类型。虽然参与构字的笔画和构件有所减少，但所构之字的音义功能不变。

1. 省减笔画

就我们所调查的 12 组异体字来看，省减笔画的主要有以下情况：

省横。德字省减一横写作德，如 德（姚伯多供养碑之二）、德（穆亮墓志）、德（郑君妻墓志）、德（常文远等造像记）、德（吐谷浑玑墓志）、德（元谧妃冯会苂墓志）、德（元尚之墓志）、德（寗懋墓志）、德（元湛妻薛慧命墓志）、德（元周安墓志）、德（元澄妃冯令华墓志）、德（无量义经之一）、德（僧通等八十人造像记）、惠（颜玉光墓志）、德（马龟墓志）、德（寿安妃卢兰墓志）、惠（凉王大且渠安周造像

[①] 同上书，第 65 页。

记)、德（卫和墓志），这种写法在石刻的 29 种德字中就有 18 个，所占数量比较大。

省竖。年字中的第四笔短竖，在石刻 25 种年字的不同写法中，缺少短竖的就有 14 个，这说明年字中的竖笔在楷书阶段尚未定型。另外还有聲字中声符的中间短竖，按照《说文》小篆的隶定，声符应作声，《隶辨》中收有 10 个，有 7 个中间为两短竖①。魏晋南北朝石刻中写作声的，如 䪄（姚伯多供养碑之二）、聲（元澄妃冯令华墓志）、聲（宝泰妻娄黑女墓志）。但有的声已经省作声，如 聲（邓羡妻李榘兰墓志）、䪄（寇凭墓志铭）、聲（元端墓志）、䫉（李挺墓志）、聲（高渟墓志）；或省作声，如 聲（寇臻墓志铭）、聲（王诵妻元氏墓志）、䪄（叔孙协墓志）、聲（元斌墓志）、聲（元子直墓志）、聲（郭显墓志）、聲（元诱妻薛伯徽墓志）、聲（丘哲妻鲜于仲儿墓志）、聲（伏君妻昝双仁墓志）、聲（元固墓志铭）、聲（元子正墓志）、聲（山徽墓志）、聲（长孙子泽墓志）。

省点。将字中的夕符省去一点写作夕，如 将（司马绍墓志）、将（元秀墓志）、将（郭显墓志）。有的省去两点写作久，如 将（元寿妃曲氏墓志）、将（张玄墓志）。伴随着汉字的楷化，汉字造字的理据进一步丧失。

2. 省减构件

（1）省减直接构件

石刻文字中德字有的省去构件彳写作悳，如 悳（常文远等造像记）、悳（僧通等八十人造像记）。石刻文字中靈字中的表义构件被省减写作霝，如 霝（净智塔铭）；表音构件有时被省减写作霊，如 霊（元弘嫔侯氏墓志）、霊（元恪嫔司马显姿墓志）、霊（赵郡王元毓墓志铭）、霊（寇霄墓志）、霊（贾景等造像记）、霊（元凝妃陆顺华墓志）、霊（杜文雍等十四人造像记）。

（2）省减间接构件

石刻中的巍字有的省去构件山写作魏，如 魏（穆亮墓志）、魏（寇臻墓志铭）、魏（元嵩墓志）、魏（元继妃石婉墓志）、魏（奚真墓志）、魏（曹望憘造像铭）、魏（公孙猗墓志）、魏（元继墓志）、魏（张玄墓志）、魏（贾景等造像记）、魏（龙门山造像七十七段之故比邱县静两题）。《说文》只有巍字没有魏字。《说文》巍字下，徐铉注："臣铉等曰：今人省山从为魏国之魏。"魏字产生的时代大致在北魏时期。《篆隶万象名义》："巍，牛威反。魏字。高大也。"

（3）省减直接和间接构件

魏晋南北朝石刻文字中已经有了简化字"声"字，如 声（宇文诚墓志），是省减聲字的直接和间接构件所致。《隶辨》所收汉碑中没有简化字"声"。《简化字源》认为"声"字产生在元代，《简化字溯源》认为最早见于宋代①，但从北齐武平元年宇文诚墓志中出现的"声"字看，"声"字产生的时间要早得多。

五、构　造

构造是指构字时由于增加笔画或构件而形成互为异体的一种类型。虽然参与构字的笔画和构件有所增加，但所构之字的音义功能并不改变。

《说文》："䔢，荣也。从艸从琴。"北魏建义元年（528）《惠诠等造像记》中華字写作"花"。《名义》："花，晖瓜反。華也。""花，呼瓜切。今为華荂字。""花"是形声字，从艸化声，"華"与"花"互为异体，可以说是造字方法的不同。《册府元龟》提到"后魏太武始光二年，初造新字千余"，跟这里列具的北魏造像记碑刻用字是共时的。但至于这新造千余字是否就包含着"花"字，我们现在还没有见到直接的文献使用证明。

总结以上，我们可以看出汉字经隶而楷，发生了诸多变异，就我们调查的汉字来看，变异的类型分布可以用下表概括：

---

① 李乐毅：《简化字源》，第 219 页，北京：华语教学出版社，1999 年；张书岩：《简化字溯源》，第 77 页，北京：语文出版社，1997 年。

例字	位移		换用		减省		增加		构造	
	构件	笔画	构件	笔画	构件	笔画	构件	笔画	形声	会意
聲	●	○	●	●	●	●	○	●	○	○
華	○	●	●	●	○	●	○	○	●	○
年	○	○	●	●	●	●	○	○	○	○
德	○	●	●	●	●	●	●	●	○	○
將	○	○	●	●	●	●	●	●	○	○
歲	○	●	●	●	●	●	○	○	○	○
靈	○	●	●	●	●	●	○	○	○	○
善	○	●	●	●	●	●	○	○	○	○
劉	○	○	●	●	●	●	●	●	○	○
龍	○	●	●	●	●	●	○	○	○	○
旌	○	●	●	●	○	●	●	●	○	○
巍	●	●	●	●	●	●	●	●	○	○

从上表中可以看出，汉字构件位移情况已经比较少，汉字经过小篆的整理和统一，像甲骨文、金文等古文字阶段存在的构件朝向混乱的情况不多了，隶书传承了小篆的结构位置，楷书又对汉字结构位置进行了巩固。在石刻楷字中因造字模式不同而形成的异体字相对于古文字来说趋于减少，说明建立在小篆基础之上的造字模式在楷书阶段确实已经退出了历史舞台。增加笔画和构件是为了增强汉字的区别性，笔画省减是为了使汉字书写趋于简化。区别与简化在汉字的发展过程中是一对矛盾，过于强调简化就会降低区别功能，过于强调区别就会降低简化程度，这一点在石刻文字中表现得也比较突出。换用和省减是魏晋南北朝石刻异体字产生的最主要的手段。

通过对魏晋南北朝石刻楷字变异类型的分析，我们可以得到如下启示：

一是楷书笔画的发展定型与魏晋南北朝异体字的产生密切相关。笔画系统的加入，标志着汉字体系进入了一个新的阶段，汉字自隶变之后，笔画系统成为汉字体系中最小的基本单位。笔画→部件→成字三个层次构成了楷书汉字的形体系统。汉字基本笔画（横、竖、撇、捺、点、折）形成于汉隶，其中撇和捺是汉隶中发展最成熟的笔画形态，点画和折画在汉隶阶段尚在发展之中，因为点画和折画形态不够丰富，写法也还不够固定，有些点还没有完全脱离小横、小竖的形态。汉隶中的钩形笔画处于萌芽时期。钩的形态简单，有钩的笔画数量也不多。竖钩、竖弯钩只作竖弯，钩不明显。此外，横钩、斜钩等基本上还没有形成。同其他笔画形态相比，汉隶中的钩形笔画还很不成熟[①]。从我们调查的材料来看，撇和捺在石刻楷字中的换用现象比较少，而点、折、提、钩等笔画则换用得比较频繁。如果说隶变形成了今汉字的笔画，奠定了今汉字的结构系统，楷化则丰富了今汉字的笔画，使今汉字符号结构系统得以定型。笔画形态的丰富和汉字符号化系统的确立，是楷书成为优化书写文字并使用至今不变的重要原因。笔画是组成楷字字形的最小单位。笔画的形成发展与楷书的变异密切相关，可谓牵一笔而动全字。认知汉字，要记住汉字的读音，理解汉字的意义，掌握汉字的用法。这一切，都是以字形为载体的。所以笔画教学被看成是汉字字形乃至汉字教学的基础。但是学术界对汉字笔画的基本类别、不同笔形的数量等这类基础问题，相对来说一向问津者少，至今尚无定论。信息化社会是人机共享文字的社会，对汉字字形的规范要求更为严格，所以如何对汉字的笔画进行规范，关系到汉字的书写以及利用汉字笔形的录入、检索，所以楷字笔画的定量、定性、变异研究迫在眉睫。

二是构件的换用是魏晋南北朝异体字产生的主要手段。构件的换用主要发生在形声字中，构件换用的结果是形声字的符号化。形声字是把已有的构件当作表义符号和表音符号组成的，由表义构件提示该字的意义类属，由表音构件提示该字的读音。一般称前者为形符，后者为声符。形声字的造字理据具体体现于

---

① 陈淑梅：《东汉碑隶构形系统研究》，第 124—125 页，上海：上海教育出版社，2005 年。

形符表义，声符表音。形声字的符号化是指形声字失去其造字理据，使它与所记录的对象成为规定关系。在楷书阶段，汉字表义构件换用依然频繁的事实，说明形声字表义功能趋向弱化，汉字走向"符号化"成为一种必然趋势。形声字的表义构件和表音构件在形声字的记号化上是相互影响的。表音构件失去其标音作用之后，为区别同音词的作用而加的表义构件也就相应地失去其区别作用。形声字中构件更换频率越高，构件表义表音范围就越大，形声字的形符声符提示性就越差，构件表义表音区别性就越低，从而致使形声字的形符"失义"，声符"失音"。伴随着形声字形符"失义"和声符"失音"的发生，形声字造字理据往往无处可寻，因此我们说构件更换的结果是形声字的记号化。

【参考文献】

[1] 华东师范大学中国文字研究与应用中心. 魏晋南北朝石刻语料库[DB]，2006.

[2] 华东师范大学中国文字研究与应用中心. 说文解字、玉篇、篆隶万象名义联合检索系统[DB]，2003.

Research on the Variations of *Kaishu* Words fromWei Jin South and North Dynasties' Stone Inscriptions

Wang Ping

(Center for the Study of Chinese Characters and Their Applications, East China Normal University, Shanghai 200062, China)

Abstract: During the process of *Kaishu*'s development, WeiJin South and North Dynasties were a crucial stage.This paper has been selected a group of words which has been variated most from the *Kaishu* words of Weijin South and North Dynasties' Stone Inscriptions as the object of our investigation, aimed at exploring the types of their variations. Specifically, that is to screen out 4220 single words from the WeiJin South and North Dynasties' Stone Inscription Database we built which consists of more than 300,000 words, then eliminated nearly 10,000 words which has more than 19 variations. On the basis of analyzing these words, concluded five different types of their variations, then points out the variations mainly appears in the strokes and the structures, however, the replacement and reduction of characters were two most common types of the variations at that time.

Key Words: Kaishu; Variations; Types

关于天治本《新撰字镜》中的原本《玉篇》佚文

朱葆华

【摘　要】 本文公布了天治本《新撰字镜》中所保存的 19 个原本《玉篇》中的文字，并从这些字中寻找出一些有关原本《玉篇》的信息。

【关键词】 天治本《新撰字镜》；原本《玉篇》；佚文

《新撰字镜》是日本僧人昌住于醍醐天皇昌泰年间（公元 898—901 年）编撰的一部字书。从其序文中可以看出，这部字书是采集中国隋唐以前的字书《玉篇》、《切韵》、《小学篇》以及《本草》等编纂而成的，其中引用了大量以上字书的资料，关于这个问题本文不作详细介绍，而主要关注的是天治本《新撰字镜》中所掺入的原本《玉篇》的一些文字。这些字为什么会出现在《新撰字镜》中？它们是原本《玉篇》中的文字吗？这些字与现在我们所看到的原本《玉篇》残卷是同一个写本系统中的字吗？这些字透露出一些什么信息？下面将这些文字摘录下来，供大家一起讨论。

1. 居　《尚书》："五宅三居。"又曰："民弗适有居。"孔安国曰："民不欲殷有邑居。"是[也]。野王案：居犹处也。《礼记》："孔子曰，'丘少居鲁，长居宋'"是也。《考工记》："凡居，秋大倚小则权。"野王案：居亦蓄聚也。毛诗："上帝居歆。"笺云："案居也。"《左氏传》："国有人焉，谁居？其孟椒乎？"杜预曰："居犹与也。"《礼记》："其有中士下士，数各居其上之三分。"郑玄曰："居犹当也。"又曰："居吾语汝。"郑玄曰："居"又曰："居士锦带。"郑玄曰："有道义处士也。"《毛诗》："羔裘豹袪，自我人居居。"《传》："居居，怀德不亲比之皃也。"《说文》以为蹲踞之踞字。居处之居为尻字，在几部。《礼记》："孔子曰：'二伐鼓何居？'"郑玄曰："居读如姬姓之姬。齐鲁之间助语也。何居，怪之也。"

2. 㞐　古文居字。

3. 佩　蒲背反。《周礼》："玉符（府）掌王之玉佩珠玉。"郑玄曰："佩玉，所带玉也。"《大戴礼》："上有囗（双）衡，下有双璜，冲牙琚珠，以纳其间。"《礼记》："佩瑜琼囗，孔子佩象环五寸。"野王案，凡带物于身皆谓之。
天子佩白玉，公侯佩山玄玉，大夫佩水仓玉，世子佩瑜玉。佩衯悗刀厉小锥门金鐩右佩决扞管囗人双木樕妇人佩篯管线纩。《楚辞》："纫秋兰以为佩"并是也。
《说文》为佩字，在人部也。

4. 帔　铍议反。《左氏传》："灵王翠帔以见子革。"杜预曰："以翠羽饰帔也。"《方言》："陈楚之间谓裠帔。"《说文》："弘农谓裠曰帔。"《释名》："帔，被也。彼肩背不及下也。"又音濞皮反。《山海经》："囗兽豪如帔囗"野王案，帔之于背上也。《楚辞》："惟桀纣之昌帔。"王逸曰："昌帔，衣不带之皃也。"又曰："帔明月予佩宝璐。"王逸曰："在背曰帔也。"

5. 带　都大反。《毛诗》："垂带而厉。"《左氏传》："带裳幅舄。"《礼记》："杂带君朱绿，大夫玄华，士缁辟二寸，再缭四寸。凡带，有率无箴功。"郑玄曰："杂犹饰也。"《方言》："厉谓之带。"郭璞曰："《小尔雅》云：'带之垂者为厉。'"又曰："带，行也。"郭璞曰："随人行者也。"《说文》："带也。"《考工记》："凫氏为钟带，钟带谓之篆也。"

6. 巾　羁临反。《周礼》："巾车掌公车之政令。"郑玄曰："巾犹衣也。"《毛诗》："出其东门，有女如云，缟衣綦巾。"《传》曰："綦巾，女服也。"《方言》："魏宋楚之间谓蔽膝为大巾。"《说文》："佩巾也。"

【作者简介】 朱葆华，博士，青岛大学文学院副教授。（青岛 266071）

野王案，本所已拭物，后人稍着之于头以当冠也。《汉书》："平诸病吏白巾出府门。"《东观汉记》："缝襜褕絺巾。"郭林宗折角巾之例是也。

7. 帗　浮云反。《礼记》："老佩帗帨。"郑玄曰："帗，拭物巾也。今齐人有言帗者。"《方言》："大巾谓之帗巾。"郭璞曰："今江东通呼巾为帉也。"

8. 帉　《广雅》："帉，帻也。"《字书》亦帗字也。

9. 帨　如锐反。《毛诗》："无感我帨。"《传》曰："佩巾也。"《礼记》："老佩帉帨。"郑玄曰："拭物巾也。"

10. 佩　蒲贲反。《说文》："玉佩也。所以象德也。"《字书》或为珮字在玉部。

11. 攢　讚字。讚颂也；解也。

12. 擥　此擥字也。又擎字也。力甘力敢二反。《说文》："撮持也。"《广雅》："擥取也。"

13. 竝　浦若反。《礼记》："竝坐不横肱。"野王案，《说文》："竝，併也。"《汉书》："样倚群有周竝县。"音满俱反。

14. 並　浦鲠反。《毛诗》："並驱从两牲子[肩兮]。"《戈》云："並，併也。"《楚辞》："口国[古固]有不並。"王逸曰："並，具也。"野王案，《礼记》："不敢並行敢並命"是也。《字书》："今竝字也。"

15. 竝[普]　他计反。《说文》："普，废也。"俗为替字。替，减也；去也；止待也。在夫部。

16. 纶　力旬工顽二反。《周易》："弥纶天地之道。"刘瓛曰："弥，广也。纶，经理也。"《毛诗》："之子于钓，言纶之绳。"《笺》云："钓缴也。"《礼记》："孔子曰：'王言如丝，其出如纶。'"郑玄曰："今有秩啬夫所佩也。"《续汉书》："百石，青绀纶一采，婉转缪织，长丈二尺。"《说文》："乱青丝授[绶]也。"《范子计然》："右平者纶絮之未其无丝之国出布不可以布为纶未也。"野王案，此谓摩丝絮为纶也。《尔雅释草》："纶似纶，东海有之。"郭璞曰："海中有草象之，因以为名也。"《太玄经》："鸿纶天元。"宋忠曰："纶，络也。"《方言》："或谓车纣为曲纶。"郭璞曰："(也)今江东通呼索为纶也。"

17. 诰　古到反。《尚书》："作仲虺之诰。"孔安国曰："以诸侯相天子会同曰诰。"《尔雅》："诰，告也。"野王案，乃供大语治是也。又曰："诰，谨也。"郭璞曰："所以约谨戒众也。"《尚书大传》："何以为之诰？风告也。"

18. 诘　氏传子盍并是也。《周礼》："大司寇之职建邦之三典以诘四方。"郑玄曰："诘，谨也。《书》云：'王旄苰度作刑以诘四方'是也。"《礼记》："诘诫暴慢。"郑玄曰："诘谓问其罪也。"《广雅》："诘，责也；诘，典也；诘，让也。"《左氏传》："诘朝将见。"杜预曰："诘朝，平[旦]。"

19. 所　师旅反。《尚书》："天閟毖我功所。"孔安国曰："言天慎劳我周家，成功所在也。"《毛诗传》曰："所所，拂尔也。"又曰："有截有所。"《笺》云："所犹处也。"野王案，《仪礼》"奠于其所"是也。《礼记》："求得当欲不以其所。"郑玄曰："当犹称也。所犹道也。"《广雅》："所，居所儿也。"《尚书》："多历年所。"野王案，年所犹历年也。《说文》："从斤[户]声也。"

天治本《新撰字镜》是一个写本，根据其每卷后的文字得知，这个本子抄写于日本天治元年四五月份，可能是法隆寺僧人所写。如卷一最后有法隆寺的印章："法隆寺一切经"，并有一段文字："天治元年（甲辰）五月下旬书写之毕法隆寺一切经书写之次为字决诸人各一卷书写之中此卷是五师静因之分以朦（？）笔所书耳"。"居"、"屈"在卷三尸部之后，女部之前，"佩"到"攢"10字为卷六最后的一段文字，"竝"、"並"、"竝[普]"三字在卷十一卜部之前，"纶"在卷十一嬴部之后、瓜部之前，"诰"、"诘"在卷十一麦部之后，"所"在卷十二之最后。

如何确定这19字为原本《玉篇》中的文字呢？这些字一般都在一卷之末，或一部之末，与《新撰字镜》中的文字不相关联，如同衍文，而这些字的训释风格、体例与原本《玉篇》相同，特别有说服力的是，这些字的训释文字中大都有"野王案"，这是原本《玉篇》文字的一个标志。另外，"纶"、"诰"、"诘"三字现存原本《玉篇》残卷中尚有，两相对比基本相同，其不同者乃抄写者之原因。

日本天治元年相当于中国的北宋宣和六年，即公元1124年，这时在中国流行的是经过陈彭年等重修的《大广益会玉篇》。这19个字对研究原本《玉篇》在日本流行的情况很有意义，它透露了一些重要信息。

第一，《新撰字镜》中夹杂着原本《玉篇》的文字，说明《新撰字镜》与原本《玉篇》关系极为密切。《新撰字镜序》中说："昌泰年中间（公元898—901年）得《玉篇》及《切韵》，捃加私记，脱泄之字更增花丽，亦复《小学篇》之字及《本草》之文，虽非字之数内等闲撰入也。"可见《玉篇》在《新撰字镜》编纂中所处的重要地位。因此，不能忽视《新撰字镜》在《玉篇》研究中的价值。

第二，《新撰字镜》中所抄录的《玉篇》文字是原本《玉篇》中的文字无疑，这可以将"纶"、"诰"、"诘"三字与现存原本《玉篇》残卷进行比较，两者基本上是相同的，可以断定它们出自一个系统。但是，它们之间又有一些细微的差异，兹将现存原本《玉篇》残卷中的"纶"、"诘"二字摘录如下：

纶：力旬公顽二反。《周易》："弥纶天地之道。"刘瓛曰："弥，广也；纶，经理也。"《毛诗》："之子乎钓，言纶之绳。"《笺》云："纶，钓缴也。"《礼记》："公子曰，王言如丝，其出其纶。"郑玄曰："今有秋尽夫所佩也。"《续汉书》："百（百）石青纳纶一采，婉转缪织长二尺。"《说文》："纠青丝绶也。"《范子计然》："布平者纶絮之未，其无丝之国出布，不可以布平为纶未也。"野王案，此谓麻丝絜为纶也。《尔雅·释草》："纶，东海有之。"郭璞曰："海有象之，因以为名也。"《太玄经》："鸿纶天。"宋忠曰："纶，络也。"《方言》："或谓车纣为曲纶。"郭璞曰："今江东通呼索为纶也。"

诘：去质反。《尚书》："其克诘尔戎兵。"孔安国曰："诘，治也。"野王案，《周礼》："制军诘禁。"《左氏传》："子盍诘盗。"并是。《周礼》："大司寇之掌建邦之六典，以诘四方。"郑玄曰："诘，谨也。《书》云'王旄荒度，作刑以诘四方'是也。"《礼记》："诘诚暴慢。"郑玄曰："诘问谓其罪也。"《广雅》："诘，责也；诘，无也；诘，让也。"《左氏传》："诘朝见将。"杜预曰："诘朝，平旦也。"

《新撰字镜》中所录《玉篇》文字与现存原本《玉篇》残卷所录有出入为我们透露了一个信息，那就是，《新撰字镜》中所录的《玉篇》文字可能与现存原本《玉篇》残卷所录不是出自一个版本！这说明当时有不止一种原本《玉篇》的抄本传入日本。另外，通过比较看出，有时《新撰字镜》所录《玉篇》的文字是正确的，而现存原本《玉篇》残卷所抄反而是错误的，如"纶"字训释引《礼记》文，现存原本《玉篇》残卷为："礼记公子曰王言如丝其出其纶郑玄曰今有秋尽夫所佩也。"而《新撰字镜》中所录的《玉篇》文字为："礼记孔子曰王言如丝其出如纶郑玄曰今有秩嗇夫所佩也。"与现行本《礼记》比较，现存原本《玉篇》残卷中的"公子"、"尽夫"应是"孔子"、"嗇夫"之误，而《新撰字镜》中的《玉篇》所录不误。又，"诘"字训释中引《周礼》文字，现存之原本《玉篇》残卷为："大司寇之掌建邦之六典以诘四方。"而《新撰字镜》中的《玉篇》"诘"所引《周礼》却为"大司寇之职建邦之三典以诘四方。"《新撰字镜》中的《玉篇》与现行本《周礼》同。如果说《新撰字镜》中的《玉篇》与现存原本《玉篇》是一个版本的话，《新撰字镜》中的《玉篇》肯定早于现存原本《玉篇》残卷，因为抄写者不可能把错误的文字抄写成正确的文字。如果二者不是出自一个版本，那么，《新撰字镜》中的《玉篇》也可能早于现存原本《玉篇》残卷。

第三，《新撰字镜》中的《玉篇》文字还为我们提供了一个信息，那就是，很可能在日本其他文献材料中还保存着原本《玉篇》的残卷或残字，需要文字学者随处留意，以求有更多的新发现。

【参考文献】

[1] 原本玉篇残卷[M]. 北京：中华书局，1985.
[2] 京都大学文学部国语学国文学研究室. 新撰字镜（增订版）[M]. 临川书店，昭和42年.

（下转第137页）

《宋本玉篇》"本亦作"字类考

李海燕

【摘　要】　本文对《宋本玉篇》"本亦作"字类进行了统计和分析，旨在探讨此类汉字的性质和字际关系，以期对汉字的研究和应用有所帮助。

【关键词】　《宋本玉篇》；本亦作；字际关系

宋代大中祥符年间，陈彭年等人奉旨在孙强增删本的基础上重修了《玉篇》，即《大广益会玉篇》，又名《宋本玉篇》。该字书的体例特点是：除了将历代所传抄的各种历时汉字定型为楷书字体以外，还界定了各种字形之间的字际关系。

《宋本玉篇》通过特定术语呈现字形之间错综复杂的关系，"本亦作"就是《宋本玉篇》界定字际关系的专用术语之一。"本亦作"所反映的字际关系如何，至今尚未有人对其进行专门的研究。本文以中国文字研究与应用中心研发的"《宋本玉篇》全文检索数据库"为研究平台，以其所列字头为参照系，对"本亦作"字类进行统计和分析，旨在探讨《宋本玉篇》中"本亦作"字类的性质。

一、"本亦作"内涵

在历史文献中，"本亦作"主要有两种内涵：一是本来之义，即用来解释字际关系；二是版本之义，即用来注明版本来源。第一种最早出现于对古典文献的注笺之中，用来说明汉字之间的关系。《诗经·秦风》郑氏笺云："寺，又音侍，本亦作侍字。"唐陆德明《经典释文》："人生天地之间，若白驹之过郤，忽然而已。郤，本亦作隙。隙，孔也。"第二种出现的时间相对较晚，主要是在不同版本的比较中呈现出其中的差别。如《晦庵先生朱文公文集》："旧读'俨若容止'作容字……尝疑此或非老子意，后见一相书引此乃以容字为客字，于是释然。……近见温公注本亦作容字"。

利用《宋本玉篇》数据库检索出的没有重复出现于同一记录的"本亦作"条例共有 36 例，并且全部采用"某，本亦作某"的表述方式。在这 36 例中，"本亦作"全部用于解释字际关系。

二、《宋本玉篇》字头与"本亦作"所辖字的字际关系分析

《宋本玉篇》"本亦作"字类数量虽然不多，但是与字头之间的关系却非常复杂。根据我们的统计和分析，"本亦作"所辖字与字头之间存在着以下关系：

（一）"本亦作"所辖字与字头是异体关系

我们确定《宋本玉篇》中的"本亦作"所辖字与字头为异体关系的依据是看两个汉字之间结构成分的变异情况。结构成分是指参与构字的具有表义功能或表音功能的字素。《宋本玉篇》字头与"本亦作"所辖字之间在结构成分方面的变异情况如下：

1. 结构成分异

（1）表义字素异

【基金项目】　教育部社科研究基金"唐宋字书收字时间层次研究"项目。
【作者简介】　李海燕，女，华东师范大学中国文字研究与应用中心 2006 级博士研究生。（上海　200062）

A．墺、隩（土/阜）

墺，于报、于六二切。四方之土可居。《夏书》曰：四墺既宅。本亦作隩。墘、埢，并古文。

按：《说文》："墺，四方土可居也。从土奥声。"《说文》："隩，水隈，崖也。从阜奥声。"《书·禹贡》："九州攸同，四隩既宅。"孔颖达疏："室隅谓之隩，隩是内也。人之造宅为居至其隩内，遂以隩表宅。"曾运乾正读："隩，四方土可居也。"可见二者意义相通。表义字素"阜"是由土堆成的山，与字素"土"意义相关，属于表义字素异。

B．髻、副（髟/刀）

髻，匹育、匹宥二切。《周礼》：追师，掌王后之首服为髻。本亦作副。

按：《说文》："副，判也。从刀畐声。《周礼》曰：副辜祭。"《周礼》：追师，掌王后之首服为髻。"髻"当为古代王后及贵族妇女的一种首饰，其实就是假髻。《释名》："王后首饰曰副。副，覆也，以覆首；亦言副贰也，兼用众物成其饰也。"二者应该为异体。可能是由于作头饰讲时，与发丝有关，故改为从"髟"而导致了表义字素异。

C．壿、鐏（土/金）

壿，呼嫁切。坏也。《尔雅》曰：虋丑壿。郭璞云：剖母背而生。本亦作鐏。

按：《说文》："塀也。从土虖声。壿或从𨸏。"段玉裁注："与《缶部》之鐏音意皆同。"《尔雅》："虋丑鐏。"阮元校勘记："正德本同，雪牕本、闽本、监本、毛本鐏作鐏。唐石经作鐏。《释文》：'鐏，呼暇反，本今作鐏。'后人讹写从金也。《释文》当是本作鐏。"以上可以看出二者互为异体，由于讹写而导致了表义字素异。

D．堣、嵎（土/山）

堣，遇俱切。堣夷，日所出。《虞书》曰：分命羲仲，宅堣夷。本亦作嵎。

按：《说文》："堣，堣夷，在冀州阳谷。立春日，日值之而出。从土禺声。《尚书》曰：宅堣夷。"段玉裁注："今《尧典》作'宅嵎夷曰阳谷'，依古文，而堣讹嵎，恐卫包所改耳。"《说文》："嵎，封嵎之山，在吴楚之闲，汪芒之国。从山禺声。"据此推断可能是由于讹写导致了表义字素异。在六朝的石刻里，二者的异体关系已经有所体现。北魏《元弼墓志盖》："允彼淮接理南嵎而竹马相迎。"北魏《胡明相墓志》："峻比城堣，标华灌木，绚素幽宫。"

E．瑱、珥（耳/玉）

瑱，他见切。《诗》云：玉之瑱也。瑱，充耳也。亦作珥。本亦作瑱。

按：《说文》："以玉充耳也。从玉真声。《诗》曰：玉之瑱兮。瑱或从耳。""本亦作"字来自《说文》重文。以"玉"作义符，表现"瑱"的材质。

（2）表音字素异

A．他、佗

他，吐何切。谁也。本亦作佗。

按：《说文》："佗，负何也。从人它声。"《正字通·人部》："佗，与他、它通。"《集韵·戈韵》："佗，彼之称。或从也。"《广韵》："佗，托何切，平歌，透。"《广韵》："他，托何切，平歌，透。"二者古音相同。而且作为表音字素的"也"与"它"经常会发生替换。如：迤与迱。

B．搰、掘

搰，胡没切。掘也。《左氏传》曰：搰褚师定子之墓，焚之。本亦作掘。抇，亦搰字。穿也。

按：《广韵》："骨，古忽切，入没，见。"《广韵》："屈，古忽切，入没，见。"作为表音字素的"骨、屈"二者古音相同，发生更换。而且《说文·手部》："掘，搰也。从手屈声。"《说文·手部》："搰，掘也。从手骨声。"在解释这一对异体字时，《说文》采用了互训的方法。

（3）表义表音构件异

珉、碈

珉，靡鄰切。《山海经》云：岐山其阴多白珉。《礼记》云：君子贵玉而贱珉。郑玄曰：石似玉。本亦作碈。或作玟也。珉，同上。

按：《说文》："石之美者。从玉民声。"《集韵》："珉，亦作碈。"《管子·揆度》："阴山之礝碈，一筴也。"表义构件"玉"与"石"由于意义相近而替换。

2．结构成分数量增减

结构成分数量是指参与构字的结构成分数量。结构数量的增减是指字头与异体字之间在结构成分数量上的增减变化。

A．楯、盾

楯，时允切。阑槛也。《汉书》有钩楯主近苑囿。本亦作盾。

按：《说文·盾部》："盾，瞂也。所以扞身蔽目。象形。凡盾之属皆从盾。"《说文·木部》："楯，阑槛也。从木盾声。"相对于"本亦作"《玉篇》字头增加了表义成分，这一构件数量的增加是为了突出其质地。二者仅仅在作"古代器名盾牌"讲时才能够相通。

B．攍、嬴

攍，余征切。担也。《庄子》云：攍粮而趣之。本亦作嬴。

按：《说文》："嬴，少昊氏之姓也。从女，嬴省声。"《说文》无"攍"字。《文选·贾谊〈过秦论〉》："天下云集而响应，嬴粮而景从。"李善注："《方言》曰：嬴，担也。"二者意义相同，字头增加表义字素，突出了行为活动的主体。

3．结构方式异

A．嗌、𦞦

嗌，于亦切。《说文》云：咽也。𦞦，籀文。本亦作𦞦。

按：《说文·口部》："嗌，咽也。从口益声。𦞦，籀文嗌。上象口，下象颈脉理也。"《集韵·入声·昔韵》："嗌，𦞦，《说文》：咽也。籀作𦞦。上象口，下象颈脉理也。"由此可见，"本亦作"所辖字来源于《说文》籀文的省简。由原来的象形变为会意。

B．挬、戛

挬，古八切。挬击柷敔，所以止乐也。本亦作戛。

按：一般作"楔"。《楚辞·招魂》："楔梓瑟作。"王逸注"楔，鼓也。"洪兴祖补注："楔，古入切，轫也。《书》亦作戛。"戛同"戛"。《字汇·戈部》："戛，俗戛字。"《说文·戈部》："戛，戟也。从戈从百。读若棘。"可见挬、戛、戛三字意义相同，属于会意变形声。

（二）"本亦作"字与字头是假借字关系

我们确定《宋本玉篇》中的"本亦作"字与字头为假借字关系的根据有二：一是两个汉字之间音近或音同，二是两个汉字意义不同。假借字包括本有其字和本无其字的假借。

A．瞂、伐

瞂，扶发切。盾也。《诗》曰：蒙瞂有苑。本亦作伐。郑玄云：伐中干也。瞂，同上。

按：《说文》："瞂，盾也。从盾发声。"《说文》："伐，击也。从人持戈。一曰败也。"可见二者原来的意义并不相同。《广韵》："瞂，房越切，入月，奉。"《逸周书·王会》："请令以鱼皮之鞞，□鲗之酱，鲛瞂利剑为献。"孔晁注："瞂，盾也，以鲛皮作之。"朱右曾校释："瞂，音伐。"且《广韵》："伐，房越切，入月，奉。"可见二者古音相同。《诗·秦风·小戎》："蒙伐有苑，虎韔镂膺。"毛传："伐，中干也。"陆德明《释文》："本或作瞂，音同，中干也。"可见"伐"通"瞂"，二者为通假关系。

B．摡、塈

摡，许气切。《诗》云：倾筐摡之。本亦作塈。又古代切，涤也。

按：二者同属于构件位置异。《说文》："摡，涤也。从手既声。《诗》曰：摡之釜鬵。"《说文》无"塈"字。但是，《说文》："墍，仰涂也。从土既声。"《万象名义》："塈，虚既反。仰涂也。"由此可见"墍"与"塈"仅仅是结构成分位置发生了变化，应该为同一字，并且与"摡"原来在意义上不同。《玉篇·手部》"摡"字下引《诗》："倾筐摡之。"今本《诗·召南·摽有梅》作"顷筐塈之"。毛传："塈，取也。"马瑞辰通释:"塈者,摡之假借。"

（三）"本亦作"字与字头是古今字关系

一个字在历史上先后用了不同的字形,这就构成了古今字关系。段玉裁说:"随时异用者,谓之古今字。"

启、啓

启,康礼切。《书》曰:胤子朱启明。启,开也。本亦作啓。

按:《说文》:"启,开也。从户从口。"段玉裁注:"后人用啟字,训开,乃废启不行矣。"张舜徽约注:"今经传中,惟《尔雅·释天》'明星谓之启明',其字作'启',余皆通用啟字。"《说文》:"啓,从攴启声。《论语》曰:不愤不啟。"可见二者意义相同。

三、《宋本玉篇》字头及"本亦作"所辖字与相应的《说文》字头的对应关系

我们把《宋本玉篇》与《说文》比较,发现这36例对《说文》的传承和变异情况如下:

1. 字头及"本亦作"所辖字与《说文》字头相同者。共计17例。即:墺隩、睨芼、挑絛、捐掘、麓麗、皷伐、圪仡、嗔嗔、閲伉、楯盾、畷缀、呢泥、倢捷、僂娄、官交、啟启、堨岹。尽管在《宋本玉篇》中它们之间互为异体关系,但在《说文》中却分属于不同的字头。

2. 仅字头与《说文》字头相同者（除第一类）。共计8例。即:殁歿、嗌菥、掊裒、捊裒、摡塈、珉瑉、塘鏄、佋佁。占"本亦作"总数的22%左右。比例比较小,由此可见,在《宋本玉篇》此类记录中字头对《说文》的传承成分较少。

3. 仅"本亦作"所辖字与《说文》字头相同者。共计9例。即:譬副、攟蠃、揨憂、渿涤、孋骊、顛（来自重文"瑱或从耳"）瑱、寪葦、他佗、頯名。此类占"本亦作"总数的25%。可见《宋本玉篇》字头下"本亦作"所统摄的异体字对《说文》字头的传承跟字头本身差不多。原来在《说文》中处于正字地位的字头在《宋本玉篇》中却处于异体字的地位。反映出不同时代用字的情况不同。

4. 字头及"本亦作"所辖字皆与《说文》字头不同者。共计2例。即卤斥、儦獡。

总之,《宋本玉篇》字头和"本亦作"所辖字共有72例,其中与《说文》字头相同者共计有51例,与《说文》重文相同者有1例,与《说文》字头或者重文不同者有20例。

四、结　语

"本亦作"体例主要用于解释字际关系,再现了汉字的历时发展演变情况。其中主要是汉字形体的演变轨迹,结构成分的替换发生频率最高,替换频率最高的是"手"部,其次是"土"部和"人"部。在《宋本玉篇》"本亦作"所辖的36个字中,形声结构28例,象形结构5例,会意结构3例。而《宋本玉篇》"本亦作"36个字头中,形声结构的有35例,会意结构只有1例。由此可见,随着汉字的发展演变,形声结构占的比重越来越大。另外在演变的过程中,同时又伴随着汉字音和义的发展变化。

"本亦作"主要反映历时汉字的使用情况。在汉字发展演变过程中,汉字的使用受到多种因素的制约和影响,因此,《宋本玉篇》字头与"本亦作"所辖字之间的关系并不是单一的异体关系。同时还存在着通假、古今等各种复杂的关系。分析和研究《宋本玉篇》"本亦作"字类之间字际关系,对于现行汉字的研究和应用、汉字的简化和教学具有重要的意义。另外也可以为字书的编纂和补充、汉字发展演变轨迹的整理等提供历史的证据和帮助。

【参考文献】

[1] [梁]顾野王著,[宋]陈彭年等重修. 宋本玉篇[M]. 北京:中国书店,1983.

[2] 周祖谟. 广韵校本 [M]. 北京: 中华书局, 2004.
[3] 汉语大字典编辑委员会. 汉语大字典（缩印本）[M]. 武汉: 湖北辞书出版社; 成都: 四川辞书出版社, 1990.
[4] 中国文字研究与应用中心. 说文解字、玉篇、篆隶万象名义联合检索系统[DB]. 2003.
[5] 中国文字研究与应用中心. 魏晋南北朝石刻文献语料库[DB]. 2006.

The Study on the "*Benyizuo*" Kind Characters of the *Songbenyupian*

Li Haiyan

（Center for the Study of Chinese Characters and Their Applications, ECNU, Shanghai 200062, China）

Abstract：The paper makes a Stat. and analysis on the "*benyizuo*" kind characters in the *Songbenyupian*, purposes to research the quality and the characters' relationship between this kind of characters, hopes to do some help on the study and application of the Chinese characters.

Key Words：*songbenyupian*; *benyizuo*; the characters' relationship

（上接第132页）

On the Original *Yu Pian*'s Lost Text Found in *Xin Zhuan Zi Jing* (Tianzhi copy)

Zhu Baohua

（The college of Liberal Arts, QingdaoUniversity, Qingdao 266071, China）

Abstract: This essay publishes original *Yu Pian*'s 19 characters reserved in *Xin Zhuan Zi Jing* (Tianzhi copy), and discovers some related information about original *Yu Pian*.

Key Words: *Xin Zhuan Zi Jing* (Tianzhi copy); original *Yu Pian*; lost text

运用语法训释甲骨文字词义的几点心得

杨逢彬

【摘 要】 利用语法系统规律性较强这一点,以之考释甲骨刻辞的词义,重点探讨了以下三点:如何通过词的语法功能来考察词义;注意将句子语义层面的意义与词义区别开来;在解释甲骨文字的字义词义时,充分考虑语法化(实词虚化)因素。

【关键词】 语法;甲骨文;词义;语法化

先祖父杨遇夫先生在《积微居金文说·自序》中说:"每释一器,首求字形之无牾,终期文义之大安,初因字以求义,继复因义而定字。义有不合,则活用其字形,借助于文法,乞灵于声韵,以假读通之。"(着重点为笔者所加)可见遇老已自觉运用语法于古文字考释,这是他的《积微居金文说》能成为古文字名著的重要原因之一。但毋庸讳言,在《积微居金文说》、《积微居甲文说》等著作中,运用语法知识考释古文字字义还未提升到主要方法手段的地位。例如在《积微居金文说》卷前《新识字之由来》一文中所列考释古文字的十四方法,其中便并没有诸如"据文法释字"的条目,即可证明。这固然由于他学养深厚,各种方法运用自如,自不必汲汲然"借助于文法"。

笔者所撰《殷墟甲骨刻辞词类研究》一书,如其书名,旨在全面考察、研究殷墟甲骨刻辞的词类。同时,如果认定某些已释字词的考释确有疏失,也就不惮驽钝,对它们重新作出考释。由于这是一部以语法研究为宗旨的书,我们便尝试以语法为主要手段,进行字词的考释。当然,这里的使用这一手段只是初步而不成系统的,值得充实和改进之处所在多有;惟其如此,才有必要稍加总结,以利在此基础上作进一步探索。

语言学界目前较为公认,在语言系统的各子系统中,语音系统和语法系统是较有规律可循的,词汇(词义)系统内部的规律距离人们的认识清楚还有较大距离,这也是为何索绪尔要将词义摒除于语言研究之外的原因。就殷墟甲骨刻辞而言,语音研究的可靠成果并不是很多;卜辞除去重复者,内容十分有限;已释字仅一千左右,在此基础上,要透彻研究其词义系统更是困难重重。相对而言,人们对甲骨刻辞语法系统的认识较为透彻。因此,利用语法系统规律性较强这一点,以之考释甲骨刻辞的词义,从理论上看是可行的。

下面根据一些实例来说明这一方法初步的实际运用。

一、通过词的语法功能来考察词义

所谓语法功能,首先是指词在句中所占据的句法位置,也就是词所充任的句法成分,即主语、谓语、宾语、定语、状语等等。其次是指词的结合能力,即某词能与哪类词(或哪些词、哪几个词)结合。句法位置加上结合关系叫做"分布",根据词的分布,有助于我们考察词义。

1. 根据词在句中所占据的句法位置考察词义

我们的具体做法是根据词在句中所占据的句法位置的差异,亦即词所充任的句法成分的差异来判定该词所属的词类;而一旦我们确定的词类有别于以往的认定,该词的词义亦得以重新认定。例如:

【作者简介】 杨逢彬,湖南省长沙市人,武汉大学中文系教授,博士研究生导师,海南师范大学中文系兼职教授。研究领域:汉语历史语法学及古文字学。(武汉 430072)

"从"今释为"比"[①]。刻辞中,有一种"令"(或"呼")+O_1+"以"(或"比")+O_2+V(+O_3)这样的兼语式套连动式的句子。因为这种句子前后都有谓语动词,其中的"以"和"比"便易被认为是连接O_1和O_2的连词。但因句中兼语O_1可以省略,又可前置,加之"以"、"比"可被副词修饰,它们实际上是动词。例如:

勿呼以多宾伐邛方	合1547
比较:勿呼妇妌以燕于戈	合6344
惠多子族令比禀蜀载王事	合5450
比较:令王族比禀蜀载王事	怀71
乙卯卜,𠭥贞:王比望乘伐下危。受有佑?	
乙卯卜,𠭥贞:王勿比望乘伐下危,弗其受佑?	合32正

有鉴于此,我们赞同甲骨学界比较一致的看法:"以"意为挈持、率领,"比"意为联合[②]。

2. 通过词与词的结合关系来考察词义

吕叔湘先生说:

动词谓语句里出现一个或几个名词,它们跟动词的语义联系是多种多样的,这种语义联系决定它们在句子里的活动方式。仅仅把这个标为宾语,把那个标为补语,是不够的,要查考这样的名词同时可以出现几个,各自跟动词发生什么样的语义关系,什么关系的名词和什么关系的名词可以同时出现,各自在什么位置上出现,什么关系的名词和什么关系的名词不能同时出现,如此等等。[③]

查考词和词的结合关系,同样有助于甲骨文字义词义的考释。例如,《甲骨文字典》"每"字条下列有3个义项:(一)同"母",所引刻辞为存2.744"戊申卜,其交三每",我们未能查到原文,故暂存而不论。(二)读为"悔",所引刻辞为粹1195"隶于之,若?王弗每?"(三)读为"晦",所引刻辞为甲641"……至……弗每?不雨?"以及甲3593"戊弜田,其每?"[④]

第三义谓读为"晦",盖本董作宾、孙海波、于省吾诸家之说。

董作宾说:"每"当读"晦",与"启"相对,晦阴启晴也。[⑤]

孙海波说:"每"盖为"晦"之假借字。晦,冥也。僖十五年《春秋经》:"晦,震伯夷之庙"。《诗》:"风雨如晦"。[⑥]

"每"用为"晦":"弗晦"(甲573)。[⑦]

于省吾说:甲骨文"每"字多用作"悔吝"之"悔"或"晦冥"之"晦"。[⑧]

我们认为"每"没有"晦"的义项,以上诸家读为"晦"的,仍以读作"悔"为宜。

我们在《殷墟甲骨刻辞摹释总集》中找到含有"每"的刻辞63例,除去残缺难释的9例,尚余54例。其中,"弗每"连文的有26例,"其每"连文的有22例,"不每"连文的有5例,"每"用为人名的有1例。

"其每"与"弗每"辞例相近,多贞问有关田猎的事情。以下是若干较典型的例句:

……翌日戊王其田?无灾?弗每?	合28430
……王其田,弗每?	合28562
戊王弜田,其每?	合28679

---

① 参见于省吾主编:《甲骨文字诂林》,第134—138页,中华书局,1996年。
② 参见《甲骨文字诂林》,第44—63、134—138页;杨逢彬:《殷墟甲骨刻辞中"以""比"非连词说》,载《武汉大学学报》2002年第1期。
③ 吕叔湘:《汉语语法分析问题》,第57页,商务印书馆,1979年。
④ 徐中舒主编:《甲骨文字典》,第47页,四川辞书出版社,1989年。
⑤ 转引自《甲骨文字诂林》,第457页,中华书局,1996年。
⑥ 转引自《甲骨文字诂林》,第458页。
⑦ 中国科学院考古研究所编:《甲骨文编》,第17页,中华书局,1965年。
⑧ 于省吾:《甲骨文字释林》,第454—455页,中华书局,1979年。

壬王弜田，其每？其遘大雨？	合 28680
弜田，其每？	合 28684
叀壬田，弗每？湄日无灾？永王？吉	合 28712
贞：王其每？弜田？	合 8822
叀昏田？弗每？无灾？永王？擒	合 29273
辛亥卜，翌日壬王其田敷？弗每？无灾？	合 29273
丁丑卜，翌日戊王其田？弗每无灾？不雨？	屯 256
弜田，其每？	英 2308
弜田敷，其每？	怀 1429
……祖丁王其……王弗每	怀 1907
叀昏田，弗每，无灾？田牢，其每？	怀 1432

上引第 3 例刻辞即《甲骨文字典》释"晦"的例句甲 3592"戊王弜田，其每"，其辞例与上引第 7 例刻辞"贞：王其每，弜田"相近；而后者"每"的主语为"王"，显然不能释作"晦"，由此可知甲 3592 中的"每"也不能释作"晦"。上引第 13 例刻辞中"每"的主语也是"王"。

以此为纽带，上引第 1、第 2、第 4、第 9、第 10 例都应该看作"弗每"、"其每"承前省略了"王"字，亦即这几例刻辞中的"每"均不能释为"晦"。上引第 5、第 11、第 12 例刻辞中虽无"王"字，但因其辞例与上述各例相同，也可作如是观。

再看下面这条刻辞：

| 弜省宫田，其每？王其省田，不雨？其雨？ | 合 29176 |

由"王其省田"可知"弜省宫田"未出现的主语是"王"，那么，紧接其后的"其每"的主语也可以是王。以这则刻辞为纽带，可知前引 14 例刻辞"其每"、"弗每"的主语都可能是王，亦即此 14 例中的"每"，释作"悔"均不成问题。

"弗每"、"其每"两项相加，占了 48 例。

更为重要的是，否定副词修饰表示天象的状态动词，一般只用"不"，很少用"弗"。以在《殷墟甲骨刻辞摹释总集》中出现频率最高的表示天象的状态动词"雨"、"风"、"启"为例，"不雨"、"不其雨"共出现 542 次，而"弗雨"、"弗其雨"只出现 27 次；"不风"出现 17 次，未见"弗风"；"不启"、"不其启"共出现 27 次，未见"弗启"、"弗其启"。例如：

辛酉卜，㱿贞：自今至于乙丑其雨？壬戌雨，乙丑不雾不雨。二告	合 6943
贞：今十三月不其雨？二告	合 12648
癸未卜，㱿贞：今日不风？十二月	合 13344
不启？允不启。夕雨。	合 744
贞：今夕不其启？	合 13099
贞：弗雨？	合 12417 正

以此例彼，我们认为，凡是"弗每"、"其每"中的"每"，都不应读为"晦"，而应读作"悔"。

我们再看剩下的"不每"连文的 5 例：

其以万，不每？	合 28383
女乙王擒在……咒不每？	合 28410
叀西暨南，不每？	合 36387
王其令报不每克酋王令	合 36909
丙子卜，贞：王其……翌日戊寅不每无……	合 38212

从中，我们也看不出"每"应释为"晦"的理由。

综上，在殷墟甲骨刻辞中，"每"用为动词只有一个义项，应释为"悔"。

以上"每"不该读为"晦"的关键之处，就是它常被否定副词"弗"修饰，不常被否定副词"不"

修饰,而天象动词则恰恰相反。

二、注意将句子语义层面的意义与词义区别开来

所谓句子语义层面的意义,是指词入句后在和句中其他词共同作用下所产生的句中意义,也就是陆俭明先生所说的"格式的意义";他经常强调要将"格式的意义"与词本身的意义区别开来。

我们所说的词义和"所指"的区别、词的语言义和言语义的区别也大致是这个意思[①]。

训诂学上所讲的字书的训诂和经书的训诂的区别和这也是相通的。如:

《说文》:"彻,通也。"段注:"《孟子》曰:'彻也。'郑注《论语》曰:'彻,通也,为天下通法也。'按《诗》'彻彼桑土',传曰'裂也'。'彻我墙屋',曰'毁也'。'天命不彻',曰'道也'。'彻为疆土',曰'治也'。各随文解之,而'通'字可以隐括。"

"各随文解之"者,经书的训诂也;"'通'字可以隐括"者,字书的训诂也。

同样,将句子语义层面的意义与词义严格加以区分,有助于甲骨文词义的确认。例如甲骨文和传世文献中"其"的意义(包括语法意义)的确认。

语气副词"其"不但是殷墟甲骨刻辞中出现频率最高,分布面最广的副词之一,而且也是从甲骨刻辞的时代起,往后世延续时间较长的副词之一:从西周以迄两汉之后,无论在出土文献还是传世文献,都是高频词。有鉴于此,我们不得不对它稍多着笔墨;同时也由于它的重要,前人研究成果丰富,且"其"的问题较为复杂,我们也就只能对殷墟甲骨刻辞及先秦文献中的"其"作初步考察,提供较为粗浅的看法。进一步的、更为深入的研究,只有俟诸异日。

"其"在整个殷墟刻辞的出现次数不会低于3000。作为副词,它的分布面最广:既可修饰单个动词,也可修饰各种短语:主谓结构的、述宾结构的,偏正结构的以及其他更为复杂的结构。如:

妾以?
弗其以? 合 945 正
今夕其雨?
今夕不雨? 合 8473
生十三月妇好不其来 合 2653
以上为"其"直接动词。
兔不其来五十羌? 合 226 正
丙子卜,韦贞:我受年?
丙子卜,韦贞:我不其受年? 合 5611 正
贞:其烝酓?其在祖乙? 合 22925
贞:其即日? 合 27456
丁至庚不遘小雨?
丁至庚其遘小雨? 合 28546
辛酉卜:仲己岁,其栽日?
弜栽日,其侑岁于仲己 怀 1371
以上为"其"修饰单宾语之述宾结构者。
其作兹邑祸?
洹弗其作兹邑祸? 合 7859 正
乙亥贞:其祷生妣庚? 屯 1089
丁丑卜,其十牛大甲岁? 合 32476

[①] 张联荣:《古汉语语义论》,第9—17页,北京大学出版社,2000年。

以上为"其"修饰双宾语之述宾结构者。其中合 32476 神名宾语"大甲"和牲名宾语"十牛"均前置。

  壬申卜，毂：翌乙亥子汰其来？

  子汰其隹甲戌来？　　　　　　　　　　　　　　　　　　合 3061 正

  卜，永贞：今日其夕风？　　　　　　　　　　　　　　　　合 13338

  王占曰：其夕雨。　　　　　　　　　　　　　　　　　　　合 16131 反

  贞：今夕其不启？

  贞：今夕不其启？　　　　　　　　　　　　　　　　　　　合 31547

以上为"其"修饰偏正结构者。

  ……卜，毂贞：邛方其至于？　　　　　　　　　　　　　　合 6131 正

  贞：其有来艰自西？　　　　　　　　　　　　　　　　　　合 7094

  乙未卜，争贞：王其入于商？　　　　　　　　　　　　　　合 7803

  丁酉卜：其祷年于岳？　　　　　　　　　　　　　　　　　合 27465

  甲辰卜：其侑岁于高祖乙？　　　　　　　　　　　　　　　合 41480

以上为"其"修饰带有介宾结构的短语者。以下两例，"其"也是修饰带有介宾结构的短语，但语序较为特殊：

  贞：其侑于祖乙牢？　　　　　　　　　　　　　　　　　　合 557

  其自西来雨？

  其自东来雨？

  其自北来雨？

  其自南来雨？　　　　　　　　　　　　　　　　　　　　　合 12870

合 557 介宾结构位于谓语动词和宾语之间，合 12870 介宾结构则位于谓语动词之前。

以下几例为"其"修饰兼语结构者：

  至甲辰帝不其令雨？　　　　　　　　　　　　　　　　　　合 900 正

  来乙未帝其令雨？　　　　　　　　　　　　　　　　　　　合 14147

  来乙未帝不令雨？

  自今至于庚寅帝不其令雨？　　　　　　　　　　　　　　　合 14148

当名词活用时，也可被"其"修饰：

  乙卯其黄牛？　　　　　　　　　　　　　　　　　　　　　合 36350

  关于"其"，不管是在殷墟甲骨刻辞中的，还是在整个古代文献（包括出土文献和传世文献）中的，研究者们大多认为它的语法功能不是单一的；换言之，它是多功能的，不是单功能的。迄今为止没有一个学者声称"其"是单功能的，尽管有的学者说过类似的话。如姚孝遂先生说："（其）卜辞皆用以表疑似语气，胡光炜早已论及，陈梦家先生《卜辞综述》亦曾加以申述。"[①]

  有关殷墟甲骨刻辞的论著中，有说"其"能表示疑问语气、测度语气、劝令语气和"犹'将'也"的[②]。有关古汉语字典和古汉语虚词字典中，有说"其"能表揣测语气，表祈使语气和"表示强调"及"用来足句"的[③]；有说它能表估量、推测，表反诘，表命令及凑足音节的[④]。

  郭锡良先生在《先秦语气词新探》一文中强调，语气是可以由多种手段来表达的，语气词的作用是单功能的[⑤]。

---

① 见《甲骨文字诂林》，第 2810 页；又见《胡小石论文集三编》，第 56 页，上海古籍出版社，1995 年；《殷虚卜辞综述》，第 87—88 页。

② 见《甲骨文虚词词典》，第 141—175 页，中华书局，1994 年。

③ 《王力古汉语字典》，第 59 页，中华书局，2000 年。

④ 杨伯峻：《古汉语虚词》，第 110—115 页，中华书局，1981 年。

⑤ 载《汉语史论集》，第 49—74 页，商务印书馆，1997 年。

王力先生说：

从前有人说中国的助词（语气词）就是副词之一种，这话是有相当的理由的。如果把副词认为修饰整个谓语的，那么它的用途就和语气词相近似，因为语气词也可说是修饰整个谓语的，不过意义比普通副词较为空灵，而带着情绪的成分罢了。

假使咱们现在倒过来说，中国有些副词也可认为语气词之一种，这话也是有相当的理由的。如果把语气词认为缺乏实义，仅表情绪的，那么像"岂""宁""庸""讵"等字也是缺乏实义，试看英语里没有一个副词能和它们相当；同时也是仅表情绪，因为它们所表示的乃是一种反诘语气。

这样，就意义上说，副词和语气词的界限是不很分明的。然而就词序上说，咱们仍旧可以把它们分开：副词的位置在谓词之前，语气词的位置在一句之末。"岂""宁""庸""讵"一类的字应该认为副词，因为它们的位置是在谓词之前的……从中西语言的比较上，也可以看得出某一个词是不是语气副词。凡居于副词所常在的位置，而西洋语言（如英语）又没有一个副词和它相当者，大约总是语气副词。咱们知道中国语气词在西洋语言里是找不着相当的词的；语气副词的空灵不让于语气词，所以它们在西洋语言里也找不着相当的词。①

受王力先生和郭锡良先生的启发，我们可以设想，既然语气词的作用是单功能的，既然语气副词"也可认为语气词之一种"，那么语气副词"其"就很可能和句末语气词一样是单功能的；它本身可能并不表示任何语气，只是通过强调谓语来加强句中原有的语气，而不能改变原有的语气。如果我们将一些句子中的"其"去掉，原有语气不变，则可证我们的上述假定很可能是正确的；否则，就是错误的。如：

贞：今乙卯不其雨？
贞：今乙卯允其雨？　　　　　　　　　　　　　　合1106 正
贞：生十三月妇好不其来？　　　　　　　　　　　合2653
今来岁我不其受年？　　　　　　　　　　　　　　合9654

试将"其"拿掉：

贞：今乙卯不雨
贞：今乙卯允雨
贞：生十三月妇好不来
今来岁我不受年

并没有证据表明原有语气已经改变，而且这类不含"其"的句子刻辞中比比皆是，学者们大多将它们视为疑问语气②。

由于对殷墟甲骨刻辞句子的语气存在较大争议，我们不妨将视线转向其他文献：

克其万年子子孙孙永宝　　　　　　　　　（克钟）（西周晚期）
其万年子子孙孙永宝用享　　　　　　　　（叔狀父簋）（西周晚期）

试去掉"其"，句子也是祈使语气；而"其"的存在，使原有的祈使语气得以加强。

再来看《古汉语虚词》对副词"其"的描写：

"其"作副词，表示估量、推测、不肯定。可译为"大约""大概""可能"等等：

"善不可失，恶不可长"，其陈桓公之谓乎！（左传·隐六年）——"好的不能丢掉，坏的不能滋长"，大概讲的是陈桓公罢。

修己以安百姓，尧舜其犹病诸！（论语·宪问）修养自己来使所有人民得到安乐，尧舜可能还做不到哩。

"其"作副词，表示未来时，可译为"将"：

必有凶年，人其流离。（李华：吊古战场文）——一定有灾荒之年，百姓将四处逃离。

---

① 王力：《中国语法理论》，载《王力文集》第一卷，第229—230页，山东教育出版社，1984年。
② 也有的学者将上述句子视为陈述语气，不管是否有"其"，因此并不影响我们关于"其"是单功能的初步结论。

尽执拘以归于周，予其杀。（尚书·酒诰）——全部捕捉囚禁送到周室，我将杀死他们。

"其"字可以作反诘副词，即口语的"难道"，用法和"岂"相同。

若火之燎于原，不可向迩，其犹可扑灭？（尚书·盘庚）——像火在平原上燃烧旺盛，靠近靠拢都不行，难道还可以打灭？

欲加之罪，其无辞乎？（左传·僖公十年）——想要加他以罪，难道找不出罪状么？

"其"作命令副词，这种词，口语没有相应之辞能译，只在句末用叹号以表示。

吾子其无废先君之功！（左传·隐公三年）——你不要废弃先君的功业！

与尔三矢，尔其无忘乃父之志！（欧阳修：五代史伶官传论）——给你三支箭，你不要忘记你父亲的心愿！

"其"有时用于句中，既无意思，作用也不明显，仅仅多一音节罢了。《诗经》常用它和单音形容词或副词配合：

击鼓其镗，踊跃用兵。（诗·邶风·击鼓）——战鼓声音镗镗响，屡屡作战都愿往。

北风其凉，雨雪其雱。（诗·邶风·北风）——北风寒凉，雨雪纷纷。

有时"其"可译为"的"或"地"：

若是其甚与？（孟子·梁惠王上）——像这样地严重么？

管仲得君，如彼其专也；行乎国政，如彼其久也；功烈，如彼其卑也。（孟子·公孙丑上）——管仲得到齐桓公的信任是那样地专一；行使国家政权是那样地长久；功绩却那样地不足一提。

又怪屈原以彼其材游诸侯，何国不容？而自令若是！（史记·屈原列传）——我又奇怪屈原拿他的才能游说诸侯，哪国不接纳他，却自己使自己这样！[①]

上引例句，去掉"其"，原有语气不变，只是没有加上"其"那么强罢了。具体地说，"予其杀"句中，"其"强调谓语"杀"，使得"予"要杀某人的决心表达得更为强烈。原句中的"其"恰恰与译文中的"将"处于同一句法位置，但没有理由说"其"本身有"将"义。"击鼓其镗"、"北风其凉"中的"其"也不是凑足音节而已，而是用来强调谓语"镗"和"凉"的。杨伯峻先生译"其镗"为"镗镗响"，是恰如其分的；我们也可译"北风多么寒冷"。但正如不能说"其"有"将"义一样，也不能说它有"多么"义。"若是其甚"、"如彼其专"中的"其"与"北风其凉"的"其"是一样的。翻译的不同与语法分析是两码事，不能说在这两句中"其"又相当于现代汉语的助词"的"。[②]"其犹可扑灭"为反诘语气，去掉"其"后，"犹可扑灭"仍是反诘语气，"其"只是加强了这种语气。

我们再看《王力古汉语字典》对副词"其"的描述：

①表示揣测语气。《易·系辞下》："易之兴也，其在中古乎？"②表示祈使语气。《左传》隐公三年："吾子其无废先君之功。"③表示强调。《左传》僖公五年："一之谓甚，其可再乎？"④用来足句。《诗·邶风·北风》："北风其凉，雨雪其雱。"

上引①②两例，去掉"其"字，仍是揣测语气和祈使语气，可见"其"只是加强了原有语气，它本身并不能表示哪种语气。第③例"一之谓甚，其可再乎"与杨伯峻先生的例句"欲加之罪，其无辞乎"都是反诘语气。《王力古汉语字典》认为"其可再乎"的"其"表示强调，我们以为是正确的，"其"本身并不表反诘语气。

当"其"和其他副词一道修饰谓语的时候，它仍旧是加强原有语气：

至甲辰帝不其令雨？　　　　　　　　　　　　　　　合 900 正

楚灵王若能如是，岂其辱于干溪？　　　　　　　　　《左传》昭公十二年

前一例"其"加强了"不令雨"的疑问语气，后一例则加强了"岂辱于干溪"的反诘语气。

[①] 《古汉语虚词》，第 111—113 页。

[②] 参见王力先生：《训诂学上的一些问题》，载《王力语言学论文集》，第 516—532 页，商务印书馆，2000 年；郭锡良先生：《关于系词"是"产生时代和来源论争的几点认识》，载《汉语史论集》，第 106—123 页；张猛：《从〈左传〉谓词"出"的 91 种译法看影响语法分析的若干因素》，载《汉语史论文集》，第 222—238 页，武汉出版社，2002 年。

这里是将不同共时平面的语料放在一起加以考察，因为我们初步认为，从殷墟刻辞时代直至先秦，副词"其"的语法功能是一以贯之，无甚变化的。

我们认为，说"其"表示这语气、那语气，实际上是将句子原有的语气当作"其"的功能了。但随着时间的推移，在较晚的时期（如先秦晚期之后），是否句子所表达的语气转移到"其"上，从而使之形成了若干个变体？[①] 在未作进一步的考察之前，我们不敢否认这一点。但考虑到"其"的词义是如此空灵；而且根据一般规律，时代越后，虚词的语法化程度越高；汉以后"其"又逐渐从口语中淡出，因此我们觉得上述可能性并不太大。

我们认为，说"其"表达多种语气，实际上是将句子语义层面的意义当作"其"本身的意义了，其实"其"作为语气副词，其语法意义是相当空灵而单纯的。

三、在解释甲骨文字的字义词义时，充分考虑语法化（实词虚化）因素

我们知道，许多虚词（诸如介词、连词）是由实词（如动词）经由语法化磨损了词汇意义变化而来的，考虑到这一点，某词如在较晚的周秦时期仍是带有浓厚动词色彩的"准介词"，那么它在较早的殷商时期则很可能是动词。如果它同时在甲骨文中所呈现的语法特征（分布）是动词的而非介词的，我们则释该词为动词。动词等实词是有词汇意义的，因此不可避免地要为这些以前释为虚词的词重新确定其词义。鉴此，充分考虑实词虚化因素乃是一些词重新释义的前提和条件。

我们以"暨"为例。"暨"在周秦时期并不是典型的连词，这里我们不拟多着笔墨；我们所要指出的是，"暨"在甲骨文里所表现出的是动词的语法特征。

在《殷虚甲骨刻辞的语法研究》和《殷虚卜辞综述》中，"暨"均被认定为并列连词。在此之前，郭沫若说："'暨'字卜辞及彝铭习见，均用为连续词，其义如'及'，如'与'。"[②]

我们在《殷墟甲骨刻辞摹释总集》中一共见到含有"暨"的刻辞 266 条，除去残缺难释的 114 条，尚余 152 条。其中有 120 条位于两个相同成分的中间：

告于上甲暨成	合 6583
其侑方暨河	合 30369
贞：遘暨永获鹿	合 1076 甲正
……犬暨麋擒	合 28367
辛暨壬王弜往于田其悔	合 28005
惠西暨南不悔	合 36387
庚辰卜，即贞：王宾兄庚蒸暨岁无尤	合 30411
……燎暨沈……	合 30777
丙午卜，宾贞：兜八羊暨酒三十牛	合 16222 正
壬申卜，尹贞：王宾父己奏暨史庚奏	合 22624
丁卯卜，行贞：王宾父丁岁牢暨祖丁岁牢	合 23030

在以上的刻辞中，"暨"可位于神名、人名、牲名、天干、方位名词、祭祀动词、述宾结构、主谓结构之间，这应该是诸家认定它为连词的理由。

但许多条刻辞中的"暨"用连词显然不能解释，为此，鲁实先主张将"暨"三分：训"及"为连词、祭祀动词（祭名）、方名[③]。这一说法较有代表性，《甲骨文字典》就采纳了它[④]。

---

① 参见高岛谦一：《商代汉语中小品词"其"的情态和体》（英文），载高思曼、何乐士主编：《第一届国际先秦汉语法研讨会论文集》，第 479—548 页，岳麓书社，1994 年。
② 《甲骨文字诂林》，第 566—567 页；又见《卜辞通纂》，第 264 页。
③ 《甲骨文字诂林》，第 567 页。
④ 徐中舒主编：《甲骨文字典》，第 363 页。

下列刻辞中的"暨"被释为"方名"：

乙卯令暨	卜 678
乙酉令暨	明 405
王狩暨毕	佚 926
惠戍马呼暨往	合 27966
壬子卜，诀贞：惠戍呼暨	甲 2258

按，方名之说不可信，以上数例均误读。其中"王狩暨毕"即上文所列"暨"位于两个谓词性成分之间者，"狩"为捕兽，"毕"为捕鸟。其他几例，下文还将一一论及。

鲁实先所列例句中，有两例"暨"前有副词"其"。

我们在《殷墟甲骨刻辞摹释总集》中见到"暨"被副词修饰的共 37 例。其中被"弜"修饰的多达 22 例，其次是"其"，12 例，再次是"勿"、"允"，分别为 2 例、1 例。有若干正反对贞的刻辞，正贞句"暨"位于两个相同成分之间，通常被视为连词；反贞名中它又可被副词修饰，与被视为"祭名"的"暨"并无二致：

"连词"暨：其侑蔑暨伊尹　弜暨	合 30451
己巳贞：其集祖丁暨父丁　弜暨父丁	屯 1128
甲辰卜，大乙暨上甲酒，王受有佑　弜暨	屯 2265
三报二示暨上甲酒，王受佑　吉　弜暨　吉	屯 2265
"祭名"暨：暨羌甲　弜暨	合 27260
暨奭弜暨	合 34106
其暨母壬	合 23456
弜暨小庚	合 31956
小乙其暨一牛	屯 657
卯暨大乙	屯 2648

"连词"的"暨"既位于两个相同成分之间，又可被副词修饰，其中屯 1128 反贞句中"暨"后还出现了宾语（弜暨父丁）。拿合 30451 与合 27260 比较，屯 1128 与合 34106 比较，就可发现含"连词暨"刻辞中正贞句多出的各是一个述宾结构（其侑蔑、其集祖丁），其余部分则与"祭名暨"全同。

还有数例刻辞，其中"暨"通常被视为"祭名"。实际上也是位于两个相同成分之间，不过"暨"前有副词修饰罢了：

祖乙其暨祖丁	合 27205
庚寅贞：甲……自上甲其暨大甲酒	合 32388

可见，将上述刻辞中的"暨"看作两个不同的词，理由是不充分的。鉴于"暨"可由副词修饰，我们认为，上述各例刻辞中的"暨"实际上都是动词。合 30451 应读为"其侑蔑，暨伊尹？弜暨？"屯 1128 应读为"其集祖丁，暨父丁？弜暨父丁？"其他含"暨"刻辞仿此。如合 6583 应读为"告于上甲，暨成？"合 30369 应读为"其侑方，暨河？""暨"的意义为加上、附加。如合 30451 问在侑蔑的时候，是附加伊尹一道侑呢，抑或不加；合 6583 问在告祭上甲微的时候，是否附加告祭成汤。因此，"暨"是个一般的行为动词，而非祭祀动词。

我们说殷墟甲骨刻辞中的"暨"是动词而非连词，还有两条证据。

1. 殷墟甲骨刻辞中，宾语经常前置，如"贞：三卜用？"（合 22231）比较："其用三卜？"（合 31677）；又如"辛未卜，高祖祷，其卯上甲……"（合 27061）比较："……卜，其祷祖乙、南庚、兔甲……"（合 27207）。与上举各例相似，"暨"的宾语也能前置，如"甲寅卜，其蒸鬯于祖乙？小乙暨？"（屯 657）比较："辛未贞：祷禾于高，暨河？"（屯 916）如果"暨"是连词，"小乙"就不可能出现在它前面。

2. 殷墟刻辞中有一种（S_1+）惠+O_1（S_2）+V_1+V_2+O_2 的句式，它是（S_1+）V_1+O_1（S_2）+V_2+O_2 这种兼语句式的变式，"惠"用以强调兼词。"令"经常在这种句式中处于 V_1 的位置。如"惠并令省禀？惠马令省禀"（屯 539）是"令并省禀"、"令马省禀"的变式。请看下面这例刻辞：

惠剌令暨多子族	合 14913
比较：令多子族比犬暨禀蜀载王事	合 6813

"剌"是人名，刻辞中屡有所见，在这里做"令"的宾语即句中的兼语。如果"暨"是连词，则此句当为"惠剌暨多子族令"。由此可见"暨"在此句中充当的是 V_2。这句大约贞问是否只命令剌加上多子族（去干某事）。

"呼"也常在这种句式中处于 V_1 的位置（句中兼语常省略）：

贞：惠毕呼伐？惠师般呼伐？	金 410

对比下面这组含"暨"刻辞：

壬子卜，争贞：惠戉……暨舌	合 6855 正
壬子卜，争贞：惠戉呼暨……	合 6856
贞：惠师呼暨舌	合 6857 正
惠戉马呼暨往	合 27966

将合 6855 正与合 6856 比勘，可知二辞均为"惠戉呼暨舌"，为"呼戉暨舌"的变式。其中"戉"为兼语，"暨"是 V_2。另两条刻辞与之相似。《甲骨文字典》从鲁实先说释"惠戉马呼暨往"之"暨"为"方名"，误。

其实，在考释甲骨文的字义词义的时候，经常是以上几种方法同时使用的，我们对"暨"的考释就是这样。

Ideas about Using Grammar to Interpret the Meaning of Inscriptions on Bones

Yang Fengbin

(Chinese Language and Literate Department of Wuhan University, Wuhan 430072, China)

Abstract: By using one important characteristic of systematic grammar—alternation of multiplicities—to research the meaning of inscriptions on bones. Three points in this essay are emphasized: 1.How to grasp the meaning of words through grammar function; 2. Make sure of making difference between the meaning in the level of semantics and the meaning in the words; 3. During the research of literal meaning and sense of a word, grammar factors(notion word turns to empty word) should be considered seriously.

Key Words: Grammar; Inscription on bones; Semanteme; Grammarlize

铭文语言特点刍论

潘玉坤

【摘　要】 本文尝试从语言表达角度对商周铭文作一些初步探讨。铭文语言以古朴雄重为常,其他风格同时存在;铭辞既有简古、单调、程式化的一面,也有繁富、富于变化、生动活泼的一面。

【关键词】 青铜器铭文;语法;修辞

商周铭文具有多方面的研究意义,其在历史考古学方面的重大价值早已是常识,金文形体在汉字发展演变史和中国书法史上的突出地位也已成为共识。如果从语言运用的特色、技艺方面来看铭文,会发现也有许多值得经心措意的地方。笔者在习读铭文过程中对此常常心有所感,今就将那些"碎片"稍加整理,捃缀成篇。

一

钟鼎彝器向称重器,铜器之制作,铭文之铸刻,有一定的制约条件。就器主看,一般而言,能铸造青铜器并将文字施于其上的,多为王公贵族。就内容看,商周铭文的主流是有关祭祀、政治、军事、经济、法律、家族荣誉诸方面的。《礼记·祭统》说:"夫鼎有铭。铭者,自名也,自名以称扬其先祖之美而明著之后世者也。……铭者,论撰其先祖之有德善、功烈、勋劳、庆赏、声名,列于天下,而酌之祭器,自成其名焉,以祀其先祖者也。"对应于这样的规定情境,不难理解铭文的语言有它自身的品格作风。前人说"铭兼褒赞,故体贵弘润"(刘勰《文心雕龙·铭箴》),虽然本非针对商周铜器,但大体上是适用的。

以《秦公簋》为例:

(1) 秦公曰:"丕顯朕皇祖,受天命,鼏宅禹迹,十又二公,在帝之坏,嚴恭夤天命,保業氒秦,虩事蠻夏。余雖小子,穆穆帥秉明德,烈烈桓桓,萬民是敕。咸畜胤士,蠱蠱文武,鎮靜不廷。虔敬朕祀,作尊宗彝,以昭皇祖,其嚴歸各,以受屯魯多釐,眉壽無疆。畯疐在天,高引有慶,造佑四方。"宜。(秦公簋,集成8.4315)

此铭中的秦公乃春秋中叶的秦景公,他为了铸这个簋(铭中称"宗彝"),说的全是正大堂皇的话。景公称,秦君之所以能统治关中这片大禹治理过的土地,乃是承受了上天的旨意。从襄公直到桓公,他们的神灵均在天庭之上,保佑着秦国。景公又说自己虽然年轻,却是恪守明德,致力于做一个英明君主。正因如此,当今的秦国国运昌隆,黎民百姓安居乐业,才俊之士尽被朝廷网罗重用。面对这样的局面,景公要更加虔诚地祭祀先人,于是制作了这个簋,以使祖宗在天之灵给予后人更多福祉,保佑自己长命,保佑秦国长盛。从这篇铭文可以看出,由于内容是关乎国运兴衰、嬴氏基业的,又是礼器,所以在行文、用语上追求庄敬凝重,风格上显得沉雅朴重。著名古文字学家于省吾先生,称赞同是景公所作器,语词、格调十分相近的《秦公钟》铭"神旺机流,气象磅礴,高简错落,骨苍韵美"(《双剑誃吉金文选》),这个评语完全可以移用于此。

同类的铭文,又如西周时期的《墙盘》和《大克鼎》:

【基金项目】 教育部人文社会科学重点研究基地基金资助,课题名称"基于语料库的先秦两汉出土文献句法发展研究",项目批准号"06JJD740011"。

【作者简介】 潘玉坤,江苏兴化人,华东师范大学中国文字研究与应用中心副教授,主要研究文字、语法。(上海 200062)

（2）曰古文王，初龖龢于政，上帝降懿德大屏，撫有上下，迨受萬邦。䎖圉武王，遹正四方，達殷畯民，永不鞏狄。虖！懲伐夷童。憲聖成王，左右綬䟃剛鯀，用肇徹周邦。容哲康王，遂尹億疆。宏魯昭王，廣敊楚荊，唯寏南行。祇覬穆王，井帥宇誨。（墙盤，集成16.10175）

（3）穆穆朕文祖師華父，悤襄厥心，寍靜于猷，淑哲厥德，肆克恭保厥辟恭王，諫辭王家，惠于萬民，柔遠能邇，肆克□于皇天，顨于上下，得屯亡敃，賜釐無疆。（大克鼎，集成5.2836）

《墙盘》铭将时王（恭王）之前的历代周王，按文王—武王—成王—康王—穆王的历史顺序，根据他们各自的经历及文治武功，一一加以讴颂褒赞，古朴雄重，极是大气。如果不考虑夸美过度这个因素，应该承认它在相当程度上体现出当时"溥天之下，莫非王土"的时代特征。

《大克鼎》与《墙盘》、《秦公簋》的歌赞天子、诸侯有所不同，任"膳夫"之职的克美颂的是自己的先祖师华父（曾任师职）。不过克对这位先祖的美颂也是同样不吝使用最美的言词，赞心胸，赞谋略，赞美德，赞辅佐天子，赞安民定邦，一派雍容尊贵景象。显见，此篇之夸美祖先比之前两篇实在不遑多让，铭辞风格与《墙盘》、《秦公簋》是属于同一路的。

大体说来，铭文的语言风格以古拙沉朴为常。

当然，铭文并不是千篇一律，风格上也不可能千部一腔的。如：

（4）王令甲征治成周四方積，至于南淮夷。淮夷舊我帛畮人，毋敢不出其帛、其積。其進人、其貯，毋敢不即次即市。敢不用命，則即刑撲伐。其唯我諸侯百姓，厥貯毋不即市，毋敢或入蠻宄貯，則亦刑。（兮甲盤，集成16.10174）

《兮甲盘》记录作器者兮甲跟随周宣王讨伐猃狁建立战功并得到周王赏赐，重点讲述天子授权兮甲征收赋税及相关政策。宣王的指令是严厉苛峻的：成周附近也好，南淮夷也好，都必须完粮纳税供差遣，若有人胆敢违命，你兮甲就要迅速采取措施，坚决打击惩处，绝不宽贷。也不容许有私自接纳外夷贡赋的行为，不准暗箱操作中饱私囊，一经发现，你兮甲也要对他们刑罚从事。这里，温文儒雅不见了，有的是训诫臣下的居高临下，有的是对治下黎民百姓的森森威严。在这段很短的节录文字中，双重否定"毋敢不"出现两次，"毋不"、"毋敢"各出现一次，口气坚定，不容置辩。周天子之威权，于此可见一斑。显然，这样的文字是不宜用"古雅朴重"加以范围的。

再看一个例子：

（5）唯十又二年正月初吉丁亥，虢季子白作寶盤。丕顯子白，壯武于戎工，經維四方。搏伐玁狁，于洛之陽，折首五百，執訊五十，是以先行。桓桓子白，獻馘于王。王孔加子白義，王格周廟宣榭，爰饗。王曰："白父，孔顯有光。"王賜乘馬，是用佐王；賜用弓彤矢，其央；賜用鉞，用征蠻方。子子孫孫，萬年無疆。（虢季子白盤，集成16.10173）

读这篇铭文，很容易感受到作器者虢季子白的心境。他因骁勇善战，军功卓著，故而备受天子（周宣王）器重，不仅委以"经维四方"的重任，而且特为设宴，大加褒扬，给予很多赏赐。虢季子白的心情，通过轻快上口的短句（四字句居多），通过悠扬悦耳的韵语（"工、方、阳、行、王、飨、光、王、央、方、疆"入韵），鲜明地表现出来：乐观自信，踌躇满志。这篇的风格，与《兮甲盘》又自不同。

一般所说的青铜器铭文，上起商代早期，下迄战国晚期，时间跨度相当大。有人依据格式，将铭文分为12种：徽记，祭辞，册命，训诰，记事，追孝，约剂，律令，符，节，诏令，媵辞，乐律，物勒工名（马承源《中国青铜器》）。人物事情目的功用等既各有差异，自然难有什么不变的统一风格。再者，铭辞作者也是"才有清浊，思有修短"，因此而出现"虽并属文，参差万品"的情况（葛洪《抱朴子·辞义》），实在是"势所必至，理固宜然"。

二

西晋挚虞有"古之铭至约"的说法（《文章流别论》），用它来观照商周铭文，可以说是大致不差。一篇铭文的字数，通常在一字至十数字、数十字之间，三四百字就是了不起的鸿篇巨制了。毛公鼎"块头"

最大，是铭文中的"龙头老大"，也不过497字。铭文中惯常见到的是这样一些短章：

（6）司母戊。（母戊方鼎，集成4.1706）

（7）大保鑄。（大保方鼎，集成4.1735）

（8）仲作旅寶鼎。（仲作旅寶鼎，集成4.2048）

（9）高作父乙彝。（高作父乙觶，集成12.6441）

（10）王賜德貝廿朋，用作寶尊彝。（德鼎，集成4.2405）

（11）大師事良父作寶簠，其萬年子子孫孫永寶用。（大師事良父簠蓋，集成7.3914）

因此，从大多数铭文单篇字数这个意义上讲，应当承认铭文总体上是简约的。

不过，换一个角度看，简与繁又具有相对性，并不完全是总量字数问题。请看例子：

（12）伯好父自鑄作為旅簠。（伯好父簠，集成6.3691）

（13）……其百子千孫永寶用，其子子孫孫永寶用。（梁其壺，集成15.9717）

（14）……獲馘百，執訊二夫；俘戎兵——盾、矛、戈、弓、䈆、矢、裨、胄，凡百又卅又五款；俘戎俘人百又十又四人。（敔簠，集成8.4322）

例12《伯好父簠》全铭9字，称它"简"似属理所当然。但我们有理由认为它算不上简洁；岂止不简洁，简直有些繁琐。因为与同类比较可知，这句话本来有"伯好父作旅簠"、"伯好父自铸旅簠"、"伯好父自作旅簠"、"伯好父自为旅簠"等多种较简省的表达，而作器者偏偏选择了最不经济的说法，将三个表示同一意义的动词叠加在一起使用，说它繁，可算是名至实归。例13，采用通行结束语"子子孙孙永宝用"似乎中规中矩，问题是这个意思它在前面已经说过了一遍（只不过是用"百子千孙"替代"子子孙孙"），也是个不厌其详的样板。例14是夸耀战绩的，最值得注意的不在它讲杀敌多少、俘敌多少，而在对战利品的表述方式：有总称（戎兵），有总量（135件），尤其还详尽罗列了盾、矛、戈、弓等的细目名称。看来，作器者为了表功，凡事关战绩，无问巨细，都要拿来着意炫露展示一番，其用意不可谓不深。

再看两个例子：

（15）甲兵之符，右在王，左在新鄭。凡興士被甲，用兵五十人以上，必會王符，乃敢行之。燔燧事，雖無會符，行殹。（新郑虎符，集成18.12108）

（16）唯九月初吉戊申，伯氏曰："不其，馭方玁狁廣伐西俞。王令我羞追于西。余來歸獻禽。余命汝御追于洛。汝以我車宕伐玁狁于高陶，汝多折首執訊。戎大同，從追汝。汝及戎大敦撲，汝休，弗以我車陷于艱。汝多禽，折首執訊。"（不其簠蓋，集成8.4329）

《新郑虎符》是战国末年秦国之物，上刻铭文计40字，字数不是很少。但相对于负载的信息量而言，语言仍然是十分洗练的，非常切合实用。它向我们传达了三层意思：兵符的两半分别由谁（在何地）掌握；将帅用兵在怎样的规模上一定要得到秦王同意；在何种情况下调兵遣将可以不必与王符相合（又有两种可能——军情紧急或一次用兵不足50人）。《不其簠》节录部分字数更多，其容量也比《新郑虎符》更大。伯氏的话，完整讲述了西周晚期一次大规模的战役。该战役包含三次战斗，其过程称得上复杂有戏剧性。事情起因：玁狁大肆侵伐周的西俞；第一次战斗：伯氏遵照周宣王命令与玁狁接战，获得胜利并向宣王报功；第二次战斗：伯氏令不其驾兵车继续追击玁狁，不其不负所望，大有斩获；第三次战斗：玁狁不甘失利，聚合重兵后反扑，不其与之展开决定性的激战，取得最终胜利。如许丰富的内涵就在区区74字的人物语言中表述清楚了，足见铭辞作者驾驭语言的能力之高。

《礼记·祭义》云："夫言岂一端而已，夫各有所当也。"《文赋》的说法是"丰约之裁，俯仰之形，因宜适变，曲有微情"。看来，简约有简约的好处，繁丰有繁丰的妙用。以《伯好父簠》、《梁其壶》而论，前者若非"铸"、"作"、"为"三动词同义连用，伯好父铸造此器极为郑重庄敬的态度怕难以显现。后者连言"百子千孙永宝用"、"子子孙孙永宝用"，梁其祈望家族兴旺、富贵长存的殷殷之情、拳拳之意，借此得以充分表露。至于简约的好处，早已为世人熟知，此处毋庸赘言。也许，我们应当这样看待语言的繁和简：意少言少之"简"易为，意多言少之"简"难成，后者比前者更加可贵，因为它以少量的文辞荷载了多量的信息，真正做到了"言简意丰"；成功的繁丰文字除了可以精确传达理性意义，还很善于表现理性意义之外的东西，如难以言传的复杂微妙情感，不宜直说、不便明言的言外之意、味外之旨，等等。

三

不必讳言，铭文语言很多时候显得刻板单调。这首先表现在，铭文的程序化现象比较普遍，比较严重。不妨以其中篇幅较长、分量较重的册命铭文为例来说明这一点：

（17）唯三月初吉甲戌，王在康宫。荣伯入右康。王命："死司王家，赐汝幽黄、攸革。"康拜顗首，敢對揚天子丕顯休，用作朕文考厘伯寶尊鼎。子子孫孫其萬年永寶用。（康鼎，集成5.2786）

分析这篇铭文，内容明显分为七个部分：时间（三月初吉甲戌）；地点（康宫）；受册命者（康）；册命辞（死司王家，赐汝幽黄、攸革）；称扬辞（对扬天子丕显休）；作器（用作朕文考厘伯宝尊鼎）；祝愿辞（子子孙孙其万年永宝用）。同类的其他铭文，格式也大体如此。西周晚期册命格式最完备，亦不过在此基础上略有增益而已，程序化倾向明显。下面是一个格式完备的例子：

（18）隹三年五月既死霸甲戌，王在周康昭宫。旦，王格大室，即位。宰引右頌入門，立中廷。尹氏受王令書。王呼史虢生冊令頌。王曰："頌，令汝官司成周貫，監司新造貫用宫御。賜汝玄衣黹屯、赤市朱黄、鑾旂攸勒，用事。"頌拜顗首，受令冊，佩以出，返納瑾璋。頌敢對揚天子丕顯魯休，用作朕皇考龏叔皇母龏姒寶尊簋。用追孝，祈匄康龢、純佑、通祿、永令。頌其萬年眉壽無疆，畯臣天子，霝終。子子孫孫永寶用。（頌簋，集成8.4322）

从册命铭文，可以约略窥见商周铭文的程序化问题大致是一个怎样的状况。

铭文的刻板不仅体现在程序化上，它对事情的记述很多时候也是缺少变化的，让人感觉沉闷乏味。如：

（19）王令虞侯矢曰："□侯于宜。賜鬯瓚一卣，商瓚一□，彤弓一、彤矢百、旅弓十、旅矢千。賜土，厥川三百□，厥□百又廿，厥宅邑卅又五，厥□百又冊。賜在宜王人□又七里；賜奠七伯，厥□□又五十夫；賜宜庶人六百又□六夫。"（宜侯矢簋，集成8.4320）

宜侯矢簋是一件珍贵的铜器，其铭文是详记"封建"诸侯的，因而其历史考古价值突出。不过若从语言表达角度来看，委实乏善可陈，就像一本流水账。看来铜器主人格外关注的是如何把受封于宜这件大事忠实详细地铭记下来，至于文辞是否优美，那并不是多么重要的事情。也就是说，铭文的实用性、准确性始终是第一位的，别的都在其次。许多重要铭文，如《散氏盘》、《鄂君启节》等，也可以为此提供佐证。《散氏盘》记录了一宗土地交易，篇幅很长，其中对土地的边界交待得极为详尽。至于语言，那纯粹是公文档案式的，干巴得很。《鄂君启舟节》在"自鄂往"与"见其金节则毋征"之间，具列航程的四条路线，每条线的起点、过程、终点都了然分明。节铭作者其实并无高明之处，只是在26个水名地名之间，交替插入"逾"、"上"、"更"、"入"4个动词，将各种水名地名串接成不同的线而已。不过，假使有人认为此铭能替换着选用不同动词，已经不算枯燥无味，那也是有一定道理的。相较于《鄂君启车节》的陆路线只用"更"，这种说法就似乎更有道理了："自鄂往：更阳丘，更邡城，更象禾，更畐焚，更繇阳，更高丘，更下蔡，更居巢，更郢。见其金节则毋征。"

或许，这就是曹丕所谓的"铭诔尚实"（《典论·论文》）。

四

但是，同时也必须看到，商周（尤其两周）铭文中，形象生动乃至文采斐然的篇什也是有一些的。看几个例子：

（20）王令毛伯更虢城公服，屏王位，作四方極，秉緐、蜀、巢令。賜鈴勒。咸。王令毛公以邦冢君、徒馭、𢦏人伐東國㾓戎。咸。王令吴伯曰："以乃師左比毛父。"王令吕伯曰："以乃師右比毛父。"（班簋，集成8.4341）

（21）多友乃獻俘馘訊于公，武公乃獻于王。乃曰武公曰："汝既静京師，釐汝，賜汝土田。"丁酉，武公在獻宮，乃命向父召多友，乃徒入獻宮。公親曰多友曰："余肇使汝，休不逆，有成事，多禽。汝静京師。賜汝圭瓚……"（多友鼎，集成5.2835）

（22）太師小子伯公父作簠，擇之金，唯鐳唯鑪，其金孔吉，亦玄亦黄。用盛糕稻糯粱。我用召卿事辟王，用召諸考諸兄，用祈眉壽多福無疆。其子子孫孫永寶用享。（伯公父簠，集成9.4628）

《班簋》节录部分对周王的描述可圈可点。首先，四个述宾短语"更虢成公服，屏王位，作四方极，秉緐蜀巢令"一气呵成，很好地表现了周王对毛伯的信任、期待和倚重。其次，王令吴伯、吕伯分别做主帅毛伯的左师、右师，乍见之下遣词用语似涉重复，其实这种句法在这里妙用无穷，十分传神，读者如临如见，有很强的现场感。《多友鼎》全铭较长，主要内容叙述武公受王命，率领多友进击来犯的猃狁，多友在几次交战中都表现突出，战绩辉煌。节录的一段，先是武公受到王的褒扬和赏赐，然后，武公再对多友大加褒扬和赏赐。饶有趣味的是，武公的用语口气明显带有仿效"王曰"的痕迹，上行下效，一至于此！铭辞对武公受奖回来之后的行事及其情状的描述也值得注意：武公十分郑重地在献宫"命"人"召"请多友过来，他对多友的说话方式是让下属感觉温暖鼓舞的"亲曰"。其对多友的激赏和器重，于此足可见出。《伯公父簠》的内容无多可称道之处，然其形式之美足堪关注：一、铭辞用韵，具有声律之美；二、整句散句兼用，具有对称参差杂陈之美（听觉的视觉的）；三、一连以三个"用"起句，具有一气贯注之美。

文笔优美、辞藻富赡的铭文，当推战国时期的中山王䑝鼎及方壶。两篇铭文篇幅都不短（457字，447字），但绝无常有的单调沉闷之弊，而是很好地利用了篇幅长的优势，叙事说理畅达透彻，表情达意曲尽其妙。其中有往事的叙述，有历史教训的回顾，有格言警句的援引，更多的是对相邦赒的揄扬嘉勉，作者巧妙地将它们熔铸为一个有机整体，表达效果堪称完美。尤为令人惊喜的是，作品充溢着浓浓的抒情味，这一点在商周铭文中极为罕见，因而特别珍贵。文中画龙点睛地使用感叹词"呜呼"，更使整篇铭辞起伏有致，摇曳生姿。读这样的铭文，很容易想起那些洋洋洒洒、恣肆汪洋的诸子散文。不夸张地说，即使与诸子名篇相比较，它们也毫不逊色。下面是片段节录：

（23）唯十四年，中山王䑝作鼎，于铭曰：呜呼，语不悖哉！寡人闻之：與其溺于人也，寧溺于淵。……寡人闻之：事少如長，事愚如智。此易言而難行也，非信與忠，其誰能之？其誰能之？唯吾老賙是克行之。……今吾老賙親率三軍之衆，以征不義之邦。奮桴振鐸，辟啓封疆，方數百里，列城數十，克敵大邦。（中山王䑝鼎，集成5.2840）

（24）敝曹郾君子儈，不顧大義，不忌諸侯，而臣宗易位，以內絶召公之業，乏其先王之祭祀；外之則將使上覲於天子之廟，而退與諸侯齒長于會同，則上逆於天，下不順於人也。寡人非之。……夫古之聖王，務在得賢，其即得民。故辭禮敬則賢人至，厎愛深則賢人親，作斂中則庶民附。嗚呼！允哉若言。明鏨之於壺而時觀焉。祇祇翼翼，昭告後嗣：唯逆生禍，唯順生福。載之簡策，以戒嗣王。唯德附民，唯義可長。子之子，孫之孫，其永保用亡疆。（中山王䑝方壶，集成15.9735）

鼎铭壶铭的语言运用都十分考究。试析一二。①中山王䑝对老臣赒极为信任，为了表彰他的"事少如长，事愚如智"，铭文的写法是：确认此事"易言而难行"；而其所以"难行"，在于非"信与忠"之人不能为此；"其谁能之"反复诘问，有力突显出老赒践行此事的难能可贵。②中山王对老赒的武绩也赞誉有加，差不多全以整句、韵语出之，连贯的语势形象地表现出老赒为国家建立的功业之大。③壶铭使用了很多的偶句、排句，这不仅使论理更加充分，同时也赋予文章以气势。

此外，商周铭文的叠音联绵词也是很有表现力的，如《宗周钟》、《梁其钟》使用"仓仓恩恩、征征雍雍、橐橐數數（一作數數橐橐）"《梁其钟》另有"穆穆异异"），其摹声状物就具有"以少总多，情貌无遗"的效果。

五

这部分拟就铭文里涉及反复和错综（广义）的个别词语、句子略事分析。

先说反复。例如：

（25）生史……作寶簋，用事乎祖日丁，用事乎考日戊。（生史簋，集成 7.4101）
（26）……用追孝于乎皇祖晨公、于乎皇考屖𠭰公。（䣙公平侯鼎，集成 5.2771）
（27）……其百子千孫，其萬年無疆，其子子孫孫永寶用。（梁其鼎丙，集成 5.2770）

殷周人篤信天命鬼神，他們制作鐘鼎彝器的一個很重要的緣由，是他們相信因此可以求得祖先在天之靈的庇護，保佑自己及後代。許多銘文的結束語都是些很少變化的套話。上三個例子卻因語詞的復沓而顯示出個性。例 25，第二個"用"甚至包括"事"本都可以不用，生史選擇使用，想必在他看來，用這個簋來奉事先祖與奉事先考同等重要，故而需要分別強調吧。例 26，介詞"于"也重複得很有意思。若依照通例，第二個"于"是不出現的；這裡出現了，而"于"前面的"用追孝"卻並沒有重複，如此一來，整個句子就顯得特別有個性。例 27，嘏辭之前接連將器主人名"其"出現三次，單就文辭論，若要說對後代子孫興旺的殷切期望，恐怕鮮有可與梁其比擬者。

古人云："文有數句用一類字，所以壯文勢、廣文義也。"（陳騤《文則》）"反復"肯定是具有這種"壯文勢、廣文義"作用的。

再說錯綜：
（28）……用祈屯魯永命，用匄眉壽無疆。（師史鐘，集成 1.141）
（29）……用匽以喜，用樂父兄諸士。（子璋鐘，集成 1.113）
（30）對王休，用作子孫其永寶。（鮮盤，集成 16.10166）

例 28，"祈"、"匄"均為祈求義，交替使用，變文同義。富於變化的語言避免了重複和單調，有一種動態的美感，更有生氣。例 29，"用匽以喜"中的"用"、"以"也是變文同義。當我們見多了"用享用孝"、"用朋用友"、"以匽以喜"、"以征以行"之後，讀到"用匽以喜"一類句子，常常會因為詞面別異而心生喜悅。例 30，"用作子孫其永寶"這句話的意思通常是用兩個分句表達的，先說"用作……盤"之類，再說"子孫其永寶"。例句的說法實際是將"子孫其永寶"同時又充當了"作"的賓語。這種組合超越常規，當屬臨時性的靈活運用。

最後說說銘文中大量存在的"對揚某某休"（下稱"原式"）。這種說法極富於變化，有多個變體。如：
（31）旅對天子魯休揚。（虢叔旅鐘，集成 1.238）
（32）梁其敢對天子丕顯休揚。（梁其鐘，集成 1.187）
（33）趩拜頭首，揚王休對。（趩觶，集成 12.6516）
（34）揚尹休，高對。（高卣，集成 10.5431）
（35）王臣手頭首，不敢顯天子對揚休。（王臣簋，集成 8.4268）
（36）穆公對王休。（穆公簋蓋，集成 8.4191）
（37）静揚天子休。（静方鼎，文物 1998.5）
（38）敏揚王休于尊伯。（天亡簋，集成 8.4261）
（39）趙敢對揚，用作文祖己公尊盂。（趙盂，集成 16.10321）

上述例句所表現出的原式的變化式可概括為：①"對……揚"。例 31、例 32 是。②"揚……對"。例 33、例 34 是，例 34 中間甚至還有較大的停頓。③"……對揚……"。即原式中的賓語有一部分位移到述語之前。例 35 是。④"對……"或"揚……"。例 36、例 37 是。⑤"揚……于……"。主要是比原式多了介賓結構補語。例 38 是。⑥"對揚"。原式中的賓語不見了。例 39 是。變體是如此之多，真有些讓人驚訝。若問何以如此，庶幾可用四個字來回答：求變求異。

從以上分析可以看出，商周銘文的語言確有自己的特點。它固然有簡古、單調、程序化的一面，但同時它也有繁富、活潑、富於變化、生動形象的一面。任何只看到其中一面的認識都是不完整、不全面的。

（下轉第 161 頁）

《尔雅·释器》词语系统性初探

谢美英

【摘　要】《释器》虽然不似《释亲》、《释天》明确标出小的类目，而实际上所释名物也隐然自成小类，体现出一定的系统性。本文试图从语义场的层次性、属别相关、整体与部分相关三个角度探讨《尔雅·释器》中名物词词义上的系统性。

【关键词】　释器；系统性；语义场的层次性；属别相关；整体与部分相关

认知人类学认为人类总是通过命名，对自己感知的自然和社会现象加以概括和分类，从而使客观事物按照一定的包容和隶属关系构成某种分类系统，每一种分类体系的差异都是一种文化类别差异的反映。因而认知人类学者试图在语言中寻找分类体系，从而用来理解人类文化和人类思维。中国古代先民们认识世界、把握世界的最基本的方法是"在分析的基础上加以归纳，即异求同，找出事物间的区别和联系，以便执简驭繁"[1]。体现先秦古人思想的《尔雅》在分类上达到了相当高的程度：它首先把所搜集的词分为19大类，每一大类下面再分若干小类，然后根据词与词的某种关系，依次排列，逐条加以训释。这样就把各词条所代表的事物按照一定的类别进行排列，使词与词之间基本上做到次序井然、有条不紊。

《释器》虽然不似《释亲》、《释天》明确标出小的类目，实际上所释名物也隐然自成小类，体现出一定的系统性。本文拟从语义场的层次性、属别相关、整体与部分相关三个角度探讨《尔雅·释器》中名物词词义上的系统性。

一、语义场的层次性

语义场就是通过不同词的对比，根据它们词义的共同特点或关系划分出来的类。由于语义场中各词项的语义概括能力不同，这样就形成了语义场的层次性：概括能力大的词项处于较高的层次，概括能力小的词项处于较低的层次。我们要确定一个具有层次性的从上而下的语义场，首要的任务是从下而上，建立范围较小的子场，这样就离不开对其中的词语意义进行分类探讨。

在对《尔雅·释器》中词语的词义进行分类探讨之前，我们先来看一下郝懿行对《释器》的题解："器者，《说文》云：皿也。械字解云：一曰器之总名，一曰有盛为械，无盛为器。按：器械通名耳。故《礼·大传》云：异器械。郑注：器械，礼乐之器及甲兵也。《少仪》云：不度民械，不訾重器。郑注：民械，民家之器用。是器械故通名。今但以兵杖为械矣。此篇所释皆为正名辨物、依类象形。至于豆笾虞礼乐之事而略载于篇者，以皆器皿之所属也。若乃衣服饮食，非可以器言。而杂见兹篇者，以本器用之原也。"[2]

在此，郝懿行向我们传达了三个信息：一是古之器与今之器在概念上有所不同，因而我们在对《尔雅·释器》进行分析时，不能受制于现时概念之器。二是《释器》中的词语不是互不相干的一盘散沙，而是互相影响、互相制约的一种符号系统。三是这个符号系统中的词语按照释义之间的差异可以归属为生产和生活两大语义范畴。为了论述的方便，我们姑且称之为生产语义场和生活语义场。

系统思想认为，一个系统由若干子系统组成，该系统在更大的系统中又是一个子系统，这就构成了系统的层次性。《释器》中的器物词内部的层次关系主要表现为不同词之间在语义上所形成的上、下位关系。我们对《释器》47个词条[3]进行分类，就会发现大部分词条都归属于上述生产语义场和生活语义场。也就

【作者简介】　谢美英，女，四川大学文学与新闻学院文学人类学2004级博士研究生。（四川　成都　610064）
[1] 高小方：《〈尔雅〉评介》，第57页，中国青年出版社，2000年。
[2] 朱祖延主编：《尔雅诂林》，湖北教育出版社，1996年。
[3] 徐朝华：《尔雅今注》，南开大学出版社，1994年。

是说如果以释器词作为上位词,它的下位词包括生产语义场和生活语义场两方面,它们又分别有自己的下位词。笔者主要通过分析两大语义范畴系统的层次性来探讨释器词汇的系统性。

1. 以生产语义场为例,释农器、渔器、猎器的词可视为其下位词:

6·3 斪斸谓之定,斫谓之鐯,斛谓之疀。

这是解释农器的训列。斪斸是古代锄类农器名,又称为"定"。"斫"和"鐯"指古代的大锄。"斛"和"疀"指古代的锹类农具。因而可以说,斪斸、定、斫、鐯、斛、疀是农器的下位词。

6·4 繴罟谓之九罭,九罭,鱼网也。嫠妇之笱谓之罶。翼谓之汕。篧谓之罩,椮谓之涔。

6·5 鸟罟谓之罗,兔罟谓之罝,麋罟谓之罞,彘罟谓之羉,鱼罟谓之罛。繴谓之罿,罿,罬也。罬谓之罦,罦,覆车也。

6·4中全部词语和6·5中"鱼罟谓之罛"是解释渔器的。繴罟(九罭)是所有渔网的通称(总称)。"笱",捕鱼的工具。"罶"插有逆向竹片,鱼入即不得复出。这种捕鱼器置放比较简易,所以又称嫠妇之笱。"翼",捕鱼工具,即抄网。"篧",是捕鱼用的竹笼。"椮"是积柴水中以诱捕鱼的一种方法。"罛"是一种大渔网。

猎器则包括网罟(6·5、6·6)和弓箭(6·35、6·36)两类下位词。而捕鸟器(罗、絇、救)和捕兽器(罝、罞、羉)又可视为网罟的下位词,弓器(弓、弭、铣、珧、珪)和箭器(金镞、志)又是弓箭的下位词。这样,我们通过对《释器》中的生产语义场进行逐一分析,就可以得到一个纵向包容、横向对照的分类系统(见表一):

表一

包容↓	生 产 工 具						对照
	农 器	渔 器	猎 器				
			网 罟		弓 箭		
			捕鸟器	捕兽器	弓 器	箭 器	
	6·3斪斸、定、斫、鐯、斛、疀	6·4、6·5繴罟、九罭、笱、罶、翼、汕、篧、罩、椮、涔	6·5罗 6·6絇、救	6·5罝、罞、羉	6·36弓、弭、铣、珧、珪	6·35镞、志	

2. 在生活语义场中,我们通过分析就会发现它的下位词包括衣、食、行以及其他(文具、卧具、手工艺)方面。我们可以从分析与人们生活最为密切的衣、食、行及其下位词入手研究生活语义场的层次性和系统性。

首先我们来看以下六组餐具词的含义:

6·1 木豆谓之豆,竹豆谓之笾,瓦豆谓之登。

这条是解释食器。木制的高足食器称为豆,竹制的豆称为笾,陶制的豆称为登。"豆"和"笾"作为食器,主要是用来盛菹醢瓜果等食品献祭神灵。其特点是高足而有盖。笾和豆的用途略有区别,菹醢是酱菜酱肉,会沾染容器,所以盛于"豆";瓜果等不沾染容器,所以盛于"笾"。陶豆古代叫"登",本字应写作"登",在古文字中像受吃肉块放在豆上。登的主要用途也是盛肉祭神[1]。

6·2 盎谓之缶,瓯瓿谓之瓵,康瓠谓之甈。

盎、缶、瓯、瓿、瓵、康瓠、甈都是水器的名称。盎、缶是一种腹大口小的瓦制盛水器。盎、缶通常有盖,而盆无盖。瓯、瓿都是小盆的名称,口较宽,而且较矮。"康瓠"的"瓠"应读为"壶"。瓠本是葫芦的名称,早在陶器发明以前,原始人就发明用老化的葫芦盛水,后来发明了陶器,人们还往往模仿瓠的形状制成陶壶,今称为葫芦瓶,古代仍称为"瓠"。"康"与"空"音义相近,"康瓠"即空壶[2]。

6·10 彝、卣、罍,器也。小罍谓之坎。

---

[1] 徐莉莉、詹鄞鑫:《〈尔雅〉:文词的渊海》,第120页,上海古籍出版社,1997年。
[2] 同上书,第120—121页。

6·47 卣，中尊也。

这两组词都是释酒器的词。《尔雅今注》："彝，古代青铜器通称，多指宗庙祭祀用的礼器。……卣，古代青铜制中型酒尊。一般椭圆形，大腹，小口，圈足，有盖和提梁。……罍，古代酒器名。形似壶，小口，广肩，深腹，圈足，有盖。……坎，一种壶形小酒器。"①

6·19 鼎绝大谓之鼐，圜弇上谓之鼒，附耳外谓之釴，款足者谓之鬲。

6·20 甗谓之鬵，鬵，鉹也。

这两组词是释炊器的。徐朝华解释为："鼎，古代一种烹饪器，多为三足两耳……鼒，小鼎。……釴，附耳在外的鼎……鬲，鼎类烹饪器，三足中空。"② "甗，大釜（锅）之类的炊具。孔疏：'孙炎曰：关东谓甗为鬵，凉州谓甗为鉹。'"③

显而易见，我们从功用上看，这六组词都是有关餐具的。同时我们又可以根据义素的差异对这六组词进行意义聚合，确定更小的语义场："食器"、"水器"、"酒器"、"炊器"等。每个语义场又含有不同的下位词：食器包括豆、笾、登；水器包括盎、缶、瓯、瓵、瓿、康瓠、甀；酒器包括彝、卣、罍、坎；炊器包括鼎、鼐、鼒、釴、鬲、甗、鬵、鉹。以此方式，我们可以把《释器》中的47个词条逐一加以研究，从而确定生活语义场包括衣、食、行等子语义场，而每个语义场下又包括不同的下位词，这样我们就可以得到一个纵向并列、横向对照的系统图（见表二）。

表二

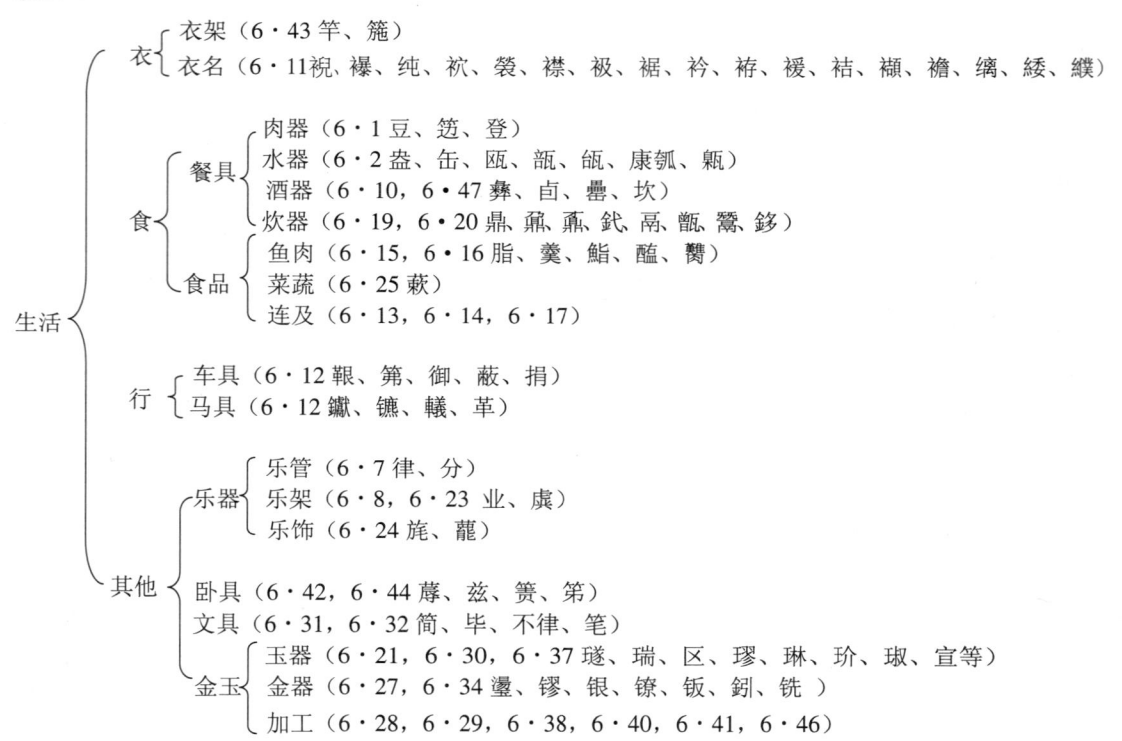

```
         ┌ 衣架（6·43 竿、箷）
      衣 ┤
         └ 衣名（6·11 禂、襮、纯、袳、襃、襟、袣、裾、衿、袴、褑、袺、襭、襜、縭、綾、纚）
         
               ┌ 肉器（6·1 豆、笾、登）
         ┌ 餐具┤ 水器（6·2 盎、缶、瓯、瓵、瓿、康瓠、甀）
         │    │ 酒器（6·10，6·47 彝、卣、罍、坎）
      食 ┤    └ 炊器（6·19，6·20 鼎、鼐、鼒、釴、鬲、甗、鬵、鉹）
         │    
         │    ┌ 鱼肉（6·15，6·16 脂、羹、鲊、醢、臡）
         └ 食品┤ 菜蔬（6·25 蕨）
              └ 连及（6·13，6·14，6·17）
         
         ┌ 车具（6·12 靷、第、御、蔽、揖）
  生活 ┤ 行┤
         └ 马具（6·12 鑣、镳、辖、革）
         
              ┌ 乐管（6·7 律、分）
         ┌ 乐器┤ 乐架（6·8，6·23 业、虡）
         │    └ 乐饰（6·24 旄、蘙）
         │
      其他┤ 卧具（6·42，6·44 蓐、兹、簟、第）
         │ 文具（6·31，6·32 简、毕、不律、笔）
         │
         │    ┌ 玉器（6·21，6·30，6·37 璲、瑞、区、璥、琳、玠、珧、宣等）
         └ 金玉┤ 金器（6·27，6·34 鋚、镠、银、镣、钣、鈏、铣）
              └ 加工（6·28，6·29，6·38，6·40，6·41，6·46）
```

二、属别相关

上述语义场的层次性主要是从宏观整体上关注《尔雅》中器物词的系统性。它们的系统性还表现为同类物名之间的属别相关。属别相关的词语其联系是类义素相同，区别在于反映义值差的义素的不同。我们不妨以下列训列探讨《尔雅·释器》篇中词语的这类情况。

1. 豆——豆、笾、登

豆、笾、登这三个名物词见于《尔雅·释器》6·1。虽然该训列中没明确地把"豆"标为属名，但不

---

① 徐朝华：《尔雅今注》，第181页，南开大学出版社，1994年。
② 同上书，第185页。
③ 同上书，第186页。

难看出在此"豆"为属名,"豆、笾、登"共同组成以豆为类义素的分类语义场,列表如下:

	分类语义场	区别性义素1	区别性义素2
豆	豆	木制豆	主要盛菹醢
	笾	竹制豆	主要盛瓜果
	登	陶制豆	主要盛肉祭神

以"豆"为类义素的分类语义场有两个区别性义素,一是质料,一是功用:木制的高足食器称豆,竹制的豆称笾,陶制的豆称登。菹醢是酱菜酱肉,会沾染容器,所以盛于"豆";瓜果等不沾染容器,所以盛于"笾";登的主要用途则是盛肉祭神。我们不难发现三者之间的标志性区别义素在于其质料不同。正是由于质料的不同,才导致其盛物品有所区别。

2. 罟(网)——总罟(九罭)、汕、罩、鸟罟(罗)、兔罟(罝)、麋罟(罞)、鱼罟(眾)、覆车(縿、罿、罬)

以上以"罟"为属名的名物词分别见于《尔雅·释器》6·4和6·5两个训列中。罟为属名,其余词项共同组成以"罟"为类义素的分类语义场,可用下表表示:

	分类语义场	区别性义素1	区别性义素2
罟	总罟(九罭)	捕鱼的网	捕小鱼的细眼渔网
	鱼罟(眾)		捕鱼的大网
	汕(翼)		捕鱼用的抄网
	罩(篧)		捕鱼用的罩子
	鸟罟(罗)	捕鸟的网	不装机关捕鸟的网
	縿、罿、罬、覆车		装机关捕鸟的网
	兔罟(罝)	捕兔的网	
	麋罟(罞)	捕捉野猪的网	

总罟(九罭)、汕、罩、鸟罟(罗)、兔罟(罝)、麋罟(罞)、鱼罟(眾)、覆车(縿、罿、罬)八种罟(网)的别名组成以罟为类义素的较大子分类语义场,以其不同的功用将之分为四组。第一组为捕鱼的网,第二组为捕鸟的网,第三组为捕兔的网,第四组为捕捉野猪的网。盖由于古人多临水而居,鱼类较为丰富,比之其他动物容易捕捉,捕鱼成为当时相对可靠的营生,因而他们对鱼的捕捞方式尤为关注,这或许是捕鱼的网名较之其他要多的缘故。

3. 鼎——鼎、鼐、鼒、鈃、鬲

这四个表示不同形状的鼎的名物词见于《尔雅·释器》6·19。它们形状上的差异决定了它们在当时的用途不同,列表如下:

	分类语义场	区别性义素1	区别性义素2
鼎	鼐	最大	仅王有之
	鼒	圆形口小腹大	宜于食鼎
	鈃	附耳在唇外	易扛,举鼎
	鬲	曲足中空	可用来煮饭

上述以鼎为义素的分类语义场首先可以从外部形态上加以区分。这种外部形态的差异,我们可以通过比较郭璞《尔雅音图》中众图得到直观上的感受。而正是外部形态的差异导致其使用上有所不同。邵晋涵《尔雅正义》:"《毛传》云:'大鼎谓之鼐,是绝大之鼎,特王有之也。'……《说文》云:'鼒,鼎之圜掩上者……上掩则口小,宜于食鼎……鼎之附耳于外者名鈃,即《易》所谓铉。……《说文》云:'铉,

举鼎具也。'"[1] 由于鬲有三个空心的短足，下面可以烧火，所以在古代用来煮饭。

4．弓——弓、弭、铣、珧、珪

以弓为属名，见于《尔雅·释器》6·36 的这五个名物词以其是否具有装饰以及何种装饰相辨分，构成以弓为类义素的分类语义场，列表如下：

分类语义场		区别性义素
弓	弓	用生丝缠绕后再用漆涂饰
	弭	不缠生丝、不涂漆，末端用骨或角镶嵌
	铣	两端用金装饰
	珧	两端用蜃壳装饰
	珪	两端用玉装饰

上表类分与区别性义素的归纳主要依据叶青注《尔雅》。

5．玉——璲、瑞、璆、琳、珪、玠、璋、琡、璧、瑄、瑗、环

以上十二个表示不同玉的名物词分见于《尔雅·释器》6·21、6·30 和 6·37 中。实际上这十二个名物词只有十个词项。璲和瑞只是字形有别，所指相同，都是指所执或所佩以为信物的玉。璆与琳亦表示同一种玉，即可以用来制磬的珍贵青色美玉。它们组成以玉为类义素的分类语义场，列表如下：

分类语义场		区别性义素1	区别性义素2
玉	璲、瑞		作信物、配饰
	璆、琳	青色美玉	可用来制磬
	珪	上尖下方的长条形玉	古代帝王诸侯举行典礼的礼器
	玠	一尺二寸长的大珪	
	璋	形状像半珪	祭祀、丧葬、治军的礼器或凭证
	琡	八寸璋	
	璧	扁平、圆形、中间有孔，边宽是内孔直径的两倍	男子所执之玉，祭祀、丧葬、朝聘时的礼器
	瑄	直径六寸的玉璧	用于祭天
	瑗	孔大边小的玉璧	
	环	边宽与内孔直径相等的玉璧	

上表类分与区别性义素的归纳主要依据叶青注《尔雅》，并参照邵晋涵《尔雅正义》。其区别性义素首先是玉的外表（形状、颜色、大小），其次是玉的功用。这样按玉的形状大致可以分为长条形的珪类和圆形有孔的璧，其中按大小的差异，珪又可分为珪、玠、璋、琡，璧又分为璧、瑄、瑗、环。而在功用上，玉主要用来做信物、配饰及礼器。

以上我们从语义学的角度对《尔雅·释器》中某些属别相关的名物词做了初步分析，从中我们可以了解到各语义场下的名物词仅仅是义类相同，而词义上却有较大的差异，也就是说它们之间还存在比较大的义值差。但反过来说，各自不同的区别性义素基本上都是从同一角度作出的区分，其中也显示出了某些相同点。从这个意义上说，《释器》中名物词之间并非一盘散沙，而是相互之间有这样或那样的联系。

三、整体与部分相关

《尔雅·释器》中名物词有的相互之间是整体与部分的关系，从语义学的角度看，它们可以构成部分义场。与分类义场不同的是，整体名物词与部分名物词的义位之间是隶属关系，而不是总分关系。《尔雅·释

---

[1] 朱祖延主编：《尔雅诂林》，第 2041 页，湖北教育出版社，1996 年。

器》中主要有 2 个训列属于此类。

（1）衣。衣与其部分之间构成一个多元的部分义场，如下表所示：

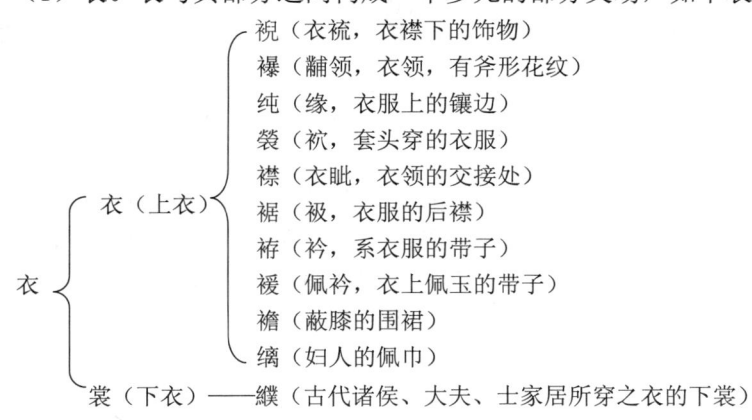

```
        ┌ 衣（上衣）┬ 祝（衣祧，衣襟下的饰物）
        │          ├ 襮（黼领，衣领，有斧形花纹）
        │          ├ 纯（缘，衣服上的镶边）
        │          ├ 襃（祄，套头穿的衣服）
  衣 ───┤          ├ 襟（衣眦，衣领的交接处）
        │          ├ 裾（极，衣服的后襟）
        │          ├ 袆（衿，系衣服的带子）
        │          ├ 褑（佩衿，衣上佩玉的带子）
        │          ├ 袡（蔽膝的围裙）
        │          └ 缡（妇人的佩巾）
        └ 裳（下衣）── 纗（古代诸侯、大夫、士家居所穿之衣的下裳）
```

这十多条讲衣着形式的资料，集中于《尔雅·释器》6·11 中。关于某些名词具体指衣服的哪一部分，历来还是有所争议。今主要参考徐朝华《尔雅今注》、叶青《尔雅》以及胡奇光《尔雅译注》。无论这些争议存在与否，我们都不难看出当时古人对服饰如此讲究其形，这与当时较为发达的纺织技术及商周贵族之豪奢大有关联。

（2）车。由于在周秦时期，马车是主要的交通工具，因而时人对车的各部分结构颇为关注。据统计，《考工记》之《车人》、《舆人》、《轮人》、《辀人》中就记录了包括舆（车箱）、轮（车轮）、辀（连接舆与衡轭之杠）、盖、衡（辕前衡木以缚轭者）等十多个有关车部件的名物词。《尔雅·释器》对车部件的阐释虽没其详细具体，但对我们而言，却是对古代马车认识的一个重要补充材料。这些车部件的名物词可以构成一个如下表所释的部分义场：

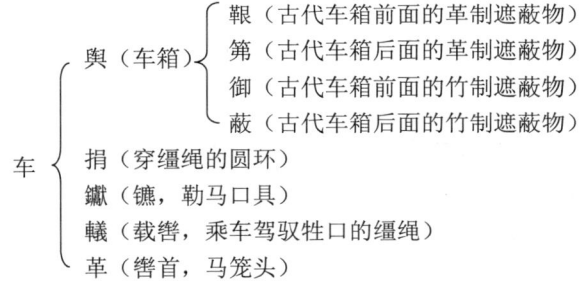

```
        ┌ 舆（车箱）┬ 鞎（古代车箱前面的革制遮蔽物）
        │          ├ 第（古代车箱后面的革制遮蔽物）
        │          ├ 御（古代车箱前面的竹制遮蔽物）
        │          └ 蔽（古代车箱后面的竹制遮蔽物）
  车 ───┤ 捐（穿缰绳的圆环）
        │ 鑣（镳，勒马口具）
        │ 轙（载辔，乘车驾驭牲口的缰绳）
        └ 革（辔首，马笼头）
```

以上笔者分别从语义场的层次性、属别相关以及部分与整体相关三个角度探讨了《尔雅·释器》中所释词语的相互关系。由此我们可以了解到《尔雅·释器》中所释词语是一个相互之间有着这样或那样联系的整体。语义场的层次性分析主要从宏观角度把《释器》中所释词条归属于生产语义场和生活语义场及其子语义场，并构建一个语义场的树形结构，从而论证《释器》所释词语具有系统性。属别相关和部分与整体相关则是从微观角度对个别训列进行分析，以达到辅证《释器》名物词系统性的目的。研究表明，属别相关的词语就是通过强化事物的类属特性及相互区别，使之成为在人的理性观照下成为可以确定和归类的事物，从而获得整体性的关联秩序。具有整体与部分关系的词之间则表现出一种包容关系，它们共同构成一个统一的整体。一句话，《释器》中词条词义是相互有机地联系的统一体。

附录：《尔雅·释器第六》

6·1 木豆谓之豆，竹豆谓之笾，瓦豆谓之登。

6·2 盎谓之缶，瓯瓿谓之瓵，康瓠谓之甋。

6·3 斫斸谓之定，斫谓之鐯，斪谓之䦆。

6·4 緵罟谓之九罭，九罭，鱼网也。嫠妇之笱谓之罶。翼谓之汕。篧谓之罩，椮谓之涔。

6·5 鸟罟谓之罗，兔罟谓之罝，麋罟谓之罞，彘罟谓之羉，鱼罟谓之罛。繴谓之罿，罿，罬也。

罬谓之罦，罦，覆车也。

6·6 絇谓之救。

6·7 律谓之分。

6·8 大版谓之业。

6·9 绳之谓之缩之。

6·10 彝、卣、罍，器也。小罍谓之坎。

6·11 衣裗谓之視，黼领谓之襮，缘谓之纯，衸谓之袋。衣眦谓之襟，衱谓之裾，衿谓之袸。佩衿谓之褑。执衽谓之袺，扱衽谓之襭，衣蔽前谓之襜。妇人之袆谓之缡。缡，緌也。裳削幅谓之纀。

6·12 舆革前谓之鞎，后谓之笰；竹前谓之御，后谓之蔽。环谓之捐，镳谓之钀，载辔谓之轙，辔首谓之革。

6·13 餀谓之食饐，食噎谓之餲。抟者谓之糷，米者谓之糪，肉谓之败，鱼谓之馁。

6·14 肉曰脱之，鱼曰斫之。

6·15 冰，脂也。

6·16 肉谓之羹，鱼谓之鮨，肉谓之醢，有骨者谓之臡。

6·17 康谓之蛊。

6·18 淀谓之垽。

6·19 鼎绝大谓之鼐，圆弇上谓之鼒，附耳外谓之釴，款足者谓之鬲。

6·20 甑谓之鬵，鬵，鉹也。

6·21 璲，瑞也。玉十谓之区。

6·22 羽本谓之翮，一羽谓之箴，十羽谓之縳，百羽谓之緷。

6·23 木谓之虡。

6·24 旄谓之藣。

6·25 菜谓之蔌。

6·26 白盖谓之苫。

6·27 黄金谓之璗，其美者谓之镠。白金谓之银，其美者谓之镣。鉼金谓之钣，锡谓之鈏。

6·28 象谓之鹄，角谓之觷，犀谓之剒，木谓之剫，玉谓之雕。

6·29 金谓之镂，木谓之刻，骨谓之切，象谓之磋，玉谓之琢，石谓之磨。

6·30 璆、琳，玉也。

6·31 简谓之毕。

6·32 不律谓之笔。

6·33 灭谓之点。

6·34 绝泽谓之铣。

6·35 金镞剪羽谓之鍭，骨镞不剪羽谓之志。

6·36 弓有缘者谓之弓，无缘者谓之弭。以金者谓之铣，以蜃者谓之珧，以玉者谓之珪。

6·37 珪大尺二寸谓之玠，璋大八寸谓之琡，璧大六寸谓之宣。肉倍好谓之璧，好倍肉之瑗，肉好若一谓之环。

6·38 繸，绶也。

6·39 一染谓之縓，再染谓之赪，三染谓之纁。青谓之葱，黑谓之黝。斧谓之黼。

6·40 邸谓之柢。

6·42 蓐谓之兹。

6·43 竿谓之箷。

6·44 箦谓之笫。

6·45 革中绝谓之辨，革中辨谓之韏。

6·46 镂，锼也。

6·47 卣，中尊也。

Tentative Study on the Systematic Nature of the Words in *Er Ya Shiqi*

Xie Meiying

（College of Literature and Journalism of Sichuan University, Chengdu 610064, China）

Abstract: Although *Shiqi* didn't give the sub-categories as *Shiqin* and *Shitian* do, the explained objects, in fact, fall into the sub-categories implicitly, which reflects, to some degree, the systematic nature. The paper tries to examine the systematic nature of article nouns in the perspectives of administerative levels of semantic field, the correlativity of categories, and the correlativity of the whole and the part.

Key Words: Shiqi; systematic nature; administerative levels of semantic field correlativity of categories; correlativity of the whole and the part

（上接第153页）

The Features of the Language of Broze Inscriptions

Pan Yukun

(Center for the Study of Chinese Characters and Their Applications, East China Normal University, Shanghai 200062, China)

Abstract: This article attempts to discuss the broze inscriptions of Zhou Dynasty in the language expression-perspective. It includes the style, complexity and simpliciy, the pattern and the impressiveness of the inscriptions language, and also the use and effect of the repeated and complicated sentences.

Key Words: bronze inscriptions; language; rhetoric

居延新简"辨告"考

葛红丽

【摘 要】 居延新简中多见"辨告"一词，意义与工具书所释并不相符。本文根据该词所见语境及字书的有关线索，对"辨告"的意义试作探索，指出"辨告"的意思是普遍告知、通告。文献中写作"辨告"、"徧告"、"变告"，与"班告"、"布告"义同。

【关键词】 居延新简；辨告

居延新简有"辨告"一词，其出现场合比较一致，常见句式一般是"某某律辨告"，后面紧跟"乃爰书验问"或"乃验问"等表示案问的词语，"辨告"一词于居延新简中共出现 9 次，较完整的句例如下：

（1）先以证财物故不以实，臧（赃）五百以上；辞已定，满三日而不更言请者，以辞所出入罪反罪之律辨告，乃爰书验问。EPF22.1、EPF22.2、EPF22.3[①]

（2）爰书：杂与候史辅验问燧长忠等七人，先以从所主及它部官卒买◇三日而不更言请书律辨告，乃验问。EPT51.228

（3）◇而不更言请，辞所出入罪反罪之律辨告，乃爰书验问。EPF22.330

（4）◇□先以证不请律辨告，乃验问，定◇□□□□□前游君前亡去，不知区处来中◇。EPT52.417

《汉语大词典》收有"辨告"词条，释义为"颁布。辨，通'班'"。而"颁布"的意思据《汉语大词典》解释为"谓公布、颁发法令、条例等"。但从居延新简的用例来看，例 1 为"候粟君所责寇恩事"简册中的内容，上文是"都乡啬夫宫以廷所移甲渠候书召恩诣乡"，则"辨告"发生的地点是乡里，主持这一事件的人也不过是一个都乡啬夫而已，且上文涉及的律文是已经颁布并且正在使用中的成法，都乡啬夫似乎没有权力也没有必要专门在此"公布、颁发法令、条例"。后面三例与例 1 大致相同。例 2 为临木候长上报的爰书，"辨告"发生的地点应该在临木候长的管辖范围内，验问者是候史辅等人；例 3 是万岁候长召秦恭诣治所进行验问；例 4 虽然不知道具体的验问者，但是可以看出验问的事情涉及一位逃亡者，应该也是发生在边关。汉语大词典"辨告"所举用例出自《汉书》，《汉书·高帝纪下》："吏以文法教训辨告，勿笞辱。"这是高祖初定天下，要原来的避难者重归故里，"今天下已定，令各归其县，复故爵田宅"。且明令"吏"不许"笞辱"避难者，那么"吏"应该是可以接触到这些避难者的下级官吏，按理他们无权"颁布"法令。居延新简的大量"辨告"释为"颁布"也解释不通。因此笔者认为对于"辨告"的解释应当重新探讨。

据调查，"辨告"一词于传世文献中并不多见。先秦作品仅见于《礼记》一例：

《礼记·内则》："师辨告诸妇诸母名。……夫告宰名，宰辨告诸男名。"陆德明音义："辨音遍。"孔颖达疏："宰谓属吏也者，此经所陈谓卿大夫以下，故以名徧告同宗诸男也。"

据孔疏，"辨告"的意思是"徧告"。这个解释在字书里也可找到异文例证。如《古音骈字续编·仄韵·二十号》"辨告"下注《礼记》作"徧告"。

按"辨"有"周遍"义：

《广雅·卷二上》："周、帀、辨、接、迭、延，徧也。"王念孙疏证："辨、辩、徧并通。"

"辨"、"徧"通用还有一例可以旁证：

【作者简介】 葛红丽，女，山东阳谷县人，华东师范大学中文系汉语言文字 2004 级博士研究生。（上海 200062）

① 本文所引居延新简文例均引自《居延新简——甲渠候官》（北京：中华书局，1994 年）。引用时不再注明书名，但在文例后标出原出土简号。

《五音集韵·线第十一》："辨,方见切。周也。《说文》：币也。"

查今本说文无"辨"字,但有"徧"字：

《说文·彳部》："徧,币也。"

《说文》中存在大量同训现象,虽然此处不能排除这一可能,但是比较奇怪的是今本《说文》无"辨"字。《说文》在传抄过程中存在着被改写的现象,我们揣测至迟在《五音集韵》成书时代,《说文》中仍有"辨,币也"一条,后来随着词义的发展变化,此条被改为"徧,币也"并挪至彳部。

"辨"和"辩"古代通用：

《礼记·乐记》："其功大者其乐备,其治辨者其礼具。"郑玄注："辨,徧也。"陆德明音义："辨,本又作辩。旧音遍。"

［宋］卫湜《礼记集说·卷七十二》："严陵方氏曰：名则辨告之以示于众。"《礼记》原文作"辨告"。

而"辩"通"徧"者多见：

《仪礼·乡饮酒礼》："众宾辩有脯醢。"郑玄注："今文辩皆作徧。"陆德明音义："辩音遍。"

《史记》曰："辩于群神。"今本《尚书》作"徧于群神"。

《左传·定公八年》："子言辩舍爵于季氏之庙而出。"杜预注："辩犹周徧也。"

《礼记·曲礼上》："三饭,主人延客食胾,然后辩殽。"郑玄注："每所以至三饭后乃食胾者,以胾为加。故三飧前未食,食胾之后乃可徧食殽也。"

则"辨告"可作"辩告",亦可以写作"徧告"。另外,"徧告"一词多见于文献：

《司马法·仁本》："徧告于诸侯,彰明有罪。"

《史记·五帝本纪》："徧告以言,明试以功,车服以庸。"

《史记·赵世家》："屠岸贾者,始有宠于灵公,及至于景公而贾为司寇,将作难,乃治灵公之贼以致赵盾,徧告诸将。"

《礼记·曾子问》："大宰命祝史以名徧告于五祀山川。"陆德明音义："徧,音遍。"

"遍"为"徧"的俗字：

《重修广韵·卷四》："遍,俗。"

十三经中仅有"徧"字,无"遍"字。如：

《公羊传·襄公十六年》："徧刺天下之大夫也。"

《左传·襄公二十三年》："徧拜之。"

《孟子·离娄下》："徧国中无与立谈者。"

"徧告"也就是"遍告"。另外新简中有写为"变告"者：

◇□诏书律变告。EPT51.270

上例虽然残断,仍然可以看出上下文语境与"辨告"相同。

《大戴礼记·文王官人》："变官民能,历其才艺。"王引之《经义述闻·大戴礼记下》："变读为辩。辩,徧也；历,相也。言徧授民能以官而相度其才艺也。"

"变"仅在"周遍"义上通"辩","辩"和"辨"二者可通,可旁证"辨告"即"遍告"也。

"辨告"一词于汉代传世文献中仅一见：

《汉书·高帝纪下》："吏以文法教训辨告,勿笞辱。"颜师古注："辨告者分别义理以晓喻之。"王念孙《读书杂志·汉书一》："辨读为班。班告,布告也。谓以文法教训,布告众民也。"

王念孙说"辨"通"班",这是有文献依据的,如

东汉《武斑碑》第6行：追昔刘向,辩（班）、贾之徒,比□万矣。

此处"辩"读为"班",指班固；贾指贾逵。也就是说"辩"（辨）通"班"在汉代确实存在,那么王念孙所谓的"班告,布告"到底是什么意思呢？是否就是我们现在所谓的"颁布",或者说是"公布、颁发法令、条例"呢？我们先看一下文献中"班告"的用例。如：

（1）［清］徐乾学《读礼通考·丧制四》："先时山中多猛兽,至是绝迹,野鸟驯狎,栖宿檐宇。武帝

嘉之，以班告宗室。"

（2）《册府元龟·招怀》："明帝大和二年，蜀将诸葛亮冠邊。帝幸长安，露布天下并班告益州。"

（3）《魏书·肃宗纪》："班告内外，咸使闻知。"

（4）《晋书·艺术》："勒班告境内，慎无食葱。"

（5）《册府元龟·恤下第二》："宜班告天下知朕意焉。"

（6）《三国志·吴志·孙琳传》："以亮罪状班告远近。"

例1讲武帝嘉许萧脩的孝行，并把他的事迹"班告"宗室（以班告宗室），则此处很明显不是"公布、颁发法令、条例"之义。例2中的"露布"是一种不缄封的文书，此处是征讨蜀将诸葛亮"弃父母之国，阿残贼之党，神人被毒，恶积身灭。亮外慕立孤之名，而内贪专擅之实"等等罪状的檄文。则"露布天下"和"班告益州"者内容一也，亦可以证明"班告"非"公布、颁发法令、条例"。

"班"有"徧"义：

《国语·晋语四》："车班内外，顺以训之。"韦昭注："班，徧也。"

如"班告"解作"徧告"，也就是"遍告"，则上引各例意思豁然开解，例2中所谓"露布天下并班告益州"者，乃因益州的特殊性（曾为刘备长期统治），指的是露布天下，又专门遍告益州也。从语境来看，"班告"后一般有"远近"、"境内"、"内外"、"天下"等范围副词来限定"班告"的范围，如例3至例6。亦可旁证"班告"即"遍告"也。

下面我们再看一下王念孙所谓"布告"的意思。"布"亦有"遍"义：

《汉书·司马相如传》："匪唯徧我，氾布护之。"颜师古注："布护言遍布也。"

《文选·长笛赋》："气喷勃以布覆兮。"李善注："布覆，周布四覆也。"

《山海经·海内经》："禹鲧是始布土。"郭璞注："布犹敷也。"

《毛诗传疏·小雅·小旻》："旻天疾威，敷于下土。"毛亨传："敷，布也。"郑玄笺："云旻天之德，疾王者以刑罚威恐万民。其政教乃布扵下土，言天下徧知。"

则"布告"亦"遍告"的意思。由于"遍告"需要行政力量的支持，只有统治者或政府才有能力做到遍告天下，号令四方，而统治者需要遍告天下者也不外乎对老百姓发号施令。因此"班告"、"布告"后来引申出了"公布、颁发法令、条例"的意思。

【参考文献】

[1] 居延新简——甲渠候官[Z]. 北京：中华书局，1994.
[2] 十三经注疏[Z]. 北京：中华书局，1980.
[3] 许慎. 说文解字[Z]. 北京：中华书局，1963.
[4] 四部丛刊：初编[Z]. 上海：上海书店，1989.

Textual Research on "Biangao" in Juyanxinjian

Ge Hongli

(Department for Chinese, East China Normal Unversity, Shanghai 200062, China)

Abstract: The meaning of "Biangao" in Juyanxinjian is different from it of the dictionary. Based on the context and books of characters' explanation, the meaning of Biangao is expressed as to make known publicly, announce. It can be written in several ways and has some synonyms.

Key Words: Juyanxinjian; Biangao(to make known publicly, announce)

现代汉字与现代汉字学

费锦昌

【摘　要】 现代汉字学是汉字学一门新的分支学科。本文回顾了现代汉字学的建设历程，并以其中的几个专题为例，展示了现代汉字学的研究方法、目前取得的成果，并提出了尚待深入探究的论题。

【关键词】 现代汉字、现代汉字学、字量、部件、汉字规范

一、现代汉字学的建设

过去，一提起文字学，就指的是传统汉字学，它以研究汉字的起源、造字法、形体演变为主要内容，主要的研究对象是小篆和小篆以前的金文、甲骨文、战国文字等等。传统汉字学是一棵参天大树，专家辈出、硕果累累，它的重要性和它在汉字学中的地位是谁也否认不了的。但是，汉字在识字教学和日常应用中遇到的许多问题，仅靠传统汉字学是解决不了的。比如：

1. 古往今来的汉字总共有多少个？一般的中国人，在一般的书面交际活动中，掌握多少个汉字就够用了？小学生和外国留学生的识字量是多少？这个量是根据什么来确定的？

2. 电脑的字库中要储存多少个汉字才够用？现代中文出版物中出现得最多的汉字是哪一个？

3. 简化字是谁发明的？是不是中华人民共和国成立以后才出现的？

4. 繁体字在中国大陆是被禁用了，还是被限制在一定的范围和场合使用？

5. "0"是什么时候进入汉字圈的？它应该不应该算汉字？如果算，它的笔画数是几笔？笔顺是顺时针还是逆时针方向？

6. 20世纪90年代互联网开始商业化，世界各国争相构筑信息高速公路，人类建立起了一个新的虚拟空间，争取虚拟空间的话语权成为大家关心的重要话题。那么，虚拟空间里的汉字问题有哪些？如何解决？

7. 为什么要制定、颁布《中华人民共和国国家通用语言文字法》？它的主要内容和精神实质是什么？

8. 由于历史原因，两岸四地现在使用的汉字存在若干差异。这些差异是怎么造成的？怎样才能实现两岸四地的"书同文"？

9. 毛泽东主席说："文字必须改革，要走世界文字共同的拼音方向。"于是，汉字改革成为20世纪50年代、60年代、70年代我国语言文字学界最重要的政治任务。为什么现在不常提这个口号了？应该怎么来正确看待那一段历史？

10. 汉字的前途到底怎么样？1958年周恩来总理说："它是不是千秋万代永远不变呢？还是要变呢？它是向着汉字自己的形体变化呢？还是被拼音文字代替呢？……这个问题我们还不忙作出结论，但是文字总是要变化的，拿汉字过去的变化就可以证明。"[①]到了1986年召开全国语言文字工作会议再遇到这个问题时，还是用周总理的这句话来解答。那么再过三十年、五十年、一百年呢，还用这句话来解答吗？要科学地解答这个问题，就要深入研究汉字，尤其是正在使用的现代汉字。探究汉字发展的前途，也是现代汉

【作者简介】 费锦昌，教育部语言文字应用研究所编审、研究员，中国语文现代化学会常务理事。长期从事语文期刊编辑工作，曾任国家级学术刊物《语言文字应用》主编。重点致力于现代汉字学和中国语文现代化的研究。（北京　100010）

本文是作者在华东师范大学对外汉语学院所作学术报告的讲稿，略有修改。

① 周恩来：《当前文字改革的任务》（1958年1月10日在政协全国委员会举行的报告会上的报告），第16页，人民出版社，1958年。

字学的一项任务。

……

这些问题必须回答，否则就会影响政府主管部门对汉字规范使用的决策，就会影响社会对汉字学习和使用的效率。我们要把中国建设成为富强、民主、文明、和谐的国家，要进行现代化和信息化的建设，要发展政治、经济、国防、教育、科技，都离不开汉语汉字这个重要的交际工具。现代汉语要不断地得到规范、丰富和发展，现代汉字要成为规范的、易学易用的、高效率的文字，既要解决人际界面应用中的汉字问题，也要解决人机界面应用中的汉字问题，还要解决汉语国际传播中的汉字问题。社会语言生活急切呼唤一门以现当代汉字为研究对象的新的分支学科的诞生，正是社会的需要催生了现代汉字学。

国人对现代汉字的研究始于"五四"前后。1909年教育家陆费逵在《教育杂志》创刊号上发表《普通教育当采用俗体字》，从发展普通教育的角度，提出要采用笔画简单的俗体字。1918年林语堂发表《汉字索引制说明》，提出改进汉字检字法的设想。1922年钱玄同发表《减省现行汉字的笔画案》，发出进一步采用简体字的呼吁，并研究了简体字构成的方法。这些研究标志着一向只关注古典文献用字的汉字学家，开始把目光投向了鲜活的现代汉语用字。这种转变是由当时中国社会正在发生的巨大变化所引发和推动的，是汉字研究的划时代的大进步。后来又有著名教育家陈鹤琴关于小学用字的统计研究、著名戏剧家洪深关于减少日常用字的实验，1949年还由上海中华书局出版了艾伟从心理学的角度研究识字、用字的专著《汉字问题》。但总的来说，这一阶段参与现代汉字研究的人数较少，探讨的问题也比较分散，研究的成果在社会上影响不大。

早在中华人民共和国建立之初，"现代汉字"这个术语就出现在汉语语言学的文献中。黎锦熙先生把"现代汉字'一字多体'的统计和划一的'正体字'的认定"列入1952年9月写成的《"现代汉语"教学大纲》中。丁西林先生在1952年8月号的《中国语文》上发表了《现代汉字及其改革的途径》。魏建功先生写于1964年的《文字·音韵·训诂》讲义里有"现代汉字综述"专节。这期间，汉字改革是语言文字学界关心的热门话题，许多语言文字学家投入了很高的热情和许多精力，但他们关注的重点是汉字的缺点、弱点和拼音文字的设计、推行，在现代汉字的系统研究上投入的力量还不够，有些研究成果也没有得到社会的高度重视和充分利用。

进入20世纪七八十年代，一方面，汉字改革进入低潮，在"在可以预见的将来，汉字仍将是记录汉语的主要工具"这一点上取得了社会共识，语言文字学界开始静下心来重新审视汉字特别是正在应用的汉字；另一方面，社会的迅速发展，特别是信息时代的逼近，对现行汉字的研究提出了更高、更迫切的要求。正是在这样的背景下，著名文字学家周有光先生1981年发表《现代汉字学发凡》[①]，正式提出建立"现代汉字学"这一课题。周先生给现代汉字学确定的研究对象是现代汉字的特性和问题，目的是为今天和明天的应用服务。周先生指出现代汉字学研究的问题和研究方法跟历史汉字学很不相同，"它是以语言学为基础而结合信息论、统计学、心理学等的边缘科学"。

1984年，华东师范大学范可育、上海师范大学高家莺分别在这两所高校的中文系开设了"现代汉字学"这门课程。1985年她们在《上海师范大学学报》发表了《建立现代汉字学刍议》一文，这篇论文获得那一年上海地区优秀论文奖。她们还邀请我一起为这门新课程编写一本教材。随后，有好几所高校的中文系也先后开设了"现代汉字学"这门课。

1992年现代出版社出版了张静贤的《现代汉字教程》（日本三省堂于1997年出版松冈荣志等翻译的日译本，书名是《现代中国汉字讲义》），1993年高等教育出版社出版了高家莺、范可育、费锦昌合作编写的《现代汉字学》，1994年北京大学出版社出版了苏培成的《现代汉字学纲要》（2001年出版增订本），1998年文津出版社出版了李禄兴的《现代汉字学要略》，2000年长城出版社出版了杨润陆的《现代汉字学通论》，这是几本通论性的著作。其他还有1989年北京大学出版社出版的冯志伟的《现代汉字和计算机》，1994年华语教学出版社出版的尹丙庸、罗圣豪合著的《现代汉字》（英文本）等。这些著作中影响较大的是苏培

---

① 周有光：《现代汉字学发凡》，载《语文现代化》丛刊1980年第二辑，知识出版社，1980年5月。

成的《现代汉字学纲要》。

高等学校中文专业用的《现代汉语》教材里的文字部分，以前主要讲授六书和汉字形体的演变，现在有的改为讲述现代汉字，有的增加了现代汉字的内容。前者如张志公主编的《现代汉语（试用本）》（人民教育出版社1982年出版）、北京大学中文系现代汉语教研室编写的《现代汉语》（商务印书馆1993年出版）、邵敬敏主编的《现代汉语通论》（上海教育出版社2001年出版），后者如胡裕树主编的《现代汉语》（上海教育出版社1987年出版的增订本）。

近年出版的有些汉字学和汉字学史方面的著作，如孙钧锡著《中国汉字学史》（学苑出版社1991年出版）、吕浩著《汉字学十讲》（学林出版社2006年出版），也增加了现代汉字学的内容。

从周有光先生发表《现代汉字学发凡》至今已过了26年。在这短短的26年中，现代汉字学的骨架已经建立起来，逐渐被学界和社会所认识、所接受，特别是在汉字规范和汉字信息处理方面发挥了重要作用。当前学科建设的任务是，许多问题的研究需要深入，让它长肉，让它丰满起来。用周有光先生富有诗意的话说，现代汉字学"播种于清末，萌芽于五四，含苞于战后，嫩黄新绿渐见于今日"。他在《现代汉字学》一书的序言中，把我们这本教材的出版，比作"宣告这个婴儿要开始学习走路了。当然，要想健步行走，还必须有更长的时间和更多的研究者来共同抚育和培养"。希望语言文字学界有更多同道一起来建设现代汉字学，让这门新的分支学科能跟传统汉字学一起，成为汉字学这棵参天大树一根重要的枝干。

我认为，现代汉字学至少有七个知识板块：

1. 现代汉字的性质和特点
2. 现代汉字的构形系统
3. 现代汉字的功能系统
4. 现代汉字的认知系统
5. 现代汉字的查检系统
6. 现代汉字的规范系统
7. 现代汉字的信息处理

下面，我们从现代汉字学中选取几个具体题目，一起来作一番简略的探讨，以了解现代汉字学研究方法、研究成果和研究题目的大致情况。

二、"现代汉字"的界定

有人问："现代汉字学"是"现代/汉字学"还是"现代汉字/学"？当然是"现代汉字/学"。那么什么是"现代汉字"呢？对"现代汉字"至少有两种理解，一种是跟古代汉字、近代汉字属于同一系列的现代汉字，另一种是圈定为专门记录中国大陆现代汉语的用字。

古代汉字，习惯称之为"古汉字"或者"古文字"，它的界定早被学术界确定，就是小篆（含）以前的汉字。近代汉字这个提法在唐兰先生的《中国文字学》里已经有明确表述。唐先生说："由中国文字学的历史来看，《说文》、《字林》以后，可以分成五大派：一、俗文字学；二、字样学；三、说文学；四、古文字学；五、六书学。前两派属于近代文字学，后三派属于古文字学，在文字学里都是不可少的。"[①]唐先生又说："近代文字的研究，也是很重要的。隶书、草书、楷书，都有人做过搜集的工作。楷书的问题最多，别字问题，唐人所厘定的字样，唐以后的简体字，刻板流行以后的印刷体，都属于近代文字学的范围。""俗文字学在文字学史上应该有重要的地位，但过去没有人注意过，这是重古轻今的毛病。"[②]四十年以后，朱德熙先生又有一段精彩的论述："过去太着重于古文字的研究，总认为后代文字变化不大，没有什么好研究的。从宏观上讲，可以这样说……但是仔细一看，变化还是不小。就说从汉朝到现在，许多字

---

① 唐兰：《中国文字学》，上海古籍出版社1979年新1版"前论"。
② 同上。

都经历了很复杂的演变过程,这里面有很多东西值得研究。古文字的研究不是不重要,但近代文字的研究尤其重要……我们应花足够的力量去研究近代文字的历史……应提倡近代文字的研究,俗字的研究。"[①]唐先生、朱先生所说的"近代文字",据我理解,是包括了小篆以后的所有汉字,就是裘锡圭先生说的"隶楷阶段汉字",当然也包括今天正在使用的汉字。

如果说,过去的研究限于视野、条件和手段,只是以形体的演变来划代的话,那么以后的汉字史研究在划代这个问题上,应该以汉字在性质和特点、结构和形体、字量和字频等方面的综合演变作为依据。小篆以前和小篆以后的汉字,在性质(从象形表意到表意兼表音)、形体结构(从线条化到笔画化)上的变化非常明显,用它来作为古代汉字的分界线是我们普遍能够接受的。而隶书特别是楷书以后汉字的变化似乎就没有小篆前后的变化那么明显。当然,我们也可以找到一些变化,比如新字特别是化学用字的出现、简化汉字从俗体成为正体、记号字和记号部件的增多、印刷字形的规范化、汉字使用频率的若干变化等,但这些变化够不够、能不能成为近代汉字与现代汉字划界的根据,尚待论证。最后的结论也可能还是构不成划界的依据,汉字还是分成两大阶段,每个阶段再依据统一的标准划分为若干个小的阶段,但形成这样的想法、进行这样的探索,绝对是一门新兴学科的建设所必需的。现在一般把"现代汉字"的起点定在"五四",因为这是现代汉语与近代汉语的分界点,是白话文成为正式文体的开始。那么"现代汉字"还可以分为广义的和狭义的。广义和狭义的"现代汉字"大致相当于"现代汉字"和"当代汉字"的区分。一个是阶段的动态研究,一个是平面的具体描述。广义的"现代汉字"是指从"五四"到现今近一百年所使用的汉字,狭义的"现代汉字"只是指当前正在使用的汉字,二者还是应该有所不同。无论是广义或狭义的"现代汉字",它们的范围都要比现在出版的几本现代汉字学通论性著作研讨的范围大得多。

在初创阶段,为了一门新学科的顺利建设,为了满足目前应用的急需,把"现代汉字"人为地局限为记录中国大陆现代汉语用字,也不是不可以,但从这门学科的长远发展来看,还是应该把对象放宽放大,定为现代正在使用的汉字。其中记录中国大陆现代汉语的用字当然是现代汉字的核心,但还要包括记录台湾、香港、澳门现代汉语的用字,还要包括记录海外侨胞现代汉语的用字,还要包括记录现代日语和现代韩语的汉字。你要促进海峡两岸四地"书同文",你要为实现"书同文"提出预案,只研究中国大陆的现代汉语用字行吗?一定要同时研究中国台港澳的现代汉语用字,一定要同时研究海外侨胞的现代汉语用字,这样研制出来的"书同文"预案才有科学性和可行性。再如《现代汉语词典》收录了若干个"日本汉字",为什么?中日交流中必然要涉及日本的人名地名。有些日本人名地名用字是日本人仿照中国汉字的形体结构自己创造的,我们在翻译介绍日本人名地名时,用的是形译法,不是音译法。但在日本记写专名用的汉字中,有少量是日本仿照中国汉字的结构体势自创的,在日本称之为"国字"。这些字在中国汉字中找不到跟它们相对应的形与音,也就是说它们的字音在汉字中空缺。当这些"日本国字"直接出现在我们的纸质和非纸质媒体中时,比如人名"东畑精一"中的"畑"、地名"札の辻"中的"辻",面对它们,首先遇到的一个难题就是怎么读。《现代汉语词典》的办法是仿照汉字常用的形声字结构,把"畑"的读音定为 tián,把"辻"的读音定为 shí。我和日本东京学艺大学教授松冈荣志先生,前几年接受教育部语言文字信息管理司的委托,研究了常用"日本国字"在现代汉语中的读音问题。这不也是现代汉字学的研究对象吗?如果学习、研究的对象仅仅限于大陆现代汉语用字,华东师范大学有一名汉语史专业的博士生建议,那就不要在"现代"、"近代"、"当代"、"现行"上面纠缠不清,干脆就叫"应用汉字学"得了。上述说明现代汉字的界定问题并没有解决。这几千年的汉字要不要划代?如果要,怎么划?根据什么来划?是用"古代汉字"、"近代汉字"、"现代汉字"的名称,还是用"古代汉语用字"、"近代汉语用字"、"现代汉语用字"这样的名称,相应地用"古代汉语文字学"、"近代汉语文字学"、"现代汉语文字学"这样的学科名称?这些问题都应该深入研究。目前学界有些人对"现代汉字学"这门新的汉字学分支学科还不予认同,其中一个重要原因可能就跟"现代汉字"的界定还不十分明晰和准确有关。

[①] 朱德熙:《在"汉字问题学术讨论会"开幕式上的发言》,收入《汉字问题学术讨论会论文集》,语文出版社,1986年。

三、现代汉字的字量研究

外国人常问我们：汉字到底有多少个？我们谁也回答不上来。为什么？因为这几千年来不断地有新字被创造出来，又不断地有一些字被遗弃不用。用周有光先生的话来说，这叫做"出生不报"、"死而不葬"。一个新字产生了，它不必去登记，用开来就是了；一个旧字死亡了，它也不必去注销户口，慢慢淡出就是了。记录当时以及过去曾经用过的汉字，规模比较大的字典是直到公元 121 年才有的《说文解字》，收录字头 9,353 个、重文 1,163 个，合计 10,516 个。但《说文解字》并没有收全。古文字学家在考释甲金文的时候，都希望在《说文解字》里能找到自己正在考释的字，但很多字在《说文解字》里没有。而且，一个字有几个异体，那是常有的事情，统计字数的时候，你是将它们算一个还是算几个？周有光先生在《现代汉字学发凡》里就出了一道题：

从群众中来到群众中去，是一条群众路线的原理。

周先生问：这个句子里有几个汉字？甲回答 20 个，乙回答 17 个，丙回答 15 个。甲说的是总字数（总字次），乙说的是字形数（同字异形分别计算），丙回答的是字种数（同一个字有的写成简体，有的写成繁体，有的写成异体，只算一个）。咱们中国人在这些问题上又有不较真的习惯，直到现在，你打开《新华字典》1998 年修订本，"修订说明"还这么写着："修订后的字典计收单字（包括繁体字、异体字）10,000 余个"。现在都是电脑排版了，数准字头数（包括繁体字、异体字）应该是个不难的事儿，为什么还写"10,000 余个"呢？只能说是个观念问题、习惯问题。正因为有这些原因，所以谁也回答不上汉字究竟有多少个字。遇到这类问题，通常的做法是开出一张列朝列代主要字典的收字数。现在的行情是看涨，好像汉字的总数越多这个文字体系就越好似的。1990 年出齐的《汉语大字典》收 54,678 个字。1994 年出版的由冷玉龙主编的《中华字海》，号称收字数达到 85,000 多个。如果把印刷的、手写的、手刻的，凡是形体有一点儿不同的，都算一个不同的字，那么，汉字的总数还会往上涨。汉字学著作早就谈到字量问题，我们更关心的是断代的汉字使用数，也就是同一时期记录汉语要用多少个汉字。裘锡圭先生有一个答案："甲骨文所用的单字约有四五千个。""从商代后期到周末，一般使用的文字的数量，很可能一直在四五千左右徘徊。直到现在，据近年的统计，一般使用的汉字的数量也还是四五千个的样子。"[①]裘先生的这个答案不是随便讲的，他是研究了古今汉字以后得出的结论。从常识来讲，这个数字也是比较容易被接受的。同一时期使用的汉字字种如果真要达到万字以上，那汉字早就像两河流域古文字一样被废弃，因为这样的文字体系谁也掌握不了。

有些学者前些年做了一件很好的事情，那就是统计一些书籍使用的不同汉字（字种）的数量。

王凤阳先生的《汉字学》统计了先秦几部书的用字量：

书名	总字数	字种数
《尚书》	24,538	1,941
《易经》	20,991	1,583
《诗经》	29,646	2,936
《论语》	15,918	1,382
《孟子》	35,377	1,935
《礼记》	99,008	2,369

易熙吾统计：

书名	总字数	字种数
十三经	589,283	6,544

根据这些数字，王凤阳先生认为："先秦用字总量大体上在七千左右，通用文字量在三千五百字左右。"[②]武汉大学语言自动处理研究组用计算机统计了一些现代作品的用字情况：

---

① 裘锡圭：《文字学概要》，第 31 页，商务印书馆，1988 年。
② 王凤阳：《汉字学》，第 545 页，吉林文史出版社，1989 年。

书名	总字数	字种数
老 舍《骆驼祥子》	107,360	2,413
叶圣陶《倪焕之》	13,833	3,039
曹 禺《雷雨》	50,588	1,681
《日出》	54,480	2,028
《北京人》	66,937	2,335
赵树理《三里湾》	124,114	2,069

有人统计了《毛泽东选集》（1—4卷）的用字情况：

书名	总字数	字种数
《毛泽东选集》（1—4卷）	659,928	2,981

如果再加上《毛泽东选集》第5卷和39首诗词（含题解、注释），毛泽东公开发表的90多万字著作，使用的不同汉字总数不超过3,300个。

美国郑锦全先生统计了一些典籍、名著的用字量：

书名	总字数	字种数
赵尔巽主编《清史稿》	4,511,888	8,078
孔尚任《桃花扇》	80,121	3,315
曹雪芹《红楼梦》前80回	501,113	3,264
后40回	237,132	2,589
总120回	738,245	3,384

他认为，人对语言符号所能控制的数量就在4,000—7,000个之间。这跟认知科学有关，值得深入开掘。汉字之所以源远流长，跟两条规律有关：一是常用汉字数量有限，二是常用汉字形体趋简。能不能对各个时期汉字使用的数量作断代的研究呢？最近华东师范大学中文系徐莉莉教授和詹鄞鑫教授合作做了一个课题《东汉实物用字调查》，统计出东汉日常用字的数量也在3,700个左右。如果有人再接着做，统计出列代列朝的日常用字数量，就可使裘先生的估计成为有数字依据的准确结论，这对汉字史的研究将是一大贡献。

四、现代汉字部件的研究

在现代汉字字形上，分为三个等级：笔画—部件—整字，这已经为学界大多数人所接受，其中可以下大力气研究的是部件。

一是对部件这一级单位的认同还有分歧。有的先生认为汉字学原来的偏旁挺好，是汉字本质特点的自然体现，比如"休"由"亻"和"木"两个表意偏旁组成，会合出"人靠着大树休息"的意思；"妈"由表意偏旁"女"和表音偏旁"马"组成。这些都是汉字本质特点的自然显露，而"部件"是后人人为地切割出来的。其实，部件是汉字演变到现阶段，符号性越来越强，原来的形符、义符、音符功能减退甚至消失，形体上产生很多讹变以后，分析汉字形体的必然结果。比如"培"，如果分析为偏旁，左边的表意偏旁"土"没有问题，右边的表音偏旁"咅"（póu）对于今天多数人来说就相当生僻，起不到表音的作用，连称说也不方便。如果分析为三个部件"土"、"立"、"口"，三者对于今天大多数人来说都是熟悉的单位，便于分析，也便于称说。而且分析到部件后，数量要比分析到偏旁少得多，这样便于计算机处理。这就是今天分析汉字构形要分析到部件一级的主要原因。当然对偏旁予以足够的重视，充分发挥它的作用，特别是在识字教学中的作用，也是十分重要的。研究偏旁与部件的关系、异同，也是一个好题目。

二是部件的定义，20世纪80年代，曾经流行的定义是："部件是构成合体字的最小笔画结构单位，其下限必须大于基本笔画，上限小于复合偏旁。"[①]依据这个定义，认定"刮、氖、祁、幼"是多部件字，因

---

① 《汉字的部件》，载《语文建设》1991年12期。

为从中分析出来的两个单位都大于笔画，都符合部件的定义，因而它们是由两个部件构成的；认定"乱、氕、礼、幻"是单部件字，因为从中分析出来的乚、丿、乛都是基本笔画，都不符合"大于基本笔画"的要求，都没有资格充当部件，所以傅先生把"乱、氕、礼、幻"都看作由一个部件构成的字。这样的定义导致成字部件数量的增多，而把"旦、乱、礼、幻"等作为一个部件显然是很难让人接受的。我在《现代汉字部件研究》一文中把定义改为："部件是现代汉字字形中具有独立组字能力的构字单位，它大于或等于笔画，小于或等于整字。"这里的"独立"不是单独构成的意思，而是独立运用的意思。"组字能力"既指单独组成整字的能力，更主要是指跟其他部件组合成字的能力，这从"小于或等于整字"的限定也可以表明我不是认为每个部件都能独立成字的。为什么要强调"具有独立组字能力"呢？这是针对不承认有的笔画也是部件、也具有独立组字能力而特别予以强调的。在《现代汉字学纲要》中，苏培成先生对此的定义是："部件是由笔画组成的具有组配汉字功能的构字单位。部件介于笔画和整字之间，它大于或等于笔画，小于或等于整字。"苏先生和我所下的定义没有本质差别，最重要的是都纠正了把基本笔画一概排除在部件之外的界定。有的基本笔画在构字时具有独立性，在整字中占有重要位置，这样的基本笔画也应该是部件。比如"旦"字中下方的横、"引"字中右边的竖、"氕"字中左下的撇、"孔"字中右边的折，它们都是充当部件的基本笔画。如果在"昌旦、刮乱、氘氕、祈礼、幼幻"这五组字中，只承认每组中的前一个字"昌、刮、氘、祈、幼"是两个部件组配成的多部件字，而把每组字中的后一个字"旦、乱、氕、礼、幻"定为单部件字，即把这五个字都看作一个部件，显然会造成字形分析的混乱。

三是部件的切分。切分部件时要不要联系字源？要不要尊重汉字传统的构形理据？比如"颖"，考虑字源，是从"禾"，"顷"声，切口要选在"禾"、"顷"之间；如果不考虑字源，会把第一刀切在左右两部分之间，即把"颖"切分为上"匕"下"禾"和"页"两个部件。切分所得的部件是相对完整一些还是尽可能小一些，对此不但在语文界与计算机界之间有不同的认识，就是在语文界内部也有不同的认识。如果考虑到部件的相对完整性，"血"、"朱"这样的字形语文界就不切了；而计算机界为了减少部件数量，会把"血"切分成"丿"、"皿"两个部件，把"朱"切分成"丿"、"未"两个部件。要不要把语文界和计算机界的意见和切分方法统一起来？如果要，那么怎么样把语文界和计算机界的意见和切分方法统一起来？这些都是可以进一步研究的题目。

五、现代汉字规范研究

(一)"规范汉字"的界定

2000年10月31日经过第九届全国人大常委会第十八次会议审议通过，2001年1月1日起施行的《中华人民共和国国家通用语言文字法》明确界定："本法所称的国家通用语言文字是普通话和规范汉字"(第二条)，明确指出："国家推广普通话，推行规范汉字"(第三条)。

那么什么是"规范汉字"？这是首先要明确的。遗憾的是，至今没有一个科学的、实用的、官方认定的定义。

"规范汉字"的定义，到目前为止，我们看到两种类型，一是行政命令式的，一是学术定义式的。前者可以用新闻出版署、国家语委1992年7月7日联合发布的《出版物汉字使用管理规定》作为代表：

本规定所称的规范汉字，主要是指1986年10月根据国务院批示由国家语委重新发表的《简化字总表》所收录的简化字；1988年3月由国家语委和新闻出版署发布的《现代汉语通用字表》中收录的汉字。

本规定所称不规范汉字，是指在《简化字总表》中被简化的繁体字；1986年国家宣布废止的《第二次汉字简化方案（草案）》中的简化字；在1955年淘汰的异体字；1977年淘汰的计量单位旧译名用字；社会上出现的自造简化字及1965年淘汰的旧字形。（1992年7月9日发布的《关于在各种体育活动中正确使用汉字和汉语拼音的规定》增加"地名用字不准使用已经国务院批准更改了的生僻字"）

这种模式的定义有两个特点，一是简单化：我说这是规范字，它就是规范字；我说这是不规范字，它就是不规范字。二是循环论证：因为它们是规范汉字，所以才能进入规范字表；因为它们进入了规范字表，所以它们是规范汉字。这样的定义遭遇到两个尴尬：一是古代记录、传布中华文化的许多字都成了不规范字；二是现今台港澳和大陆某些学术、教学层面使用的许多汉字都成了不规范字，而这是很难让人接受的。有一本辅导学习《中华人民共和国国家通用语言文字法》的读本试图对"规范汉字"下一个学术性的定义：

  规范汉字是指经过整理简化的字和未整理简化的字。①

从逻辑角度讲，这是一个全称判断，因为全部汉字以"整理简化"来区分，只能分为两大部分：经过整理简化的和未整理简化的。这就是说，规范汉字指全部汉字，包括古今中外的。这显然不是编写者要表达的概念。那么问题出在哪儿呢？一是要对规范汉字从时间上予以限定。历史上几乎每一个时代都有该时代的规范汉字，那就要明确：我们现在推行的是现代使用的规范汉字。台港澳和日本、韩国的汉字也是现代使用的汉字，这就要在地域上再予以明确：我们所指的规范汉字特指中国大陆使用的现代汉字。中国大陆的汉字既可以记录现代汉语，也可以记录古代汉语，这就要明确是记录现代汉语的汉字。记录现代汉语的汉字还有使用层面的区别。跟传统文化密切联系的书面交际平台要用到的繁体字、异体字等显然不属于"规范汉字"的范围，这就还要明确：我们推行的规范汉字是通用层面使用的汉字。只有从时代、地域、记录对象和交际层面上一一予以界定以后，《国家通用语言文字法》推行的规范汉字才不会跟古代的正字、台港澳的正字和中国大陆特用层面的繁体字等撞车。总起来说，我们推行的"规范汉字"是"当代使用的、目前是在大陆推行的、以记录现代汉语为主要对象的、主要适用于日常通用层面的、经过简化和整理的汉字"。这样的限定十分必要，可以消除不分时代、不分地域、不分功能、不分层面而笼统地认为"简化字系统以外的汉字都是不规范汉字"的误解。国家推广普通话、推行规范汉字，只是作为我国各民族之间、汉族各方言区之间交际的通用语言文字。而各民族使用和发展自己的语言文字、各方言区的老百姓在日常口头交际场合使用自己方言的权利是得到保障的。

  （二）汉字规范工作如何与时俱进？

  五十年来，汉字规范工作取得很大成绩。今天，汉字规范工作又将如何继续前进？我认为要区分两个层面，关注两个重点。

  为什么要区分两个层面？社会语文生活的实践告诉我们，社会用字其实是区分层面的。规范汉字在日常通用层面基本可以畅行无阻，但在学术文化等层面就会遇到障碍。1999 年版《辞海》，有的人名地名不用规范字，而用异体字。如"王濬"（西晋大将）条，不取选用字"浚"，而用被淘汰的异体字"濬"，因为王浚与王濬可能不是一个人；以"后"作为第一个字的复词条目共 125 条，在"后"字后括注"（後）"的多达 119 条，因为如果不注明这 119 条中的"后"是"後"的简化字，就可能出现歧义。这些都说明，现行的规范汉字不能"包打天下"。如果我们注意考察的话，一个社会的语言文字生活确实是区分层面的，大致可以区分为社会通用层面和社会特用层面。这两个层面都是汉字应用的层面，但在字量、字形、字音、字义等方面都有或多或少的差别。既然社会用字是区分层面的，汉字规范工作怎么能不区分层面呢？用一把钥匙去开两把锁，遇到麻烦是必然的。这五十年来，批评简化字的意见大多来自学术文化界，批评意见举出的例证也大都是学术层面上的语文现象，这从一个角度证明了这一点。研制"规范汉字表"时大家总想通过对现行汉字规范的修修补补，就能让规范字表满足全社会各个层面的需要，结果是绞尽脑汁，却仍难两全，也证明了这一点。区分了层面，研制规范字表时遇到的许多难题就比较容易解决了，比如异体字，不是整理从古到今的，而只是整理当代中国大陆日常通用层面还在起作用的、还有影响的。不加限定的"规范汉字"会把繁体字等都打成"不规范字"的尴尬局面也可以得到化解，因为"规范汉字"有了准确的时间、地域、对象、层面的限定。

  有人说，许多汉字规范标准不是都为某些特殊情况开了"窗口"吗，为什么学界对现行规范标准还是窝有一肚子意见呢？我们认为，这些规定还是日常通用层面是主体、社会特用层面只能是"小窗口"的格局。这个格局不改变，在人们心目中，简化字和"选用字"是规范字，繁体字和异体字仍是不规范字。只有把"小窗口"扩展为一个独立的层面，再根据两个层面的现状，确定和推行分别符合这两个层面需要的

---

① 《中华人民共和国国家通用语言文字法学习读本》，语文出版社，2001 年。

规范理念和标准，才能使汉字规范工作跃上新的台阶。

区分两个层面以后，在大陆日常通用层面，其用字规范自应遵循《中华人民共和国国家通用语言文字法》的规定，推行"规范汉字"。具体说来，就是有简繁两种字形的，使用法定的简化字；有异体字形的，使用法定的选用字；无简繁和异体字形的，使用传承字；有"新字形"和"旧字形"差别的，使用"新字形"。偶尔要涉及繁体字时，一定要对照规范标准，注意简繁体的正确对应。电脑使用者可以依靠设计过关的软件来完成简繁体的准确转换。社会特用层面的用字者则可以根据实际需要，有的文本全用简化字；有的文本以简化字为主，在可能引起歧误的地方夹注繁体字；有的文本全用规范的繁体字。

把汉字规范区分为"社会通用"和"社会特用"两个层面以后，会不会加重人们的负担？我们认为，对于书面交际活动仅限于社会日常通用层面这一范围的大多数人，只需掌握好规范汉字，就可以满足书面交际的需要了。至于既要参与日常通用层面的交际活动，又要时而参与传统文化等特殊层面书面交际的"小众"，他们确实需要在掌握规范汉字的同时，再学会他们从事某些专业工作时所需要的繁体字、异体字等。这应该是他们的能力所能够达到的。现在活跃在社会特用层面的文化人实际上已经生活在这种"简繁字形并用"的世界里了。前人读书时接触正体字，手写时常用俗体字，也是生活在"正体俗体并用"的环境里。古今的实际用字状况也解除了有的人担心区分两个层面以后会造成汉字使用阶层固定化的误解。那么，在交错参与两个层面的书面交际活动时，用字出现错乱怎么办？在计算机、网络高度发达的时代，这些专业人士只需依靠能够进行两套汉字系统之间准确转换的软件，就能避免这类差错在正式文本中出现。至于交际范围窄小的日常手写文本中的这类差错，只要不影响语意的交流，不妨听之任之。古人和今人手写字中正体与俗体、繁体与简体并用的比比皆是。

社会用字分层面，汉字规范分层面，各得其所，各效其能，这应该是广大华人都能够接受的方案。

两个值得关注的问题：

一、世界已经进入信息时代。我们在讨论汉字规范化问题时，都要把方便计算机准确、高速地处理中文信息放在突出重要的位置来考虑。字量、字形、字音、字义都要考虑如何才能适应计算机快速阅读、理解和处理的需要。没有这个眼光，我们就会在中文信息处理方面被动，就会贻误我们加速发展信息产业的时机。长期在中央分管语言文字工作的胡乔木，1986年给中央书记处写信谈修订简化汉字问题的时候就预言："客观地说，过了十多年后，由于汉字信息化要求超高速准确识别，现在简化字以至繁体字中某些过于近似难以分辨的字仍然是必须改变的"。[①]

二、汉字规范工作要关注两岸四地的"书同文"问题。要实现海峡两岸的汉字接轨，主要应做好两方面的工作：一是要优化简化字，争取使这个系统成为两岸四地日常通用层面共同的用字规范。台湾在20世纪50年代初期，也有人发起过声势不小的推行简体字运动，得到中等文化程度民众的热烈响应，后来，被台湾政界和学界的某些人扣上政治罪名和"切断民族文化命脉"这顶大帽子，以致流产。但台湾民间还是有不少简体字在流行。1980年台湾出版的《标准行书范本》收录的4,000字中，有600多个简化字形与大陆推行的简化字形相同或相似。这几年大陆用简化字出版的书籍也越来越受到台港澳民众的欢迎。这说明简化字系统成为两岸四地日常通用层面的共同规范是有基础的。二是要进一步提高繁体字的规范化程度。这些年，大陆和台湾在提高繁体字的规范性方面都做了不少工作。把两岸的工作成果整合起来，深化下去，进一步提高繁体字的科学性和规范化程度，是中华民族共同期盼的前景。在学术文化的特用层面，有些领域就可以主要以繁体字为基础，来实现两岸四地的"书同文"。

我们在讨论汉字规范工作如何与时俱进的时候，如果只是把眼光局限于大陆日常通用层面上，只是满足于简化字系统基本能够完成大陆日常书面交际的需要，只是顾虑大陆老百姓已经习惯于现行的规范汉字，求稳怕乱，不敢改动规范汉字中明显不合理的问题（哪怕是几个字符），我们的汉字规范化工作就将止步不前。1986年胡乔木在指出汉字规范要考虑计算机超高速准确识别的需要的同时，还提醒大家："有些很不合理的简化字如不改变亦很难希望港台同胞和海外侨胞接受。"[②]例如：

[①][②] 胡乔木：《建议对〈简化字总表〉的个别字作调整》，载《胡乔木谈语言文字》，第358页，人民出版社，1999年。

脑海里浮现出多瑙河的夜景。
　　手挽手攀登巉岩。

在这样通常会出现的书面语中，在这么狭小的用字空间里，居然同一偏旁的简体和繁体并用，违反了最起码的统一律。这会给人们对简化字留下一个什么印象？正因为这些明显不合理问题的存在，既降低了大陆日常通用层面的学习和使用效率，也会妨碍"汉字信息化要求超高速准确识别"，还会影响规范汉字在台港澳同胞和海外侨胞心目中的整体形象，妨碍他们对简化字、规范汉字认同心理的形成。反之，如果我们立足高、眼界宽，就不会在大陆日常通用层面个别字形的修正上犹豫不决，就会权衡我国汉字使用的全局，学会辩证处理汉字的简化和整理，用简化字和规范汉字的适度优化来换取海峡两岸四地"书同文"和中文信息处理高效率的全局性成果。

Modern Chinese Characters and Modern Chinese Characters Studies

Fei Jinchang

(Ministry of Education Institute of Applied Linguistics, Beijing 100010, China)

Abstract: Modern Chinese Character studies is a new embranchment of the science of Chinese characters. This paper reviews the construction course of Modern Chinese Character Studies, and makes several dissertations as examples, to lay out methods and achievements on Modern Chinese Character studies. Moreover, this paper brings forward some dissertations still needed deep research.

Key Words: Modern Chinese Characters; Modern Chinese Character studies; character quantity; Chinese Character component; Standardization

"书同文"的历史回顾与现实问题的解决思路

詹鄞鑫

【摘　要】 书同文指文字书写规范的同一。孔子提出"书同文",就指出必须由"德"(理想)"位"(权力)俱全者才能实现,两者缺一不可。秦始皇统一文字而制定的"小篆",并不是从书体意义,而是从书同文的意义来说的。中国历代汉字规范的主流都是用正体字作为标准。俗体字影响正体的情况在任何时代都是存在的,但在共时的层面上,以当时的正体为规范的原则总是很明确的。目前海峡两岸文字的差异是由于大陆采用简化字造成的,简化字的基本原则是用手写体和俗体字改造传统正体字。汉字简化的初衷是为着日常书写的方便,所以偏旁类推只局限在常用字范围内,学术用字在文史哲等领域仍然还采用传统正字。"繁体字"是针对大陆地区所使用的未简化文字而言的,不能简单地把"繁体字"说成是台湾的文字。书同文是全体中国人的共同愿望和理想,只有统一的汉字才能让全中国人民共同扬眉吐气,立于世界之林。统一文字的原则应该是:有一个科学的总体考虑,最方便所有中国民众的学习和使用,最便于文化传统的继承,计算机字符统一编码改动幅度最小,代价最低;统一方案必须兼顾传统正体的规范性和简化字的手写方便性。世界上各种文字都有正体与手写体的分别,汉字在实际生活中也有正体和手写体的区别。如果把简化字跟传统正体字的区别,恢复为手写体与正体区别的性质,就真正建立了汉字的两体,统一了计算机编码,既方便了日常书写,又不妨碍传统文献用字的延续性和正体字的规范性。这样,书同文的基本原则就以最小的代价,获得最完满的解决。

【关键词】 书同文;小篆;汉字规范;正体字;手写体

关于"书同文"

"书同文"指文字书写规范的同一,包括对不同地区文字异形的规范,亦指对同一地区一字多形的规范。古人提出"书同文"完全是针对中国而言的,所以不包括不同文字体系的同一。"书同文"的提法始见于先秦儒家经典《礼记·中庸》:

子曰:非天子不议礼,不制度,不考文。今天下车同轨,书同文,行同伦。虽有其位,苟无其德,不敢作礼乐焉;虽有其德,苟无其位,亦不敢作礼乐焉。

孔颖达解释说:"今天下车同轨者,今谓孔子时。……当孔子时,礼坏乐崩,家殊国异,而云此者,欲明己虽有德,身无其位,不敢造作礼乐,故极行而虚己,先说以自谦也。"朱德熙、裘锡圭阐发孔颖达的意思说:

这就是说,"今天下车同轨,书同文,行同伦"是一句反话,实际上是车不同轨,书不同文,行不同伦。孔子是一心想改变这种情况的,无奈自己不掌权,所以只好空着急。[①]

同一地区的用字规范,可以由地区首脑来主管实施。不同地区如果涉及不同侯国,就不是地区首脑所能控制的了,还必须由最高首脑——天子来统领。可见,书同文的工作直接跟统治者的地位相关。

孔子所生活的春秋晚期,各诸侯国的文字已经发生了较显著的分化。与孔子时代相近的《侯马盟书》的文字,就跟传统的正体有相当大的差异:

【作者简介】 詹鄞鑫,华东师范大学中文系教授,中国文字研究与应用中心副主任,博士生导师。主要从事汉语史和文字学研究。(上海 200062)

① 朱德熙、裘锡圭:《秦始皇书同文字的历史作用》,载《文物》1973 年 11 期;《朱德熙古文字论集》,中华书局,1995 年 2 月。

例字	爲	與	晉	巫	麻	夷
金文正体						
盟书异体						

试看其中的"爲"字只取传统写法的上半,"晉"字两倒"矢"简省为一,还省略了构件"日",都出现了很大程度上的简化;也有个别繁化的例子,如"夷"字下方还加"土"。侯马盟书是手写体,为着书写的方便,大量采用一些民间俗字乃是正常的现象。但如果作为正体的官方文字也各行其是,就会使文字异形的状况逐渐扩大,最终因文字的分化导致文化的分化乃至华夏民族的分裂。作为富有远见和抱负的孔子,是预见到了这个可能性的。孔子所担心的"礼崩乐坏",就是指文化和制度上的分化,周天子对诸侯失控,其结果只能是强者为王的混战局面。孔子希望各国文字能统一,但作为学者,毫无权力,这个理想是不可能实现的。孔子慨叹"虽有其位,苟无其德,不敢作礼乐焉",是指责当权者不关心文化统一事业;"虽有其德,苟无其位,亦不敢作礼乐焉"则表达了心有余而力不足的无奈心态。

孔子的担忧后来成为事实,但孔子的理想数百年之后也实现了,那就是秦始皇的文化统一。《史记·秦始皇本纪》记秦始皇统一中国当年就实施了一系列文化上的统一工作,其中包括"一法度衡石丈尺,车同轨,书同文字"。这正应了孔子"非天子不议礼,不制度,不考文"的议论。"书同文字"的提法,也因此成为中国人对汉字统一理想的概括和口号。许慎《说文解字叙》对此有一个总结:

其后诸侯力政,不统于王。恶礼乐之害己,而皆去其典籍。分为七国,田畴异亩,车涂异轨,律令异法,衣冠异制,言语异声,文字异形。秦始皇帝初兼天下,丞相李斯乃奏同之,罢其不与秦文合者。斯作《仓颉篇》,中车府令赵高作《爰历篇》,太史令胡母敬作《博学篇》,皆取史籀大篆,或颇省改,所谓小篆者也。

许慎不仅谈到秦始皇对文字的统一,还具体地告诉我们,统一的文字就是"小篆"。

战国时期,各国文字书写不一,这种状况的后果,不能简单地从文书交流的角度来看。在有关战国的史料中,我们还没有发现关于因文字异写造成交流障碍,从而还需要互相学习"外文"的记载。孟子嘲笑南方楚人是"南蛮鴃舌之人"(《孟子·滕文公上》),说的是南楚方言犹如鸟叫,令北方人难以听懂,但齐鲁与楚国之间的文字差异还不至于互相看不懂。近十几年来陆续发现的战国楚文字蔚为大观,楚文字与秦文字的差异固然是明显的,但文字交流则没有什么障碍。

然而,如果各国文字差异任其发展,不加以遏止,就会越走越远,终将因文字差异造成文化的差异和民众心态的差异。秦始皇书同文字的措施,阻遏了汉字不断扩大内部差异的趋势。试将马王堆帛书等汉初南方楚地文字与以长沙子弹库楚帛书为代表的战国楚文字相比较,就可以看到秦始皇统一文字对汉代文字的显著影响。西汉时南北文字的高度一致,是秦始皇书同文字历史功绩的见证。

"小篆"是书同文的成果

对许慎在论及秦始皇书同文措施时提到的"小篆",人们历来有一个误解,以为那是李斯创造的一种新的字体。其实,"小篆"不是不同于"大篆"的书体,它完全是从书同文的意义上来说的。

人们通常把秦始皇制定的文字称为"小篆",从而把那之前的篆文称为"大篆"。"小篆"与"大篆"是相对而言的名称,笼统地说则称为"篆书"。这些名称始见于前面引用的《说文解字叙》。重读许慎的阐述,可以知道许慎所称"大篆"指的是周宣王太史籀所书《史籀篇》的文字,所以又称为"史籀大篆",大致相当于周代正体文字;"古文"指的是西汉时发现的战国齐鲁一带传抄的儒家经籍,属于六国系统的文字。从这段记述可知,小篆文字的产生与秦始皇的书同文措施直接相关。秦始皇兼并天下以后,丞相李斯建议中央政府对种种文化制度都制定一套统一的标准加以规范,其中文字方面的规范工作就是废除六国文字中跟秦文字不一样的写法。为了推行标准文字,秦中央政府颁布了三份带有范本性质的文献,即李斯《仓颉篇》,赵高《爰历篇》,胡母敬《博学篇》。书写这些文件的标准字样都以"史籀大篆"为基础，其中有的略为作了一些"省改"。这种标准文字就是人们所说的"小篆"[①]。

这段叙述表明，小篆是在"史籀大篆"即战国秦系文字的基础上确定下来的，但其中有少数大篆作了一些省改。至于六国文字，只有其中"不与秦文合者"被废除，凡与秦文字相同的，自然都被纳入了小篆的范围。

许慎所谓"皆取史籀大篆，或颇省改"的说法很容易使人误解，以为小篆中有一些文字是李斯等将史籀大篆加以省改才制作出来的。根据对实物文字的考察，小篆跟统一前的秦文字之间并不存在截然分明的界线[②]。事实上，李斯作《仓颉篇》，只是对现有文字的整理统一，而不是创造新的文字。任何一个时代的文字，都会出现繁简并存、雅俗同用的现象。战国秦文字同样如此，这点很容易从实物文字获得证实。例如"明"字，左边或为"日"，或为"囧"；"叔"字右边或为"又"，或为"寸"；"壽"字下方或为"口"，或为"吋"；"笑"字上方或为"竹"，或为"艹"。这些都是同时并存的不同写法。李斯在整理文字时，不仅要将六国文字中与秦文字不同的写法加以剔除，还要对秦文字中固有的异体字和俗体字加以规范。所谓"省改"，其实就是选取那些与传统的正体文字相比有所简省或改变的文字而已。这样看来，小篆文字不仅大多数直接承袭了秦篆，即使经过省改的那部分文字，也同样来源于业已存在的秦文字。

"大篆"一词，从许慎的用语看，应指秦统一之前的周秦文字。那么，小篆与大篆的关系，就字体而言是没有区别的，两者都属于篆书。但小篆指经过秦王朝规范过的秦文字，而统一之前的周秦文字只能称为大篆。这完全是就"书同文字"的形体规范意义而言的。明乎此，才算认识了小篆概念的本质。如果从书体的角度来讨论秦国或秦代文字，只能笼统地称为篆文，没有理由也没有任何线索能够区分篆书的"大小"。

西汉建国之后，篆书仍然在比较庄重的场合下继续使用。汉代的篆书是秦统一之后的正体文字，仍属于小篆的体系。所以，小篆之称除了指秦代规范的篆文之外，还可以指汉代乃至后世以小篆写法为楷模的篆文。

书同文的基础历来是正体文字

从许慎的叙述中可以知道，小篆的基础是史籀大篆，即周代的正体文字。换言之，秦始皇书同文的原则，是以周代正体文字为基础的，用正体文字来统一变体文字。

笼统地提周代，包括西周和东周，东周又包括春秋和战国时代。上文已述，孔子所处春秋时代的汉字已出现明显的分化。关于战国文字，20世纪初以来的古文字学界已逐渐形成共识，认为战国文字可区分为两个倾向，也可看成是两个系统：即比较保持传统的周秦文字，和变异较显著的六国文字。秦始皇的书同文措施，是让六国文字向周秦文字靠拢，统一的文字以正体文字为据，凡与秦文字不同者就废除。这里有两种理解：一是变体文字服从正体文字，一是六国文字服从周秦文字。秦始皇作为统一战争的胜利者，其出发点究竟是想用胜利者的文字来统一六国文字，还是想用保持传统的正体文字来规范变化较大的六国文字，这一点还不很清楚。我曾经这样说过：

汉字在春秋中后期开始依国别或地区而分化，至战国时代，秦与东方各国的文字分化大大加剧。秦系文字比较保守，与西周和春秋前期的正统文字相比，除了书写风格上逐渐趋于规整匀称以外，结构上的变化总体而言并不明显，而六国文字则几乎面目全非了。即使不考虑最终由秦统一中国并统一文字的事实，也可以认为，在汉字发展史上，秦系文字代表了汉字发展的主流，而六国文字代表了支流。至秦始皇统一中国，废除了六国文字，从而六国文字被历史淘汰，真正成为支流；而秦系文字上承商周古文，下启汉魏晋隶书乃至楷书，成为汉字发展史中的一个环节。这种历史的巧合，似乎也寓含着造化的神功。[③]

[①] "皆取史籀大篆，或颇省改"一句，"或"义为"有的"，"颇"表示"略为"。
[②] 裘锡圭：《文字学概要》，第65页；袁仲一：《秦代陶文》，第86页，三秦出版社，1987年。
[③] 詹鄞鑫：《汉字说略》，第101页，辽宁教育出版社，1991年。

秦始皇或李斯的想法究竟如何，自然还可以探讨，但从后来的汉字规范事实来看，中国自汉代之后的历次书同文措施，都是以正体为本来统一变体，而不是相反。

汉字笔画多，书写较难，作为手写文字，自发地产生了求简求快的作风，由此形成俗体。自商代以来至今，求简风气从未间断过。每一个时代，总是有正体和俗体两种文字，正体字庄严而规范，俗体字草率而快捷，二者各有其利弊。俗体字在日常的通行，势必影响正体，所以俗体字是汉字发展的主要动力。然而，就共时文字而言，不论哪个时代，作为规范的文字一定是正体，而不是俗体。近年来我们对东汉文字作了全面的调查，发现东汉时期社会上日常使用的文字，俗体字的应用非常广泛。例如（每组后一字为当时俗体或异体，个别出于草书者已作楷化处理）：

麥麦，來来，蓋盖，爲为，樂乐，長长，頭头，質贗，邊边，敍叙，德悳，綱冈，曹曺，萬万，無无，災灾，禮礼，罔冈，蟲虫，親亲，新亲，滅灭，屍尸，與与，董董，冀冀，鉛鈆，婦奴，趨趂，策荚，墓墲，罔网，攜携，詠咏，號号，巫惑，疆畺，糧粮，僅僅，師陑，病疒，疾疾，痛痈，飢饥，燥燇，寂冡，錢釜，棄棄，短挀，流氿，葬塟，惡恶，蟲蚩，慟憧，離雜，黍秂。

许慎曾说到过撰写《说文解字》的背景："……郡国亦往往于山川得鼎彝，其铭即前代之古文，皆自相似。虽叵复见远流，其详可得略说也。而世人大共非訾，以为好奇者也。故诡更正文，乡（向）壁虚造不可知之书，变乱常行以燿于世。"表明撰写目的是"将以理群类，解谬误，晓学者，达神恉"。由此可知，许慎撰《说文解字》，其重要目标正是为了书写的规范，用传统的正体纠正当时流行的讹体变体。

《说文解字》在当时是否被作为正体规范依据，史无明文，但熹平石经的用字状况显示，东汉时尽管日常用字大量采用俗体，正规文献则遵循传统的正体。

熹平四年（175）太学所立石经是汉代儒家经典的权威版本。熹平石经大小残碑至今已发现逾百块，我们调查了其中较大块的残石五十多块，语料近九千字。石经字形书写非常规范，是当时社会用字的正体典范。例如在一般的碑刻中，作为偏旁的"竹"和"艹"几乎是不区分的，一律写作"艹"，如"簿"写成"薄"，"管"写成"菅"，"符"写成"苻"，"策"写成"荚"（东汉文字作声符的"朿"大抵写作"夹"），但在石经里，"竹"和"艹"区分是明确的，绝不相混（传世文献的"答"，石经写作"荅"，"荅"是"答"的古字）。上举东汉俗字和异体，除了"董"字，没有一个最终进入近代的正体字，也反映了东汉文字规范的成绩。

魏晋南北朝时期，汉字处于形体整合的开放时期，异体盛行，但总结这个时代用字状况的《切韵》，对正字俗字的区分很明确。唐代以来中国曾有过多次的汉字规范运动，基本上是以《说文》为依据的。当然，《说文》用字并非绝对标准，也有因讹误而以错为正的例子，所以，如果单纯以《说文》为据，就可能反而用《说文》的讹误字来规范当时通行的正体字。例如"巫"、"督"、"數"、"專"等，《说文》的写法都与真正的传统正体走样了，所以隋唐以来这些字的别体倒往往是保持了传统正体的写法，而按照《说文》修正的写法才是已经讹变的变体。这反而揭示了一个事实：唐代以来的正字运动，在很大的程度上的确是以《说文》为尊的。自明清以来逐渐定型的、主要以《康熙字典》和《中华大字典》的正体字为代表的、持续使用到20世纪50年代的、古籍整理和港台地区沿用至今的汉字，从总的情况来看，就是以《说文》所代表的正体字为依据的。

纵观汉字发展的历史，可以说，汉字书同文的传统，以正体规范俗体为主流。俗体字影响正体的情况在任何时代都是存在的，但在共时的层面上，以当时的正体为规范的原则总是很明确的。

目前两岸文字异形状况

现实的书同文问题，简单地说，主要是两岸文字如何统一的问题，但常常被人们忽略的还有日常用字和学术研究用字如何统一的问题。

两岸文字的问题多年来处于比较敏感的状态，因为它总是与政治问题纠缠在一起。然而，我以为，书同文根本上是学术层面和技术层面的事情。如果学术层面认识清楚了，技术层面难题解决了，其他的问题也就比较好办了。

新中国成立以来，大陆和台湾在汉字规范方面各自为政：台湾沿用传统的正体字。中国政府在1956年颁布了《汉字简化方案》，从那以后，大陆日常用字以简化字为正体。相对于"简化字"名称，传统正体字被称为"繁体字"。大陆在古籍整理、古代汉语教学、文史学术论著、字典辞书、书法作品等方面，仍维持使用传统汉字。香港在回归中国之前主要采用传统正体字，回归之后传统正体字与简化字并用。

大陆虽然有限度地采用繁体字，但由于1955年公布的《第一批异体字整理表》（下文简称《一异表》），以及1965年公布的《印刷通用汉字字形表》（涉及"新旧字形"问题，下文简称《字形表》），都对传统正体字的原有规范造成了某种程度的冲击，从而，大陆采用的繁体字跟传统正体字仍有区别。例如"異、棄"在《一异表》中是作为异体字被淘汰的，而以"异、弃"作为相应的正体，两者之间并不是繁简字关系。于是，从道理上说，规范繁体字应采用"异、弃"的写法，而不是"異、棄"。又如"换、盗"是《字形表》中规定的用来替代"旧字形""换、盗"的"新字形"，于是繁体字使用的是被改造过的"换、盗"，而不是原来作为规范写法的"换、盗"。这些情况都造成"繁体字"的写法与传统正体写法的不一样。

可见，大陆和台湾的用字差异，是由于大陆的用字变了，采用简化字，而台湾的用字没有变，沿用传统正体字。按照目前大陆的习惯提法，大陆采用"简化字"，台湾采用"繁体字"。"繁体字"和"简化字"，现在已成为两套不同的汉字体系的名称。

有一个概念必须澄清。一提"繁体字"，似乎就被当作台湾的汉字，这是不对的。"繁体字"是相对于"简化字"而言的。在《汉字简化方案》颁布之前，汉字无所谓繁简，两岸使用相同的汉字体系；《汉字简化方案》颁布之后，大陆有了"简化字"的名称，人们才把仍然在某些场合下采用的、保持传统写法的汉字叫做"繁体字"。至于台湾，因为并没有采用"简化字"并把它作为正体，自然也就不会把传统汉字叫做"繁体字"。可见，"繁体字"原本是指大陆采用的相对于"简化字"的文字。有关部门从来就没有宣布过大陆禁止使用繁体字，事实上也一直在使用。简化字一开始就被定位在日常生活的层面上，所以只规定了常用字被简化。而且，如前所述，由于《一异表》和新旧字形的规定，大陆采用的繁体字跟传统的正体字也是有区别的，从而跟台湾采用的文字也就有了区别。可见，把"繁体字"当作台湾使用的文字不仅在名称上是错误的，在实际上也是不符合事实的。

把简化字跟传统正体字相比较，其区别可以简单概括为：

以手写体改造正体

主要指行书、草书的楷化。例如：買买，臨临，頭头，實实，書书，報报，熱热，導导，興兴，會会，層层，應应，鄭郑，斷断，還还，環环。

做声符或同声符可类推（类推仅限于一级、二级字范围）：貝贝，車车，長长，壽寿，單单，當当，東东，專专，發发，歸归，樂乐，農农，爲为，亞亚，門门，芻刍，盡尽，時时，魚鱼，戔戋，堯尧，執执，婁娄，讀读，楊杨，練练，儉俭，堅坚，經经，學学。

偏旁部首可类推：丬丬，糹纟，言讠，車车，貝贝，見见，金钅，門门，頁页，食饣，韋韦，馬马，鳥鸟，魚鱼，麥麦，黽黾，齊齐，龜龟。

以异体、古体、俗体字代替正体

萬万，無无，薺荠，棄弃，淚泪，脣唇，禮礼，韻韵，跡迹，傑杰，確确，異异；氣气，從从，眾众，網网，復复，災灾，捨舍，雲云，鬚须，迴回，捲卷，錶表；體体，陰阴，陽阳，亂乱，蠶蚕，憐怜，榮荣，肅肃，筆笔，齊齐，蟲虫，滅灭，與与，蓋盖，備备。

新造字

简省偏旁或笔画：廣广，廠厂，條条，務务，膽膽，虧亏，習习，飛飞，電电，麗丽，縣县，聲声，業业，標标，點点，鑿凿，競竞，雖虽，準准，燭烛，獎奖，墾垦，懇恳，麼么，寧宁，婦妇。

新造形声字或标音字：襯衬，認认，燈灯，礎础，遠远，態态，補补，徹彻，遲迟，賓宾，膚肤，塊块，叢丛，義义，畢毕，華华，竄窜，進进。

新造会意字：塵尘，雙双，寶宝，隊队。

简单符号代替原构件：鳳凤，對对，雞鸡，聖圣，戲戏，樹树，鄧邓，觀观，歡欢，權权，僅仅，漢汉，難难，艱艰，聶聂，轟轰，區区，趙赵，風风，這这，劉刘，棗枣，攬揽，蘭兰。

音同音近字替代

每组后一字或多字由前一字兼代：才纔，丑醜，达達，淀澱，范範，丰豐，刮颳，后後，胡鬍，伙夥，姜薑，借藉，困睏，漓灕，里裏，霉黴，面麵，蔑衊，千韆，秋鞦，松鬆，咸鹹，向嚮，余餘，郁鬱，御禦，愿願，云雲，致緻，制製，朱硃，筑築，准準，辟闢，别彆，卜蔔，沈瀋，冲衝，种種，担擔，党黨，斗鬥，谷穀，柜櫃，合閤，划劃，坏壞，几幾，价價，据據，卷捲，了瞭，累纍，万萬，朴樸，苹蘋，仆僕，曲麯，舍捨，术術，体體，涂塗，叶葉，吁籲，旋鏇，佣傭，折摺，征徵，症癥，干乾幹，系繫係，只隻衹，台臺檯颱，蒙矇濛懞。

个别不同音字兼代：适適，腊臘，蜡蠟，胜勝。

一对二

大多情况是一个繁体字通过上述方式（例如行草书楷化）简化为一个简化字的同时还兼代另一个音同音近字。例如：摆—擺襬，当—當噹，恶—惡噁，发—發髮，汇—匯彙，获—獲穫，饥—飢饑，尽—盡儘，卤—鹵滷，弥—彌瀰，签—簽籤，苏—蘇甦，坛—罎壇，团—團糰，须—須鬚，药—藥葯，赞—贊讚。

少数情况是一个简化字直接对应两个音同音近繁体字：复—複復，历—歷曆，纤—縴纖，脏—髒臟，钟—鐘鍾。

偏旁草书楷化的影响

在上述情况中，涉及面最广的是第一类以手写体改造正体并且加以类推造成的简化字。例如把偏旁"言"改成手写体"讠"，所有一级、二级汉字中从言的字全变成繁简两体。言部字在 GBK 字符集里找出 406 个（言充当声符的未调查）：

訂訃訄訅計訊訒訌訏討訐許訑訒訓訔訕訖託記訙訚訛訜訝訞訟訠詅訢訣詤詪訧註証詢訬設訮訯詄詅詆詇詈詉詊詋詌詍詎詏詐詑詒詓詔評詖詗詘詙詚詛詜詝詞詟詠詡詢詣詤詥試詧詨詩詪詫詬詭詮詯話該詳該詴詶詷詸詹詺語詼誠誡詿誤誥誦誨誡說誣誤誴誶調誸誹誺誻誼誽誾調諀諁諂諃諄諅諆談諈諉諊請諌請諍諎諏諐諑諒諓諔諕論諗諘諙諚諛諜諝諞諟諠諡諢諣諤諥諦諧諨諩諪諫譬諭諮諯諰諱諲諳諴諵諶諷諸諹諺諻諼諽諾諿謀謁謂謃謄謅謆謇謈謉謊謋謌謍謎謏謐謑謒謓謔謕謖謗謙謚講謜謝謞謟謠謡謢謣謤謥謦謧謨謩謪謫謬謭謮謯謰謱謲謳謴謵謶謷謸謹謺謻謼謽謾謿譀譁譂譃譄譅譆譇譈證證譋譌譍譎譏譐譑譒譓譔譕譖譗識譙譚譛譜譝譞譟譠譡譢譣譤譥警譧警譩譪譫譬譭譮譯議譱譲譳譴譵譶護譸譹譺讁讂讃讄讅讆讇讈讉變讋讌讍讎讏讐讑讒讓讔讕讖讗讘讙讚讛讜讝讞讟讠辩獄

其中一级、二级汉字的偏旁简化为"讠"的就有 159 个（"言"旁处于下方的如"詈詧誓詹譽謇謦"和处于左方或充当声符的如"喑信"等字不类推）：

订讣计讯讧讨吁讦讬讱训讪讫记讹讶讼诀讷谌讻访设许诉诃诊证诂诋讵诈诒诏评诐词诎诅词诩询诣试诗诧诟诡诠诘话该详洗殁讽诖诔诛诓认诞诶诞诱销语诚诫诬误诰诵诲说谁课悴诽谊调谄谆谈诿请净诹诼谅论谂谀谍谞谝谥诨谔谛谐谏谕谘讳谙谌讽诸谚媛诺谋谒谓诣谎谜谧谑谡谤谦谥讲谢谣谟谪谬讴谨谩哗证讹谲讥谮识谯谭谱谵译议谴诗谫读谪雠谗让谰谶谠谳獄

本来，汉字简化只限于一级、二级常用字的范围，但有些出版物为着偏旁的统一，把那些没有列入类推范围的字也都类推简化。上面列举的言部字，如果按这个方式全部类推，扣除言旁处于下方的 25 个字：言詧誓謄誾誓誓誓誓誓誓誓誓誓誓誓誓誓誓誓誓誓誓誓誓誓誓，言部简化字就会由 159 个增加到 406-25=381 个。与"言讠"情况类似的还有如"丬丬，糸纟，車车，貝贝，見见，金钅，門门，頁页，食饣，魚鱼，風风，韋韦，馬马，鳥鸟，麥麦，黽黾，齊齐，齒齿，龍龙，龜龟"等，据我们统计，涉及 3200 个 GBK 字符集中的繁体字。声符简化类推的如"長长，壽寿，單单，當当，東东，專专，夾夹，會会，發发，樂乐，農农，爲为，亞亚，嚴严，肅肃，區区，幾几，侖仑，華华，芻刍，盡尽，戔戋，堯尧，執执，婁娄，榮荣，獻献，廣广，讀读，楊杨，練练，儉俭，堅坚，經经，學学，澤泽"等，如果计算，估计不下千字。

学术研究用字问题

在目前，不仅海峡两岸用字不同，大陆也存在简化字和繁体字并用的状况。

除了民间流通的繁体字之外，学术用字在文史哲等领域仍然宜采用传统正字。汉字简化的初衷是为着日常书写的方便，所以偏旁类推只局限在常用字和次常用字的范围内，并不包括生僻字，也不限制古籍印刷、学术研究和书法作品使用传统正体汉字。简单地把"繁体字"说成是台湾的文字，显然是不客观的。

如前所述，简化字与繁体字并不都是一一对应的。古籍中有区别的用字，如果改用简化字来排印，作为严肃的学术著作就难免出毛病。学术论文引用古籍也一样。学术界公认的文献引用规范是不改字，但是，如果采用简化字引用古书，改字就是不可避免的。只要改字，就可能歪曲原意。例如：

《熹平石经·周颂》："於乎皇王，繼序思不忘。""於乎"在上古文献中经常出现，读为"乌呼"，如果写成"于乎"，就无法理解了（古音"于"和"乌"声纽不同，不通用）。

《黄帝内经·素问》中的"面焦髮白"如果写成"面焦发白"，十之八九要被误解。《抱朴子·金丹》"髮白還黑，齒落更生"，意思很明白，但若写成"发白还黑，齿落更生"，就要寻思良久才能明白且疑惑犹存。

甲骨卜辞："有新大星並火。""並"读如"傍"，意思是靠近，如果改为"并"，就没有这个意思了。

这类因改字造成的理解混乱，学术界已说得很多，这里不必展开赘述。这里只是想强调，非通俗性的古籍整理、古代汉语教学、涉及古文献的学术论文，必须采用传统汉字，如果用简化字就会带来许多麻烦。事实上，大陆的古籍整理，以及有些学术著作和学术刊物也一直是采用传统正字来排印的。

书同文是21世纪必须实现的目标

现实的书同文问题，首先是要不要统一文字，然后才是如何统一文字。

有一种说法是：繁体字是汉字，简化字也是汉字，简化字和繁体字都是汉字，只能算一种文字，不存在统一的问题。

繁体字和简化字都是汉字，究竟算两种文字还是一种文字，这只是概念问题。国外进口用品的说明书，常常可以见到分别用英文、日文、简化汉字、繁体汉字四种文字来表述的。每当看到这种情况，心中就不禁泛起一丝悲哀：同样是汉字，为什么要分化为两种？战国时期东方六国文字和秦文字也都是从周文字发展出来的汉字，秦始皇统一文字，并不讨论它们是否属于两种不同的文字，只要求凡是跟秦文字写法不同的，都要改为以秦文字为标准。在书同文的问题上，纠缠概念没有多大的意义，重要的问题在于：是否有必要统一规范的标准？

如果不考虑文字规范统一工作的难度，毫无疑问，文字规范的完全统一是全中国人民的共同理想。但如果考虑现状，就难免出现某种疑虑。其中最主要的疑虑大概有两点：一是以哪种规范为基础，二是统一之后如何适应新规范。

第一个问题，涉及所谓"自尊心"。因为在有些人的意识中，繁体字被视为台湾的文字，假如统一方案要让大陆人民接受"台湾的用字"似乎有碍面子。上文已经指出，传统汉字是全中国人民共同使用了两千年、大陆至今仍然在学术领域和某些民间使用、将来也一定会继续使用下去的文字，所以，不论以哪种汉字为规范标准的基础，或者把两者加以综合改造，都是以中国的文字为标准。要说面子，"一国两字"的状况只能令所有中国人感到尴尬，只有统一的汉字才能让全中国人民共同扬眉吐气，立于世界之林。

第二个问题是常常被挂在嘴上的：简化字已经通行了半个世纪，大家已经习惯了，怎么办？我个人认为，改变习惯的问题并没有想象的那么严重。繁简字之间的字形差异，绝大多数只是手写体性质的差异，如"紅红、簡简、揚扬"之类，阅读上是毫无障碍的。传统汉字从汉代以来使用了两千年，1956年政府宣布使用简化字，大概只经过三五年的过渡，全民就在日常生活中适应了简化字。由此可知，繁体字和简化字之间的适应,并不像想象中的那么难。有人举"象—像"的用法为例,想表明即使是个别地恢复繁体字的用法也会引起用字混乱。其实,"象—像"两字的用法本来就是不严格区分的,"象……之形"和"象形"、"形象"等用法,历来就用"象"不用"像",倒是新的规范硬要严格区分(事实上是难以严格区分的),才造成了使用者的无所适从。

即使汉字的统一真的会带来一时的不习惯,那也只是暂时的困难。多年来有些管理部门三令五申不允许普通场合采用繁体字,民间尚且大量采用繁体字;如果管理部门不加限制,乃至采取中小学生学习外文一样的政策,适当在语文课本中增加传统汉字的教学内容,就不会出现使用上不习惯的问题了。我国大学的文科学习,传统汉字是必须掌握的基础知识,否则文史哲和语言文字学的学习就难以深入。读书认字的这一关,按理是应该在小学和中学阶段就完成的,本来就不应该推到大学阶段才来补习。

在刚刚进入21世纪时,周有光先生就提出口号:"书同文是21世纪必须实现的目标。"汉字规范标准的统一,从长远来看,是中华民族全体人民的共同理想,我们应该为实现大同的理想而努力奋斗。为子孙后代着想,我们应该成为书同文的促进派。

书同文方案的思路

书同文,就现实问题而言,就是在传统汉字和简化字之间选择一种作为基础,再汲取另一种的优点加以综合的改造。在考虑具体的改造方法之前,必须先确定一些基本原则。我认为,这些原则应该包括如下几点:

(一)有一个科学的总体考虑,建立周全严密的汉字规范理论。严密的汉字规范理论,就是要有明确的规范目标,明晰书面语言与口头语言的联系及其分工,兼顾书写效率和阅读效率,兼顾日常手写和计算机的应用,兼顾日常应用和学术应用,以指导汉字规范原则,避免就事论事,顾此失彼。

(二)统一的文字最方便两岸和全球的中国民众学习和使用。这里说的方便,兼顾儿童教育和成人学习,兼顾长远的方便和变更期阶段的适应。

(三)最便于文化传统的继承,最大限度地减小古今文化的断裂。

(四)计算机字符统一编码改动幅度最小,代价最低。

这些条件是获得海峡两岸中国人民共同认可的汉字体系的基本要求。对任何一点的牺牲和削弱,我认为都是非常严重的错误。

传统汉字和简化汉字在字形上的差异,如前所述最主要表现在偏旁行草书楷化上。如果全部偏旁要统一,光部首偏旁(大抵是形声字的形符)就涉及三千多个汉字。这里不妨仍以言部字为例。言部字在GBK字符集里找出406个。其中偏旁简化为"讠"的有159个,意味着这159个字有从"言"和从"讠"两种写法,在古籍整理等场合用从"言"写法的字,在日常生活中用从"讠"写法的字;另外还有247个字只有从"言"而没有从"讠"的写法。现在的状态是同一个偏旁有两种写法。如果要实现书同文,这种状况提出了多种选择方案:一是全部恢复从"言"的写法,二是全部类推为从"讠"的写法,三是维持现状分别有从"言"和从"讠"两种写法,还有第四种方案留待下文再谈。

第二种方案显然是不可行的。一个问题在于,其中包含着一些本来就被淘汰的异体字,例如"訢、誷、謌、譌、譟"分别是"欣、讻、歌、讹、噪"的异体字。作为日常应用,"訢、誷、謌、譌、譟"这些字不再使用,偏旁类推简化毫无意义。"譱"是"善"的篆文隶定写法,所从的"誩"如果简化,就等于把先秦古文字也按今天的手写来简化。另一个问题是会遇到不可调和的矛盾。例如"誩、譱、囍"如果偏旁类推,左边的"言"写作"讠",右边的如果也用"讠",就违背了书写的笔顺;假如右边维持用"言",则左右异形极不协调。而且,偏旁"言"处于右边的"信喑"等字和处于下方的"闇誊詹謦罄譬"等字,"言"也不能类推为"讠"。这样,偏旁的统一将永远不可能彻底实现。

第三种方案就是维持现状不作为。这当然比全部硬性类推好,因为不作为也就不会增加新字形,避免出现新的混乱。不过,这样的话,书同文就成为一句空话。

这样看来，唯一可行的就是第一种方案，即全部恢复从言的写法。然而，大家已经习惯了把左边的"言"写作"讠"，怎么办呢？

请注意，在手写体中把左边的"言"写作"讠"，并非从1956年开始，自汉代以来历代皆然。只要翻阅任何一种行书、草书字典就可明白，无须举例。那么，《集韵》、《正字通》、《康熙字典》等字书为什么不把写作"讠"的字作为异体字别体字呢？道理很简单，"言"和"讠"的区别不是异体的关系，而是正体与手写体的关系。任何一个汉字，都存在正体与手写体的不同。由此可知，把处于左边的"言"写作"讠"在手写体中从来就是不受任何限制的，不论是常用字，还是生僻字，还是异体字。

可是，从"讠"的写法一经规定为简化字，就被定为正体字，于是，从"言"和从"讠"两种写法的关系就由本来的正体与手写体的关系，变成了异体的关系了。于是，在计算机的字符集里，同一个字有从"言"和从"讠"两种写法，如"說—说"，从而，是写作"說"还是写作"说"，就不再是正体与手写的关系，而成为"规范"问题了。

从上述分析中，我们可以得到第四种解决方案，那就是把从"言"和从"讠"两种写法恢复为固有的字体关系：正体采用从"言"的写法，手写则随意，可采用从"讠"的写法。我们知道，在计算机的文字里，任何一个细微差异，都被视为不同的字符，例如"說—说—说"这3个字分别具有不同的内码，检索时检索"說"就查不到"说"和"说"，而字体的不同不涉及内码的变化。所以，从"言"和从"讠"两种写法一旦恢复为字体关系，就可以通过字体的设置加以转换。这样，在手写体中，再也不必思考哪些字偏旁可以类推，哪些字偏旁不能类推了，任何一个正体从"言"的字，手写文字都可以写作从"讠"。

据我所知，世界上各种文字都有正体与手写体的分别，有的还区分大小写。汉字在实际生活中也同样有正体和手写体的区别，但在中小学的识字教育中从来没有关于行书和草书的教学内容。如果从小学一年级开始，在教正体汉字的同时，就教行书的写法，例如"說—说"、"學—学"，这样，既维持了汉字的传统正体，又简化了日常的使用。这是多么的方便啊！①

一旦建立了正体和手写体的对应关系，不仅本来就属于手写体与正体关系的字，如"貝贝，車车，專专，爲为，芻刍，盡尽，魚鱼，糸纟，言讠，見见，金钅，門门，頁页，食饣，馬马"等，就是那些用其他方式简化的汉字，例如以异体代替正体的"萬万，無无，棄弃，傑杰"，以古体代替正体的"氣气，從从，網网，復复"，以俗体代替正体的"陰阴，陽阳，亂乱，蠶蚕"，以及简省偏旁或笔画的"廣广，條条，務务，虧亏，習习，飛飞，電电，麗丽"，新造形声字或标音字"襯衬，認认，燈灯，礎础"，新造会意字"塵尘，雙双，寶宝"，简单符号代替原构件的"鳳凤，對对，雞鸡，風风，這这，劉刘，棗枣，攙搀"等，都可以当作手写俗体来处理。这样，就真正建立了汉字的两体，既方便了日常书写，又不妨碍传统文献用字的延续和正体字的规范性。这样一来，上面提到的书同文四项原则，就以最小的代价，获得了最完满的解决。

在2002年6月参加教育部语用所主办、安徽大学协办的"简化汉字问题学术研讨会"时，我提交了论文《关于简化字整理的几个问题》②。文中有"关于偏旁统一的两全方案"一节，已提出关于书同文的思路。这个想法在私下交流中曾获得许多语言文字学专家和同仁的赞许。书同文是中国文化建设的大事，只要我们真正为中华民族的长远利益着想，为子孙后代着想，一切朝前看，就没有什么解决不了的难题。

---

① 文章写成后，费锦昌先生告知吕叔湘早有类似的想法。吕叔湘《语文常谈》（三联书店，1981年）说：简化汉字的主要目的是让写字能够快些。写字要快，本来有两条路：可以减少笔画，也可以运用连笔，就是写行书。光是减少笔画，如果还是每一笔都一起一落，也还是快不了多少。事实上我们写字总是带些行书味道的，但是没有经过正规学习，有时候"行"得莫名其妙。是不是可以在学校里教教学生写行书，让大家有个共同的规范，可以互相认识？这里又遇到一个框框，那就是"要使印刷体和手写体一致"。从这个原则出发，就得互相迁就，一方面在简化汉字上搞"草书楷化"，一方面在学校里只教楷书，不教行书。为什么别种文字一般既有印刷体又有手写体，大致相似而又不完全相同呢？这是因为要求不同：印刷体要求容易分辨，所以有棱有角；手写体要求写起来快，所以连绵不断。如果我们允许手写体和印刷体可以在不失去联系的条件下不完全一致，那么，有些简化字本来是可以不去简化它的。例如"鱼"字的底下，如果书上印成四点，笔底下写成一横，似乎也不会出什么问题。

② 后来发表在"汉字规范问题研究丛书"的《简化字研究》，史定国主编，商务印书馆，2004年9月。

The History of "Writing Chinese Characters in the Same Form" and the Suggestions of Present Situation

Zhan Yinxin

(Center for the Study of Chinese Characters and Their Applications, ECNU, Shanghai 200062, China)

Abstract: "Writing Chinese Characters in the same form" refers to the uniform of writing norm of Chinese Characters. Confucius initiated "writing Chinese Characters in the same form" and he pointed out that this task had to be done by those both in powerful positions and with virtue. Qin Shihuangdi unified the Chinese Characters and established *Xiaozhuan* which should not be regarded as a change of writing style. Instead it should be understood in the sense of "writing Chinese Characters in the same form". Historically, the mainstream normalization of Chinese Characters always adopts the orthographic form as its standard. "Vulgar form" did exist, but synchronically cannot be accepted as standard. The current inconsistent use of Chinese Characters across the Taiwan Straight came from the fact that mainland China adopted simplified form, which takes as a principle to "reform" reformed orthographic form with handwriting and vulgar forms. Its initial intention was for the convenience of daily writing, so the analogy of radicals was limited to frequently used Chinese Characters. In academic community such as humanity studies, traditional proper forms remain in use. "Original form" is a term specially used for those characters not yet simplified in mainland China and cannot be said to belong to Taiwan district. Writing Chinese Characters in the same form is the common desire and ideal for all the Chinese people. The principle of unifying Chinese Characters should be: There should be a scientific holistic consideration, which maximizes the convenience for all the Chinese people to learn and use, maximizes preservation of cultural heritage, and minimizes any change in computer coding system. It should take into consideration both the normality of traditional orthographic form and the writing convenience of simplified form. There has been a difference of orthographic form and handwriting style of Chinese characters in practical use, just as there are such differences in many other languages in the world. If we restore the difference between the simplified form and the "original" form as the difference between handwriting style and normal writing, we will then establish a real "two-style" form for the Chinese characters. Computer coding system can then also be unified. The convenience of daily handwriting is maintained while proper forms of writings in traditional literature and its norm can be maintained as well. Thus "writing Chinese Characters in the same form" can be realized perfectly with minimum costs.

Key Words: Writing Chinese Characters in the same form; *Xiaozhuan*; Writing Norm of Chinese Character; orthographical form; handwriting style

学习汉语汉字的哲学

戴汝潜

【摘　要】 汉语、汉字、中文与西方印欧语言的差异，反映了中西方哲学思维方式的差异，因而也就决定了两种语言文字学习方法的不同。

【关键词】 语言文字学习；哲学思维方式；差异

中国的语文教育需要在学习汉语、汉字、中文等基础教育课程的同时提高汉字文化修养，还需要懂得学习语文就是在学习适合汉字文化的思维方式，这种思维方式蕴涵着独特的世界观、方法论，亦即不同凡响的哲学观。从某种意义上来说，学习汉语、汉字和中文就是在学习数千年的哲学传统——我们远远没有意识到语文教育课程与教学的如此深层的价值。当然，我们并不是说把语文课程当作世界观课程来学，也不是说我们的世界观是"完美的"，因而拒绝吸纳其他世界观的长处。相反，"知己知彼，百战不殆"，传承数千年的本民族语言文字学不好，怎么可能了解自己的世界观方法论，又怎么设想吸纳他人之长？

一、中西语言思维方式的差异

语言学界都知道："每种语言里都包含着一种独特的世界观。"这就是说，不同的语言反映着使用不同语言的民族的独特世界观。独特世界观就是独特的思维方式，印欧语言区别于汉语汉字，反映着独特世界观的差异和独特思维方式的特点。千百年来，汉语汉字成为世界上唯一长存至今的独特的语言文字体系，笃定包含着中华民族独特的世界观和思维方式，以至于影响着绵延久远的独特文化。

我们还知道，"语言是观察思维的窗口"，说明语言是思维的存在方式，反映了语言与思维相关的一致性。因此语言和文字作为反映思维的显性"符号"，无论是"音码"的语言，还是"形码"的文字，都是思维现实的存在与现实思维活动的代表。所以，汉语、汉字、中文无可置疑地成为中华民族独特世界观和思维方式的体现。特别是汉字作为独特的表意形码系统，以其超时空的文化传承功能，成为孕育中华文化的摇篮。

既然如此，我们可以通过语言文字观察思维，也可以通过独特世界观和思维方式的比较认识语言文字特质的差异，从而确定不同语言文字的认知特点。为此，我们可以从重温张岱年先生在《中西哲学比较的几个问题》[①]一文中谈到的基本要点出发，就着重分析到的五个方面的差异，作为认识汉语汉字独特性的出发点，思考汉语汉字学习的特点。

1. 张先生在文中说："中国哲学从古代一直到近代，比较占势力的是辩证思维。可以说西方以形而上学思维方式为主，即分析思维方式为主……"又讲，中国注重对立统一、和谐融合；西方则讲对立面的斗争是最重要的。这种差异反映在语言文字方面的独特性也是截然不同的。西方印欧语言文字是"音形对应"的，而汉语汉字是"音形不对应"的。而对于语言文字的"形、音、义"三者来说，无论语种的差异如何，都是通过语言的音码或文字的形码表义的。因此，如何处理音码和形码二者的关系，显示着不同的世界观和思维方式。

【作者简介】 戴汝潜，中央教育科学研究所课程教学部研究员、中国教育学会教育实验分会理事、中国教育学会汉字文化教育研究中心主任。（北京　100088）

① 载《英汉语言文化对比研究》，上海外国语出版社，2004年。

比如汉语汉字的音形不对应，恰恰反映出中华祖先运用对立统一的辩证思维创造"形声字"的智慧，使得音码和形码取得和谐共生；而在辽阔疆域生存着的众多方言，却成为"书同文"的智慧条件，实现了"不同音码"与形码的统一。人们说，汉字文化是中国多民族统一的纽带，其根源就在汉语汉字提供的世界观、方法论。没有了汉语汉字也就不会有中国多民族统一赖以依附的思维方式。

然而，音形对应的西方语言文字，实际上是"音、形"矛盾对立面斗争而以"形服务于音"作为斗争结果；并且因其"分析思维的方式"的特点，决定了其对"音形对应"的追求。结果形成了两种特质：一个是建立分析思维模式的语法体系；一个则是将原本共处一个语系的族群，"分析"为众多的不同语言文字的不同民族和国家。这种因应不同语音差异的不同民族的独立的哲学观，直到现代社会依然延续着（如南斯拉夫的一而再、再而三的解体），这种"分析"的思维方式对应着西方崇尚个性自由解放的世界观、方法论。

2．中西本体论的差异。张先生说：中国历来认为"本体与现象是统一的"，二者之间是一种本与末、源与流的区别。而西方哲学认为"本体与现象是两个方面，本体是现象的本体，现象是本体的表现"。这种世界观和思维方式的差异，同样在语言文字上表现为质的差异。

西方语言文字学认为文字是记录语言的，所以本体是语言，文字是现象。语言按照听觉、发声器官及其脑神经生理发育形成语音自组织的音码体系；文字则是按照"分析思维的方式"构造的符号系统，形成了记录语音符号的形码体系。也就是"语言是文字的本体，文字是语言的表现"。

但是，汉语汉字之间的关系却不然，它们二者是"同源异构"的。此"源"乃是祖先对自然、社会和人类自身认识之源，也就是汉语汉字之本。就是在这个同一的人类生活之"源"的造就之下，汉语按照听觉、发声器官及其脑神经生理发育形成语音自组织的音码体系；而汉字则按照视觉、触觉及其脑神经生理发育形成文字自组织的形码体系。所以，汉语和汉字同是生活本源的编码现象，它们因此又统一于表达一致的语义——回归生活的本源，归为"同宗"的本体。

3．中西哲学根本范畴的差异。张先生提示说，深入中国人灵魂的世界观、方法论、传统习俗的理念，有许多体现着不同于西方哲学基本范畴的差异，其中一些蕴涵中华民族精髓理念的哲学思想，只有汉语汉字可以表达。比如"道"（"先天地生"，就是世界的本体）、"气"（表示一种物质的存在，有运动性）以及"神"（天神、精神和神妙三个层面）和"诚"（两层含义，即实在性和规律性）等。在西方的语言文字里，这些概念都是无从理解、表述和理解的东西；换言之，由于没有这样的世界观和思维方式，因而也没有相应的语言文字可以确切表述。

中西哲学根本范畴的差异确实反映着印欧语言文字观同汉语汉字观根本范畴的差异，比如：西方语音符号"系统构建"与汉语汉字"同本同源于天地"的差异，以及"音形对应"与"音形不对应"的差异。在这种状况下，怎么可能设想西方语言文字学理论可以"套用"解决汉语汉字的问题呢？犹如不同的哲学范畴同样决定了中西医理据的差异一样。

4．天人关系和主客关系的差异。张先生还说，中国的世界观是讲究天人合一的，也就是精神与自然的统一；而西方则主张"知识就是力量"、人用知识战胜自然。

表现在语言文字这种文化现象方面，汉字始终如一地沿着"以生活本源为基点"的思维方式，从"象形"出发，不断追求人认识客观世界的直接反映而造字，包括将对客观世界的认识与人的语音的和谐组合，充分体现"天人合一（"文"）和主客观统一（"字"和"复体"）"的哲学理念，不断地将生活的发现转化为"天人合一、主客观统一"的"形码"、"音码"。就是科技高度发达的今天，依然继续着这个历程：在香港，就用"车字旁、立字边"表示电梯，读作"立"音。可见，中华"天人合一"的文化传统，也就是汉字字理存在的依据。

西方放弃精神与自然和社会之间的、早期"象形字"的天然联系，而以"用知识战胜自然"的思维方式，人为地独立构造出文字的符号系统，用来记录语言，这截然不同于汉语汉字。这样，语言和文字之间的关系，已经不是"天人之间和主客观之间"的关系，而是"人"自身和"主观"一方的认知领域、知识领域范畴内的"发明创造"而已，是纯粹抽象的"编码系统"，语言文字中完全没有了人类对客观世界"发现"的痕迹。

5. 中西人生理想的差异。就此张先生又说：中国人比较重视人伦，西方比较重视个人、自由。也就是由于"重视人伦"的缘故，中国人具有根深蒂固的"光宗耀祖"、"落叶归根"的传统，而这个传统首先表现在文化传承方面，又直接作用于至今流行的汉字与汉字文化之上。

为什么？

因为中国人的这种人生理想的世界观需要一种具有"超时空"功能的文字，用以传承文化。并且着力于在已有的文字的基础上，创造文化发展所需要的新字、新词来适应传承。强烈的传承的意识可能带来负面的影响，比如束缚创造力的发挥，但是，那不是语言文字的传承功能导致的必然结果。而绵延甚久的汉语汉字确实顺应了"重视人伦"的传统理念，"百家姓"就是例子。

与此相对应的西方哲学，则表现为重视"个人和自由"的人生理想，势必带来对现实价值的关注，激发现实的创造力，但是，它却不由自主地忽视了对文字传承文化的功能的关注，顺其自然地接受并适应了依赖语音的拼音文字。语音的变化和差异与时俱进地根据"个性"与"自由"的社会形态不断地发生改变，并且不断地伴随音节的增加造出新词，充分满足对现实价值追求的需要，致使拼音文字缺乏"超时空"的稳定性。或许美式英语的出现可以作为参照。

我们根据以上简要的提示性思考将会得出怎样的结论呢？不同的语言文字系统是同各自的世界观和思维方式相生相长、相辅相成的。很难设想将一种语言文字代表的哲学思维方式，嫁接在另一种具有本质差异的语言文字之中，会结出怎样的健康而丰硕的果实。

变革一种语言文字，就是在变革与之相濡以沫的世界观和思维方式，就是变革与之同源的文化。放弃某种语言文字，就是在放弃某种世界观和思维方式的特质，就是在放弃与之同源的文化。显然这并非易事，也并非可以议就的事。

学习一种语言文字就是学习相应的世界观和思维方式，就是学习与之同源的文化。学习语言文字的课程，不能不深层次地思考这一根本性的课题：如何扬长避短，吸纳传承不同语言文字的文化传统、世界观、方法论和思维方式？

二、中西语言文字学习的差异

既然语言文字学习紧密关联观念、文化和世界观，那么，差异如此之大的中西方语言文字，其课程设置、教学设计及其学习的方式方法也必然有其不同之处，甚至会有很大的差异。

1. "听、说、读、写"的一般认识

以通常的习惯而言，似乎语言学习就是通过"听、说、读、写"实现的，仅此而已，其实这是一个历史性误会。为什么？因为这不过是"套用"西方语言文字的学习方法罢了，对于汉语汉字的学习是不是"照搬"就可以了呢？显然不是，否则何以百年不成。对此，我们只有通过简要的深入比较，才会理清认识。

首先，"听与说"属语言学习范畴，即所谓口头语言的学习范畴，一般说来，"听"是输入，"说"是输出。而"读、写"属文字学习范畴，即所谓书面语的学习范畴，其中"读"是输入，"写"是输出。

其二，在语文学习过程中，之所以需要"听、说、读、写"的综合训练，是因为要建立语言和文字之间的统一关系，或是建立口头语言和书面语之间的密切联系。

其三，在语文学习过程中，就输入而言，"听"的被动成分较大，而"读"的主动成分则要大得多；就输出而言，"说"来得简捷，而"写"相对要复杂得多，但精准、稳定得多。因此，"扬长补短、强强联合"是提高语文学习效率的基本策略原则。

其四，不同语言的"听、说、读、写"的内涵是不同的，有时差异甚至是很大的，因此，以上三个方面都各有不同的特点，其学习的心理特征也是不同的，学习方法自然也是各异的，这是决定任何语言文字学习方法的认识基点，不顾语言文字差异的一概而论是无益的。

2. "听、说、读、写"差异的分析

首先，就"听"而言，由于印欧语言是"音形对应"的音义文字，加之有"格、性、时态、情态"之类的语法结构的语言范式，因此，一般来说，只要输入规范的语音，就可以"听"其义。

但是，由于汉语汉字是"音形不对应"的，而且没有如印欧语言那么繁琐、复杂的语法结构，因此，学习汉语时的"听"就有与之明显不同的两个基本的学习特点：一是听取同音字时，常常需要借助汉字字形理解语义（如，听到姓zhāng，会问是弓长张，还是立早章），这就说明常常需要一个根据语音"鉴别、选择"字形加以印证，以便判断语义这样的心理过程，我们不妨称之为"鉴选字"的过程。二是"听"话时，常常需要倾心体味情境的氛围和语感，进行语境的综合判断与理解。所以，人们可以用"听"录音学习英语，却不可以用同样的方法学习汉语，更不用说用同样的方法认识汉字。西方印欧语言的"音码的语义区别性特征"决定了拼音文字可以直接靠"听"，而汉语汉字的语义区别性不能单纯地用音码，而常常在借助形码的同时"听"语境、"听"语感来完成。

其次，对"说"而言，在母语环境中，无论何种语言通常靠"习得"是可以的。但是，在汉语学习过程中，"说"不仅仅是"输出"，而且"兼及输入"，这不同于西方语音的"说"。因为，汉语的"说"的学习过程，是需要学习者在"说"的同时也要"输入给自己"，以调整语感、营造语境，而这对于汉语学习是绝对必要的。当然，对于非母语环境的汉语汉字学习，更需要强调"说"所独具特色的三个基本点：一是需要充分认识汉语汉字"单音节"的语音特点，这同"多音节串连起来的拼音文字单词"是截然不同的；二是在必要的时候，需要借助汉字的字形予以对照分析；三是同一句话的不同语感的对比训练是必不可少的。

另外，就"读"来说，一般是指阅读而言，在中国语文课程教学中占有重要的地位，公认其为"核心"。那是因为"读"体现汉语学习和汉字学习的一致性，"读"不是如拼音文字的书面语阅读那样比较单一的输入，其实，它是输入兼及输出，是与输出同步地进行的。阅读的初级阶段是"读"，是需要综合"听"与"说"的训练环节的。我们知道，在中文阅读过程中，随时随地伴随着汉字的视觉分析的心理过程，这个过程不同于拼音文字的书面语阅读，在那里，视觉分析并不起决定性作用。相反，视觉分析对中文阅读来说是具有至关重要的决定性意义的。因为，中文的阅读是个边读边识别字形、鉴别字义的过程，鉴于汉字在具体的构词和语境中发挥着具体的作用的差异，需要在阅读学习的初期通过"读"体会语感。所以，中文阅读教学需要建立符合中文实际的系统化方法论。

由此可见，简单地套用西方语言学习的"儿童前阅读"概念是不妥的。在"形音对应"的语言条件下的"读"，是可以让儿童在"听"成年人"读"时，"看"到"记录"语言的语音符号，从而近乎于同步地直接接触书面语。但是，对于"形音不对应"的中文阅读条件下的"读"，儿童在接受、吸纳、理解语义的同时，难以做到近乎同步地接触书面语，除非先认识一定数量的字。所以，在实际上，儿童无法建立"音形对应"机制，因而并没有介入阅读过程之中，而是阅读的局外人，阅读只是师长们所作的示范。

最后，关于"写"。"写"其实是包含两个范畴，或者说是两个层面的含义：其一是文字的书写，其二是运用文字的写作。在印欧语言文字系统的学习范畴里，掌握文字书写训练是比较容易的，比较侧重的"写"是书面语的输出，即同写作训练有一致性。但是，就中文学习而言，这个"写"的两个范畴的差异，或者说是两个层面的差距是很大的。可以说，写好字同写好文章没有什么必然联系，但是，把字写对、写快、写好又是写作的必要条件。中文学习具有严格的、专项的"写"的训练过程。在这个过程中，学习书写汉字的意义超出写字本身，具有巩固识字、发展思维、涵养品性、透视审美、舒气健身等多重教育功能，体现着中国传统的天人合一、对立统一、和谐融合的哲学观。学习汉字需要整体把握它们的二维结构，需要运用部件组合的空间想象力，首先进行二维等距的整体部局设计，再落笔书写，明显地区别于记录语言的技术性书写的拼音文字，浸透着中华哲学理念和思维方式。汉字学习的书写具有超乎拼音文字书写的重要的教育价值。

通过上述几个粗浅的初步分析，可见汉语汉字的学习需要按照汉语汉字自身的特质，遵照中华独特的世界观、方法论和思维方式进行。中国语文教育的课程教学百年滞后的根本原因，就在于基础理论研究的薄弱、现代科学理念的缺失和传统文化哲理的断裂。

照此看来，也许有人会说，上面的比较似乎进一步证明汉语汉字难学。其实不然，事实证明，汉语、汉字、中文的哲学思维方式与现代脑神经生理学研究的最新成果有一致性；实验也证明汉语、汉字、中文学习可以简明高效，语文教育可以根本改观——这是中央教育科学研究所《大成全语文教育新体系》经过12年实证得出的结论。因为我们脱掉了套在中国人脚上的西方语言学的"洋靴子"——适合西方语言文字的世界观和思维方式不适合汉语汉字中文；因为我们摆脱了束缚儿童思维发展的"小鞋子"——不适合儿童心理发展特征的成人世界观和思维方式。近百年来的中国语文教育是西方语言学强暴汉语、汉字、中文学习而产生的畸形儿，为了中国语文教育的健康生存与发展，让我们涤清强暴的劣痕，开创汉语、汉字和中文学习的新生！

The Philosophy of Learning Chinese Language and Characters

Dai Ruqian

（China National Institute for Educational Research, Beijng 100088, China）

Abstract: The difference between Chinese language and Indo-European languages reflects the different philosophical thinking ways of China and west. And therefore the learning ways of two kinds of languages and writings are different.

Key words: learning of language and writing; philosophical thinking way; difference

2005年版与2002年版《现代汉语词典》异体字整理比较分析

刘中富

【摘　要】本文将2005年版《现代汉语词典》整理异体字的情况与2002年版进行比较，考察2005年版在异体字整理问题上对2002年版作了哪些修订和改动，分为正体后括号内繁体和异体的前后次序调整、个别异体字形稍有变化、正异体之间的全同、包孕、交叉关系变化、整组异体字增删、正体后括列异体的数量变化、同形字头分合变化等十类进行分类描述并探讨这些改动的科学性和现实性。

【关键词】《现代汉语词典》；异体字；比较

2005年版《现代汉语词典》（以下简称05版《现汉》）在一开头的说明中指出，"全面正确地执行国家的语言文字规范和科技术语规范"是本版词典的"重要原则"，按此原则词典作了精审的修订，比如调整收词、增加新词新义、删减陈旧且较少使用的词语、给词标注词类等。本文将05版《现汉》与2002年版《现代汉语词典》（以下简称02版《现汉》）进行比较，对异体字收录和处理上的修订和改动进行分类描述并探讨这些改动的合理性问题。

先看词典凡例中有关异体字的说明。05版的说明如下："本词典单字条目所用汉字形体以现在通行的为标准。繁体字、异体字加括号附列在正体之后；既有繁体字又有异体字时，繁体字放在前面。括号内的字只适用于个别意义时，在字前加上所适用的义项数码，如：彩（②綵）。"02版的说明则为："本词典单字条目所用汉字形体以现在通行的为标准。异体字（包括繁体字）加括号附列在正体之后。括号内的异体字只适用于个别意义时，在异体字前头加上所适用的义项数码，如：彩（②綵）。"

比较这两个说明可以发现，02版不区分异体字和繁体字，把繁体字包括在异体字当中，只是说"异体字（包括繁体字）加括号附列在正体之后"，对其前后次序未作明确说明，在处理中也存在混乱现象，有繁体在前异体在后的，如"宾（賓儐）"；也有异体在前繁体在后的，如"冲¹（沖衝）"。相比之下，05版的阐释更为明确："繁体字、异体字加括号附列在正体之后，既有繁体字又有异体字时，繁体字放在前面。"有了这个说明，对照《简化字总表》，凡见于《简化字总表》的繁体字放在前面，相应的异体放在后面，没有繁体的，只列异体。词典正文的处理也更加规范明晰，如"宾（賓儐）、冲¹（衝沖）、瓶（缾）、碰（掽踫）"等。

05版所作的这种改动实践了前言中"全面正确地执行国家的语言文字规范和科技术语规范"的原则，与国家的规范标准契合，字表和字典取得了一致，规避了人们用字时可能造成的某些混乱。是否所有改动都合规范、合现实呢？下面对两版异体字收录和处理上的变动试作穷尽式的比较分析。

据笔者统计，《现汉》05版和02版在异体字收录、处理方面的变动共有110处。这些不同可以分为以下10种情况。

一、正体后括列的字前后次序调整

此类字组有19个，占全部改动的17.3%。如表一所示。

【作者简介】刘中富，博士，山东师范大学文学院教授，博士生导师。主要从事汉语文字学和汉语词汇学教学与研究工作。（山东　250014）

表一

02 版	05 版
厂（廠厰）	厂（厰廠）
冲¹（沖衝）	冲¹（衝沖）
扔（搀擤）	扔（擤搀）
回¹（囘回①迴廻）	回¹（①迴廻囘回）
伙²（火夥）	伙²（夥火）
历²（厤曆歷）	历²（曆厤歷）
启（啟啓）	启（啓啟）
岁（歲崴嵗）	岁（歲崴嵗）
伪（偽僞）	伪（僞偽）
沩（潙溈）	沩（潙溈）

02 版	05 版
为（為爲）	为（爲為）
芴（蔦蒀）	芴（蒀蔦）
胁（脇脅）	胁（脅脇）
㬎（曎㬎）	㬎（㬎曎）
杂（雑雜襍）	杂（雜襍雑）
毡（氈毯）	毡（毯氈）
总（緫總）	总（總緫）
汇¹（滙匯②③彙）	汇¹（匯②③彙滙）
汇²（滙匯）	汇²（匯滙）

从上表可以看出，05 版对括号内的字的前后顺序作了调整，其中"廠"、"衝"、"搀"、"迴"、"匯"、"彙"、"夥"、"曆"、"啓"、"歲"、"僞"、"潙"、"爲"、"蒀"、"脅"、"曎"、"雜"、"氈"、"總"等皆见于《简化字总表》，在 02 版中这些繁体字或放在异体后，如"厂"、"启"、"为"等字组；或夹在异体字中间，如"回"、"岁"等字组，显得有些芜杂。05 版则把这些繁体字都排在了相应的异体字之前，取得了整齐划一的效果，避免了人们用字时辨识繁体、异体的麻烦，并与凡例在此问题上的说明相合。

二、个别异体字形稍有变化

此类字组有两个，即创（創剏剙）（02 版）→创（創剏剙）（05 版）、误（悞）（02 版）→误（悞）（05 版），占全部改动的 1.8%。"剏"和"剙"按汉字构形学的理论，属于笔画微异的异写字，没有构字理据的差异，只是由于书写上的因素（这里主要是笔形）而造成了不同，在这个层面上无法分辨孰优孰劣。再考察它在相关字表中的收录情况，对照《第一批异体字整理表》（以下简称《一异表》）发现，《一异表》中收录的正是"剏"这一字形，这样我们就为 05 版取"剏"舍"剙"这一改动找到了依据。"悞"和"悞"属于新旧字形的不同。

三、正异体之间的全同、包孕、交叉关系变化

此类字组有 12 个，占全部改动的 10.9%。如表二所示。

表二

02 版	05 版
它（牠）	它（①牠）
藤（籐）	藤（①籐）
页（葉）	页（①②葉）
茵（裀）	茵（①裀）
算（祘）	算（①-③祘）
皓（皜）	皓（①②皜）
筱（篠）	筱（①②篠）
吟（唫）	吟（①-③唫）
弦（②絃）	弦（①②絃）

续表

02 版	05 版
宁（甯）níng（宁另有 nìng 音）	宁（①④甯）níng（宁另有 nìng 音）
俟（竢）sì（俟另有 qí 音）	俟（①竢）sì（俟另有 qí 音）
专（①②耑）zhuān（耑另有 duān 音）	专（①④耑）zhuān（耑另有 duān 音）

说明：字组中凡没有变化的繁体、异体皆不罗列，如"页"的繁体"頁"，另一个异体"䈎"在两版中均无变化，举例时不予罗列，其他的字例同此处理。

按照音义关系的不同，正体与异体之间有全同关系、包孕关系和交叉关系。前后对比发现前 8 组在 02 版中是全同关系，到 05 版中变为包孕关系："它"、"藤"、"页"、"茵"、"算"、"皓"、"筱"、"吟"分别增加了"姓"这一义项。

"弦"组两版中都是单音包孕关系，但 05 版中包孕的义项增加了：02 版中只有一个义项"（～儿）乐器上发声的线，一般用丝线、铜丝或钢丝等制成"；到 05 版中增加了一个义项"弓背两端之间系着的绳状物，用牛筋制成，有弹性"。

"宁"组，"宁"有两个读音，分别为 níng 和 nìng，02 版中这两个音都有异体字"甯"，nìng 音又分为"宁¹"和"宁²"，"宁²"只有"姓"义，是一组多音典型异体字；到 05 版中"宁"在 níng 音增加了"姓"这一义项，整个字组变成多音包孕关系。

"俟"组两版中都为多音包孕关系，在 02 版中，在 sì 音的"〈书〉等待"义上，"俟"与"竢"形成异体关系；到 05 版中，正体"俟"在 sì 音上增加了义项"姓"，于是只在义项"〈书〉等待"上与"竢"形成异体关系。

"专"组两版中都为交叉关系，但在 05 版中交叉的义项增多了：02 版中仅有两个义项"集中在一件事情上的"、"独自掌握和占有"；05 版中多了两个义项"在学术技能某方面有特长"、"光，只，专门"。

以上字例体现了义项增多的变化，增加的这些新义项多为 02 版漏收，05 版补录。

四、整组异体字增删

整组增加或删除的有 4 组，占全部改动的 3.6%。先看整组删除的，有 3 组，占全部改动的 2.7%，它们是：豝（豝）、牕（牕）、嚉（嚉）。"豝（豝）"组，按《说文·豕部》："豝，牝豕也，从豕巴声。一曰一岁能相把挈也。"《汉语大字典》："豝①母猪。②一岁的猪。③古代渔阳称大猪为豝。④同'䐑'，干肉。"《汉语大字典》："豝同'豝'。①母猪。②腊肉。③野兽名。""嚉（嚉）"组，《汉语大字典》只收"嚉"，不收"嚉"，"嚉"是一个方言词，表示否定，相当于"不曾、未曾"。"牕（牕）"组，《汉语大字典》："牕同'囱（窗）'，窗户。《洪武正韵·阳韵》：牕，亦作'囱'。"《汉语大字典》："牕同'囱（窗）'，窗户。《玉篇·片部》：'牕，牕牖也。'《集韵·江韵》：'囱，或作窗、牕。'"

现代汉语词典收字应立足实用性。利用北京大学汉语语言学研究中心的现代汉语语料库对这几个字进行检索，正体字头和括列异体都没有用例，这说明它们在现代汉语层面的使用频率很低，现实性、实用性不强。另外，作为一本规范词典，收字要符合国家相关规范标准，这一点 05 版前言中也有明确的说明。对照现行规范汉字依据之一的《现代汉语通用字表》，正体字头和括列异体皆不见于字表。基于这两点，05 版直接删除这三组字是合理的。

再来看增加的，只有 1 组："垱（塂）"，占全部改动的 0.9%。"垱"见于《汉语大字典》，义为"寨子"，主要用于地名，如"石垱"、"垱脚镇"，都在贵州省，皆见于《中华人民共和国地名大词典》。02 版无"垱"字头，05 版新增。作为中型规模的语文辞书酌收一定量的地名用字可以提高辞书的效用。

五、正体后括列异体的数量变化

此类字组有 7 个，占全部改动的 6.4%。如表三所示。

表三

02 版	05 版
怵（怷）	怵（ɸ）
逗¹（鬥鬪鬭）	逗¹（ɸ）
阎（②閆）	阎（ɸ）
鞦（鞧）	鞦（ɸ）

02 版	05 版
画²（劃）	画²（ɸ）
颖（ɸ）	颖（穎）
皓（皜）	皓（①②皜暠）

说明："ɸ"表示此字头没有异体，下同。

本类又可以分为两种情况，一是括列异体减少，一是括列异体增多。括列异体减少的，即表三中的前 5 组，占全部改动的 4.6%。先看"怵"组，"怵"和"怷"属于笔画微异的异写字，不存在构字理据的差别，只是书写上的因素——笔形有不同。《汉语大字典》不收"怷"字，这说明这个字在历时发展过程中的使用范围和频率都是有限的，在现代汉语这一共时层面更是难觅其踪。

"逗"组，按《简化字总表》，"鬥"是"斗"的繁体字，按《一异表》"鬪"、"鬭"是"鬥"的异体。"斗"和"逗"之间由于音同而有借用，但因此就把"斗"的异体直接"移植"过来作为"逗"的异体是不合适的。

"阎"组，02 版中"閆"是"阎"的包孕异体，在义项②"姓"上形成异体关系；05 版中"阎"不再括列异体，但在"阎"字的第二个义项中加注进行了说明："②姓（近年来也有俗写作閆的）"。05 版不把"閆"作为括列异体，而是根据当前的使用情况，在释义中加以说明。

"鞦"组，两版的处理对比如下。

02 版	05 版
秋 ⋯⋯ 鞦（鞧） ①见 527 页"后鞦"。②〈方〉收缩：～着眉毛。 鞧 见〖鞦韆〗。	秋¹ ⋯⋯ 秋²（鞦） 见〖秋千〗。 【秋千】（鞦韆）⋯⋯ 鞧 ①见 570 页"后鞧"。②〈方〉收缩：～着眉毛。

按《简化字总表》"鞦"是"秋"的繁体字，在 02 版中对此没有体现："秋"立为字头后无任何括列繁体、异体；"鞦"字头下将"鞧"括列为异体，下文"鞧"又作为单立字头出现。既然是被淘汰的括列异体，就不宜再立为具有通行字性质的字头，这种处理有混乱之嫌。到 05 版中"鞦"作为"秋²"的繁体字这一点体现出来，"鞦"字头不再括列"鞧"为异体，亦无"鞧"字头，仅在"【秋千】"这一词条后列"（鞦韆）"，即"【秋千】（鞦韆）"，表明这两个词是异形词关系。这种处理字际关系明确，更为合理。

"画"组，按照《简化字总表》，"畫"是"画"的繁体字，"劃"是"划"的繁体字。两版的处理对比如下。

02 版	05 版
划²（劃） 同"画²"。 画²（畫劃）⋯⋯	划²（劃） 同"画²"。 画²（畫）⋯⋯

02 版中，"劃"既是"划²"的繁体，又是"画²"的异体；到 05 版中先在"划²"字头下括列繁体"劃"，然后在释义中用"同"来沟通和"画²"的同用关系，"画²"后只括列繁体"畫"，不再括列"劃"，这样就眉目清晰多了。至于用"同"来沟通两字的同用关系，这种做法体现了与括列式在处理层次以及词典对

193

其认定和推荐度上的不同。直接括列在字头之后的作为精减、淘汰的对象；先立为字头再在释义中用"同"沟通它同某字的同用关系的，词典认定其通行字的地位，准予使用，但推荐使用"同"后联结的字。以"画"组为例，"划²（劃）同'画²'"，即认定"划²"的通行字地位，在此意义上推荐使用"画²"。

第二种情况是括列异体增多，即表三中的后两组，占全部改动的1.8%。先看"颖"组，《汉语大字典》中已经沟通了"颖"和"穎"的异体关系，《一异表》亦收录了此组字，05版《现汉》增收了"颖（穎）"。

"皓"组比较特殊，既有括列异体增多的变化也有正异体音义关系的变化。"皓（皞）"在02版中是全同关系，到05版中变为包孕关系："皓"增加了"姓"这一义项。另外，"暠"字在02版中立为字头，释为"同'皓'"，即认定"暠"的通行字地位，推荐使用"皓"。然而"暠"是否具有通行字的性质呢？先看它的现实使用情况，从北京大学汉语语言学研究中心的现代汉语语料库中检索不到用例；对照《现代汉语通用字表》也没有发现它的身影。没有实际用例的支撑又缺乏规范标准的印证，到05版中"暠"字不再立为字头而是直接括列在"皓"字头之后，这是可取的。

六、同形字头分合变化

此类字组有4个，占全部改动的3.6%。先看"帖"组，列表如下。

02版	05版
帖¹（貼） ①服从，顺从。②妥当，稳当。 帖² 姓。 贴¹ ①把薄片状的东西粘在另一个东西上。②紧挨。③贴补。④津贴。⑤膏药一张叫一贴。 贴² 同"帖¹"。	帖 ①服从，顺从。②妥当，稳当。③姓。 贴¹ ①把薄片状的东西粘在另一个东西上。②紧挨。③贴补。④津贴。⑤膏药一张叫一贴。 贴² 同"帖"①②。

02版中的"帖"立为两个同形字头"帖¹"、"帖²"，只在"帖¹"后括列异体"贴"；到05版中"帖¹"、"帖²"合为一个字头，不再括列异体，同时，"贴"立为两个同形字头"贴¹"、"贴²"，并在"贴²"的释义中用"同"来沟通和"帖"的同用关系。02版中"贴"既作为括列异体，又立为字头的做法，容易造成混乱；05版"贴"不再作为"帖"的括列异体，仅在"贴²"字头下用"同"来沟通和"帖"的同用关系，表明工具书在"服从，顺从"和"妥当，稳当"这两个意义上认定"帖"的通行字地位，推荐使用的是"帖"，这种处理更为明晰。

"哪"组，02版中"哪"读"nǎ"时分立为两个同形字头"哪¹（那）"、"哪²（那）"，一个表示疑问，一个表示反问；到05版中合并为一个字头"哪（那）"，统释为疑问代词。

"玳"组，两版的处理对比如下。

02版	05版
玳（瑇） 见下。 【玳玳花】 同"代代花"。 【玳瑁】 爬行动物……	玳¹（瑇） [玳瑁]爬行动物…… 玳² [玳玳花]同"代代花"。

02版中"玳"立为一个字头并括列异体"瑇"，到05版中"玳"分化为两个同形字头"玳¹"、"玳²"，只在"玳¹"后括列异体"瑇"。"瑇"只是在表示"玳瑁"这一意义的时候是"玳"的异体，在表示"玳玳花"的意义时与"玳"不存在异体关系。"玳瑁"是一种动物，甲壳可以用来做工艺品，而"玳玳花"是一种常绿灌木，可以用来熏茶和制香精，在意义上没有联系，分立为两个字头更为科学。

"秋"组，两版的处理对比如下。

02 版	05 版
秋（秌）①秋季。②庄稼成熟或成熟时节。③指一年的时间。④指某个时期（多指不好的）。⑤姓。	秋¹（秌）①秋季。②庄稼成熟或成熟时节。③指一年的时间。④指某个时期（多指不好的）。⑤姓。 秋²（鞦）见〖秋千〗。

02 版中"秋"立为一个字头并括列异体"秌"，到 05 版中"秋"分化为两个同形字头"秋¹"、"秋²"，只在"秋¹"后面括列异体"秌"。"秋千"的"秋"与"秌"并不存在异体关系，分立为两个字头更为科学。

七、括列异体的对应正体变化

这种情况只有 1 组，即碱（鹸堿）（02 版）→硷（鹼鹸礆）（05 版），占全部变动的 0.9%。"鹸"在 02 版中为"碱"的括列异体，到 05 版中成为"硷"的括列异体，"碱"字头后只括列"堿"，这种处理与《一异表》取得了一致。《王力古汉语字典》中"鹸 同'鹼'"，沟通的也是"硷（鹼）"和"鹸"的同用关系。不过，《简化字总表》在第一表《不作简化偏旁用的简化字》中收"硷[鹼]"，第二表《可作简化偏旁用的简化字和简化偏旁》中收"佥"为"僉"简化字，而第三表《应用第二表所列简化字和简化偏旁得出来的简化字》中未将"礆"字类推简化作"硷"。"《简化字表》并不是一个严格封闭的字表……其中个别繁体字在《简化字表》中找不到它的简化字形，而构成该繁体字形的偏旁已经简化，那么一般来说，这个繁体字形也应该根据偏旁类推简化的原则予以简化"①。据此，"礆"宜看作"硷"的繁体，硷（鹼鹸礆）的字序应调整为硷（礆鹼鹸）。

八、正体变异体，异体变正体

这种情况有两组，即唠（圐）（02 版）→圐（唠）（05 版）、喻（圙）（02 版）→圙（喻）（05 版），占全部变动的 1.8%。按《汉语大字典》，"圐、圙"字头下只有"圐圙"一个词条，释为："蒙古语指围起来的草场，多用于村镇名，如：马家～（在内蒙古）。也作'唠喻'。今多译作'库伦'。""唠"释为"同謾"。《字汇·口部》："唠，俗謾字。""喻"字头收"唠喻"词条，释义同"圐圙"。可见"圐圙"是一个外来词，源语为蒙古语。由于"唠"还有别的用法，在记录"围起来的草场"的意义时用"圐圙"，将"圐、圙"立为正体字头，括列"唠、喻"，这种做法更为合理。

九、02 版的两个字头，05 版一个作为另一个的异体括列

用 X、Y 代表 02 版的两个字头，这种变化可以用公式表示为：X、Y（02 版）→X（Y）（05 版）。此类字组有 6 个，占全部改动的 5.5%。如表四所示。

表四

02 版	05 版
动 …… 働 用于"劳働"，同"劳动"。	动（②働）…… 注意 "働"是"劳动"的"动"的异体字。
果¹ …… 菓 同果¹①，用于"水菓"、"红菓儿"等。	果¹（①菓）…… 注意 "菓"是"水果"、"红果"的"果"的异体字。

---

① 李行健、费锦昌：《语言文字规范使用指南》，第 47 页，上海辞书出版社，2001 年。

续表

02 版	05 版
憔　[憔悴]形容人瘦弱，面色不好看。也作顦顇。 顦　[顦顇]同"憔悴"。	憔（顦）　[憔悴]（蕉萃）……
悴　〈书〉①忧伤。②衰弱不振。 顇　见[顦顇]。	悴（顇）　见[憔悴]。
撰　写作。 譔　同"撰"。	撰（譔）
饸　粥类。 糊³　同"饸"。	糊³（饸）

先看"动"、"果"两组，"働"、"菓"在02版中都是正体字头，分别释为"用于'劳働'，同'劳动'"和"同果¹①，用于'水菓'、'红菓儿'等"。到05版中"働"、"菓"成为"动"和"果"的括列异体字，而且在释义中加了"注意"，明确地说明"働"是"劳动"的"动"的异体字，"菓"是"水果"、"红果"的"果"的异体字。"働"只能用于"劳动"，"菓"只能用于"水果"、"红果儿"，使用的范围比较窄，而且皆不见于《现代汉语通用字表》，05版将其直接括列在正体之后并在释义中加以说明的处理相比之下更为合理。

"憔"、"悴"两组，02版中"顦"、"顇"各自立为字头，05版则将其直接括列在"憔"、"悴"字头后。《第一批异形词整理表》推荐词形"憔悴"后只收"蕉萃"，无"顦顇"。05版《现汉》将"顦"、"顇"分别括列在正体字头"憔"、"悴"之后，正条"[憔悴]"后只列"（蕉萃）"，而删除了"顦顇"这一词条。

再看"撰"组，仍然按照现实使用情况和是否合于规范两个标准来考察，北京大学汉语语言学研究中心的现代汉语语料库检索不到"譔"字的用例，亦不见于《现代汉语通用字表》。没有实际用例的支撑又缺乏规范标准的印证，05版《现汉》不再立为字头而是直接括列。

"糊"组比较特殊，"饸"在02版中立为字头，是"粥类"这一意义的推荐字形；到05版中不再立为字头，在"粥类食品"的意义上作为"糊"的异体括列。两版中处理如下所示。

02 版	05 版
饸　粥类。 【饸口】　勉强维持生活。也做糊口。 糊¹　用黏性物把纸、布等粘起来或粘在别的器物上。 糊²　同"煳"。 糊³　同"饸"。	糊¹　用黏性物把纸、布等粘起来或粘在别的器物上。 糊²　同"煳"。 糊³（饸）　粥类食品。

"糊"见于《现代汉语通用字表》，从北京大学现代汉语语料库可以检索到15102个用例，而"饸"不见于《现代汉语通用字表》，且《一异表》早已整理了"糊（饸）"组，05版的处理不仅更符合实际使用状况，而且与相关规范标准取得了一致。

十、02版中的正体字头和括列异体05版中都立为字头

用X、Y代表02版的正体字头和括列异体，这种变化用公式可以表示为：X（Y）(02版)→X、Y（05版）。此类字组共53个，占全部改动的48.2%，其中立为字头后在释义中用"同"来沟通与X的同用关系的有45组，占全部变动的40.9%，是这类变化的大多数。另外的8组，立为字头后释义中不注"同"，占全

部变动的 7.3%。

1. 释义中用"同"沟通

此类字组有以下 45 个。

欣（訢）xīn	→	訢	同欣。
爝（焅）kào	→	焅	同爝。
壹（弌）yī	→	弌	同一。
凼（氹）dàng	→	氹	同凼。
鳅（鰌）qiū	→	鰌	同鳅（泥鳅）。
哎（嗳）āi	→	嗳	同哎。另有 ǎi、ài 音。
鲅（鲌）bà	→	鲌	〈书〉同鲅。另有 bó 音。
吧（罢）ba	→	罢	同吧（ba）。另有 bà 音。
秤（称）chèng	→	称	同秤。另有 chèn、chēng 音。
绸（紬）chóu	→	紬	同绸。另有 chōu 音。
㘎（阚）hǎn	→	阚	〈书〉同㘎。另有 kàn 音。
嘿（嗨）hēi	→	嗨	同嘿。另有 hāi 音。
隳（堕）huī	→	堕	〈书〉同隳。另有 duò 音。
夹（②挟）jiā	→	挟	同夹（jiā）②。另有 xié 音。
糨（浆）jiàng	→	浆	同糨（jiàng）。另有 jiāng 音。
锔（锯）jū	→	锯	同锔①。另有 jù 音。
屩（蹻）juē	→	蹻	〈书〉同屩。另有 qiāo 音。
嗑（瞌）kè	→	瞌	同嗑。另有 qiā 音。
啃（龈）kěn	→	龈	同啃。另有 yín 音。
适（适）kuò	→	适	①同适。另有 shì 音。
吗（么）ma	→	么	①同吗。另有 me 音。
嘛（么）ma	→	么	②同嘛。另有 me 音。
碾（辗）niǎn	→	辗	〈书〉同碾。另有 zhǎn 音。
耙（钯）pá	→	钯	同耙（pá）。另有 bǎ 音。
泊（洑）pō	→	洑	同泊（pō）。另有 luò 音。
曝（暴）pù	→	暴	〈书〉同曝。另有 bào 音。
诮（谯）qiào	→	谯	同诮。另有 qiáo 音。
缫（缲）sāo	→	缲	同缫。另有 qiāo 音。
帅²（率）shuài	→	率²	④同帅²。另有 lǜ 音。
碨（硙）wèi	→	硙	〈方〉同碨。另有 wéi 音。
璺（纹）wèn	→	纹	同璺（wèn）。另有 wén 音。
铦（锬）xiān	→	锬	同铦。另有 tán 音。
现（⑤见）xiàn	→	见	〈书〉同现⑤。另有 jiàn 音。
曳（拽）yè	→	拽	同曳。另有 zhuāi、zhuài 音。
崽（仔）zǎi	→	仔	①同崽。另有 zī、zǐ 音。
坂（阪）bǎn	→	阪	①〈书〉同坂。②大阪，日本地名。
燕²（讌）yàn	→	讌	〈书〉①聚在一起叙谈。②同宴①②。
倘（儻）tǎng	→	儻	①〈书〉同倘（tǎng）。②见〖倜傥〗。
食（⑥蚀）shí	→	蚀	①损失；损伤；亏耗：～本｜侵～｜腐～｜剥～。②同食⑥。
呵²（訶）hē	→	訶	①同呵²（hē）。②姓。

	诃²	[诃子]（hēzǐ）①常绿乔木……②这种植物的果实。
玩¹（顽）wán →	顽¹	①愚蠢无知：冥～不灵。②不容易开导或制服：～敌。③顽皮：～童。④姓。
	顽²	同玩¹。
抄¹（①钞）chāo→	钞¹	①指钞票：现～。②姓。
	钞²	同抄¹①。
嗖（飕）sōu →	飕¹	〈方〉风吹（使变干或变冷）：馒头让风干～了。
	飕²	同嗖。
唬（虎）hǔ →	虎¹	①哺乳动物……②比喻勇猛威武：～将｜～～有生气。③〈方〉露出凶相：～起脸。④姓。
	虎²	同唬。另有 hù 音。
趼（繭）jiǎn	茧¹	某些昆虫的幼虫在变成蛹之前吐丝变成的壳，通常是白色或黄色的。蚕茧是缫丝的材料。
	茧²	（繭）同趼。

02 版的这些括列异体或者另有读音，或者另有意义，或者有了字头分合的变化，或者有人名、地名等特殊用法。如"坂"组，"坂（阪岅）"是《一异表》发布之初收录的一组异体字，1956 年 3 月中华人民共和国文化部、中国文字改革委员会发布了《修正〈第一批异体字整理表〉"阪"、"挫"二字的通知》，将"坂（阪岅）"修改为"坂（岅）"，恢复了"阪"的规范字地位，《现代汉语通用字表》亦收"阪"字，主要用在日本地名"大阪"一词中。1978、1983、1996、2002 版中一直列为"坂（阪）"，"把'阪'作为'坂'的异体字处理，从字源学角度来说，这没有什么不对的，但考虑在现行汉字中'阪'字还通行——大概主要用于日本城市名'大阪'，'阪'似应独立字头"[①]。05 版将"阪"单列为字头，义项①沟通同"坂"的同用关系，义项②指出用于地名的特殊用法，认定其通行字的性质，示同存异，更为科学。

还有一些字见于《简化字总表》，如"鳅"组，《一异表》将"鰌"作"鳅"的异体字，《简化字总表》简化为"鰌"，改作规范字；"欣"组，《一异表》将"訢"作"欣"的异体字，《简化字总表》简化为"䜣"，改作规范字；"宴"组，《一异表》将"讌"作"宴"的异体字，《简化字总表》简化为"讌"，改作规范字；另有"绸"组，《一异表》已不再把"紬"作为"绸"的异体括列，《简化字总表》将"紬"简化为"䌷"，改作规范字。

由此可见，把这些字直接括列在正体字头之后淘汰是不科学的，它们的一些音义和用法在现实表达中仍有需要，因此先立为字头，在释义中用"同"来沟通和推荐字形在某些音义上的同用关系，分条处理，这种编排方式便于对正异体关系作出恰如其分的描述，更符合人们实际用字的需要。

2. 释义中不注"同"

释义中不注"同"的有 8 组。如表五所示。

表五

02 版	05 版
剒（斲）	剒 cuò 斲 zhuó
浅（濺）	浅 qiǎn jiān 濺 jiàn
磕（搕）	磕 ①碰在硬东西上。②磕打。 搕 把东西向别的东西上碰，使附着的东西掉下来。
沅（潕）	沅 沅水，水名，沅江的支流，上源在贵州，叫潕阳河。 潕 潕阳河，水名，发源于贵州，流到湖南叫沅水。

[①] 厉兵：《谈谈〈现代汉语词典〉的收字》，载《语言文字应用》1997 年第 1 期，第 58 页。

续表

02 版	05 版
殨（溃）	溃　（疮）溃烂。 【溃脓】（殨脓）（疮）溃烂化脓。 殨　见〖溃脓〗（殨脓）。
硗（墝）	硗　见下。 【硗薄】〈书〉土地坚硬不肥沃；贫瘠。 墝（墝）〈书〉土地不肥沃。
砣（①铊）	砣　①秤砣。②碾砣。③用砣子打磨玉器。 铊　秤砣；秤锤。另有 tā 音。
审²（讅）	审²〈书〉知道。 谉　〈书〉知道。

如上表所示，"剖"和"剕"、"浅"和"溅"读音不同，不符合异体字"音同"这一基本属性，两字不构成异体关系。

"磕"、"搕"的意义不同，不符合异体字"义同"这一基本属性，两字不构成异体关系。

"沅（潕）"组，虽然是同一条河流，但在不同的流域有不同的名称，不宜将一字作为另一字的异体括列淘汰。

"砣（①铊）"组，两字意义有所不同，而且"铊"另有读音，《现代汉语通用字表》亦收"铊"，故分立字头。

"审²（讅）"组，《一异表》将"讅"作"审"的异体字，《简化字总表》收"讅"，简化为"谉"，改作规范字，故立为字头。

所有这些变动，本着以下两点基本都可以找到根据，这两点是：一要体现语言事实的动态发展，体现词典的现实性和实用性；二要符合国家相关的规范标准，彰显规范词典的性质。词典要客观忠实地记录语言现象，语言的发展和变化应当在不断的修订当中体现出来，实现词典的备查功能；作为一本规范词典，又要与国家颁布的相关规范标准一致，全面正确地执行国家的语言文字规范和科技术语规范。具体到异体字的问题，要清晰地体现词典处理异体字的意见与倾向，对正体字形的应用进行引导。基于这些因素，05版《现汉》对异体字所作的改动是值得肯定的。

【参考文献】

[1] 陈建裕. 建国以来异体字研究概说[J]. 西藏大学学报（汉文版），2001（2）：57—61.
[2] 陈　抗. 评《现代汉语词典》对异体字的处理[J]. 中国语文，1994（4）：282—286.
[3] 程　荣. 规范型汉语辞书的异体字处理问题——《现代汉语规范字典》编写札记（上、下）[J]. 语文建设，1998（6）、（7）：6—10，5—8.
[4] ——. 辞书编纂中的语文规范问题——《现代汉语规范字典》规范特点述要[J]. 辞书研究，1999（3）：38—47.
[5] 崔乃夫. 中华人民共和国地名大词典[Z]. 北京：商务印书馆，2002.
[6] 丁　方. 关于《现代汉语词典》修订本的规范问题——兼论语文辞书的规范化[J]. 福州师专学报（社会科学版），1998（3）：57—63.
[7] 高更生. 汉字研究[M]. 济南：山东教育出版社，2000.
[8] ——. 现行汉字规范问题[M]. 北京：商务印书馆，2002.
[9] 汉语大字典编辑委员会. 汉语大字典[Z]. 武汉：湖北辞书出版社；成都：四川辞书出版社，1986.
[10] 姜艳萍. 待规范型异体字的整理[J]. 山东师范大学学报（社会科学版），1996（1）：91—92.
[11] 郎久英. 《第一批异体字整理表》商兑[J]. 昭乌达蒙族师专学报（汉文哲学社会科学版），1996（1）：75—77.
[12] 厉　兵. 谈谈《现代汉语词典》的收字[J]. 语言文字应用，1997（1）：57—59.

[13] 李行健，费锦昌.《第一批异体字整理表》答客问——访谈录[J]. 中学语文教学参考，2002（3）：19—20.
[14] ——. 语言文字规范使用指南[S]. 上海：上海辞书出版社，2001.
[15] 李义琳，林仲湘.《现代汉语词典》修订本的字形处理[J]. 语文建设，1997（5）：13—15.
[16] 刘延玲. 近五十年来异体字研究与整理状况综述（上、下）[J]. 辞书研究，2001（5）、（6）：35—44，21—29.
[17] ——. 试论异体字的鉴别标准与整理方法[A]. 异体字研究[C]. 北京：商务印书馆，2004：93—110.
[18] 刘中富.《干禄字书》的异体字及其相关问题[J]. 古籍整理研究学刊，2003（4）：31—35.
[19] ——. 干禄字书字类研究[M]. 济南：齐鲁书社，2004.
[20] 裘锡圭. 文字学概要[M]. 北京：商务印书馆，1998.
[21] 邵文利.《第一批异体字表》存在的主要问题[J]. 西南民族学院学报（哲学社会科学版），2002（10）：97—100.
[22] ——.《第一批异体字表》存在问题原因初探[J]. 西南民族学院学报（哲学社会科学版），2002（11）：150—152.
[23] ——.《第一批异体字表》存在问题造成的影响[J]. 西南民族学院学报（哲学社会科学版），2002（12）：308—310.
[24] ——. 试论《规范汉字表》整理异体字的原则与方法[J]. 四川大学学报（哲学社会科学版），2003（2）：80—84.
[25] ——.《第一批异体字表》存在的主要问题及其原因[J]. 语言文字应用，2003（1）：47—55.
[26] 苏培成. 现代汉字学纲要[M]. 北京：北京大学出版社，1994.
[27] 王宁. 汉字学概要[M]. 北京：北京师范大学出版社，2001.
[28] ——. 汉字构形学讲座[M]. 上海：上海教育出版社，2002.
[29] 王铁昆. 略谈汉字规范化涉及的几个问题[J]. 天津师大学报（社会科学版），1999（6）：76—78.
[30] 魏励.《现代汉语词典》对异体字的处理[J]. 中国语文，2004（3）：278—283.
[31] ——. 汉字规范字表的几次调整[J]. 辞书研究，2003（3）：152—157.
[32] 曾子凡. 评《现代汉语词典》（修订本）的几项不足[J]. 语言文字应用，1999（3）：72—81.
[33] 章琼.《汉语大字典》异体表辨误[J]. 四川大学学报（哲学社会科学版），2002（1）：74—79.
[34] ——. 汉字异体字论[A]. 异体字研究[C]. 北京：商务印书馆，2004：17—32.
[35] 张书岩.《规范汉字表》对异体字的处理[J]. 语言文字应用，2005（1）：25—38.
[36] ——. 评《第一批异体字整理表》[A]. 异体字研究[C]. 北京：商务印书馆，2004：137—156.
[37] ——. 异体字研究[C]. 北京：商务印书馆，2004.
[38] 赵振铎. 谈异体字——为贺《辞书研究》百期作[J]. 辞书研究，1996（6）：45—50.
[39] 中国社会科学院语言研究所词典编辑室. 现代汉语词典[Z]. 北京：商务印书馆，2002.
[40] ——. 现代汉语词典[Z]. 北京：商务印书馆，2005.

Comparison and Analysis of Variants of Character between the Modern Chinese Dictionary of the 2005 Edition and the 2002 Edition

Liu Zhongfu

(Literature institute, Shandong Normal University, Shangdong 250014, China)

Abstract: This paper makes a comparison of variants of character between the Modern Chinese Dictionary of the 2005 edition and the 2002 edition. By means of inspecting the changes and amendments made by the 2005 edition, 10 cases were chosen, such as the order's adjustment of the Traditional Chinese character and the variant forms in the brackets behind the formal forms, the specific shape's change of several variants of characters, the change of relations of equalization, pregnance and crossing between the formal and variant forms, a group of words' addition or deletion, the change of quantities of the variant forms in the brackets behind the formal forms and merging of characters with the same shapes and so on. The paper makes an Exhausted Statistics 10 sorts, depicts and discusses whether these amendments are standardized and realistic.

Key Words: The Modern Chinese Dictionary; Variants of characters; Comparison

试论汉语的音节结构与认知模式
——从对外汉语教学中的"经典案例（"爱"[ai]的发音）"谈起

何　丹

【摘　要】 在对外汉语教学中，来自印欧语社团的初学者，往往在汉语音节的发音上不得要领。音节结构其实是一定语言"主音位"的配列模式。印欧语的主音位只限于音质音位，音节配列其实就是音质音位在单线性轨道上的组合，音素成为唯一的实体性语音单位。汉语的主音位则包括音质音位与非音质音位[①]，音节配列表现为整化了的非线性结构，音节成为唯一的实体性语音单位。因而，印欧语社团以音素为语音感知基础。汉语社团以音节为语音感知基础。要使初学者掌握汉语音节的正确发音，关键在于引导他们了解汉语音节的结构特性，把握语音感知的基点。

【关键词】 音节；结构；类型；主音位；调位；语音感知；基础单位

一、从对外汉语教学中"爱"[ai]的发音说起

在对外汉语教学中，屡屡发生这样的现象：来自不同语言社团（尤其是印欧语社团）的初学者，在汉语音节的发音上往往出现类型性的失误，把汉语的音节读得面目全非。一个尽人皆知的"经典"例子是，中文的"爱"[ai]，来自印欧语社团的初学者往往读成"爱姨"。冯胜利先生在《论汉语的自然音步》一文中，从汉英（美）对比的角度对这个例子进行了如下描写：

"I"[ai]，初学英文的中国人都读成"爱"；而"爱"，初学中文的美国学生都读成"爱姨"，把"爱"里的[I]发得过长，过清晰。这就是说英文中的每一韵素都在时间上占有一定的位置、一定的长度。因此在发[ai]时，从[a]到[i]的动程十分清晰，而这样的两个韵素自然可以构成一个音步。但是汉语则不然。这就是为什么当外国人把"天"说成"梯安"时，中国人总听着别扭。（冯胜利，1998：42—43）

冯氏用"每一"、"都"强调了英文（语）音节[②]的两条发音原则：（1）每一音素"在时间上占有一定的位置、一定的长度"；（2）整个音节的发音过程是个"十分清晰"的"动程"。而汉语的发音原则却正好相反。换言之，以英语为母语的学生，其感知的基点是构成音节的各个音素，而不是音节本身。而以汉语为母语的学生，其感知的基点则是整个音节，而不是构成该音节的各个成素。因而，以汉语为母语的学生在其发音中，把音节中所有的构成成素都融合为一体，强调整个音节的"浑然一体"，而不会对音节进行再拆分。而以英语为母语的学生在其发音中，则强调音节中的各个构成成素：他们不但把每一音素都发得比较充足，而且各个音素之间都有比较明确的界限，以至于一个音节的发音展现为各个音素依次显现的"动程"。从而，以英语为母语的初学者在对汉语音节的发音中，普遍会出现以音素为中心的"重新切分"，往往把汉语音节弄得"面目全非"，有时竟然把一个音节切分成了两个"新"的音节（如把"爱"切分成"爱姨"，把"天"切分成"梯安"），使得以汉语为母语的人们大感"别扭"。

可见，母语类型不同，语音感知基础单位也就不同：汉语社团是以音节本身为感知的基础单位的，而

【基金项目】 浙江省重点规划项目：《表意文字研究》（Z04YY01）。
【作者简介】 何丹，女，浙江金华人，浙江大学人文学院国际文化系副教授，文学博士。主要从事理论语言学和汉语史研究。（浙江　杭州　310027）

① 本文采用布龙菲尔德提出的"主音位"这一术语，旨在强调"两极"语言的音节结构差异。
② 冯文原文为"韵素"。然从冯文所举的第二个例子——"天"（包括"声素"和"韵素"）来看，英语中这两条原则的作用对象，不是仅限于"韵素"，而是包括音节中的所有音素。

英语社团（更确切地说，是"印欧语社团"）则是以音节中的各个音素为感知的基础单位的。由于对音节的感知基础不同，发音方法也就不同。

那么，为什么母语类型不同，对于音节的感知基础及发音方法也就不同呢？

本文拟以这一个"经典小问题"为切入点，对汉英语言的音节结构和两大社团的音节认知模式进行探讨。

二、印欧语的"主音位"与印欧语社团的音节认知理据

考虑到欧美尤其是美国在国际语言学研究领域的领先地位，我们首先来看一看他们在这个问题上的描述和解释情况。

欧美关于音节的研究，大体可以分为三个阶段：（1）19世纪后期至20世纪初期的传统语音研究阶段；（2）20世纪美国结构主义描写派和生成派的标准理论（SPE）阶段；（3）20世纪70年代以来的后SPE音系学，特别是非线性音系学阶段。

西方传统语音研究的特点是："以词为语音分析的基本单位。从词直接分析到字母层次，字母首先分为元、辅音两大类，然后再是发音部位、方法的区别特征分组。构词法的研究重视词的构词音变规则，如内部屈折或附加词组所发生的语音变化的规律往往是以字母的元辅音及区别特征的分组为条件的。韵律方面则着重一个词的音节的数目，词的重音位置，如何利用词的组合造成轻重交替的节奏旋律。"（王洪君：1994，304）

20世纪初期以来，美国占领世界语言学研究的前沿地位。美国20世纪初、中期的两大主流学派结构主义描写派和生成派的标准理论（SPE），都正式抛弃了音节的概念，而直接以音位（音段）构成词音形。

美国结构主义描写派的代表布龙菲尔德对语音研究的贡献是众所周知的。他提出的"语言研究必须从语音形式开始而不是从意义开始"的观点（布龙菲尔德：1980，197），被认为是"为美国描写语言学奠定了结构分析和描写的基本立场，同时从根本上宣告了与传统语言学从意义出发的立场彻底决裂"（赵世开：1989，45）。

然而，美国结构主义描写派独独忽视了音节研究。查布龙菲尔德代表作《语言论》就可发现，该书没有一章专论"音节"。并且，尽管该书非常细致地讨论了音位的方方面面，却唯独忽略了音位组成音节的配列限制规律。

生成派的标准理论（SPE）更是直接抛弃了音节研究，"在他们的音系理论中竟没有音节这一级语音单位，而是由音段直接构成词音形"，"就这一点而言，生成派比传统语言学和结构主义都有所后退"（王洪君：1994，308）。

美国结构主义描写派和生成派的标准理论（SPE）在"音节概念"的描写和解释上的"空位"，反映了美国语言学在这一时期研究上的弱点。他们未能找到印欧语的音节结构的规律，从而，既无法解释音节自身的种种问题，也无法解释音节构成词音形时形成的种种问题（例如：为什么以静态方式存在的单个音节中有诸多"例外"？为什么连续语流中前后音节的界限无法界定？为什么单音节词与多音节词音形结构限制的规律不同？等等）。因而，他们的"虚位以待"，其实有其"不得已"的苦衷。

20世纪70年代，后SPE音系学，特别是非线性音系学在SPE的基础上形成[①]。非线性音系学一改结构主义描写派和生成派那种"（在标准理论中）抛弃音节的概念而直接以音位或音段构成词音形的倾向，把音节作为音系研究的重点之一，从而，取得了突破性的成就。非线性音系学的主要贡献是：（1）区分了核心音节（也即词中音节）结构和边际音节（也即词缘音节）结构两个层次；（2）发现了音节在多音节语言语音系统和构词语音交替中扮演的重要角色。从而，恢复了符合说话人语感的音节在普遍音系理论中应有的地位，较好地解决了结构主义和早期生成音系学没有解决的问题。非线性音系学发现，词中音节的响度限制比词缘音节严格，它说明多音节语需要许多构词音边规则来调节词音形，因而，音节的界限在构词

---

① 目前学界一般认为SPE、后SPE音系学和非线性音系学都归于"认知语言学"的范畴。

的每个组合层次上都可能产生变动。例如，多音节语语素未成词时无所谓音节的界限，而组词时则必须根据前后接续成分的不同（元音还是辅音，一个辅音还是多个辅音）而形成不同的音节界限，有时需要增生元音或失落辅音。又如，多音节语构词的某个组合层次上往往会出现一些无法进入音节组构的辅音，音系必须有规则使这些无家可归者有所归宿：或者为它增加一个元音，或者删除它，使根词中的音节都符合响度原则，各个辅音都各得其所，这都是由于具体语言对核心音节和边际音节结构的特殊要求而造成的。从而，决定了音节在多音节语中成为"非实体性声音单位"（王洪君：1999，100—128）。

综观欧美 19 世纪以来的有关音节的研究，可以发现，在一个多世纪的时间中，欧美在关于音节的认知方面似乎绕了一个圈，不过这不是一个平面上的圈，而是"螺旋体"中的一环，所以，其结果不是回到了起点，而是上升到了新的高度。

今天，根据欧美音系学的最新成果即非线性音系学理论，我们已经能够充分解释"为什么印欧语社团以音素为感知基础单位"这一问题。

众所周知，所有语言中只有两级语音单位：音节和音素。在印欧语中，由于音节不是实体性的声音单位——它的界限在构词的每个组合层次上都可能产生变动，从而，唯一的实体性声音单位音素自然成为词框结构的基础单位。结构决定感知，于是，印欧语社团当然（也只能）"选择"音素作为语音感知的基础单位。

然而，就本文讨论的问题"为什么（关于中文的"爱"[ai]）母语类型不同，对于音节的感知基础及发音方式也就不同"而言，却只解释了其中属于印欧语的"那一半"。

换言之，尽管处于领先地位的欧美语言学界（尤其是其中执牛耳的美国）以研究人类语言的"共性"为目标，并且也确实取得了很高的成就，然而就其解释范围而言——以对外汉语教学中一个最基础的小问题作为检验标准，则只完成了其目标（人类语言"共性"）的一半。

三、汉语的"主音位"与汉语社团的音节认知理据

自 20 世纪 60 年代以来，索绪尔《普通语言学教程》提出的语言学宏观分类体系被广泛接受。学界普遍认识到：人类语言总系统从共时的层面分为"两极（三类）"。值得注意的是，其中的"两极"——单音节孤立型语言与多音节屈折型语言[①]，恰恰是以汉语和英语为代表的，这意味着汉英语言之间必然存在着基本结构的差异。因而，要完全解决对外汉语教学中的"这一个"经典小问题，必须把思考的基点提高到普通语言学的第一主题——语言宏观类型学的高度上来。

认知来自现实。母语类型不同的学生的音节感知差异，其实来自其母语的音节结构的类型差异。

音节代表音系单位层级中的一级，是最符合说话人语感的语音单位，也是两级语音单位（音素和音节）中唯一需要通过"组合"才能形成的单位。因而，两极语言的类型差异，应该首先体现于它们的音节结构之中。

早在 20 世纪 30 年代，美国结构主义学派的代表布龙菲尔德就提出："只有语言里的音位对于这种语言的结构是有关的。"（布龙菲尔德：1980，152）他把音位分成"主音位"（包括复合主音位）和"次音位"两大类。并指出，在像英语这样的多音节屈折型语言中，只有音质音位（包括元音音位和辅音音位）属于主音位，重音和音高等"超音段音位"则属于次音位。他还提到，在汉语的"北方话"里，主音位则包括音质音位和代表"音高特征"的"超音段音位"（或曰非音质音位）——调位（布龙菲尔德：1980，136—137）。可见，语言类型不同，主音位的内涵也就不同。

由于任何语言的音节都是由"主音位"构成的，所以，所谓音节结构研究，其实就是关于主音位各个

[①] 多音节屈折型语言一般可简称为"多音节语言"或"屈折型语言"；单音节孤立型语言一般可简称为"单音节语言"或"孤立型语言"。在美国的现代音系学研究中，多音节屈折型语言又称"重音型语言"，单音节孤立型语言又称"单（字）音型语言"。但其总体类型内涵不变。

类别在音节这一语音单位中的配列规律的研究。

"两极"代表语言汉语与英语的主音位的内涵差异,决定了两者的音节的配列规律必然存在类型差异。

检查一下欧美学界的有关研究就会发现,他们关于音节结构的研究,其实就是关于他们母语印欧语的"主音位"(音质音位)的配列规律研究。欧美学界的成就表明,"根据主音位确定音节研究内容"的原则是正确的。不过,他们的研究成果应该定位为"关于印欧语的主音位在音节中的配列规律的研究成果"。

因而,汉语音节的研究,同样应该遵循"根据主音位确定音节研究内容"原则。不过,研究内容应该确定为"汉语中的主音位在音节中的配列规律研究"。

这里特别需要注意的是,汉语的音节结构研究,需要重点关注汉语中特有的主音位的特点及其在音节配列中的作用。如上所析,由于两大类型语言的主音位的内涵的不同——在像英语这样的多音节屈折型语言中的"主音位"只限于音质音位,而在像汉语这样的单音节孤立型语言中的"主音位"则包括了音质音位和非音质音位(调位),因而,汉语的音节结构研究应该重点关注汉语音节中独有的主音位——调位的特点及其在音节结构中的作用。

下面,我们以汉语和英语为代表,用图像的方式对比展示两极语言音节结构的特点(即音节中的"主音位"的配列特点)[①]。

1. 最小配列例

2. 最大配列例

汉语音节　　　　英语音节

汉英音节(亦即单音节词的语音框架)结构类型对比图示

说明:图中圆形代表元音音位,丰形代表辅音音位,处于音质音位(包括元音音位和辅音音位)上方的圆弧线代表调位(系单音节孤立型语言的音节结构中独有)。汉英音节对比个例有二:1.最小配列例对比(汉语音节中主音位的配列为V+调位,英语音节中主音位的配列为V);2.最大配列例对比(汉语音节中主音位的配列为CVVN+调位,英语音节中主音位的配列为CCCVVCCCC)。

从图中可以看出,两极语言音节结构最大的不同,在于汉语音节中多出了一种特殊的、体现"音高特征"的主音位——调位。调位的特殊点有四:

1. 调位的位置特殊:其他音位(元音音位和辅音音位)都在单维的语音线上呈线性排列,而调位的位置则高居于其他音位之上。

2. 调位的长度特殊:其他音位(元音音位和辅音音位)一般只占据一个音段,其长度一般等于整个音节长度的一部分。而调位的长度与整个音节等同[②]。

3. 调位与音节的关系特殊:其他音位(元音音位和辅音音位)都属于音质音素,(理论上)可以离开音节而单独存在。而调位则属于非音质音素,无法离开音节而单独存在。然而,反过来看,调位又是汉语音节的必要构成成素,所以,一旦失去调位,汉语音节本身也就不存在了。因而,调位与汉语音节之间的关系是一种典型的共存关系。

4. 调位的作用特殊:调位笼罩着整个音节,起到了类似音乐简谱中的圆滑线那样的制约作用,把音节中本来"各自为政"的各个构成成素(音质音素)整合化,使得整个音节凝聚为一个不可分割的整体。从而,不但使得整个汉语音节显现出多维的、非单线的结构特点,而且使得音节中所有的音质音位(元音

[①] 本文汉语音节结构分析以汉语共同语普通话为标准。
[②] 这里指汉语社团一般民众的普遍"感觉",尽管语音实验证明并非整个音节都携带声调信息,但是仪器测试与人耳感觉是有所差别的,在人耳的感觉中,汉语声调是与整个音节相始终的。

音位和辅音音位）都无法脱离音节，无法在线性轨道上进行自由拆分或再组合（陆致极：1985；吴宗济：1986；胡伟民：1987；徐云扬：1988；林华：1998；王洪君：1999）。

从宏观类型对比的角度来看，汉语音节中调位的存在，导致了两极语言音节结构以下几个层面的差异：

1．音节所含音位数量的差异：汉语音节由元音音位、辅音音位、调位三种音位构成，英语音节则由元音音位、辅音音位两种音位构成，两相比较，单音节孤立型的汉语的音节结构中多出了一种特殊的音位调位。

2．音节所含音位类别的差异：英语音节由同一类音位——音质音位（包括元音音位和辅音音位）构成；而汉语音节则由两类音位构成，一类是音质音位（包括元音音位和辅音音位），另一类是非音质音位（调位）。

3．音节同它的各个构成成素的关系的差异：英语音节中的各个构成成素都非常容易在单维的"线性轨道"上拆分或重新组合；而汉语音节中的各个构成成素则都无法在单维的"线性轨道"上拆分或重新组合——既无法在音节内部拆分或重新组合，也无法与其他音节中的音素进行"跨音节"式结合。

4．音节整体结构的类型差异：综合以上诸项差异，决定了汉英音节整体结构类型的差异：英语音节属于典型的线性结构；而汉语音节属于典型的非线性结构，具有高度的整合性。

综上所述，由于汉语中特殊的主音位调位的存在，导致汉语整个音节的"整化"。从而，汉语音节成为一种具有高度整合性的结构单位，音节中所有的音质音位都无法脱离音节在线性轨道上进行自由拆分或再组合。

汉语音节的"整合性"的、无法自然析出各个构成成素的结构特点，决定了汉语社团必然以音节为语音感知的基础单位，也决定了汉语社团关于汉语音节"浑然一体"的感知模式。并且，正是出于对汉语音节结构特性的深层感知，汉语社团自然形成了在音节的发音中强调音节本身而非其中的各个构成成素的发音方式。

这样，汉语音节的发音，自然跟处于人类语言"另一极"的英语音节的发音形成明显的类型差异。

至此，我们终于能够完整地解释对外汉语教学中的"这一个"经典小问题了。

四、结　语

音节是最符合说话人语感的语音单位，来自印欧语社团的初学者在汉语音节发音上表现出来的类型性感知偏差，来自"两极"语言音节结构类型的差异。要纠正这种语感偏差，不但需要了解汉英语言的音节结构的具体差异，而且需要上升到现代语言学理论的高度来理解它。换言之，要让来自非汉语社团尤其是印欧语社团的初学者准确把握汉语音节的正确发音，关键在于引导他们了解汉语音节结构的非线性的、"整合性"的特点，主动进行感知模式的转换（如"英→汉"式替换）。

无论是汉语本体研究，还是对外汉语教学，都应该充分吸收现代语言学的丰硕成果，才能在教学中收到提纲挈领、事半功倍的效果。

【参考文献】

[1] 布龙菲尔德著，袁家骅、赵世开、甘世福译，钱晋华校．语言论[M]．北京：商务印书馆，1980．
[2] 赵世开．美国语言学简史[M]．上海：上海外语教育出版社，1989．
[3] 王洪君．非线性音系学[M]．北京：北京大学出版社，1999．
[4] 徐通锵．语言论[M]．长春：东北师范大学出版社，1997．
[5] 徐世荣．试论北京语音的"声调音位"[A]．中国语文[J]，1957（6）．
[6] 史存直．从音位学看汉语的字调（声调）[A]．中国语文[J]，1957（9）．
[7] 欧阳觉亚．声调与音节的相互制约关系[A]．中国语文[J]，1979（5）．
[8] 陆致极．关于"非线性"音位学（下）[A]．国外语言学[J]，1985（4）．

[9] 胡伟民. 调位三论[A]. 语文导报[J], 1987（12）.
[10] 吴宗济. 自主音段音系学[A]. 国外语言学[J], 1986（1）.
[11] 徐云扬. 自主音段音韵学理论与上海声调变读[A]. 中国语文[J], 1988（5）.
[12] 王洪君. 汉语的特点与语言的普遍性[A]. 缀玉二集[C]. 北京：北京大学出版社, 1994.
[13] 石毓智. 论汉语的大音节结构[A]. 中国语文[J], 1995（3）.
[14] 林　华. "调素"论及普通话连读变调[A]. 中国语文[J], 1998（1）.
[15] 冯胜利. 论汉语的自然音步[A]. 中国语文[J], 1998（1）.

On Structure of Chinese Syllables and Its Pattern of Cognition

He Dan

（Department of Chinese Studies and Inter— Cultural Communication of Zhejiang University, Hangzhou 310027, China）

Abstract: In teaching Chinese as a Foreign Language, there were taken place that the students from Indo-European Commonalty were can't articulate correctly for the syllables in Chinese in their early learning period. In fact, "Syllabic Structure" of a language is must decide by the "primary phontactic" of the language. the primary phoneme of Indo-European contain merely quality phonemes that arranged in a single line.and phoneme become only substantial unit. The primary phoneme of Chinese contain not only quality phonemes，but also the so-called "Suprasegmental "—tone. All phonemic elements in a syllable are situated as a whole, and syllable become only substantial unit.So, in Indo-European Commonalty, phoneme be seed as basic phonetic unit and syllables be seed as basic phonetic unit in Chinese Commonalty. Man who he want make the students from Indo-European Commonalty rticulate correctly for the syllables in Chinese in their early learning period, crux of the matter, know how the syllables of Chinese structured and how to hold Patternly the basic point of the phonetic perception of Chinese syllable, so that he will get twice the result with half the effort In teaching Chinese as a Foreign Language.

Key Words: syllable; structure; type; primary phoneme; tone; phonetic perception; basic unit

语言事实：正常现象抑或病态现象
——从社会语言学的立场看字母词、网络语言及相关现象

李明洁

【摘　要】 一个语言现象只要是在某一语域中属于语言事实，对于该语域而言就是正常现象。现代汉语现实使用中出现的字母词、网络语言及其相关现象中已经有一些在特定范围内超越了语言潮流而成为了语言事实。这些语言事实都属于正常现象而非病态现象，都是社会与语言发展相互作用的过程中出现的语言融合和言语社区等社会语言学现象的具体体现。对待语言潮流和语言事实，应当具体问题具体分析，假以时日地看待和引导，不宜妄下结论。

【关键词】 语言潮流；语言事实；正常现象；病态现象；字母词；网络语言

与当今社会经济快速发展、对外交流频繁和文化价值多元相对应的是，语言的社会应用前所未有地呈现出纷繁复杂的色彩。像"粉丝"、"酷"等英文音译词，CEO、HSK、SPA等直接用拉丁字母表示某个概念的字母词，"稀饭（喜欢）"、"偶（我）"等网络新词以及网络聊天状态下的全新句式等等，风起云涌般地进入了现代汉语的使用，令人应接不暇。

社会各界对此极为关注。教育部语言文字应用管理司早在2002年8月就召开过语言社会应用热点问题座谈会[1]，参加会议的有全国人大代表，政协委员，语言学家，知名作家，广播、电视、出版和网络等媒体专业人士。可见这个问题的波及面之广。几年过去了，上述现象不仅仍然存在，而且还有发展之势；社会各界的关注亦不减当年，并且对上述现象性质的讨论也从早年的"语言文字规范化工作的重要内容"[2]提升到"传承中华文明、维护文化主权和法律尊严的高度"[3]；民间的各种争议更是不绝于耳[4]，有人甚至提出了"网络语言要'革'现代汉语的'命'"的极端说法[5]。

应当如何较为客观和科学地看待上述语言社会应用的现实问题，如何正确面对和引导社会各界的看法和争辩，已经成为一个摆在社会语言学专业工作者面前的刻不容缓的任务，而这一工作的当务之急和关键所在就是要确定上述现象的性质，即：现代汉语现实使用中出现的字母词、网络语言及其相关现象究竟是正常现象还是病态现象？

一、语言事实与语言潮流的关系

回答这一问题的前提是认定上述现象是否已经具备了"语言事实"的资格。

我们可以借鉴法国社会学家迪尔凯姆（Durkheim）对"社会事实"（迪尔凯姆，1995：34）的分析来定义"语言事实"。所谓"语言事实"是指：一些言语行为的方式（不论它是有特定形式的还是没有特定

【作者简介】 李明洁，女，华东师范大学中文系副教授。研究方向：社会语言学、话语分析和口语交际教学等。（上海 200062）

[1] 参见《关注语言社会应用热点问题——教育部语用司在京召开语言社会应用热点问题座谈会》，摘自教育部《语言文字工作简报》2002年第7期。

[2] 同上。

[3] 《自觉维护中文规范，正确使用外文——"规范外文使用，维护祖国语言健康发展"宣传座谈会在京召开》，摘自教育部《语言文字工作简报》2004年第30期。

[4] 参见秦佩华：《新生词汇：是润物春雨还是洪水猛兽》，载《人民日报》2007年1月12日。

[5] 参见王琪等：《网络社会：现代汉语怎样筛选网络语言》，载《光明日报》2006年4月10日第5版。

形式的），只要它普遍客观地存在于言语交际中并能从外部对个人产生制约，不管它在具体个人身上的表现形式如何，都被叫做"语言事实"。它有两个特征：独立于个人和具有强制性。

比如说，汉语中的外文字母词或者带外文字母的词语（以下简称为"字母词"，如：HSK、MTV、卡拉OK等）就其是否是规范汉语的一部分，尽管近年来争议很多，但是其中有一部分已经进入了商务印书馆2000年的《现代汉语大词典》和2001年的《新华字典》等工具书，上海辞书出版社2001年还出版了《字母词词典》（刘涌泉，2002）。因此，这类现象已经成为存在于个人意识、好恶之外的一种言语方式，不管个人是否愿意接受，它都对个人具有一种强制的力量。这时，我们就可以认为：字母词中的这一部分已经成为了"语言事实"。

当然，如果个人心甘情愿接受这种强制力，就不会感觉到它是强制的，但这并不意味着这种强制性不存在。比如说，如果你不愿意使用任何字母词，在当前社会交际的通常状态下，你会很难用汉语表述"今晚我们要在市中心的MTV包房唱卡拉OK"这样一个句子。

与"语言事实"相对应，还有一些言语方式也是在人们的言语活动中客观存在的，也对个人产生影响，但没有"结晶化的形式"，我们就称其为"语言潮流"。

比如说，在网络语言中，可以用"偶稀饭"来表示"我喜欢"的意思，对于目前规范的普通话而言它只能属于"语言潮流"。一方面，它具有客观性。因为在网络情境下，"偶稀饭"这样的表达方式不论你是否愿意，都会受到感染——有人会情不自禁地使用这类语言，而试图反抗的一些人则会受到惩罚（在网络上被疏远和嘲笑）。但是另一方面，这类言语形式并不是固定的和不可替代的。有人在网络上会使用它们，而在网络外则不使用；有人随时随地都热衷于使用，而另一部分人则会漠然视之；有人用"顶"而另一些人用"赞"来表示"支持"。也就是说，"语言潮流"的强制性相对于"语言事实"而言要小得多。

需要注意的是，"语言事实"和"语言潮流"都具有相对性，都只适用于一定的语域。如在"全民共同语"这样的语域中，网络语言如"88（再见）"、"恋爱ing（正在恋爱）"无疑属于"语言潮流"，不是人人必说的；而在网络状态下，网民对这些用法的认同程度很高，使其对网民而言具有了独立性和强制性，这时网络语言就成为网聊情境下的"语言事实"了。

当然，我们也不难看出，很多言语方式都经历过从"语言潮流"到"语言事实"的过程。像"MTV、卡拉OK"就是从娱乐界这一特定语域的"语言潮流"升格为娱乐界的"语言事实"，进而成为"全民共同语"这一更大的语域中的"语言事实"的。

由此可见，"语言事实"和"语言潮流"具有性质上的一致性：两者都是客观存在的言语方式，只是适用的语域有宽窄之别、对个体的强制性有大小之分而已。从社会语言学的立场来看，只要不是个人的而是一定范围内具有普遍性的言语使用，都属于相应语域中的"语言事实"。任何言语方式的存在都可能经历一个从小语域中的"语言事实"到大语域中的"语言潮流"进而获得大语域中"语言事实"地位的过程。这一过程受到社会认可的制约，可能完成，也可能半途而废。

这样的过程实质上就是"语言潮流"经过实践的检验获得"语言事实"资格的过程，而实践是需要时间的，不可能一蹴而就。

二、正常现象与病态现象的区分

基于这样的认识，我们在认定任何社会语言应用的现象时，都要先明确下列问题：这一现象是否已经存在了一定的时间？在什么样的语域中来讨论它？在这样的语域中，它是语言事实还是语言潮流？

也就是说，我们无法也不应该在真空状态下讨论某一语言现象的性质，而是需要为其设定一些条件。在此基础上，我们就可以进一步来判断它是正常现象还是病态现象了。

迪尔凯姆"称那些具有最普遍形态的事实为正常现象，称其他事实为病态现象或病理现象"（迪尔凯姆，1995：74），并进而指出：判断现象的普遍性时要与发生这种现象的条件相联系，如果条件还存在，就可以认定其为正常现象；尤其是当某一现象还处于尚未定型的过程中时，这样的检验必不可少。这些看法为我们判断某些语言现象的性质提供了有力的理论依据。

举例说来，如果我们需要讨论"88（再见）"、"恋爱 ing（正在恋爱）"这类语言现象的性质，首先需要承认这一现象已经客观存在了一定的时间；接着，我们需要明确在怎样的语域中进行讨论。如果是在全民共同语、正式的政府文件这样的语域中，它们显然不属于语言事实，而是病态现象；而在网络聊天这样的语域中，它们则是惯常的用法，是网络语言轻松、快捷等客观条件下的产物，因而变成了典型的语言事实。又比如，在五四时期，"民主"、"电话"和"科学"等词语曾被翻译成"德谟克拉西"、"德律风"和"赛因思"，这在当时有其特定的历史原因，因而是正常现象；而到了今天，相应的条件已经不存在了，这样的翻译就变成了病态现象，为时代所淘汰了。

可见，特定语域中的语言潮流如果固化为语言事实（即：对使用者而言具有了独立性和强制性）之后，都是正常现象。而"固化"需要时间的考验，我们只有耐心地等待和观察，适当地解析和引导，而不能根据一己之喜好给一些新出现的语言潮流情绪化地定性；更不能捕风捉影，将一些个人性的偶然的言语活动认定为是群体性的语言实践。

也就是说，字母词、网络语言及其相关的现象，在一定的发展时期都可以是一种语言事实，在特定的条件下也都是正常现象。那么，是怎样的时期和条件催生了这类现象？或者说，这类现象产生的合理性体现在哪里呢？

三、字母词与外来词

字母词的出现和使用是社会语言学中语言融合的一种现象。它在开始时，是一种临时的语码转换手段[①]，这时它还属于语言潮流。如果没有合适的汉语译词来代替它而它的使用频率又很高时，它就会在汉语中稳定下来，变成一个新的外来词，从而成为汉语中的一个正常现象，像"MP3"、"X 光"就是如此。

语码转换只能发生在熟悉两种语言的双语者身上，而一旦变成汉语中的一个外来词，所有的汉语使用者就都可以使用它了。外来词在汉语中有很多的表现形式，字母词只是其中之一。按照汉语对外来概念的接受程度，我们可以把外来词大致看成为下表所示的一个连续统：

表一　汉语外来词的连续统

外来词	借用方式	例子
字母词	直接借用，完全保留来源语中的读音、书写形式和意义	WTO、CT、NBA、F1
音译词	直接借用，但是书写形式和读音受到汉语的影响	托福、巧克力、沙发
仿译词	用汉语的语素逐一翻译来源语的各个成分，较好地保留原词语的词义	黑板、足球、鸡尾酒
意译词	用汉语的语素重新构造新词去翻译原词的意义	民主、科学、钢琴

从上表中我们可以看到，字母词不是孤立的现象，而是外来词连续统中的一个环节，随着本土化的进程，外来词或许会走完从字母词到意译词的全过程，或许会停留在某个阶段。而停留在什么阶段则完全取决于时代发展中大众的认可程度。例如，"赛因思"现在被译为"科学"就走过了从音译词到意译词的历史路程，"托福"则是由字母词（TOFEL）发展为音译词的。在当前以普通话为代表的全民共同语的语域下，外来词"科学"和"托福"都是固化了的语言事实，是正常现象；但是我们不能因此就否定"赛因思"和"TOFEL"在五四时期和上个世纪 80 年代的"语言事实"的地位。正如迪尔凯姆早就提醒过我们的那样："说一个社会事实是正常的，只是对处于一定发展阶段的一定的社会种而言的。"（迪尔凯姆，1995：75）

所以，看待字母词这种汉语外来词连续统中的一分子，我们要有历史的眼光。

[①] 语码转换是社会语言学的一个术语，指"说话者在对话或交谈中，从使用一种语言或方言转换到使用另一种语言或方言"（游汝杰等，2004：92）。

四、网络语言与言语社区

网络语言问题往往被想当然地归属为语言规范问题,或者与信息化、青少年网络生存等问题生硬地相提并论。实际上,它是社会语言学中一个典型的"言语社区"问题。

美国交际社会语言学家甘柏兹(Gumperz)指出,言语社区具有下列特征:它是一种互动的社会范畴,以交际活动为主要目标;是"一种讲话人的非正式组织,将这些人组织起来的是一些思想意识和相近的态度,是语言方面的共同的标准和追求"(甘柏兹,1982:27)。

网络语言交际显然贴切地具有上述这些特征,网民无疑属于同一个言语社区,他们作为"一个讲话人的群体,其内部的某种统一性构成了与其他的群体的差异而区别于其他群体"(徐大明等,1997:266—267)。他们相互认同彼此的话语方式,采取相似的言语行为,共同构建了网络语域中具有普遍意义的"语言事实"[①]。

因此,只要他们的言语活动没有超越网络的范围,就应该看作是正常现象。我在2005年7月接受新华社记者陆文军采访的时候曾表达过类似的看法[②]:网络语言可能成为一个社会问题,但站在社会语言学的角度又根本不存在问题。健康多元的社会应该允许存在多个言语社区,网络群体拥有自己的语言习惯很正常,就像男性语言也可能与女性有差异因而分属于不同的言语社区一样。但网络语言也有自己的范围,这种语言生存和工作如果超越了网络的范围,势力就很微弱。

也就是说,网络语言在自身的言语社区内是一种正常现象,而超越了这个社区就可能是病态现象了。

五、语言问题与社会问题

从上面的分析中,我们已经看到:字母词和网络语言等现象,在一定的发展时期都可以是一种语言事实,在特定的语域中也都是正常现象。还有不少与之相关的现象,也大都同理可证。如,在语句中夹杂其他语言的词汇。例如,一位外企主管这样对下属说:"Ben 在总结的时候说,对你的 investigation(调查)很 satisfaction(满意)。他有一个 good news(好消息)要告诉你,你下个月可以去 New York(纽约)参加一个 training(培训),free(免费)。"如果是在外企里或者在类似的言语社区中,这样的说法可以接受,是正常现象;否则,就是病态现象,可能会被理解为做作、崇洋媚外等等。再如,文学作品更是一个极其特殊的言语社区,为了体现出描写人物、烘托气氛等艺术效果,使用某些外文词语甚至改变标点符号的某些用法都是可以允许的,都属于正常现象。

具体问题要具体分析,社会语言的应用问题要回归到社会语言学的学科立场上来。"我们应该抛弃这样一种至今仍然极其流行的习惯:一旦认为一种制度、一种习俗、一种道德准则是好的或坏的,就不加区别地认为它们对于任何类型的社会来说,都是好的或坏的"(迪尔凯姆,1995:75)。语言制度和言语习俗是对整个社会影响巨大的社会事实,要特别注意语言现象和语域之间的适应性——一个语言现象只要是在某一语域中属于语言事实,对于该语域而言就是正常现象。规范的普通话只有在全民共同语的语域中才是正常的;而人们变化多样的言语生活则需要其他相适应的形式——层出不穷的语言潮流、丰富多元的言语社区正是一个社会充满生机、健康开放的最佳体现。相反,语言生活的极端一致化、简单化、固定化(包括言语社区的单一性)却是社会发展僵死、极权的病态反映,"文革"时期万马齐喑、众口一词的社会语言应用就是一个典型的例子。

当然,语言问题从来都不是一个单纯的专业问题。字母词和网络语言的各种变形变种会波及到世界观和文化认同等多个方面。很多专家都表达了这方面的忧虑:"一个兴旺和自信的民族是不会排斥吸收外来文化和外来语的,然而直接使用原装的外国语这种现象却不是一种正常的语言现象,而的确只是一种殖民

[①] 已经有大量的研究表明(如于根元,2001),网络语域下的语言不仅有该语域中特有的词汇,而且整体性的会话结构(包括话轮、话对和话段)都有不同于日常话语的特殊规则。

[②] 相关报道请参见新华网 http://www3.xinhuanet.com/chinanews/2005-07/25/content_4718084.htm。

地才有的文化现象。"（胡明扬，2002）"语言作为思维工具、表达载体的功能已经让位于它的游戏功能。不分场合地随意使用，导致的后果就是交际行为的格调降低，给人以趣味低俗的感觉。"（刘大为，2006）这样的担忧很有道理，我们要提防不分语域、过度自由化的言语使用。

但是我们在媒体上也不时可以看到一些不负责任的过激的言论，将语言社会应用中的某些热点问题简单地以"不规范"论处[①]，甚至不恰当地划入意识形态和民族文化自尊的范畴，夸大了其对青少年的负面影响[②]。这些做法反而会激化矛盾，加大各种言语社区与所谓主流价值观的抵触，引发社会文化观念上的冲突，不利于对语言社会应用的正面引导与和谐建设。

综上所述，现代汉语现实使用中出现的字母词、网络语言及其相关现象中已经有一些在特定范围内超越了语言潮流而成为了语言事实。这些语言事实都属于正常现象而非病态现象，都是社会与语言发展相互作用的过程中出现的语言融合和言语社区等社会语言学现象的具体体现，是社会健康、多元、开放发展过程中的产物。对待语言潮流和语言事实，应当具体问题具体分析，假以时日地看待和引导，避免妄下结论，防止社会语言使用失控和转变为社会问题的可能。

【参考文献】

[1] [法]E.迪尔凯姆. 社会学方法的准则. 北京：商务印书馆，1995.
[2] 刘涌泉. 关于汉语字母词的问题. 语言文字应用，2002（1）.
[3] 游汝杰，邹嘉彦. 社会语言学教程. 上海：复旦大学出版社，2004.
[4] 甘柏兹著，徐大明、高海洋译. 会话策略. 北京：社会科学文献出版社，2001.
[5] 徐大明，陶红印，谢天蔚. 当代社会语言学. 北京：中国社会科学出版社，1997.
[6] 于根元. 网络语言概说. 北京：中国经济出版社，2001.
[7] 刘大为. 网络语言：节制还是任其扩散. 新闻晚报，2006年2月5日.
[8] 胡明扬. 关于外文字母词和原装外文缩略语问题. 语言文字应用，2002(2).

Language Fact: Normal Appearance or Pathological Appearance
—A Study of Lettered Words and Language-on-Net in the View of Sociolinguistics

Li Mingjie

(Department of Chinese, East China Normal University, Shanghai 200062, China)

Abstract: In recent years, some new ways of using Chinese such as using lettered words and language-on-net which are quite different to the traditional Chinese system are very common in daily use. Are these language appearances normal or pathological? In the view of sociolinguistics, if they have been some kinds of language facts and in their own contexts, they are normal. Using lettered words belongs to language contact and the group using language-on-net recognizes a speech community. Facing language currents, we should be tolerant and let them be tested by practicing in a period of time.

Key Words: language current; language face; normal appearance; pathological appearance; lettered words; language-on-net

---

① 简单化地将新出现的语言现象认定为"不规范"，实际上就是认为语言有既定的所谓"规范"。如果真是如此，语言就变成了僵死的规则系统，而不再是有生命力的符号系统了。这种做法既不相信语言的自我调节功能，也没有遵循用实践检验语言事实的标准。

② 2007年1月，我们在华东师范大学本科生中进行了有关网络语言使用的抽样调查。参与的系所包括心理系、体育系、艺术系、新闻系、地理系和环科所，共31位文理科学生。90%的同学认为网络语言不属于语言规范化问题，93%的同学认为网络中的很多表达方式是非永久性的，81%的同学表示不会在正式场合使用网络中图标、符号类的表达方式，100%的同学不认为经常在网上使用网络语言会使自己庸俗化。

一种汉语语义特征句的特征分析和教学

刘艳梅

【摘　要】 汉语存在句是一种有明显语义特征的句子，它的特征可经句式变换和语义转换后获得。一种存在句的动词语义特征是 VA[+使附着]，转换式是 VA[+附在]；另一种存在句的语义特征是 VB[+动着，-使附着]，转换式是 VB[+在动，-附在]。两种存在句有各自的变换式，而两种存在句之间无变换的可能。一般说，两种存在句并没有歧义，这可经各自的变换加以证明，而各自的语义转换式则可成为对外汉语教学中的选择法则。

【关键词】 存在句；句式变换；语义转换；选择

0.1 汉语中常见的主谓宾句，如"我读了他的论文"，"他认识我的老师"，内部结构制约关系清晰，没有歧义，倘留学生将此类汉语句与本国语言对照起来，则形式结构上无大的区别，也都是"S-V-O"常规，因而掌握起来比较容易。教起来也比较方便，似乎"书读百遍，其义自现"，用不着讲许多道理。

0.2 对另一类句子，如"台上坐着主席团"，"窗台上摆着杜鹃花"，"门上贴着个倒'福'字"之类的句子，看起来跟常规"S-V-O"有点异样，似乎要讲许多道理才能把问题说清楚，而对留学生来说又不宜讲许多道理，最好教给他们一两条选择性规则。

0.3 这类句子通常叫存在句，上古就有。例西周晚期《敔簋》铭文："长榜载首百。"意即"车两旁的长木上放着一百个敌人的首级"。可见这类句子源远流长，似乎与汉语自身与生俱来。它很能体现汉语"表达简明，意义丰富"这个特点。要是在西方语言中，这类表达将会被不厌其烦地改成标准式主谓句"there are…in…"，而汉语"空间地点+动词+存在主体"的表达是明确的，其表达效果不仅听者"心知其意"，而且习以为常，丝毫也不感到突兀异样，这正是汉语特色的体现，这类句子堪称汉语特色句。又因为对这类句子的理解重在语义上的总体把握，而非由句子结构求解意义，且这类句子的语义结构与语法结构正相错杂或矛盾，语义理解总是第一位的，故这类句子又可称为"汉语语义特征句"[①]。

1.1 一般说，这类句子没有歧义，可由变换可加以验证。先看有歧义的句子：汉语教学中常举的"咬死了猎人的狗"一句。证其有歧义可从层次分析法入手，均可分析至第二层次。一是分析成"定中结构"，"狗"作中心词；二是分析成动宾结构，"猎人的狗"作宾语。语义理解分别为：一是"那条狗咬死了猎人"，二是"猎人的狗被咬死了"。证其有歧义还可从变换入手说之，这种歧义句可以有两种或两种以上的变换：

（1）动+名+的+名：咬死了猎人的狗→定（动+名+的）中（名）/动+名+的+指示代词"那"+名词：咬死了猎人的那条狗

（2）动+名+的+名：咬死了猎人的狗→动（动）宾（名+的+名）/名+的+名+被+动：猎人的狗被咬死了

1.2 层次分析与变换是密切相关的，层次分析可提示变换的走向。以上两变换中的后式的斜线"/"两侧的式例就表明了这种联系。像"咬死了猎人的狗"这样的句子，无论是层次分析法（两种分析法）还是变换（两种变换）都表明了它的歧义性。以下是从留学生汉语基础教材中推衍出的一组句子[②]：

礼堂的东墙上挂着一幅中国画。

医院入口处贴着就诊须知。

【作者简介】 刘艳梅，女，山东郓城人，南京大学中文系2004级博士生。（江苏　南京　210093）

[①] 陆俭明、沈阳：《汉语和汉语研究十五讲》，第92页，北京大学出版社，2004年第2版。
[②] 本文的例句主要依据北京语言大学：《基础汉语课本》（修订本）1—4册，华语教学出版社，1994年；杨瑞、李泉：《汉语文化双向教程》（准中级），北京语言大学出版社，1999年。笔者从中挑选后作了若干改编。

客厅里坐着贵宾。
校园甬道的两侧全都放着鲜花。
球场一侧网栏上扣着广告牌。
大楼门口蹲着两柱石狮子。
博物馆里躺着一具西汉古尸。
食堂告示牌上总是写着当天的菜谱。
地铁的月台上站着许多乘客。

1.3 以上这些句子有歧义吗？现在用变换来检测一下：

原句式 A 式：地点名词 NL+动词 VA+时态助词 TF "着"+名词主体语 NC

变换式 C 式：名词主体语 NC+动词 VA+介词 PR "在"+地点名词 NL。以上九句的 C 式：

一幅中国画挂在礼堂的东墙上。
就诊须知贴在医院入口处。
贵宾坐在客厅里。
鲜花全都放在校园甬道的两侧。
广告牌扣在球场一侧网栏上。
两柱石狮子蹲在大楼门口。
一具西汉古尸躺在博物馆里。
当天的菜谱总是写在食堂告示牌上。
许多乘客站在地铁的月台上。

整个变换式可写成：NL+VA+TF 着+NC→NC+VA+PR 在+NL   或简化成：A 式→C 式

仅就动词而言，是 "VA 着→VA 在"。

1.4 以上变换虽然左式的结构与右式的结构不同，但从意义上看，从语义理解上看，A 式≡C 式，故 A 式九句没有歧义。比较歧义句 "咬死了猎人的狗" 变换前后的不同，再比较同类型歧义句 "A 式山上架着炮" 的变换 "C 式山上正在架炮"，A 式≠C 式，可反证 A 式九句的规范性、合法性。

1.5 变换前 A 式句子的基本语义构成是："空间地点+静态动词受事及其存在状态词'着'+陈述主体"。这一构成中的"空间地点"随时而定，"陈述主体"视表达需要，表存在状态的时态助词"着"是固定的，剩下困难的就是静态动词的选择。上述 A 式例句中的"挂着、贴着、坐着、放着、扣着、蹲着、躺着、写着、站着"都有一个共同的语义特征（semantic property）"使（某物）附着（于某处）"，简称"使附着"[①]。可写作 "ASP 式：VA [+使附着]"。

1.6 变换后这些 C 式句子的基本语义构成是："已明确为主语的陈述对象+静态动词施事及其存在标志词介词'在'+空间地点"。句中所有表施事的静态动词的共同的语义特征是 "（某物）附在（某处）"，简称"附在"。可写作 "CSP 式：VA [+附在]"。

1.7 由此可见，从 A 式到 C 式进行句式的变换时，同时完成了一次语义特征的转换，转换式是：

VA [+使附着] →VA [+附在]   或写成：

ASP 式→CSP 式

1.8 应该说，语义特征转换比句式变换更集中，也更深入。十分重要的是，句式变换只能说明 A 式句有没有歧义，只有一个 C 式的没有歧义，有几个 C 式的有歧义。但句式变换不能说明没有歧义或有歧义的深层次的原因，而语义特征的转换则能说明。"山上架着炮" ASP 式是 V [+使架着]，CSP 式是 V [+架在]，另一种 CSP 式是 V [+（正）在（进行）架, -架在]。"山上架着炮" 有歧义的原因是 V "架" 有两种不同的语义要素，一是静态的 "+架在"，一是动态的 "+（正）在（进行）架"，从而造成两种不同的语义理解。

1.9 据上述原理，可形成句式 A 式，可作变换 "A 式→C 式"，或仅就动词而言的变换式 "VA 着→VA

[①] 陆俭明、沈阳：《汉语和汉语研究十五讲》，第 93 页，北京大学出版社，2004 年第 2 版。

在";可作语义转换"ASP 式→CSP 式",或仅就动词而言的语义变转换式"+V 着→+V 在"(操作时可视为与变换式同),来检测对外汉语教学《词汇等级大纲》(甲级)[①],符合这一条件的有 36 个动词,它们是:摆、抱、穿、戴、带、倒、等、丢、挂、关、画、挤、寄(放)、记、加(高)、接、拿(在)、骑、剩、收、睡、死、躺、疼(在)、提(在)、停、下(在)、写、姓、有、在、占、站、长(在)、装(在)、坐。

2.1 除了"台上坐着主席团"这类句子外,还有"台上奔着马戏团"之类句子,两者句式结构完全相同,但语义理解有大的区别:一是静态动词,一是动态动词;一是表存在状况,一是表运动状况。由于运动状况也是一种存在,故"台上奔着马戏团"之类也可称之为存在句[②],这是从句式结构上加以命名,而不是从语义上命名的。下面是从对外汉语教材中推衍出的一组句子:

电影院里放着电影。
教室里读着汉语。
操场上飞着蜻蜓。
宿舍楼东边的空地上踢着足球。
校园的甬道上走着参观的人群。
寺庙里住着三个和尚。
鱼缸里游着可爱的小金鱼。

2.2 与 A 式不同,视作 B 式句。它的句式变换句为 D 式:
原句式 B 式:地点名词 NL+动词 VB+时态助词 TF"着"+名词主体语 NC
变换式 D 式:名词主体语 NC+动词 VB+介词 PR"在"+地点名词 NL

2.3 以上七句的 D 式:
电影正在电影院里放着。
汉语正在教室里读着。
蜻蜓在操场上飞着。
足球正在宿舍楼东边的空地上踢着。
参观的人群在校园的甬道上走着。
三个和尚在寺庙里住着。
可爱的小金鱼在鱼缸里游着。

2.4 整个变换式可写:地点名词 NL+动词 VB+时态助词 TF"着"+名词主体语 NC→名词主体语 NC+动词 VB+介词 PR"在"+地点名词 NL。

或写成:B 式→D 式
仅就动词而言,是"VB 着→VB 在"。

2.5 现从所用的动词"(播)放"、"读"、"飞"、"踢"、"走"、"(居)住"、"游"来分析一下语义特征。BSP 式:VB[+动着,-使附着],DSP 式:VB[+在动,-附在]。从转换前的动词语义特征和转换后的动词语义特征都是单项性,不像"山上架着炮"转换后有多项性看,B 式句是非歧义句。从 BSP 式和 ASP 式有完全不同的语义特征看,B 式→D 式与 A 式→C 式是两种不同的句式变换,BSP 式→DSP 式与 ASP 式→CSP 式是两种不同的语义转换,因而 A 式和 B 式的变换和转换是不可互换的:

A 式↛D 式,B 式↛C 式;
ASP 式↛DSP 式,BSP 式↛CSP 式。

2.6 反过来说,如果能互换,即[+使附着]也能转换成[+在动],[+动着]也能转换成[+附在],如"山上架着炮"那种变换和转换,就是歧义句,是汉语不能那么说的歧义句。

2.7 B 式和 D 式的根本所在是[+动着]和[+在动],以此来检测对外汉语教学《词汇等级大纲》(甲级),

[①]《汉语水平词汇与汉字等级大纲》(修订本),国家汉语水平考试委员会办公室考试中心制定,经济科学出版社,2001 年。
[②] 王建军:《汉语存在句的历时研究》,第 13、31 页,天津古籍出版社,2003 年。

符合这一条件的有 90 个动词，它们是：搬、办、变、病、擦、查、差、唱、吃、出、吹、打、点、掉、动、读、饿、翻、放、飞、分、干、搞、给、跟、刮、过、喊、喝、花、还、换、回、会、活、寄（发）、（增）加、见、讲、交、教、叫、借、进、举、开、看、哭、拉、来、离、留、流、买、卖、拿（取）、爬、拍、跑、碰、起、请、让、试、算、抬、（在）疼、踢、（在）提、跳、听、推、退、脱、玩、问、洗、（在）下、笑、行、学、要、用、（在）长、找、住、（在）装、走、做、作。

3.1 从对甲级词的统计看，可构成 B 式句的动词要比可构成 A 式句的动词多得多，原因仍在语义，因为前者表运动过程，后者表静止附着状态。从表面上看，外面静止的东西比活动着的东西要多，但人类语言实践活动对运动的反映更敏感、更多。

3.2 再说，静止用来量度运动，在相关语义语法手段的制约下，在一定的语境中，静止词也可转变成运动词。"台上坐着主席团"、"主席团坐在台上"里的"坐"是静止附着的，"主席团正在台上坐着哩"里的"坐"就有运动过程的意义，"凭他的水平，在自己的位置上三下两下就坐稳了"里的"坐"，是说办事、处理工作、协调各种关系等，是表运动意义的动词。相反，原本表运动意义的动词要转变成表静止附着状态的词则少得多，"台上演着戏"只能说"戏在台上演着"，"演"均表运动；不能说"戏演在台上"，硬是让"演"表静止则不行。

3.3 综上所述，教学两种存在句，A 式的是[+使附着]和[+附在]，B 式的是[+动着]和[+在动]，这是存在句两条最符合思维经济原则的选择性语义法则。

【参考文献】

[1] 储泽祥等. 汉语存在句的历时性考察. 古汉语研究，1997（4）.
[2] 方经民. 论变换分析的平行性原则. 湖北大学学报（社科版），1990（3）.
[3] 郭 熙. "放到桌子上""放在桌子上""放桌子上". 中国语文，1986（1）.
[4] 陆俭明，沈阳. 汉语和汉语研究十五讲. 北京：北京大学出版社，2004.
[5] 石安石. 语义论. 北京：商务印书馆，2005.
[6] 王建军. 汉语存在句的历时研究. 天津：天津古籍出版社，2003.
[7] 朱德熙. 变换分析的平行性原则. 中国语文，1986（2）.

The Property Analysis of the Semantic Property Sentence of Chinese and Its Teaching

Liu Yanmei

(Dept. of the Chinese Language and Literature, Nanjing University, Jiangsu. Nanjing 210093, China)

Abstract: Chinese existential sentence has an obvious semantic property. Its property can be received by alteration of sentence pattern and semantic transform. The semantic property of the verb of one existential sentence is VA[+to let attach at], and its transform is VA[+to be attaching on], but another is VB[+it is moving, -to let attach at], and its transform is VB[+to be moving, -to be attaching on]. The both existential sentence have different alteration, but have not common alteration. Generally speaking, the both existential sentence have not ambiguity that is demonstrated by their alternation, but the patterns of their each semantic transform should be elected rules in the teaching.

Key Words: existential sentence; sentence alteration; semantic transform; elected rules in the teaching

试论语言文字能力的培养在大学生素质教育中的作用

谭红岩

【摘 要】 语言文字作为信息和文化的载体,具有训练思维、开发智力的重要作用,对提高大学生的文化素养和创新能力具有积极的影响。高校应将语言文字能力纳入创新人才培养体系,为语言规范作出更大贡献。

【关键词】 语言文字;语言文字规范化;素质教育

以人的身心平衡发展为目标的大学生素质教育一直是高等教育改革和人才培养关注的重要课题。语言文字作为文化和信息的载体,是素质教育的重要内容。良好的语言文字修养是具有较高素质的表现。因此,提高大学生语言表达与应用能力应成为高校的人才培养目标之一。同时,高校的语言文字工作也应走在社会的前列,为语言的规范发展和汉语的传播服务。

一、语言文字是高校素质教育的重要内容

素质教育分为四个方面,即:思想道德素质、科学文化素质、专业素质和身心素质。《中共中央国务院关于深化教育改革全面推进素质教育的决定》中指出各类学校要"重视培养学生收集处理信息的能力、获取新知识的能力、分析和解决问题的能力、语言文字表达能力以及团结协作和社会活动的能力",该文件对大学生的语言文字表达能力明确提出要求,因此语言文字素养是大学生素质教育的基础内容。

语言文字是一个民族特定文化的反映,对于培养大学生的爱国主义情感和传承文明具有重要作用。语言从本质上来讲,同宗教、法律、文学一样,是一种制度、一种规范、一种价值体系,是民族文化的一种表现形式,也是文化的一部分。规范统一的语言文字是社会发展的前提,秦始皇统一六国之后的第一项改革就是统一文字。因此,语言文字不仅是思想道德素质教育的重要内容和工具,更是维系民族团结的纽带。

语言文字是思维和交际的工具,对于大学生的智力开发和能力培养具有基础作用。感知和应用语言文字的能力是衡量一个人水平高低的重要尺度,这一点对于大学生就业来讲尤为重要。良好的语言文字基础可以提高一个人的思维、判断和交际能力,无疑能增加就业的筹码。同时,语言修养对一个人的社会存在、社会互动、社会评价和生活质量有着密切的关系。成功的人士往往具有良好的语言修养,如周恩来、撒切尔夫人等政治家和钱学森等科学家。

语言知识和人文知识是统一的,学习语言知识的过程也是培养人文素质的过程。语言知识与艺术、哲学等学科的渗透融合,可以提高大学生的人文素质、升华大学生的人文精神。因此,提高语言文字修养能够促进大学生的身心健康发展,改善大学生的心理素质。

二、高校语言文字工作现状

自国务院《关于公布〈汉字简化方案〉的决议》和《关于推广普通话的指示》颁布以来,高校的语言文字工作取得了很大的发展。各高校相继成立了语言文字工作委员会,逐步健全机构;制订了一系列规章制度,对师生明确提出语言文字规范化的要求,积极组织师生参加普通话水平测试,有条件的学校还成立了普通话水平测试站;按照评估指标进行语言文字建设,并陆续通过了各级部门组织的评估。以华东师范

【作者简介】 谭红岩,女,硕士,华东师范大学教务处。(上海 200062)

大学为例，参加普通话水平测试的人数从每年几百人逐步上升到每年近 3000 人的水平，其中非师范生的比例上升明显，这说明学生参加普通话水平测试的自觉性有了大幅提高。但是，目前高校的语言文字工作中仍存在不少的问题，语言文字工作的进展情况与高校的地位并不相称，明显落后于高校的改革发展。

1．语言文字知识的掌握情况堪忧

高校应该是语言文字规范化工作开展最好的场所，应在社会中起到示范作用，但通过调查发现，不规范用语用字的情况在高校仍然普遍存在，语言文字工作的长效机制不够健全。首先，高校师生对国家现行的语言文字法规关注不够。闽江学院开展的调查发现，59%的学生不了解《中华人民共和国国家通用语言文字法》[①]。其次，高校师生对语言文字知识的掌握情况令人担忧。我校 2004 年对本校学生进行的调查发现，仅有 16.3%的学生知道普通话是以北京语音为标准音的，仅有 38.4%的学生知道现行普通话是以典范的现代白话文著作为语法规范的，近 34%的学生不知道师范专业毕业生普通话水平应达到的等级标准。而大学生对规范用字知识的了解更令人担忧，闽江学院在对高校规范用字的调查中发现，没有一个学生能够列举出不规范字的全部类型。

2．不规范用字普遍存在

与说普通话相比，写规范字应该成为当今高校语言文字工作的重心。在学校的教室里、宣传栏中、菜谱上、作业中，不规范字普遍存在，主要表现在错别字、滥用繁体字、错误的简化字等。在我校 2006 年组织的一次对 20 个公共场所进行的汉字使用情况检查中发现，有多处出现不规范字。造成此类现象的原因有多种，一是部分人错误地认为用繁体字是有学问的表现，或固执地认为繁体字好看；三是电脑的使用使人们大大减少了书写训练，导致提笔忘字的情况屡屡出现，造成错别字、自造字有增无减；四是网络语言的滥用，模糊了人们语言规范的意识，长期错误使用，导致了以非为是的情况出现。

3．教师的语言文字规范化意识有待加强

高校教师的学历高，同时担任着教学和科研的任务，强调的是专业素养，且很大一部分不是师范专业的毕业生，没有接受过语言文字规范化的系统训练，致使教师的整体语言文字规范化水平不高。这一点可以从华东师范大学 2004 年开展的问卷调查和历年教师参加普通话水平测试的情况看出来。65%被调查到的学生认为自己的任课教师普通话水平不高，其中 5%的学生反映个别任课教师的普通话不能听懂。截至 2006 年底，华东师范大学仅有 1420 名教师参加了普通话水平测试，离应测人数还有较大差距。此外，教师在汉字的使用中存在常用字词的混用或误用、数字用法不规范等现象[②]。

虽然教师"说普通话、写规范字"是学生评教的指标之一，但由于高校教师大都拥有博士学位，不用参加普通话水平测试也能取得教师资格证书，造成部分教师认为自己不用参加普通话水平测试。其次，在职称评定中，科研成果所占的比重高于教学，导致部分教师对教学的兴趣下降，当然对提高自身语言艺术的精力投入就更少了。再次，部分教师对普通话水平的要求较低，认为只要能正常交流就是达标了。

4．语言文字要求与人才培养体系的发展不相适应

高校近年来在创新人才培养方面采取了多种措施并进行了大刀阔斧的改革，但主要表现在教学计划的改革、科研能力训练、优秀人才培养等方面，在语言文字工作方面仍基本停留在"说普通话、写规范字"的层面，这显然与语言文字在大学生素质教育中的重要作用是不相适应的。其次，对语言文字工作的发展没有整体的规划，甚至有些学校在总的中长期规划中忽略了语言文字工作，更忽略了自身在语言创新和带动社会语言文字规范工作中的责任。

三、对高校语言文字工作的建议

《中华人民共和国国家通用语言文字法》对高校教师和学生的语言文字规范化水平提出了明确的要求，

[①] 丁方、蔡国妹：《关于高校规范用字的状况与对策》，载《闽江学院学报》2003 年第 4 期。
[②] 刘斌：《高校教师必须加强语言文字的规范运用》，载《北京联合大学学报》2002 年第 1 期。

并指出高校在语言文字规范化方面应发挥积极作用,因此,高校应树立遵守法律规定、依法推进语言文字规范化进程的意识,发挥自身作为文化高地和人才摇篮的优势,完善语言文字工作机制,加强语言文字科研,开展语言服务和语言咨询,推动汉语的国际推广。

1. 建立语言文字工作的长效机制,有规划地发展语言文字工作

语言文字由于其平常、普遍的特性很容易被忽视或轻视,因此,高校应加强体制建设和制度建设,使语言文字工作成为常规重要工作。高校语委会应制定章程,明确各部门的职责,对校园用语用字情况定期进行检查和整治,使语言文字工作落到实处。制订短期和中长期规划,使语言文字工作有序地、稳步地发展。

2. 加强语言文字课程建设,注重对规范汉字的宣传和训练

在学生的培养计划中,设立语言文字课程模块,既讲授语言文字知识也增加语言文字法律法规的内容,对大学生进行系统的语言文字训练。同时注重语言文字与其他学科的渗透、融合,提高学生的人文素质。在《书法》课程的基础上,高校应加强使用规范汉字的宣传,开展书写训练,有条件的学校还可尝试开展汉字应用能力测试,降低不规范汉字出现的几率,直至杜绝不规范汉字现象。

3. 设立大学生语言文字科研基金,带动语言文字科研发展

创新能力是大学生素质教育的核心,而创新能力的培养来自于实践,高校应搭建语言文字科研平台,鼓励大学生参与语言文字课题研究,关注语言生活中出现的新现象,对语言生活中的问题进行调查研究并提出对策,从而促进语言文字的规范发展。

4. 服务社会语言生活,促进汉语国际传播

随着中国经济的发展,人才的流动性和外商的投资力度加大,规范文明的语言文字环境的重要性逐渐凸现出来,高校应配合国家进行各项语言文字事业建设,大力发展各种形式的汉语教学,为外国人提供优质的语言培训和语言服务;组织师生走进社区,开展语言文字宣传和调查研究,对社会语言生活进行指导,提高国民的母语修养,进而提升国民的自尊心和母语自豪感。

The Function of Language in Quality Education for College Students

Tan Hongyan

(Academic Affairs Office of East China Normal University, Shanghai 200062, China)

Abstract: Language is the media of information and culture is a great center of quality education for the students of higher education. University should pay a great attention on the work of language; take steps to improve the development of standardizing language.

Key Words: language; standardizing language; quality education

汉字教学三题

李玲璞

【摘　要】 本文就如何提高汉字教学质量问题提出了三点认识。一是汉字的特点是通过单音节语素的"物化"与"物化回归"的全过程，把有声汉语转换成听觉与视觉同步的具象汉语，只要汉语生生不息，汉字就相伴而行。二是汉字的分析理据是建立在传承了数千年的记录通语雅言的正统文字系统之上的，汉字教学中应重视历史汉字在演进中的变化，并与方域俗字和艺术书体区分开来。三是应重视正统文字本体功能的教学，重点应放在成字造义与语素核心义之间的关系上，学习一个汉字，掌握一个字义系统。

【关键词】 具象汉语；正统文字；成字造义；语素核心义

如何提高汉字教学质量，不仅是对外汉语教学亟待解决的问题，也是对内汉语教学亟待解决的问题。现在，我就下面三个方面谈一点粗浅的认识。

（一）应把握汉字的特点与汉语的特点，把诉诸听觉认知的有声汉语同诉诸视觉认知的具象汉语有机地统一起来。

汉字是根生于汉语的。汉语是单音节语素为主体的语言，具有形式方面的节律性、内容方面的自足性。形式与内容相统一，就形成了汉语特有的自相似性。从音节的两分到双音节合成词的两分，从词组（短语）的两分到句子的两分，也就是说，它们彼此之间的关系既是一分为二，又是合二为一。汉语这种自相似性也必然对"物化"汉语的汉字提出具备这种自相似性的客观要求。根生于汉语的汉字也同样表现出了这种自相似性，也是由有限的几百个音义俱备的独体字，并以这些独体为构字要素，组成成千上万个合体字。合体字中的构字要素同样是两两相对，相辅相成，为听觉认知与视觉认知同步、形与声义结合的具象汉语提供了现实可能性。

这里应特别指出的是，汉字特点与汉语特点之间的一种特殊的关系。这种特殊的关系是在汉字学元点理论的导引之下获得认识的。简言之，这种特殊关系存在于汉语单音节语素的"物化"与"物化回归"过程之中，即把有声汉语转换成听觉与视觉同步的具象汉语的全过程之中。可以这样说，只要汉语生生不息，汉字就相伴而行。数千年来是这样，数千年之后必然也是这样。从这个意义上来说，我们把汉字称为万岁文字是并不过分的。

面对这独一无二的万岁文字，中华瑰宝，中华民族的骄傲，在教学中如果能牢牢把握前面所谈到的"物化"与"物化回归"的全过程，你就会惊喜地发现，每一个汉字的发生都闪耀着先民那思辨智慧的光芒，每一个汉字的发生都蕴含着先民深厚的历史文化信息。当此之时，中华民族的自豪感便会油然而生。

（二）廓清文字系统，把通语雅言（现代称国语或普通话）与正统文字系统有机地统一起来。

从三千多年前的甲骨文开始，到 20 世纪 50 年代前期，上下三千年，一直维持着通语雅言与正统文字的统一局面。古文字阶段，正统文字的载体主要是甲骨、青铜器和刻石，发源于中国（中原），经过西移东渐，不断地扩大了这种统一的局面。汉代在《尔雅》、《方言》问世之后，《说文解字》出，在秦篆书的基础上把正统文字及其系统推向了历史的高峰期。此后的篆书由分笔书写笔画化的古楷定到楷书的出现，以至于今，可以说是正统文字系统的延续期。目前，除中国大陆以外，港澳台及多数国外华人至今仍维持着这种统一的局面。

我们所以强调要廓清文字系统，是因为，在记录通语雅言的正统文字系统之下还有一个系统，即记录

【作者简介】 李玲璞，华东师范大学中国文字研究与应用中心名誉主任，教授，博士生导师。（上海 200062）

方言俗语的方域文字系统。方域文字系统的主体使用的仍然是正统文字，只是其读音是方言音的转嫁，而在主体之外，方域文字还吸纳了相当数量的方言区内产生的俗字。这些俗字原只通行于某方言区内，由于俗字的来源复杂，大都不合正字系统理据，因而我们把那些不符合正统文字理据的俗字称作无理据字。当然，俗字是为适应一部分人群的交际需要而产生的，不能因其缺乏正字的理据而一概排斥，但如果不经选择地任其大量涌入正统文字系统之中，去替换本有理据的正字，这不但破坏了正统文字的系统，因而削弱了对汉语的表现力，而且也会给汉语汉字教学带来严重的负面影响。

从文字系统上来说，无理据字大都属于方域俗字。这些俗字的来源比较复杂，有些是由正字的草书楷化而来的，有些是用代号×（成字时或作"又"）替代正字笔画较多的偏旁义素或声素而形成的，有些是剜割正字中字素的某一部分形成的，有些是归并几个字并选用其中一字替代另外几个字形成的，也有些是在正字之外新造的字，包括替换合体字中某个字素所形成的字。其中，除新造字比较特殊以外，其他各类均应追溯到正字字样，然后凭借正统文字的字形结构对应所表语素，理清其本体功能。有些正字如不符合本体功能者，应上查《说文解字》篆书，是否楷定时出现错误，或楷定时无误，而是在传承过程中发生字素分离或粘合形成的讹字，应对讹字加以规范；如果发现少量的《说文解字》篆书可能也是讹字，就应参验出土古文字加以比勘，最终加以廓清。

（三）坚持汉字学元点理论的指导，牢牢把握对正统文字本体功能的考察，把汉字成字造义与语素核心义紧密联系起来，让汉字成字（完整的汉字个体）负载起单音节语素音的转嫁。

汉字学元点理论告诉我们，本体功能主要表现为，字形结构所表示的语素意义是语素的核心义；与此同时，语素的音则完整地转嫁给表示语素的字形结构，形成字形结构同所表语素之间相互勾连，环环相扣，你中有我，我中有你，浑然一体，以实现视觉认知与听觉认知合二而一的形声义相统一的整体。

目前，我们从事汉字教学的同仁遇到了不少亟待解决的困惑。如汉字学习的"三难"问题，扑朔迷离的众多"识字法"问题，是是非非，何去何从，让汉字教育工作者无所适从。要检验这类问题，别无他途，还是要以汉字学元点理论为指导，坚持正统文字本体功能的考察路线，牢牢把握语素这个"起始点与归着点"。摈弃汉字仅仅是个构形问题的偏见，以"你中有我，我中有你"的视野重新审视汉字。这样一来，所谓死"三难"就会转化成为活"一易"，死记硬背的字形空壳记忆法就会让位给汉字汉语同步进行的真正的"识字法"。这里要特别强调地指出，牢牢把握语素这个"起始点与归着点"。这个问题涉及字书辞书的使用问题。一般人使用这类工具书，或查读音，或选义项，对一个单字所表示的单音词的其他方面则少有过问。学习汉字则不然，它要求除了字形、字音要了解以外，更重要的是考察全部义项及其相互关系，归纳出义项群所共有的核心义，然后用取象造字的成字进行垂直考察，寻绎成字造义与单音节语素（词）的核心义之间的联系。至此，才能说这个字的造字法和表示法如何如何；至此，才能回答为什么成字（字形）只有一个，而单音节语素（词）有一串各有差异的义项群体，仍然只需用一个相同的成字（字形）就可以满足需要，因为道理很简单，成字本身的造义始终与单音节语素的核心义相联系，而语素其他众多的义项均依附于语素的核心义。

实践表明，通过正字字形结构抓住了语素的核心义，就有如抓住了一个星系的核心，语素的众多引申义就都像行星围绕恒星这个核心运转一样，直接的、显性的也好，间接的、隐性的也罢，便形成了一个完整的字义系统。

上述三个问题有着一定的内在联系，在汉字教学中，均应在汉字学元点理论的指导下，从汉字与汉语之间的关系入手，揭示汉字适应汉语的自相似性和互为表里、浑然一体的必然性，从而廓清文字系统的属性，确立正统文字系统应有的地位，进而指出对正统文字本体功能的求索方法。

（下转第245页）

常用字构造试析

高更生

【摘　要】 现行汉字常用字的特点，研究常用字构造的具体类型，探讨常用字构造分析应掌握的原则，列出常用字构造的具体字表。

【关键词】 常用字；构造；试析；字表

现行汉字常用字本身具有什么特点，常用字的构造有哪些类型，分析常用字的构造应当注意哪些问题，每个常用字具体应当划归哪个构造类型，这些都是值得研究的问题。

一、常用字

这里讲的常用字是指国家语言文字工作委员会、国家教育委员会1988年1月26日联合发布的《现代汉语常用字表》中所收的3500个字，其中包括常用字2500个，次常用字1000个。

为了汉字规范化，国家从20世纪50年代就开始整理汉字，先后发布了《第一批异体字整理表》（1955，后经多次修订）、《简化字总表》（1964，1986年进行了调整）、《关于地名用字的若干规定》（1987）、《现代汉语通用字表》（1988）、《部分计量单位名称统一用字表》（1977）、《普通话异读词审音表》（1985）等。《中华人民共和国国家通用语言文字法》（2001年1月1日起推行）明确规定："国家推广普通话，推行规范汉字。"现行汉字的常用字属于国家规定的规范汉字的范围，同国家规定的不规范汉字具有明显的差别。例如在中国大陆的一般正式场合下，"杯、棋"不能写作异体字"盃、碁"，"办、宝"不能写作繁体字"辦、寶"，"礼、户"不能写作旧字形"礼、戶"。

应当说明的是，所谓规范汉字实际上有狭义、广义、最广义三种类型。狭义的规范汉字指符合新中国成立后所发布的各种整理楷书汉字的字表所规定的汉字以及中国大陆一般规范字典所收录的国家未进行整理的楷书规范汉字。这种规范汉字可以在中国大陆和联合国的各种正式场合运用，而在台湾和世界华人的范围内则可能采用不符合狭义规范汉字标准的繁体字、异体字、旧字形等，即使在中国大陆的特殊情况下如书法领域等同样可以书写繁体字、异体字等。广义的规范汉字指未吸收新中国汉字规范化成果的符合传统的汉字规范要求的楷书汉字，其中包括繁体字、异体字、旧字形等，台湾和世界华人的范围内一般在正式场合采用这种楷书规范汉字；香港、澳门回归祖国后虽然正推行狭义的规范汉字，但是广义的规范汉字仍然起一定的作用。最广义的规范汉字指符合传统的汉字规范要求的包括甲骨文、金文、篆书、隶书等古今各种字体的规范汉字，一般适用于书法等一些特殊场合。

本文采用狭义规范汉字的观点，这是因为它属于国家规定，而且已得到世界各国的公认，在联合国，以规范汉字为标准的中文和英文、法文、俄文、西班牙文、阿拉伯文共同作为六种工作文字之一。

二、构　造

汉字的构造，指汉字的造字法。现行汉字是从古代汉字发展演变来的，因而要了解现行汉字的构造必须首先了解古代汉字的构造。

【作者简介】 高更生，山东师范大学中文系教授。曾兼任省社联委员、省语委委员、省语言学会会长、中国语文现代化学会常务理事、中国语言学会理事。主要研究现代汉语语法和汉字。（山东　济南　250014）

关于古代汉字的构造，论述得比较详细而且影响比较大的应当首推东汉许慎的《说文解字》（下简称《说文》），该书提出了象形、指事、会意、形声、转注、假借六书的观点，并在《说文解字叙》中进行了具体论述：在篆书中"日、月"是象形字，"上、下"是指事字，"武、信"是会意字，"江、河"是形声字，"考、老"是转注字，"令、长"是假借字。清代学者多采用"四体二用"说，即象形、指事、会意、形声是造字法，转注、假借是用字法，例如段玉裁《说文解字注》（1988年，第755页）、王筠《说文释例》（1983年，第3页）等。后来的学者有提出"三书说"的，例如唐兰《古文字学导论》（1981年，第402—404页）区分为象形文字、象意文字、形声文字；高明《中国古文字学通论》（1996年，第57页）完全同意唐兰的观点。陈梦家《殷墟卜辞综述》（1956年，第75页）虽然也主张"三书说"，但是他把象意合并到象形，增加通假，他主张的三书是象形、形声、通假。裘锡圭《文字学概要》（1988年，第104—109页）首先把汉字区分为表意字、假借字、形声字三类，另外还有记号字（例如"五、六"等）、半记号字（如"丛"，其中"从"是音符，"一"是记号）、变体表音字（如从"兵"变来的"乒乓"）、合音字（如指碳氧基的"羰（tāng）"、指氢氧基的"羟 qiǎng"等）、两声字（如"牾"的古体"䎽"）。这些关于汉字构造的分析理论，对于我们今天来研究现行汉字的构造，都有重要的参考价值。

关于现行汉字的造字法，拙作《现行汉字规范问题》（2006年，第36—45页）曾将其区分为记号字、半记号字、非记号字三类。现在看来如果采用另外的名称也许更好一些。本文拟把现行汉字的构造首先区分为理性字、半理性字、非理性字三类。

理性字指能够合理地分析出造字方法的汉字。内部可区分为独体理性字和合体理性字两大类。独体理性字是由独体字构成的能够合理地分析出造字法的汉字，包括两类：（1）象形字，指汉字字形像所表示的原物形状的汉字，例如"凹、伞"等；（2）指事字，指汉字的组成成分可以提示出所表示的含义的汉字，例如"一、刃"等，"甩、卡"等似乎也可以属于这种类型。合体理性字是由合体字构成的能够合理地分析出造字方法的汉字，也包括两类：（1）会意字，指会合组成部件的含义组合成的汉字，例如"男、林"等；（2）形声字，指由表示含义的部件和表示读音的部件组合成的汉字，例如"钉、忆"等。

半理性字指现行汉字的形体和结构中有的部件可以分析出造字方法，另外部件分析不出造字方法的汉字。半理性字都是合体字，内部区分为半会意字和半形声字两类：（1）半会意字，指有的部件有表意作用、另外部件无表意作用的汉字，例如"香、粥"。"香"，小篆中本来是从黍从甘的会意字，现在只有"禾"在构字上还有意义，"日"就看不出构字的意义了。"粥"中"米"在构字上有意义，"弜（jiàng，弓强劲有力）"在音和义上就没有什么联系了。（2）半形声字，指有的部件有表意作用或表音作用、另外部件无表意或表音作用的汉字。内部可以区分为有形无声半形声字和有声无形半形声字两类。前者如"布、拉"。小篆"布"是枲（xǐ，麻）织，从巾父声；"拉"是摧，从手立声。现在"巾、扌"可看作形旁有表意作用，而"𠂇、立"就没有表音作用了。后者如"常、程"。小篆"常"是下裙，从巾尚声；"程"是品，十发为程，十程为分，十分为寸，从禾呈声。现在"尚、呈"有表音作用，而"巾、禾"就没有表意作用了。

非理性字指不能合理地分析出造字方法的汉字，又称为记号字。内部可以分成独体非理性字和合体非理性字两类。独体非理性字又称为独体记号，由一个部件构成，如"更、及"。小篆"更"是改，从攴丙声，形声字；"及"是逮，从又从人，会意字。现在都是分析不出造字方法的独体记号了。合体非理性字又称为合体记号，由几个部件构成，如"鱼、兵"。古文字"鱼"像鱼形，是象形字；小篆"兵"是械，从廾持斤，是会意字。现在都是分析不出造字方法的合体记号了。

三、试 析

对现行汉字中3500个常用字中的每个字作造字法分析，我们只是尝试性的。首先是因为自己的水平有限，对汉字的造字法缺乏深入研究；其次是因为缺乏比较可靠的参考资料。《说文》收入的字当然是重要的依据，但是其中字形、字音、字义已经发生变化的，又不能完全照抄；另外，《说文》未收的后起字，也只能依据它们的构造情况进行分析。因此在具体分析时，经常出现举棋不定的情况。但是，既然要对所有常用字进行造字法分析，也只有把其中的每一个字划归到一种造字法，这样就难免出现自己也不是很清楚的问题。现在只能作为抛砖引玉来看待了。

具体确定每个字的造字法，我们首先区分《说文》收入的字和没有收入的后起字两类。《说文》收入的字，基本上按照《说文》的解说来处理。应当说绝大多数字古今的形、音、义有一定的联系，处理起来比较合理。例如，形声字"把"（握也，从手巴声）、会意字"美"（甘也，从羊从大）、象形字"果"（木实也，从木，象果形在木之上）、指事字"刃"（刀坚也，象刀有刃之形）等。部分字的字形或音、义有了某些变化，也尽量采用《说文》的说法。例如"日、月"虽然字形已经不像太阳、月亮了，仍然看作象形字，因为大家可以想象出来；"浴、欲、裕"虽然现在"谷"表音不恰当了，从语音变迁和系统性考虑仍然划归形声字；"笨"现在一般指不聪明、不灵巧、费力气，跟"竹里也，从竹本声"的含义不同，但是仍然划归形声字。《说文》没有收入常用字中的某个字，但是它的异体字却收入了，也应当看作《说文》收入的字，因为它们之间有一定的联系，例如《说文》未收"峰、葱"，却收入了它们的异体字"峯、蔥"，"峰、葱"也算《说文》收入的字。《说文》既收入《简化字总表》规定的繁体字，也收入跟其中的简化字相同的字，例如"從"（随行也，从辵、从，从亦声。是形声字）、"从"（相听也，从二人。是会意字），本文按照繁体字的类型处理，让"从"归《说文》收的形声字处理，归入原形声字中划归会意的类型；"广（廣）"等也同样处理。《说文》收入的字，如果字形变化太大或音、义变化大，无法进行分析的，才改变原来的造字法或者改为半理性字、记号字。例如，形声字"话"（合会善言也，从言昏声），现在声旁变成了"舌"，划归从言从舌的会意字更合理；上面谈到的"布"应当划归有形无声字，"常"应当划归有声无形字。有的字只能看作是记号，例如原来是形声字的"默"（犬暂逐人也，从犬黑声），恐怕只能看作合体记号；上文谈到的会意字"及"，只能看作是独体记号。至于《说文》没有收的后起字，自然只能根据现在的形、音、义特点进行分析，例如"叭"是从口八声的形声字，"吼"是有形无声的半理性字，"弊"是有声无形的半理性字，"掰"是会意理性字，"凸"是象形理性字，"刁"是指事理性字，"杰"是合体记号，"于"是独体记号。

从3500个常用字总的来源考察，其中来自《说文》的有2760个，占总数的78.9%；后起字740个，占总数的21.1%。也就是说绝大多数字是从《说文》演变来的。

从常用字的构造来说，其中理性字2701个，占总数的77.2%；半理性字368个，占总数的10.5%；非理性字431个，占总数的12.3%。也就是说绝大多数是可以分析出造字法的理性字。

在2701个理性字中，来自《说文》的共有2044个，占来自《说文》总数2760个的74.1%；来自后起字的657个，占后起字总数740个的88.8%。也就是说后起字中的理性字特别多，这说明后起字的字形变化较少，更多地保留了人们造字的理性原则。

从形声字来看，现在能看出是形声字的，来自《说文》的有1732个，占来自《说文》总字数2760字的62.8%；后起字中有608个，占后起字740个的82.2%。合计2340个，占3500字的66.9%。可见后起字中的形声字比较多。如果按照从《说文》来的所有原形声字2000个计算，那么形声字占2760个字的72.5%，比例还不是很大。如果把《说文》的形声字2000个加上后起字的形声字608个，是2608个，占3500个字的74.5%。可见在常用字中形声字的比例还到不了75%。

四、字 表

（一）《说文》收字（2760）

1. 原形声字（2000）

（1）形声（1627）

阿哀埃挨唉蔼艾隘鞍岸按案暗熬傲澳拔跋把靶伯柏颁版伴绊瓣邦榜蚌傍谤胞胞剥褒雹薄饱豹爆杯背悲碑倍被奔笨绷崩彼秕鄙庇泌毙痹碧蔽臂壁避璧编蝙鞭遍辨辩辫膘鳖宾彬滨鬓柄饼病拨波播驳勃搏膊跛簸补

捕哺怖部猜材财裁菜餐残惭惨苍沧操槽草厕侧测策杈插柴豺缠蝉铲闸场肠偿敞倡唱钞绰超彻忱晨趁诚城
惩澄橙逞痴弛驰迟持匙齿侈翅冲崇宠抽仇绸畴酬稠愁筹除厨锄雏储触揣传船喘创窗炊捶锤纯唇淳醇蠢词
祠慈雌刺赐葱聪凑粗促醋篡崔催摧脆悴粹翠村撮挫措锉错达逮贷怠胆掸但诞淡弹铛挡党荡岛捣祷蹈到悼
稻地得灯涤笛滴嫡抵底递蒂缔佃垫淀殿钓雕掉跌谍蝶钉顶订锭冻栋洞逗都督读牍堵睹杜妒渡端短缎锻敦
蹲钝顿垛惰俄鹅蛾额饿遏恩饵贰帆樊返犯饭泛范贩芳防妨肪房仿访纺放肥匪诽菲吠肺废沸费芬纷氛坟粉
忿愤枫峰蜂逢缝讽麸敷伏扶佛拂服俘浮抚符幅辐福蝠斧府俯脯辅腐赴赋傅富腹缚覆该溉概肝竿秆感扛刚
纲缸杠羔膏镐稿胳鸽歌阁格葛隔根跟耕埂梗功攻恭躬拱贡供沟钩苟狗构购垢沽孤姑辜固顾刮卦挂冠棺馆
管贯灌闺瑰诡刽桂跪郭裹孩骇酣汗涵旱捍悍翰蒿豪浩何和河荷核褐鹤痕很恨恒横哄烘红宏虹洪喉猴呼忽
狐弧胡湖糊护哗化淮槐换唤涣患荒惶煌蝗恍挥恢辉徽蛔悔毁汇讳诲绘贿晦慧荤婚浑混魂活货祸惑讥叽饥
机肌积基畸箕稽激级极疾辑嫉籍挤济计记纪技忌际妓季剂荠迹继寄绩冀佳枷荚颊假驾嫁稼奸歼渐煎俭捡
检减剪简荐贱剑涧健践鉴键箭江姜浆僵缰疆讲奖蒋酱郊浇胶蕉嚼侥狡绞骄矫脚搅剿叫教窖接节阶秸揭结
捷姐竭芥界诫借筋紧锦谨进近禁茎经荆惊精鲸阱颈景警劲径净靖境镜静窘鸠究揪玖灸酒救舅拘驹鞠菊橘
柜沮俱据距惧锯捐绢眷倦觉掘均钧俊峻骏菌竣慨刊堪坎糠抗炕靠坷苛颗磕咳渴刻客课坑空恐控抠扣枯哭
苦酷夸胯跨块快宽筐狂旷窥葵魁溃愧坤括阔腊莱赖蓝澜篮览懒滥郎狼琅朗浪唠涝勒垒冷棱狸梨黎李理鲤
沥例荔砾粒怜链莲廉镰敛练炼凉梁粮粱谅撩辽疗聊僚缭燎镣烈猎裂邻淋琳鳞吝赁伶玲铃凌陵菱蛉零领流
馏瘤榴柳溜咙聋笼隆垄楼娄篓陋漏芦庐炉颅庐赂路露驴缕律绿峦略抡伦沦轮论萝骡裸洛骆络落蟆骂迈蛮
瞒满蔓幔慢芒盲莽茅贸貌玫枚梅媒楣霉妹昧媚闷萌猛孟迷眯糜靡密蜜勉冕缅闽敏蠓谬摹膜摩沫漠谋模牡
拇沐募墓幕慕纳挠泥拟昵逆娘酿孽宁凝泞纽钮浓脓怒暖诺懦殴鸥怕拍排派潘判盼叛畔胖泡咆炮袍胚陪培
沛喷盆棚蓬披劈疲脾僻譬偏篇翩漂飘瓢撇贫聘坪苹屏瓶萍坡颇迫破魄剖仆扑朴铺蒲圃浦谱期欺漆脐畦骑
棋旗企起汽泣洽迁铅谦签钱钳潜浅谴歉枪腔墙悄跷敲侨桥翘憔峭窍切茄怯窃钦侵芹勤寝轻倾清情请琼球
驱屈躯趋渠娶趣圈拳券缺却确裙群壤攘让饶绕热忍任纫扔仍茸荣溶熔融蹂儒蠕锐润洒叁搔骚臊嫂厦晒删
苫珊陕擅膳赏捎烧梢稍芍绍哨奢赊蛇摄谁伸呻绅深神沈审渗慎牲笙甥绳剩盛诗识使始式侍饰试视柿适恃
室嗜逝誓收授瘦抒枢殊梳淑舒输秫赎暑属署数述恕漱刷蟀霜税睡吮说硕似饲松耸讼诵颂搜俗速溯酸蒜随
髓遂碎穗损笋梭缩琐蹋苔胎汰滩谈潭檀坦汤堂棠叨掏滔逃桃陶萄腾剔梯提啼题蹄剃涕惕恬填挑跳帖贴廷
蜓亭庭挺通桐铜统桶筒痛投徒涂屠吐推颓蜕臀托拖脱椭唾洼蛙娃袜弯完玩顽宛挽晚婉汪枉妄忘薇巍违围
唯维伟伪苇纬味谓猬蔚慰温闻蚊吻紊问翁瓮蜗握污诬屋芜梧侮物误悟晤雾吸析牺息惜晰稀锡溪熙熄膝
席洗徙隙虾匣侠暇仙纤掀贤险铣限线宪陷献厢湘箱镶详祥翔响想像消宵萧销箫潇晓肖校哮啸楔歇胁挟谐
携械谢懈蟹欣薪星猩腥型性姓凶雄熊修羞袖嗅吁徐许序绪絮婿蓄轩宣漩选癣炫削薛学勋循训讯汛迅驯逊
哑芽崖雅轧讶咽烟淹腌沿研阎颜檐衍掩眼演砚唁宴验谚雁焰殃鸯秧扬杨洋仰痒样漾肴姚摇咬药耀掖冶野
液谒伊依揖椅仪姨遗倚亿议抑译绎奕疫谊溢翼茵姻吟银淫蚓隐英莺婴缨鹦鹰迎莹营蝇赢颖佣咏泳勇涌蛹
踊优忧悠油游诱迂淤娱渔隅逾愉榆愚宇语芋郁育浴域欲裕遇寓愈誉豫鸳渊园圆援缘猿辕远怨院愿约阅跃
越陨运酝栽载暂遭糟澡藻造噪燥择泽增憎赠闸诈栅摘宅沾毡瞻盏栈战颤张彰掌杖帐障招昭沼召照罩遮哲
浙蔗珍斟榛诊枕疹振震镇征筝拯整证政汁芝枝肢织脂蜘侄值职植殖址纸指志秩窒忠终盅钟衷肿种仲轴
宙骤珠株诸猪蛛煮贮注驻柱铸筑转撰妆装壮状撞追椎锥谆准捉灼茁酌琢啄咨姿资滋仔姊紫滓综棕纵租诅
阻组祖钻醉遵昨

（2）有形无声（174）
爱碍奥币处布层陈称沉呈楚春次存待代导邓堤敌颠动恶凫盖割给耿股贾怪观轨贵过海害含汉鸿划滑怀欢
还环缓黄获豁鸡急将焦街津仅句可拉礼列留陆曼茂蒙梦庙睦馁尼匿腻溺念疟偶盘庞配祈牵黔遣强巧秋劝
扰飒散瑟伤少舌赦肾施湿市寿叔疏黍树竖思寺苏岁所贪坛叹探特誊条调铁听童偷头团吞往务犀袭戏系细
辖项写衅刑邢形杏朽旭恤续穴雪巡延衙言盐毅幽有舆员在斋展朝针蒸郑执旨治滞烛助拙浊

（3）有声无形（33）
辈常程耻丛点冯副巩故雇罕衡嘉聚决康考历每秘秒旁岂声受望新匈需叙养肄

（4）会意（44）

宝边标蚕床从队否宫贺话坏家竞类帘劣灭墨拿启穷去权扇圣胜时拾私诉宿炭体厌阳宜阴饮杂蚤灶贼折
（5）合体记号（91）
霸备变尝曾充答戴单耽当帝独度段兑尔风凤奉复冈归函韩既艰监届金尽旧举卷况兰离厉丽隶良量临灵鲁默穆南难囊能欧彭匹乾亲秦禽卿然柔杀商尚释斯虽泰唐替微畏舞邪斜虚压严要夜壹移疑应余袁允凿赵者总
（6）独体记号（31）
必产长辰成重垂发甫个更关广击亏吏两卢年农身失氏世事书术无尤主专

2．原会意字（468）

（1）会意（212）
安罢败班包北鼻比笔贬便彪冰秉博采察昌尘臭初穿吹辞道德奠定断对多伐罚法烦分奋粪封付改告哥羹公古规国好合赫轰宦会吉棘集祭加夹肩茧件间匠劫解晶敬纠军君看寇库困牢雷利连料林麻卖脉美绵苗名明鸣命牧男尿聂弄奴品凭普凄奇弃契器庆囚取全雀染仁容如桑森沙闪舍社射涉省十什实食士示是守双顺丝死算祟孙讨天甜彤突尾委位胃伍武喜鲜闲弦咸衔嫌显相嚣孝协叶信行兄休秀须旋旬炎奄舀役益逸意幼狱御冤岳孕灾宰葬早枣则占斩章贞正支挚致中众州肘逐祝庄赘字宗罪最尊坐
（2）形声（11）
毕窜登华居联态荧邮知置
（3）有声无形（11）
百毒番即就款盟某兽卸友
（4）半会意（93）
保报暴闭禀步畜此带盗甸吊叠冬负妇附各骨谷寡官寒号黑侯虎皇灰惠昏霍脊坚建降介戒竟绝肯劳老栗履乱罗冒没亩耐虐佩妻顷区辱瑞塞善设衰送素粟索同秃威尉卧昔悉羡香享向熏邑引盈赞责制质周帚昼缀卓走足作
（5）合体记号（92）
拜般辟扁兵丙并仓曹差承乘赤等典兜夺厚高共鼓乖光鬼亥后画兼皆晋竞局具科孔昆令六娄旅仑买麦莫票戚其前乔青冗闰乳若弱丧色师帅爽宋庶肃台图外危吴夏先县巷血兴幸医异因音殷印庸右元原粤真争只奏族左
（6）独体记号（49）
白半卑表尺寸电东凡反夫干及柬见今巨开乐里立内皮平七千且丘甚史束亡王卫为我五习小辛央业页夷义用与乍丈

3．原象形字（157）

（1）象形（39）
八卜册叉川大刀朵飞丰工弓龟果互回火巾井臼口毛眉门气人日肉山石田网羽雨玉月爪舟竹
（2）形声（1）
琴
（3）会意（1）
泉
（4）合体记号（39）
巢弟鼎斗豆盾父革壶户京韭爵克录鹿吕卵面蔑齐首蜀鼠率它象玄燕衣以亦易鱼云匀兆至直
（5）独体记号（77）
巴贝不才车臣虫丑丹丁儿而耳方戈瓜禾乎己几甲角斤九久来了力龙马矛米民皿母木目乃鸟牛女欠求曲犬入申升生尸矢手水土兔瓦万未文乌巫勿西心凶牙亚羊夭也永又予止子卒

4．原指事字（29）

（1）指事（11）

本旦二末片刃三上太下一
（2）象形（1）
匕
（3）合体记号（7）
歹乏非幻交司再
（4）独体记号（10）
出甘卤四丸午夕乙之朱

5. 新附字（106）

（1）形声（93）
昂袄拗捌逼彩灿蹭刹搀嘲吃础幢瓷伺打蹬低赌阀翻坊芙港糕篙罐焕价洁娇剧诀垦恳廊龄翎胧碌侣逻烙猫朦谜铭魔捻迄砌嵌惹韧蓉赛僧衫赡势曙蔬烁锁塔摊塘糖停艇透驮稳蟋霞醒询呀涯鸭樱映晕韵眨债蘸辙侦帜桩坠
（2）有形无声（6）
矮勘掐恰售涛
（3）会意（4）
闹抛昙些
（4）合体记号（2）
屡雯
（5）独体记号（1）
办

（二）后起字（740）

1. 形声（608）
啊哎氨庵俺肮懊扒叭芭吧疤笆坝爸耙摆扳搬板扮拌帮梆绑膀棒磅堡抱狈焙惫蹦荸蓖匾憋滨缤玻菠泊舶脖渤埠簿擦踩睬舱藏糙喳碴衩拆掺馋猖畅抄吵潮炒撤澈衬秤嗤池橱疮椿戳磁簇搓搭瘩袋担氮裆档倒凳瞪嘀掂碘店玷惦叼碉爹碟叮盯懂抖陡蚪痘肚镀堆吨墩盹囤哆跺躲舵堕跺扼愕鳄筏矾啡吩焚份疯锋肤孵袱附钙杆柑赶橄肛钢岗搞疙搁蛤蚣汞估咕菇箍褂惯逛硅滚棍锅哈憨喊焊撼憾吭杭航毫壕嚎耗呵喝盒吓嘿狠哼葫蝴唬沪花桦徊痪慌磺谎幌茴秽伙汲唧鲫钾架拣碱舰溅桨礁饺缴轿较酵襟浸睛疚矩拒炬鹃咖揩楷砍慷拷烤铐棵蝌啃窟裤垮挎筷矿框眶盔傀捆扩廓啦喇蜡辣癞拦栏揽缆榄烂椰捞姥酪擂蕾肋偻哩厘漓犁璃篱励俐莉雳痢脸恋辆晾寥嘹潦瞭咧磷凛檩蹒岭琉硫窿拢铝氯滤啰锣箩螺妈抹吗玛蚂码馒漫忙氓茫锚铆帽煤们檬锰咪眠娩描瞄渺藐悯摸馍磨蘑茉陌寞暮姆哪呐钠娜捺奶恼脑呢鸢撵碾捏镊拧狞柠扭努挪呕藕趴爬帕徘湃攀螃刨跑赔砰烹硼澎篷鹏膨捧碰坯批霹啤屁骗评泼婆菩葡瀑栖戚歧崎鳍呛抢锹荞瞧俏撬擒氢蜻睛擎蚯岖蛆痊鹊燃嚷瓢认绒榕揉蕊撒萨腮涩杉纱砂啥傻筛晌裳婶狮蚀驶拭熟薯墅摔拴栓涮瞬撕嘶艘嗖塑隧唆嗦塌踏抬瘫痰谭祖毯碳趟搪膛倘淌躺烫淘疼藤踢屉添舔笤厅瞳捅途腿褪驼鸵挖豌湾碗惋腕旺偎桅喂瘟纹嗡涡窝沃呜蜈捂鹉坞嬉媳峡狭锨涎舷现馅腺橡硝笑效蝎泻屑芯锌胸绣锈酗喧殉押鸦蚜蜒堰氧吆妖腰邀窑谣遥钥椰爷腋胰蚁艺忆屹瘾萤影硬哟拥犹佑屿预喻源耘蕴砸攒赃脏躁怎渣铡炸榨窄寨粘崭站樟涨仗账胀怔狰睁症挣吱趾掷智洲皱拄嘱住蛀砖赚籽踪揍嘴座
2. 有形无声（34）
癌瘪茶荏蛋讹繁够拐吼猾寂椒倔垃虑掠那嫩糯扫虱耍他她退鞋泄靴悦扎绽桌做
3. 有声无形（8）
弊董候凰乞软魏著
4. 会意（39）
掰斑泵别岔扯撑矗串闯呆夯晃尖泪累楞俩埋棉妙你您朋拼频瘸屎酥拓歪瞎岩艳咱找阵咒抓
5. 半会意（9）

丢觅柒套妥希寻皂粥

6．象形（5）

凹厂伞勺凸

7．指事（5）

刁乓乒卡甩

8．合体记号（22）

参查囟的第噩敢匀或杰截凯壳亮另刘弥奈煞肆着这

9．独体记号（10）

斥匆丐么兔屯乡已由于

〔附记〕本文从2003年开始断断续续地写了一段时间，这次用了一个多月的时间完成，还得到了贾娇燕副教授在查对字表分类字数上的帮助。问题肯定不少，恳请各位批评指正。

【参考文献】

[1] 段玉裁．说文解字注．上海：上海古籍出版社，1988．
[2] 陈梦家．殷墟卜辞综述．北京：科学出版社，1956．
[3] 高　明．中国古文字学通论．北京：北京大学出版社，1996．
[4] 高更生．现行汉字规范问题．北京：商务印书馆，2006；汉字研究．济南：山东教育出版社，2000．
[5] 傅永和．规范汉字．北京：语文出版社，1994．
[6] 高家莺等．现代汉字学．北京：高等教育出版社，1993．
[7] 国家语言文字工作委员会汉字处编．现代汉语常用字表．北京：语文出版社，1988．
[8] 冷玉龙，韦一心主编．中华字海．北京：中华书局，中华友谊出版公司，1994．
[9] 李行健主编．现代汉语规范字典．北京：语文出版社，1998．
[10] 裘锡圭．文字学概要．北京：商务印书馆，1988．
[11] 苏培成．现代汉字学纲要．北京：北京大学出版社，1994．
[12] 唐　兰．古文字学导论．济南：齐鲁书社，1981．
[13] 王　筠．说文释例．北京：世界书局印行，武汉市古籍书店影印，1983．
[14] 许　慎．说文解字．北京：中华书局，1979．
[15] 语文出版社编．语言文字规范手册．北京：语文出版社，1997．
[16] 臧克和，王平．说文解字新订．北京：中华书局，2002．
[17] 中国社会科学院语言研究所．新华字典（第10版）．北京：商务印书馆，2005．
[18] 中国社会科学院语言研究所词典编辑室．现代汉语词典（第5版）．北京：商务印书馆，2005．

Analysis of the Construct of the Common Used Characters

Gao Gengsheng

（Shandong Normal University, Ji'nan 250014, China）

Abstract: The characteristics of the common used characters that are currently in effect were dissertated, the detailed types of the construct of common used characters were studied, the rules for analysis of the construct of common used characteristics were discussed, and the detailed character list of the construct of common used characters was listed.

Key Words: common used characters; construct, analysis; character list

认知文字学的回顾与前瞻

张世超

【摘　要】 本文对传统的"六书"及历史上的一些文字现象进行了重新的认识和评价，评述了当代的汉字认知研究，并展望了其发展前景。

【关键词】 认知文字学；六书；汉字学；字说；历史文字学；字素；部件

随着我国改革开放政策的实施、国民经济和科学技术的腾飞，21世纪的汉字将担负起一个新的历史使命——承载着厚重的中华文化走向世界。面对这样的形势，有必要对传统的文字学进行重新回顾与思考，尤其是关于认知文字学的思考。

一、认知文字学的产生及发展

1.1
认知文字学亦称认知汉字学，是汉字学中的一个分支，它的产生，要追溯到春秋战国之际。

1.2
《周礼·地官·保氏》："保氏掌谏王恶，而养国子以道，乃教之六艺……五曰六书。"郑玄注引郑众曰："六书者，象形、会意、转注、处事、假借、谐声。"班固《汉书·艺文志》曰："古者八岁入小学，故周官保氏掌养国子，教之六书，谓象形、象事、象意、象声、转注、假借。"许慎《说文解字·叙》曰："周礼八岁入小学，保氏教国子先以六书，一曰指事……二曰象形……三曰形声……四曰会意……五曰转注……六曰假借。"《周礼》中已见有"六书"的提法，则当年关于"六书"内容的阐释也应存在。比较汉代三家的说法可知，它们应出自同一源头。这些学说的来源不外乎当时看到的先秦文献或学者各自的师承。因此，有人认为"六书"是汉人据小篆总结出来的观点是不符合事实的。

1.3
"六书"，作为分析汉字形体结构的理论，自许慎以后被学界普遍地看作分析研究汉字的工具。但是，据《周礼》的记载，当年它显然是应汉字的识字教学需要而产生的。也就是说，在先秦时代，"六书"的主要功能是对汉字的认知，而不是对它进行研究。据现在我们所掌握的古文字材料可知，迄至战国时期的汉字尚属形象表意文字体系，其特点是：字与字之间的差别不在于点画的多寡、位置或笔画的长短，而在于其所表现的事物形象，及形象之间的关系。因此，同一个字在笔画上表现为多种多样的形式，是不固定的。面对这样的文字现实，识字教学不可能采用后代那样的方法，学习者要想认、写汉字，必须先掌握汉字的构字规则——六书。这就是《周礼》在讲到识字教学时仅仅说到"教之以六书"的原因。

1.4
据此推论，仅从殷墟甲骨文时代算起，至战国时期为止，人们对这种汉字的认知、书写实践，也已持续了一千多年了。在掌握汉字的人们中间，流传着类似的认、写规则，是很自然的事[①]。只不过形成成文

【作者简介】 张世超，东北师范大学文学院教授，博士生导师。研究方向：汉语史、文字学。（吉林　长春　130024）

① 此"认、写规则"并不完全等同于后世的"六书"，只是人们掌握汉字的一些经验。如，独体字指称什么物体便画作什么形象，合体字是把两个或更多的事物形象组合起来以表现一种意义等。掌握当年汉字的人很容易获得这些经验，且必须获得。

的理论，要晚到春秋战国间罢了。

1.5

先秦时期的文字现实决定了"六书"功能的双重性——它既是人们认知文字的工具，又是人们分析、研究，追索其本义的工具，二者是同一的。

1.6

汉字隶变以后，进入符号表意文字体系。字的笔画、方向等都已固定，字形明显地符号化。"木"作为意符在文字的组合中仍表"树木"之义，但这仅仅是人们约定了"木"这一符号代表这样的意义，而不是因为"木"的构形反映了这样的意义。

汉人读经，授古文经学者以先秦古文字抄本为对象，识字以"六书"为工具；授今文经学者以汉代隶书抄本为对象，识字当另辟蹊径，所谓"馬头人为长，人持十为斗，虫者屈中也"是也[①]。

1.7

就文字学而言，以先秦古文字为对象的研究目的是分析古文字的形体结构，探索字的本义，可称为"历史文字学"；以汉代隶书为研究对象的研究目的是了解隶书字体结构，记忆文字，可称为"认知文字学"。源于先秦的文字学从此分道扬镳。

以汉代的文字应用而论，"认知文字学"在当年是更具现实意义的。

1.8

历史上的认知文字学还应提到的一部著作是王安石所作的《字说》，它抛开《说文》的体系，基本上据楷书结构立说，书中多见文字认知的内容，谨举数例以见其貌：

（1）天：天大而无上，故一在大上。故天从一从大。（王安石《周官新义》引，《永乐大典》辑出本）

（2）媒：媒之字从女从某，某，名实未审也。女之名实未审，须媒以媒之，故曰男女非行媒不相知名。（宋王昭禹《周礼详解》引）

（3）伶：伶非能自乐也，非能与众乐乐也，为人所令而已。（宋袁文《瓮牖闲评》引）

（4）裘：裘者，可以衣被人，而人之所求也。（宋王昭禹《周礼详解》引）

（5）車：車从三，象三材；从囗，利转；从丨，通上下。

（6）飛：王荆公作《字说》。一日，踌躇徘徊，若有所思而不得。子妇适侍见，因请其故。公曰："解飛字未得。"妇曰："鸟反爪而升也。"公以为然。（宋曾敏行《独醒杂志》）

二、古今同在的尴尬

2.1

许慎《说文解字》的成就使历史文字学定于一尊。自汉而后，谈文字者以《说文》为圭臬，治文字学者奉许慎为宗师，文字学研究的目的是汉字起源及具体字的本形、本音、本义。

2.2

然而，作为了解汉字的工具的《说文》仅适用于读古文经，在其成书的当年即与文字应用的现实距离甚远。这一点，后世的文字学家亦已意识到了，《玉篇》以后的字书，一般说来便再也不以篆文作为解释对象了。

尽管如此，由于《说文》的深远影响，由于传统的厚古薄今文化思想的浸染，服务于当代文字学习与应用的文字学在历史上始终难得占有其一席之地。

2.3

自历史文字学的角度看来，认知文字学对具体字形的解释是不符合其历史本原的，是荒唐的。汉代今文家对字形的说解在当年即受到许慎等古文家的攻讦，王安石的《字说》也颇为世人所诟病，乃至嘲讽，

[①] 见《说文解字·叙》。

终而至于散佚——这是认知文字学所面临的一重尴尬。

2.4

从认知文字学诞生之日起，主张者便缺乏清醒的自我定位，他们往往把自己的主张混同于历史文字学，造成了不少的混乱。汉代的今文经学家"称秦之隶书为仓颉时书，云'父子相传，何得改易？'"[①]形而上学地看待汉字的形体。王安石曰："盖闻物生而有情，情发而为声，声以类合，皆足相知。人声为言，述以为字。字虽人之所制，本实出于自然。"[②]这就是说，他认为文字的构形与语言的声音一样，都是出于自然、循乎天理的，他的工作就是阐释文字中的这种"天理"——这是认知文字学所面临的又一重尴尬。

2.5

上世纪80年代初，香港学者安子介先生有感于英语国家学生学习汉字之难，将现行汉字离析开，融历史、古今文化、逻辑思维等内容于其中，形成一个学习汉字的有机体系。其书原以英文写成，简缩译成中文后名为《解开汉字之谜》[③]。这是当代人对认知文字学实践内容的一次系统构建。在这部书的《前言》中，作者表明了他的写作目的：

"三年前，香港一位讲英语的西方朋友向我提出这样一个问题：'有没有比传统方法更好的方法学习汉语？'……三年后，我告诉我那位朋友：'如果你想学习汉语，这本书将给你一个回答。虽然卷帙浩繁，但前后贯通。当你获得了进步，你会相信我使用的，是一种与前不同的全新的方法。书中不断出现许多新的想法和好的主意，这种表达和介绍汉字的方法是独创的，方便你更容易记住这些汉字。我提供你特殊灵感，便利你把汉字印在你的记忆中。虽然不是传统的渠道，但不少部分汉字的解释却又是在历史上被接受的。'"

谨举数例以见其对现行汉字分析之貌：

（1）扮：用"手"做工作，使人"分"辨不清，如戏中男人"扮"女人。（《解开汉字之谜》简缩中文版147页）

（2）妾：字形成于"立"、"女"两字，意思是"立"着的"女"子，也就是"使女"，"小老婆"，不像女主人那样高贵。（同上147页）

（3）冢：墓，坟（把尸体似"猪"被捆包起来，放入小范围（冖）的黄"土"里）。（同上771页）

（4）温：字由"氵"（三点水）、"日"（日）和"皿"（盆子）三部分组成。当水被盛在盆子里，盆子被置于太阳下，什么事情发生了？那是"温"。（同上110页）

（5）飞：原形很明显地上部表示一只鸟的头，中部为其身体。后人在下面加上了一个'升'字，表示会"上升"。（同上532页）

将这些说法与上文所举的汉代今文经学家及《字说》中的释字例子相比，会发现它们具有同样的性质。《解开汉字之谜》和1986年完成的《劈文切字集》以及《安子介现代千字文》形成了安氏认知文字学体系。有人运用这些方法实施对外国学生或本国儿童的启蒙识字教学，都取得了很好的效果。

2.6

安书标明"采生活、科技、历史、人性观点"，其中的"历史"也是为认知服务的。例如对"外"字作这样的解释：

古时，当天色渐晚，自己的亲人尚未归来，家中的人就会着急，乞求神佑并预言亲人的命运。这样就形成"在外"的观念，汉语的"外"字也就产生了。（《解开汉字之谜》简缩中文版200页）

对于类似的文字学说的认知性质，安先生自己也十分清楚，他说：

固然在《解开汉字之谜》一书中，很多是重复前人所见，也有不少是我的杜撰，只求在逻辑上能说得过去，我就采用我的解释。对于前人的解析，多数时候我只用合乎现代人想法的一二种。[④]

[①] 见《说文解字·叙》。
[②] 王安石：《进〈字说〉表》，载《王文公文集》，第236页，上海人民出版社，1974年。
[③] 安子介：《解开汉字之谜》，福瑞有限公司，1990年。
[④] 安子介：《我对汉字的看法》，载《汉字文化》1990年第3期。

2.7

安书出版后，同样面临着两重的尴尬：一方面，文字学界的一些学者对书中一些关于汉字的解释提出了疑问；另一方面，有人撰文评价安氏文字学，以安氏文字学代替了所有的文字学，曰："安子介广泛地拓展了汉字科学研究的领域，他深刻全面地揭示了汉字产生与发展的历史背景，将汉字产生与发展与社会实践和人的认识发展的联系具体化。"[①] "他认为汉字的历史发展有其内在的规律性，汉字科学研究的任务就在于揭示这一规律的客观性、必然性，从而匡正近百年来对汉字的各种错误认识。"甚至将安氏文字学与于省吾先生的古文字研究类比[②]。将认知文字学与历史文字学混为一谈，这恐怕已经不是安先生的初衷了。

三、认知文字学研究的现状及其前景

3.1

近几十年来，由于学者们的努力，"现代汉字学"已经建立了其体系。这是学术发展的需要，也是社会发展的必然。在汉字的教学和应用方面，认知文字学具有更为广阔的前景，有必要进行独立的思考和构建。

3.2

目前，由于教学实践的领域不同，认知文字研究可以大分为两个部分：儿童启蒙识字研究和外国留学生汉字习得研究。前者颇受小学教育专家们的重视，近年来发展较快。已经推出的识字方法有分散识字法、"注音识字，提前读写"、集中识字法、循环识字法等，广大的小学教师们在识字教学实践中创造了许多具体的识字方法，例如：

谜语法：二小二小，头上长草。（蒜）

提示法：勺、匀不一样，勺里有粒米。

拆字法：双木"林"，立早"章"，合手"拿"。

意义法：左右要分清，左公公，会做工；右婆婆，会动口。

看图猜字：一个女孩，一个男孩。（好）

　　　　　一个人，一扇门。（们）[③]

后者，即对外汉语教学中的识字教学也摸索出了一些有效的方法：

例如"形象法"，可用于教"口""日""山"等象形字。"描绘法"，如"早"：太阳（日）升起在教堂顶部的十字架上，是早晨的象征；如"说"字：左边言字旁，表示说讲，把右边中央的"口"字想象成一台电视机，上边有天线，下边有支架。"联想法"，如"左右"二字："左"字下边是个"工"，可以联想成 Z 即拼音 zuo 的第一个字母；"右"下边是个"口"，人们吃饭一般用右手，这样左右二字就不会混淆了；又如"画"字：把中间的"田"想象成一幅画，现在正在为它镶装画框。"说明法"，如"休"字：人在树旁，意为人在树阴下休息；如"男"字：在田里出力的是男人。"谐音法"，如"离"字与 leave 发音相近；"哭"字与 cry 相近。……"比较法"，如"千"与"干"，"此"与"比"等形近字最好用比较法加以区别。"组合法"，如"解"字，可分为"角刀牛"三字，"嬴"字，则让学生记住"亡口月贝凡"五个字。"荒诞法"，如"考"字，上边是老师（"老"字头），下边像个"5"，要考 5 分！如"后"字，看起来有一点像 B, Behind；如"要"字，中国人要什么？"西"方"女"人！（据说这个笑话是利玛窦创造的）[④]

3.3

目前的汉字认知研究尚存在以下几方面的问题：

其一，需要更加科学、准确的自我定位，即摆脱历史文字学的影响，以认知现代汉字为其唯一目的。

---

① 李敏生：《安子介的汉字学说与当代脑科学》，载《汉字文化》1993 年第 4 期。
② 李敏生：《安子介汉字学说的理论基础》，载《汉字文化》1994 年第 1 期。
③ 戴宝云主编：《小学语文教育学》，第 90 页，浙江教育出版社，1999 年。
④ 周健：《"汉字难学"的分析与对策》，载《汉字文化》1998 年第 2 期。

这方面，近年来已经取得了不少成果。例如，有人主张从字素入手的识字教学，从 1000 个常用字中分析得出 300 多个字素，又从中选出 119 个组字能力较强的字素进行首轮教学[①]。有人主张从汉字部件入手的识字教学[②]。"先教构字能力强的独体字或别的'成字部件'，后教由它们组成的生字。比如先教'方'，后教'房'、'放'、'访'；先教'斤'，后教'听'、'近'、'新'等等。"[③] 还有人主张利用现行汉字形声字中的表音线索提高识字教学效果[④]。

其二，已经取得的成果尚嫌零散，缺乏理论的支撑。认知文字学的构建需要有语言学、思维科学、文化学、教育学、实验心理学等理论学科的介入。近年来一些学者的研究已经在这方面作了有益的尝试。例如从思维认识角度研究如何帮助学生构建和修正头脑中的"汉字图式"[⑤]，从记忆角度研究外国学生的汉字复现规律[⑥]，从文化背景看外国学生接受汉语、汉字的特点等[⑦]。相信经众多学者的不懈努力，一个科学的认知文字学体系终将被构建成功。

3.4

随着世界性的学习汉语、汉字热潮的兴起，汉字的认知研究将拥有更为广阔的适应领域和应用前景。在对外汉语教学方面，我们将面对英语国家以外的更多学生。理想的认知文字学应当有以实验、数据统计和教学经验为基础形成的理论体系，在具体的识字教学技巧上，应当是多种手段的综合运用，不仅对内的启蒙识字教学与对外的第二语言识字教学应形成不同的体系，同样在对外汉语教学中，也应因学习者的语言、文字、文化背景的不同而形成不同的体系。这样的认知文字学，才能真正地肩负起向全世界传播中华文化的使命。

The Reviews and Prospects for Hierology Learning

Zhang Shichao

(Literature Department Northeast Normal University, Jilin 130024, China)

Abstract: All of the traditional "six rules about characters composition" and the history of the phenomenon of re-writing some of the understanding and evaluation, reviews contemporary Chinese character cognitive research, and prospects for its development.

Key Words: Cognitive language learning; six rules about characters composition; The theorgy of Chinese character; Explanation for characters; Language learning history; Character elements; Components

---

① 施光亨：《对外汉字教学要从形体入手》，载《世界汉语教学》预刊 1987 年第 2 期。
② 张旺熹：《从汉字部件到汉字结构——谈对外汉字教学》，载《世界汉语教学》1990 年第 2 期。
③ 华伟民：《谈汉语双轨教学中汉字的引入》，载吕必松主编：《汉字与汉字教学研究论文选》，北京大学出版社，1999 年。
④ 万业馨：《略论形声字声旁与对外汉字教学》，载《世界汉语教学》2000 年第 1 期。江新：《外国学生形声字表音线索意识的实验研究》，载《世界汉语教学》2001 年第 2 期。陈慧、王魁京：《外国学生识别形声字的实验研究》，同上。
⑤ 黄卓明：《从"图式"理论角度谈留学生的汉字学习问题》，载《汉语学习》2000 年第 3 期。
⑥ 马燕华：《论初级汉语水平欧美留学生汉字复现规律》，载《汉语学习》2002 年第 1 期。
⑦ 徐子亮：《汉字背景与汉语认知》，载《汉语学习》2003 年第 6 期。尤浩杰：《笔画数、部件数和拓扑结构类型对非汉字文化圈学习者汉字掌握的影响》，载《世界汉语教学》2003 年第 2 期。

略论汉语异体字的认知理据

徐时仪

【摘　要】 异体字的产生和流传与人们的认知方式和规律有关。汉字通过标识作用、类化作用、区别作用和融会作用构成特有的认知模式,汉语中的异体字表面上似乎多为杂乱无章的异构与异写字,但其作为一种传播媒体自然也要受到文字的社会性的制约,因而凡是能为社会所承认而广泛流传的异体字也就或多或少有其认知的理据性。异体字的认知理据性主要体现在人的知觉的能动作用。人的认知规律不仅决定了异体字的产生方式,同时也限定了异体字的变易程度和范围。从认知的角度揭示异体字产生与流传的原因有裨于对汉字古今演变内在规律和汉字发展演变趋势的探讨。

【关键词】 汉语;异体字;认知;理据

语言是人类自别于其他动物的最杰出的创造,也是人类社会最重要的交际工具和信息载体。混沌之初,原始人往往用带情绪的声调和感叹词表现自己的思想,用惟妙惟肖的摹拟音表达自己的情感,用彼此认同的一定的语音形式(音节)作为表情达意的词语。这些音节所表之情和所达之意在人们大脑中的形成过程,可以说也就是人们对客观外界事物认识的约定俗成过程。而一旦有了最初的一些约定俗成的认识,它们也就成为后来新词产生的语源,人们往往抓住其与别的事物所共有的或相似的特征,以其为语根,引申触类,由此及彼,由已知推未知,顺循人们认识周围世界的认知规律,以同一音节来命名相类似的事物或具有某一共同的特征的一类事物,在旧词的基础上引申出新义或创造新词,进而形成了随着时代和社会的发展而演变发展的词义系统和构词成句的语法规则,从而渐渐满足了人们交际时表达所见所闻和所思所欲的需要。

有了人类就有了语言,有语言也就有了词汇,然后才有文字。清人陈澧《东塾读书记》说:"盖天下事物之象,人目见之,则心有意,意欲达之,则口有声。意者,象乎事物而构之者也;声者,象乎意而宣之者也。声不能传于异地,留于异时,于是乎书之为文字。文字者,所以为意与声之迹也。"陈澧所说阐明了文字是语言的另一种传播媒体,文字的诞生标志着人类的历史由传说时代进入了信史时代。汉字是世界上历史最悠久和最古老的文字之一,其他的古文字如埃及的圣体字、美索不达米亚的楔形文字以及中美洲的玛雅文字等都早已消亡,而唯有汉字历尽岁月的沧桑至今仍保持着巨大的活力。这与汉字具有认知的理据性有关。

从认知的角度而言,汉字具有标识作用、类化作用、区别作用和融会作用。如"月"取象月亮之形来标识月亮这一天体事物,"众"借取"三人"之形标识人很多这一寓意,"本"在"木"中加"一"标识树的根。人们从认知的角度标识"月"、"众"、"本"等不同的事物,又通过这些标识认知这些不同的事物。又如"江、河、湖、海"都有"氵"旁,"铜、铁、锡、钢"都有"金"旁,人们从认知的角度把"江、河、湖、海"和"铜、铁、锡、钢"类化为"氵"和"金"两大类,又通过"氵"和"金"的分类认知这些不同的事物。再如"莫"加"日"构成"暮","大"加"丶"构成"太",人们从认知的角度区别"莫"和"暮"、"大"和"太",又通过"日"和"丶"的区别认知这些不同的现象。至于"信"则是由"人"和"言"融会有"诚"义,"武"是由"止"和"戈"融会有"制止争战"的"英武"义。

【基金项目】 本文为上海市重点学科建设项目资助,项目编号:T0404。
【作者简介】 徐时仪,文学博士,上海师范大学人文与传播学院教授、博士生导师,华东师范大学兼职教授,中国训诂学研究会常务理事,上海辞书学会理事。(上海 200234)

汉字通过标识作用、类化作用、区别作用和融会作用构成特有的认知模式，在认知实践中起着重要作用。文字不是一人一时一地之作，而是由人民群众共同创造的。汉字在由甲骨文到楷书的演化过程中，一字往往有多种写法。确定其中一种为正体后，其余的与正体字音义皆同而笔画、结构、部位不同的字体就是异体字。近年来，汉字构形学从汉字的共时关系出发，提出异构字与异写字的概念来重新审视异体字[1]，指出异写字有由于书体不同形成的，有由于书写习惯不同形成的，有由于临时书写讹误形成的。"所谓讹字，又称错字，它和别字不同。别字是把一个字错写成了另外一个字，这个字是存在的。而讹字则是'本无其字，因讹成字'。它是因为形体相近而错成了一个不成形体的'字'。"[2]异体字表面上似乎多为杂乱无章的异构字与异写字，但其作为一种传播媒体自然也要受到文字的社会性的制约，因而凡是能为社会所承认而广泛流传的异体字也就或多或少有其认知的理据性。

异体字的认知理据性主要体现在人的知觉的能动作用。人在感知客观事物时，着重于感知事物的整体和事物的特性。由于整体轮廓的信息多于内部细节的信息，所以人感知客观事物时具有整体性。又由于人对同时作用于感知器官的所有刺激并不都发生同等的反应，而是只对其中少数刺激产生较强的反应，所以人感知客观事物时又具有选择性[3]。人在感知客观事物时，往往是这一事物的整体轮廓和这一事物的若干部分分别或先后作用于人的感知器官，激起较强的反应，从而在人的知觉中形成一个整体的认知。

人的认知规律不仅决定了异体字的产生方式，同时也限定了异体字的变易程度和范围。从异构与异写的角度看，异体字主要由换位、换旁、增旁、类化、省笔、增笔、连笔、草化和形体相近的误笔等方式形成。

换位异体字如綿緜、甜甛、鑒鑑、飄飃、詑訿、鞌鞍、槀槁、虹蚒、蚊蚉、晃晄、騙騸、鄰隣、鵝䳘、䳘鷔䳠、炮炰、蟹蠏、晒晌、槩槊、槀槁、蘇蘓、棋棊、胡胠、鄪隊、嚻蹓、斷斵[4]。换位异体字无论是左右易位还是上下易位，整体轮廓的信息是相同的。

省笔异体字如藏蔵、囂嚚、達逹、惠恵、曹曺、專専、穗穂、贊賛、讚讃、寬寛、筑筑、帆帆、譜譜、額頜、裹裵、尤尢、蒸烝、瓜爪、派泒、曆厯、德徳、糯糩、從従、衆衆、阜阜、攄攄、濟漎、肥肥、湄湄、耒耒、虫虫、鑒鋻、纜纜、鈍鈍、寡寡、圖圖、面面。连笔或草化异体字如乘乗、諫諫、柵柵、柵柵、陵陵、茲茲、遲遅、喚喚、疾瘐、涣涣、讖讖、茲玆、檀檀、絳絳、鋒鋒、逢逢、蜂蜂、撲撲、鼠鼠、朔朔、叔叔、督督叔、惡悪、卒卆、醉醉、若若、垂垂、冀冀、召召、卯卵、柳柳、卑卑、遲遅、兆兆、逃逃、挑挑、謎謎、鹿鹿、奇奇、教敎、啟啓、廌廌廌、嚏嚏嚏、從従、考考、往徃、旨旨[5]。形体相近的误笔异体字如美羙、臾爰、冤冤、補補、袖袖、逸逸、軌軌軌、浣浣、覓覓、兒兒。省笔异体字虽然以缺笔少画的不完整的形式出现，但只要不是过多地省减笔画，以至于破坏人对事物整体感知的极限，人的知觉就仍将其感知为完整的整体。这是因为人具有完形感知的能力，人的知觉过程本身具有组织和解释作用，人对客观事物的识别是基于人已有的知识和经验之上的模糊识别。人在知觉中根据自己的知识经验对感知的对象进行加工处理，从而加以概括。人的认知将会选择保留甚至扩展那些能够反映所取物象重要特征的笔画或部件，并同时忽略乃至遗弃那些纯粹复制性的未能体现重要特征的笔画或部件。省笔俗字正是在人的认知规律驱动下，自然地选取甚至有时夸张了那些充分反映物象特征的关键笔画或部件，遗弃了次要部分。省笔异体字保留下来的部分是这个字所有的关键性成分。保留下关键性成分或言重要特征，正是知觉选择性的要求，而根据其关键性成分能够识读其整体，恰恰又是知觉整体性的体现。人们感知的事物有时候即便只是这一事物中的一部分，但人们凭借已有的知识和经验，在主观上仍然能对该事物有一个较为全面的认识。连笔异体字和形体相近的误笔异体字的认知理据与省笔异体字相似，在认知中，某些字中相邻距离较短或互相接近的点画与线条部分具有同一运动方向的连续性，易被看作一个整体，书写时往往改为连笔。由于人们在感知文字时实际上是在感知和抽象着文字的

---

[1] 参王宁：《汉字构形学讲座》，上海教育出版社，2002年。
[2] 赵振铎：《字典论·说讹字》，上海辞书出版社，2002年。
[3] 参见叶奕乾、何顺道、梁宁建：《普通心理学》，华东师范大学出版社，1991年。
[4] 本文中的异体字选自丽藏本和碛砂藏本《玄应音义》。
[5] 草化往往刀作丷、乡作小、凡作口、乂作十等。

一些重要特征，当这些特征以某些方式被理解和固定下来，就形成整体轮廓相似的连笔异体字和形体相近的误笔异体字。省笔俗字、连笔异体字和形体相近的误笔异体字产生的实质就是知觉的整体性和选择性以及整体认知原则的交互作用。

增笔异体字如虫䖝、土圡、兔菟、馱駄、羌羗、私厶、怨恕、京亰、仄庂、厮廝、掠椋、幸㚔、竺笁、怨愻、突宊、誣譇、辛𨐌，其中有些增笔异体字，如武珷、曳曵等，也可看作是形体相近的误笔异体字。这种在原有信息上略加一点新异信息的增笔，除了容易引人注意和加快识别速度外，认知的理据也在于知觉的整体性和选择性以及整体认知原则的交互作用。

换旁异体字有换形旁的，有换声旁的。换形旁的异体字有义近或形近而换形旁的，如糖餹、體軆、嘗甞、斂毃、效効、穿窜、救捄、咏詠、裸倮、暂暫、葚椹、灾鬧、赢裸倮、噪獟、棽悡、泅汙、企仚、疏疎、蘇蓛、急忥、膠䏶、昏昬、枽枀①。其中有些换旁异体字，如劫刼、功𦘩、宜冝、富冨、員貟、窵寫、罕罕、節莭、役伇、墜墜、明眀、雄雄、賴頼、博愽、美羙、佛仏、職軄、曆厤、吉𠮷、寇冦宼，也可看作是形体相近的误笔异体字。汉字中口厶、夂夕、亻彳、艹竹、艹木、力刀、冫氵、身耳、足止疋、宀冖、宀穴、广厂、尔示、攴支夂攵、支戈、戈刀、又手支、門閂、臣目、斤片、巾忄、广广、支皮、扌木、负页、西雨、氏互、束夾、人女、口言心、口舌言欠、目见、骨肉皮、鸟隹、麦禾、黍米、米食、玉金、衣巾、衣糸、礻衤、土田阜、土山石、水雨、韦革、虫蟲、彡毛、犬豸、牙齿等偏旁往往因义近或形近而混用。人的认知的基本范畴给换形旁异体字的产生提供了可能和必要的基础。范畴的边界是模糊、不明确的，所有范畴都是模糊范畴，各个范畴在边缘上会与其他范畴互相重叠、互相交叉。相邻范畴的重叠、交叉是人类认知方式的体现。每个字的形旁基本上具备了自己区别于其他字的特征，又因与相邻范畴重叠交叉而改换形旁。如米与食范畴相近，餹又写作糖；食与酉范畴相近，餛飩又写作醌醌；身与骨范畴相近，軆又写作體。换声旁的异体字如搗擣捯、濺濺㴐、憐怜、襪袜、泛汎、聰聦聡、控揌㨄、貉貈、粮糧、他佗、蛇虵、宴䕻、臘臈、汰汱、弥彌、剛剠、柏栢、輩軰。汉语中形声字占大多数，形声字中的声旁起着标识读音的作用，又蕴含有示源的深层语源义。人们通过声旁认知读音，读音相近的不同声旁标识的读音在语音的认知上是相似的，这也就为换声旁异体字的产生提供了可能。有些换声旁异体字的产生是由于语音的演变，人们出于认知的需要，通过更换声旁来标示语音演变后的读音，如中古时唇音演变为重唇音与轻唇音，輩就有了换非旁为北旁的异体字軰。换旁异体字中有一些是由形旁换声旁，也有一些是由声旁换形旁，如番聞、飄颿帆、焚炋燌、體躰、麤粨粗、惊驚、姦奸奸、拓揭、曼鼻、幔帳，这也与人的认知有关。人们在认知汉字时，大脑的左、右半球都参与认知的过程，视觉通道从字形汲取信息，听觉通道从字音汲取信息，两者间彼此相通相连，因而形旁和声旁在感知信息时可以互换。形旁和声旁互换的异体字从认知的角度体现了形声字既有"形入心通"的特点，又有"声入心通"的特点。

人的认知角度的不同也为换旁异体字的产生提供了可能和必要的基础。如"穿"从穴从牙会意，《说文》云："穿，通也。从牙在穴中。""穿"在先秦文献中为"打通、贯通"义。如《诗·召南·行露》："谁谓雀无角，何以穿我屋？"《庄子·秋水》："落马首，穿牛鼻，是谓人。"由"打通、贯通"义引申有"穿衣"义，又从"穿衣于身"的认知角度产生了从穴从身的异体字"窜"。如《玄应音义》卷二十释"坑窖"云："穿地为窖。"②《慧琳音义》卷九十释梁慧皎《高僧传》第九卷"铁锁穿"亦云："传文从身作窜。"③又如"驚"是个形声字，从马敬声，《说文》云："驚，马骇也。"由特指"马骇"义引申为泛指人由于突如其来的刺激而精神紧张，于是从表示心理现象的认知角度产生了从忄京声的异体字"惊"。再如"帐"从巾长声，《说文》："帐，张也。"由"张"的"张施帷幕"义引申指床帐、帷幕、帐篷，又由"登记人户、赋税等的记录"引申可泛指钱物等的记录，于是从"贝"表钱财范畴的认知角度产生了从贝

---
① 昏、枽避唐太宗李世民讳换旁为昏、枀。
② 《玄应音义》今传本主要为碛砂藏、赵城藏、丽藏本等释藏本和庄炘、钱坫等校刻本，各本及慧琳所转录部分皆略有不同，此据丽藏本，碛砂藏本"窜"作"穿"。
③ 《正续一切经音义》，上海古籍出版社1986年影印狮谷白莲社藏版。

长声的异体字"账"①。如翟灏在其所撰《通俗编·货财》中说,"帐"字"今市井或造'账'字用之,诸字书中皆未见"。王鸣盛《蛾术编·说字十》亦称:"今俗有账字,谓一切计数之簿也。"

增旁异体字如希俙、别謝箾、泥埿。增旁异体字通过增加形旁来反映某字区别于其他字的特征,可以说是出于认知明晰的需要,也与认知的基本范畴有关。增旁异体字与莫暮、辟避僻等古今字不同,二者虽然都出于认知的需要,但古今字是通过增加形旁而分化成两个词来表达原用同一个字表达的两个不同的词义。

类化异体字如屏当、摒挡;眷恋、惓恋;鳞觟、鳞鮔。其中有不少是联绵词和外来词,如峨眉、峨嵋;坎轲、坎坷;璎络、缨络;昏姻、婚姻;目宿、苜蓿;空同、崆峒;加沙、袈裟、鼉毠。由于汉字的偏旁结构部件在字的组合中具有一定的认知作用,类化异体字就是依据词义所属的基本范畴,通过改变形旁来表达认知的趋同。如"屏"有"排除"义,此义与"手"相关,故为此义加扌旁而有"摒"字,"挡"则可能因与"摒"连用而受"摒"的影响类化增扌旁。"眷"因与"恋"并列连文,由表一种心理活动受"恋"的影响而类化增忄旁为"惓"。"觟"从"角",其异体字有从"鱼"写作"鮔"。如北魏般若流支译《正法念经》载:"彼见华池,真金为鱼,或白银鱼,毘琉璃鱼。赤莲华宝,以为其翼。车磲为目。若瞋恚时,如赤莲花。种种杂宝,以为鳞鮔。"文中"鮔"为"觟"的异体字。因"鳞"与"觟"连文,故"觟"受"鳞"影响而类化换旁作"鮔"。人们在感知客观事物时往往把相同或相似、相接近或相连续的事物看作一个整体,类化异体字,尤其是其中的联绵词常常联袂并现,词义上相同相近,容易被视为一个整体。从认知的角度而言,人们认为属于一个整体的事物都具有相同或相似、相接近或相连续的特征,可以归属于同一个基本范畴,因而就把一些相连相似的双音词类化为表同一个基本范畴的偏旁。如联绵词"峨眉"一词中"眉"字随"峨"字所属"山"的基本范畴类化为"嵋","坎轲"一词中"轲"随"坎"字所属"土"的基本范畴类化为"坷"。又如"科斗"一词依据词义所属"虫"的基本范畴类化为"蝌蚪","阿那"一词依据词义所含"体态轻盈优雅"的特性类化为所属基本范畴为"女"的"婀娜"。

有些异体字的形成往往具有综合性,如繼继、隸隶、莊庄等,又如悉的异体字悉志既有省笔又有连笔,罍的异体字韞既有换位又有换旁或连笔,蓙的异体字疏既有换位又有换旁或误笔,稷的异体字税稦稷既有草化又有误笔,僕的异体字襆既有换旁又有增笔,聘的异体字躬既有省笔又有连笔,蹙的异体字橐橐既有换旁又有省笔和连笔。

综上所述,异体字的产生和流传与人们的认知方式和规律有关,具有认知的理据性。赵元任先生曾指出汉语中的"字"不仅是记录汉语的符号,而且作为中国人观念中的一个"中心主题"在某种程度上具有第二语言的功能②。汉字自产生以来在人们的使用过程中产生了许多异体字,如"涎"字,《说文》收录㳄、涎、㳄3个,《玉篇》收录㳄、涎、涎、㳄4个,《集韵》收录㳄、㳄、涎、㳄、漾、濕6个,《龙龛手鉴》收录㳄、㳄、濕、涎、㳄5个,《玄应音义》收录涎、㳄、唌、漾、涒5个,《慧琳音义》收录㳄、涎、唌、㳄、漾、㳄、㳄、㳄、腏(淐)9个,《汉语大字典》收录了涎、㳄、淐、漉、泹、㳄、漾、㳄、潄、唌、㳄、涒12个。这些异体字是研究作为认知工具的汉字古今演变内在规律的丰富宝藏,因而,从认知的角度揭示这些异体字产生与流传的原因,无疑也会有裨于我们对汉字发展演变趋势的探讨。

On the Reason of the Variant Form of the Chinese Character from the Human Cognition Angle

Xu Shiyi

(Humanities College, Shanghai Teachers University, Shanghai 200234, China)

Abstract: The paper try to explain the evolution of the variant form of the Chinese character from the human cognition angle. It is clearly seen that there are the reason on the evolution of the variant form of the Chinese Character.

Key Words: Reason; the Variant form of the Chinese Character; Human Cognition

---

① 详参拙文《"帐"和"账"的形义演变考探》,载香港《中国语文通讯》总55期,2000年。
② 赵元任:《汉语词的概念及其结构和节奏》,载《赵元任语言学论文选》,第248页,清华大学出版社,1992年。

汉字认知研究的心理学范式

邱扶东 张再兴

【摘　要】 心理学研究汉字认知问题的基本假设基于符号学和信息加工理论，研究方法主要是实验法。在汉字识别、编码方式和生理机制等方面，取得了相当多的成果，也提出了一些具有一定解释性的理论模型。

【关键词】 汉字认知；心理学

一、引　言

汉字是世界上使用最广泛的文字之一。中国研究汉字的历史由来已久，传统的小学，在文字学、音韵学、训诂学方面，为汉字研究留下了丰厚的知识遗产。1906 年，章太炎在会通古今中外的基础上，发表了《论语言文字之学》一文，提出小学应当称为"语言文字之学，方为确切"。与此相应，他认为研究语言文字的方法，也不能局限于离析性的考释，必须进行综合性的研究。章氏的提议，标志着中国传统小学的终结和现代语言学的开始。100 年来，在多学科共同参与研究的背景中，汉语语言学取得了丰硕的成果，有关汉字认知的心理学研究成果，就是其中之一。汉字认知是指个人对汉字的识别、理解、记忆的过程。心理学关注汉字认知问题，原因主要有三个：第一，汉字是语素文字，最本质的特征是"汉字以外的文字都是形和音的结合，只有汉字是形、音、意三结合"[①]。汉字与其他文字，尤其是与欧美文字相比，它的独特之处引人注目，经常被用作认知心理的研究材料。第二，20 世纪 80 年代以后，使用计算机对汉字进行信息处理势在必行，因而必须深入了解人的汉字认知的基本规律，为计算机对汉字进行输入、编码、储存、提取等提供理论基础。第三，汉字被称为"最难学"的文字，在全球化的背景中，为了提高汉字教学的效果，尤其是提高对外汉语教学的效果，了解汉字认知心理，指导汉字、汉语教学，更好地继承和弘扬中华文化变得越来越重要。欧美心理学家对汉字认知问题的研究，可以追溯到 20 世纪早期，中国心理学家对汉字认知问题的研究，则主要始于 20 世纪 80 年代。虽然在研究动机方面存在一定的差别，如欧美心理学家经常出于对文化差异的好奇或寻求母语的比较对象研究汉字认知，而中国心理学家则是出于文化自觉和迫切的实用需求研究汉字认知，但是中外心理学家共同探索汉字认知问题，达成了相当多的共识，基本的研究范式已经形成。

二、基本假设和研究方法

从现存的心理学文献来看，最早关注汉字的人是美国心理学家贺尔（C.L.Hull）。1920 年，贺尔在一个有关辨别学习和概念学习的命名实验中，以汉字作为实验材料。在实验中，被试要分辨的汉字有 6 套，每套 12 个字，每个字有不同的偏旁或部首，分别与一个无意义音节搭配，例如：石—deg，弓—ta。

实验开始，让被试用提示法学会第一套后，在呈现第二套汉字前告诉被试，这套卡片的汉字也是用上述无意义音节命名的，要求被试在第一遍呈现时，猜出每个汉字的名称，然后提示他们正确的名称。以此

【作者简介】 邱扶东，心理学博士，华东师范大学旅游系副教授。（上海 200062）
张再兴，史学博士，华东师范大学中国文字研究与应用中心副教授。（上海 200062）

① 吕叔湘：《语文近著》，第 142 页，上海教育出版社，1987 年。

类推,直到学完6套汉字。结果发现,被试在实验过程中,逐渐学会了将汉字用偏旁和部首分类,并能够相当准确地叫出它们的名称[1]。从这个并不著名的研究中,我们可以看到此后心理学有关汉字认知研究范式中基本假设、研究方法、研究目的的雏形。首先,在贺尔的实验中,汉字被视为一种符号,这正是心理学汉字认知研究的基本假设之一。"汉字是符号"导源于亚里士多德和索绪尔(F.D.Saussure)。亚里士多德在《范畴篇·解释篇》中提出:"语言是心灵的经验的符号,文字则是口语的符号。"受亚里士多德的启发,索绪尔提出:"语言是一种表达观念的符号系统。……因此,我们可以设想有一门研究社会生活中符号生命的科学;它将构成社会心理学的一部分,因而也是普通心理学的一部分;我们管它叫符号学。它将告诉我们符号是由什么构成的,受什么规则支配。"同时,索绪尔认为,文字主要有表音和表意两大体系,汉字属于表意文字体系的典范[2]。符号学是现代心理学进行语言和文字研究的理论基础,把语言和文字视为一种特殊的符号,是心理学进行相关研究的出发点。汉字认知心理学研究的另外一个基本假设,受系统论、信息论和计算机科学的影响,认为人脑是一个类似于计算机的信息加工系统,而且按照纽厄尔和西蒙(A.Newell & H.A.Simon)的观点,无论是人,还是计算机的信息加工系统,都是操作符号的系统,是由感受器、效应器、记忆和加工器构成的整体。符号的功能是代表、标志或指明外部世界的事物[3]。其次,在研究方法方面,以实验方法为主。中国科学院心理学研究所的喻柏林是较早涉足汉字认知问题的研究者,我们就以他的有关研究为例,说明汉字认知研究的实验方法。喻柏林在"汉字字形知觉的整合性对部件认知的影响"研究中,用实验方法证明被试在认知部件时,会弱化整字的知觉整合性的作用。实验材料是80个左右结构的合体字,而且其左右两个部件又都是独体字。被试的认知任务是根据实验要求,去识别—比较—判断先后呈现的两个整体字中的左或右的目标部件是否相同。实验设计是2(部件,分左右)×2(反应类型,分同与异)×2(一致性,分完全一致与半一致)的被试内测量。被试是16名视力正常的大学生,实验仪器是个人电脑及微动开关等设备,实验程序是被试在正式实验前先接受实验程序的训练,然后开始正式实验,被试用微动开关作目标字结构的"同"或"异"的判断。实验数据用统计软件进行计算机处理[4]。与贺尔相比,由于技术的进步,喻柏林的研究中,用电脑呈现取代了手动的卡片呈现。

三、汉字识别、编码方式和生理机制

首先,汉字识别是模式识别的一种,遵循模式识别的一般规律。有关汉字识别的研究,主要探索影响汉字识别的具体因素。字形是汉字区别于其他文字的重要特征,而字形体现为笔画,笔画是汉字的最小结构单位。研究证明,汉字识别存在笔画效应。艾伟、曹传咏、张武田、张积家等人发现,笔画少的汉字比较容易辨认。加斯特(M.A.Just)等人也证明,在中文科技文献阅读中,对词的阅读时间,随着汉字笔画数的增多而增加[5]。喻柏林等人采用命名识别法,发现在2至15画的范围内,汉字的命名反应时间随笔画数的增加,呈台阶状上升趋势。张武田等人发现,在高频字当中,存在笔画数效应。彭聃龄等人采用命名作业和真假字判断作业方法,也发现存在显著的笔画数效应。除了构成字形的笔画之外,语音也对汉字识别具有一定的影响[6]。但是,周晓林等人的实验证明,字形比字音对字义识别具有更直接的作用[7]。黄健辉等人也证明,字形在中文阅读加工中可以起非常关键的作用。语音在早期阅读中不起特殊作用,但可能在融合上下文和引导错误恢复时起一定的作用[8]。陈传锋等人研究发现,识别结构对称性汉字比识别非对称

---

[1] 赫葆源等编:《实验心理学》,第676—677页,北京大学出版社,1983年。
[2] 费尔迪南·德·索绪尔著,高名凯译:《普通语言学教程》,第37—38、50—51页,商务印书馆,1996年。
[3] 王甦等著:《认知心理学》,第1—2页,北京大学出版社,1992年。
[4] 喻柏林著:《汉字字形知觉的整合性对部件认知的影响》,载《心理科学》1998年第4期,第306—309、305页。
[5] 张积家等著:《笔画复杂性和重复性对笔画和汉字认知的影响》,载《心理学报》2002年第5期,第449—453页。
[6] 管益杰等著:《我国汉字识别研究的新进展》,载《心理学动态》2000年第2期,第1—6页。
[7] 周晓林等著:《再探汉字加工中语音、语义激活的相对时间进程》,载《心理与行为研究》2003年第4期,第241—247页。
[8] 黄健辉等著:《中文阅读中的字形与语音加工》,载《心理学报》2000年第1期,第1—6页。

性汉字的加工速度快，不论识别何种汉字都存在字频效应和笔画数效应[1]。陈宝国等人研究发现，在高频汉字识别中，字形最先得到加工，然后是字义，最后是字音，而且可以直接从字形提取字义，不必借助字音[2]。

其次，汉字的编码方式因汉语教学和计算机信息处理的需要，受到了较大的关注。在感觉记忆阶段，用英语材料所做的实验发现，存在图像与声音两种编码方式，但是，还缺乏以汉字为材料的实验结果。在短时记忆阶段，美国心理学家康拉德（R.Conrad）首先用实验证明，人是用声音进行编码的。台湾学者郑昭明以汉字为实验材料，也发现了汉字短时记忆编码的声音特性。王乃怡则发现，听力正常的人用声音编码，但是，缺乏语音知觉的聋人没有语音编码。同时，莫雷、刘爱伦等人也发现，在对汉字进行信息处理时，存在视觉编码，而且，从总体上来看，以视觉编码为主。此外，喻柏林、莫雷、王乃怡、黄英、张武田等人研究发现，汉字短时记忆存在语义编码。在长时记忆阶段，人对任何事物的编码，都是表象编码和语义编码或者是混合编码[3]。最后，对汉字认知的生理机制的探讨，学者们存在不同的意见。程（O.J.L.Tzeng）等人认为，在汉字认知中与拼音文字一样，也是大脑左半球占优势。尹文刚认为，字形辨认是大脑两半球均势。张武田则认为，识别字形为大脑右半球占优势，识别读音为大脑左半球占优势。在字义识别方面，王乃怡认为大脑左半球占优势，杨仲乐等人则认为与大脑两个半球均有关系。郭可教等人则认为，汉字的读音、解义和书写，均与大脑两半球有关，汉字认知具有"复脑效应"[4]。

四、几个重要的汉字识别模型

在汉字识别领域，中外心理学家进行了多种探索，提出了各种理论模型，而且每个模型都建立在一定的实验结果基础之上。例如：部件识别模型、联结主义模型、多层次交互激活模型、多层次格式塔双向加工模型、汉字字形识别的层次模型、中文字汇识别的表征与加工模型、关键特征验证模型等等，虽然每个模型都可以解释某些特定条件下的汉字认知现象，但是，普适的理论似乎还遥遥无期。下面，我们就介绍其中几个比较重要的模型，概略描绘一下汉字识别研究的认知地图。（一）部件识别模型。这个模型是比德曼（I.Biederman）等人提出的一个物体识别模型，又被译为经成分识别模型，简称 RBC（recognition by component mode）模型。模型基于这样一种观点，即通过把复杂对象的结构拆分为简单的部件形状，就可以进行对象识别。最简单的部件称为 geon，即几何离子。在比德曼的理论中，几何离子与原子成分极其相似，它们可以按照不同的方式组成不同的物体。几何离子相互之间的关系，对决定物体的特性具有关键作用。人是通过感知基本的几何离子，来识别物体或对象的，如果呈现了足够的信息，人能够觉察出几何离子，就能够识别物体[5]。后来黄（J.T.Huang）和王（M.Y.Wang）把这个模型引入了汉字识别领域。他们认为汉字是一种二维图形，与比德曼所讨论的二维物体图形有许多相似之处，支配汉字识别的基本原理应该与支配物体识别的基本原理相似。他们推论，汉字识别开始于特征抽取，然后进行非偶然性特性的搜索和分析字符的范畴，第三阶段是字成分及其关系的激活，第四阶段则是字符模式的激活，第五阶段即为汉字的确认[6]。（二）关键特征验证模型。在广泛借鉴以往研究的基础上，管益杰等人提出了汉字字形加工的关键特征模型。模型既强调关键特征的作用，又强调已有知识经验对字形信息提取的干预作用。他们认为，汉字识别始于特征分析，因为没有特征分析，也就没有了视觉的输入，以后的识别就无从谈起了。但是，在最初的特征分析中，并不过于注重细节，也不是按照特征进行序列加工，而是在提取出最初的特征（视觉突出特征）后，结合整字的轮廓进行猜测，提取出最可能的字形，再用记忆中存储的字形对已经知觉到

---

[1] 陈传锋等著：《结构对称性汉字视觉识别特点的实验研究》，载《心理学报》1999 年第 2 期，第 154—161 页。
[2] 陈宝国等著：《汉字识别中形音义激活时间进程的研究（I）》，载《心理学报》2001 年第 1 期，第 1—6 页。
[3] 杨治良等编著：《记忆心理学》，第 48—51、64—65 页，华东师范大学出版社，1999 年。
[4] 郭可教等著：《汉字认知的"复脑效应"的实验研究》，载《心理学报》1995 年第 1 期，第 78—83 页。
[5] J.B.Best 著，黄希庭等译：《认知心理学》，第 62—63 页，中国轻工业出版社，2000 年。
[6] 严建雯等著：《汉字识别的加工模型》，载《宁波大学学报》（理工版）2005 年第 3 期，第 329—332 页。

的信息进行补充。由于汉字的形似字很多,最可能的字形经常不止一个,所以要根据关键特征进行验证。如果要识别的汉字的关键特征与记忆中字形的关键特征相符合,那么汉字就会被人正确地识别[1]。(三)汉字字形识别的层次模型。这个模型借鉴了英文字形识别的层次模型。琼斯顿(J.C.Johnston)和麦克雷兰德(J.L.McClelland)的层次模型(hierarchical model)指出,在英文字识别过程中,存在特征、字母和字等三个层次的加工水平。沈模卫等人通过以合体汉字为材料的实验证明,层次模型适用于对汉字字形识别的自下而上的信息加工过程的解释。他们提出,与汉字的字形结构层次相对应,人脑存在着特征、部件和字三个水平的觉察器网络。汉字字形认知模型由五个阶段构成,首先是视觉输入,其次是感觉登记,第三阶段是特征水平加工,第四阶段是部件水平加工,第五阶段是字水平加工。此外,在同一个加工水平内,不同觉察器之间存在相互竞争;在相邻的两个加工水平之间,存在兴奋与抑制的双向传递[2]。

五、小 结

综上所述,心理学汉字认知研究的基本假设基于符号学和信息加工理论,主要的研究方法是实验法。诸多的心理学家在汉字识别过程及其影响因素、汉字信息的编码方式、汉字认知的生理机制等方面,进行了广泛而深入的探索,取得了丰硕的研究成果。其中一些研究成果对计算机汉字信息处理和汉字、汉语教学等实际工作,具有相当大的指导意义。但是,对汉字认知问题已有研究成果的理论总结还有待加强,应尽可能在现有理论模型的基础上,建立更高水平的共识,推进汉字认知心理学理论的发展,并为更加深入的研究奠定基础、指明方向。

Psychology Paradigm for Chinese Cognitive Research

Qiu Fudong   Zhang Zaixing

(Tourism Department of East China Normal University Shanghai 200062, China;
Center for the Study of Chinese Characters and Their Applications, ECNU, Shanghai 200062, China)

Abstract: Chinese cognitive psychology research based on the assumption that the basic problem of semiotics and information processing theory, the main method is experimental. In Chinese character recognition, coding and physiological mechanisms, made a lot of achievements, also made some certain interpretive models.

Key Words: Chinese character recognition; Psychology

---

[1] 管益杰等著:《汉字字形加工的关键特征模型》,载《山东师范大学学报》(人文社会科学版)2006年第2期,第126—129页。

[2] 沈模卫等著:《对汉字字形识别层次模型的实验验证》,载《心理学报》1997年第4期,第350—358页。

我国含表意成分的民族古文字的定义及在学术研究上的意义

王元鹿

【摘 要】 我国的民族古文字当在 50 种左右，其中至少有 18 种是含表意成分的。可以从各种不同角度对它们进行分类。这 18 种民族古文字在文字学、语言学、文献学、历史学与文化学研究以及促进民族团结诸方面都具有相当重大的意义。

【关键词】 民族古文字；表意成分；文字学

一、定 义

关于我国民族文字的种类，傅懋勣先生曾在 1988 年版的《中国大百科全书·语言文字分册》中进行过大意如此的统计：在中华人民共和国建立前，已使用的民族文字有 24 种。中华人民共和国建立以后，又为一些民族制定了以拉丁字母为基础的拼音文字方案 16 种。另外，还有 17 种在历史上使用过而后来停止使用的文字，即突厥文、回鹘文、察合台文、于阗文、焉耆—龟兹文、粟特文、八思巴字、契丹大字、契丹小字、西夏文、女真文、东巴图画文字、沙巴图画文字、东巴象形文字、哥巴文、满文、水书。于是，我国民族文字的文种应为 57 种。

聂鸿音先生对傅先生的上述统计进行了说明与补充，认为有 4 类民族古文字未被列入：汉族女书、方块布依字和方块哈尼字等当时还未被学界注意的文字，新疆的佉卢文，20 世纪初西方传教士设计的少数民族文字，20 世纪 40 年代后制定但试用时间较短的少数民族文字。据聂先生估计，把傅先生统计出来的 57 种同上述的若干种加在一起，我国的民族文字可有近百种[①]。

到今天，随着民族文字调查与研究的发展，还有几种文字亦可补充入其中。如纳西族的达巴文已被证实为不是子虚乌有，如纳西族的玛丽玛莎文被证实为一种独立的民族文字。此外，可能还有一些新的民族古文字被发现。事实上，汉字也应算作中国民族文字中的一种。

关于中华民族各文字的系统，聂鸿音先生从发生学与类型学两个角度进行了分类。从发生学的角度，聂先生把我国民族文字分为汉文字体系、印度文字体系、粟特文字体系、阿拉伯文字体系、拉丁文字体系五类，此外还加上各自独自发生从而无体系可言的"自源文字"，共计六类。我们以为，在聂先生所列六类外再增设"本土借源文字"与"拼盘文字"两类，或可使发生学的分类更加周严。从类型学的角度，聂先生认为我国民族文字可以分为图画象形文字类、词符文字类、音符文字类共计三类，以下再各分为若干小类[②]。

在上述民族文字中如何界定"民族古文字"呢？若以 1949 年为"古今"的分界线，那么，傅先生所述的 24 种在中华人民共和国建立之前已在使用的文种（其中含汉字），加上 17 种"在历史上使用过，后来停止使用的文字"，加上聂鸿音先生补充的汉族女书、方块布依字、方块哈尼字、佉卢文，而不把聂先生补充的 20 世纪初西方传教士制定的与 20 世纪 40 年代制定仅经短期试用的文字计入，另再加上我们补充的纳西族的达巴文与玛丽玛莎文，我国的民族古文字文种数当在 50 种左右。

【基金项目】 教育部人文社科重点研究基地重大项目"古汉字与其他民族古文字同义比较研究"（02JAZJD740015）；上海市哲学社会科学规划课题"中国文字数字化工程—中文信息化补缺建设"。

【作者简介】 王元鹿，华东师范大学中国文字研究与应用中心教授，博士生导师。（上海 200062）

① 聂鸿音：《中国文字概略》，第 30 页，语文出版社，1998 年。
② 同上书，第 32—35 页。

本文所说的我国的含表意成分的民族古文字，主要是指这样一些文字：（1）全部早期文字。由于这种文字来自原始图画与原始符号，无论从这类文字的来源还是其功能来看，应当被看作是表意文字。如纳西族的达巴文与尔苏人的沙巴文即属此类文字。（2）全部表词—意音文字。由于这类文字在文字符号与语言单位的对应关系上是一个字形记录一个词或词素，而其记录语言的方式至少含记意成分，它们都应属含表意成分的文字系统。如从甲骨文到现代汉字的汉民族文字，如造字方法与汉字不谋而合的纳西族东巴文字，如西夏文等主要据汉字的造字方法制作的文字，都属此类文字。（3）某些音节文字。如纳西族的哥巴文字。虽然此种文字在功能上以记录词的音为主，但是由其文字的来源看，则主要来自汉字与纳西东巴文字这两种表词—意音文字，而且从其记录语言的情况看，记录不同意义的同音词时，所用的字依据词义有一定的选择性。因此，虽然我们不能说这种文字是纯粹的表意文字，但我们以为它是一种含表意成分的音节文字是合于情理的，与之相类似的还有傈僳族的竹书文字。

以上述的标准去看我国的民族古文字，我国含表意成分的民族古文字至少有 18 种，它们据类型学上的分类与归类，可被列表如下：

早期文字：达巴文，尔苏沙巴文；

表词—意音文字：甲骨文，金文，小篆，东巴文，玛丽玛莎文，彝文，西夏文，契丹文，女真文，水文，壮文；

音节文字：哥巴文，傈僳竹书。

从文字的发生和使用地域出发，我们可以将这些文字进行大致如下的分类和归类：

中部地区文字：甲骨文，金文，小篆；

南部地区文字：东巴文，哥巴文，达巴文，玛丽玛莎文，尔苏沙巴文，彝文，傈僳竹书，水文，壮文；

北部地区文字：西夏文，契丹文，女真文。

此外，从文字的创制年代、使用年代、使用时间幅度等与时间范畴相关的种种角度出发，也可以给这些文字进行分类，这里就不在此一一分析并列表了。

另外，分类的出发点还有创制者、符号体态特点、书写工具与书写方式等等。

二、价　值

对于我国的含表意成分古文字的研究，在理论上和实践上，都必然会有着多方面而且相当大的意义和价值。以下，我们将分点对这类文字的研究价值作简要的叙述。

（一）文字学的价值

既然含表意成分的文字系统属于文字范畴，那么，对这类文字的研究的意义，首先应当在文字学研究方面得到体现。

值得我们注意的是，构成含表意成分的文字的文字系统类型的主体，恰恰是世界上许多民族使用过甚至正在使用着的那些表词—意音文字系统。被称为世界上"三大古典文字"的苏美尔文、埃及圣书文字和汉字，都属表词—意音文字性质的文字。此外，在上世纪 50 年代被破译的西半球的马亚文字，不谋而合地亦属此类文字。因此，作为这一类型的文字，它们在文字学本体研究上的价值之大，简直是无须论证的。

首先，这类文字在文种数量上，约占我国民族古文字的 25%，而且日本、朝鲜、越南等民族都曾借用过我国的汉字。所以，汉字和我国其他民族的含表意成分的古文字就是我国乃至亚洲一些民族与国家的文字系统中不可忽视的一部分。对我国含表意成分的古文字的研究，尤其是对古汉字的研究，对于对我国乃至其他民族的文字的研究的参考价值是十分显然的。

其次，往往是表词—意音文字的含表意成分的古文字从世界文字发展史的角度上看，当属从早期文字类型向表音文字类型发展的中介阶段。因此，这类文字在文字发展的研究上有巨大的作用。以它为出发点，既能上溯早期文字至今已遗失的某些性质与特征乃至单字，又能寻找在文字史上处于它之后的音节文字与音素文字的来源乃至个别单字的来历。

最后，我们还必须注意到世界各民族文字的共性，也必须注意到我国各民族古文字之间的共性及它们的相互联系。就前者而言，前文所说的苏美尔、埃及、马亚等一些重要的古民族文字，从文字的性质而言，与我国的汉字实在是不谋而合、源异理同，与我国的纳西族的东巴文字也有性质上的相似之处。因此，对我国汉字与另一些含表意成分的民族古文字的研究，无疑会对世界各古民族的文字系统的研究尤其是探索它们的共性大有启发。就我国的含表意成分的民族古文字而言，既有源异而理同关系的，如汉字与纳西东巴文字的相似，又有由一种文字借另一种文字而来的，如方块壮文由于借用了大量汉字而形成，另有一些文字系统主要借用纳西东巴文字，又如西夏等文字系统凭借对汉字造字方法的参考借用而制成。如果说"源异理同"现象有助于对世界文字的共性与共同规律的认识，那么文字的借用则必然有益于对文字传播与文字关系现象的研究，也必然有利于从一个全新的视角对汉字进行研究。因为一个常被许多人甚至许多专家忽略的事实是，中华民族古文字是一个整体和一个有内在联系的体系。既是整体，则在研究中缺一不可；既是体系，则在研究中互相启发。据上所述，我国各民族的含表意成分文字系统的研究对于文字史、普通文字学与比较文字学的研究是有很大意义的。

（二）语言学的价值

如果我们承认文字是语言的书面记录或书面载体，那么，我们就必定不会否认文字学研究对语言研究有着极其重要的作用。更广义地说，文字学可以被视为书面语言学，因此，书面语言的研究对口头语言或对一般意义上的语言的研究的作用显然是很大而且很直接的。

从外国古文字的情况来看，一种古文字的破译导致或促进一种古语言的破译或帮助了解一个古代民族所使用的语言的例子是屡见不鲜的。比如埃及圣书文字的破译是了解当时古埃及语的主要依据。当然，也不乏对语言的了解促进文字破译的例子，如现代马亚语的情况就对古代马亚文的破译起了十分关键的作用。

在作为本书研究对象的文字中，也不乏这类例子，典型的一个例子就是西夏文的研究加深了对西夏语的了解。

西夏灭亡后，西夏语历经元、明，随着党项民族的逐渐被同化而消失，和西夏文成为死文字一样，它也成了一种无人会说的死语言。在近代解读西夏文的过程中，西夏语的秘密也逐渐被揭开。

西夏人骨勒茂才于1190年仿中原杂字体字书编写的一个识字课本《番汉合时掌中珠》，虽是当时西夏境内西夏人和汉人相互学习对方语文的手册，但其西夏文—汉文音义互注的体例以及相对完整的出土，则使它成为今人得窥西夏文字字音和字义最直接的工具。该书也成了西夏语文研究的首要参考。而对西夏文字典《音同》、《文海》及其他文献资料的研究，使人们认识到西夏语属汉藏语系藏缅语族。可以说，我们今天关于西夏语知识的研究上的来源主要就是西夏文的材料。

另一个也很典型的例子是关于利用纳西东巴文字的研究成果解决纳西语词源的尝试。有专家认为纳西族的族名"纳西"出自"黑的人"的意思，另一些专家则认为"纳西"的词源是"大的人"（在纳西语中"西"表"人"义，而"黑"和"大"的音都读"纳"）。我们曾对纳西东巴文字中的黑色字素进行了系统的研究，研究的结论之一是在纳西东巴文中多以黑色表贬义的造字现象。由这一结论可推知："纳西"作为族名的词源当为"大的人"而不当为"黑的人"，因为几乎任何一个民族是不会选择一个贬义词为自己的民族命名的。

（三）文献学的价值

文献是由文字写成的。因此，文字的研究对文献阅读与理解的重要作用，可以说是无须进行论证的。为证实这一事实，就汉字与汉文献的关系而言，仅举甲骨文的发现促进商代史的研究并订正《史记》等典籍中对商代庙号记录错误的例子，可以说就已经足够了。同样可以作为例证的是，我国近年来大量发现的记录传世典籍中已有文献的简帛文字，足以用来同传世文献中的相同篇目相对照、比较，以订正传世文献中的错误或加深对传世文献的相应思想和内容的理解。

我国少数民族的文字研究，与汉字一样，亦对我国少数民族的文献的释读有着基础作用。

以西夏文为例，西夏文文献数量巨大，今存逾 10 万页，类型繁多，价值珍贵。在不能释读西夏文的情况下，它们无异于"天书"。对西夏文、汉文对照辞典《番汉合时掌中珠》的研读，为人们找到了打开西夏文献宝库的钥匙，而对《文海》的翻译、整理，则把释读西夏文的水平提高到了一个新的高度。

外国的古文字的破译在文献学上的意义也是十分显然的。当成功破译古埃及圣书文字的第一次尝试——罗塞塔石碑上的文字被 Champollion 破译时，不仅一连串的古埃及帝皇名得以重见天日，而且他还接着凭借其埃及文的知识，译出了若干用埃及圣书文字写成的碑铭和用僧书文字写在纸草书上的文件。连历史学者开始也怀疑 Champollion 的工作的可靠性，但是 30 年之后，随着一篇新的双语铭文的发现，他的工作的科学性与结果的正确性终于得到证明。

（四）历史学的价值

其实，含表意成分的民族古文字在历史学上的价值与它们的文献学价值是紧密联系着的。因为一个民族的历史多半是凭借用它的文字书写的文献记录下来的。比如，用巴比伦文刻下的汉谟拉比法典，既是法律文献，又是历史记录。

在中国，甲骨文与金文及其他汉民族的古文字的历史学价值自不必赘言，其他民族的古文字所记录的历史也有极大的价值。

比如，中国的纳西族的数以千部计的东巴经书，就是十分宝贵的纳西族的历史记录。虽然它们往往以曲折的形式出现，它们的题材与体裁往往不是正史而是神话或传说，但是它们往往从许多不同的侧面记录或反映了纳西族历史上的重大事件、社会形态、家庭结构、原始信仰乃至家族谱系。即使这种记录不尽准确、这种反映不尽真实，它们至少为我们提供了宝贵而丰富的进行民族史研究的资料。而必须强调的是，以上的材料都是用纳西族的文字记录下来的。

值得一说的还不止于此。从若干含表意成分的民族古文字来看，单个文字的形体与结构就可以直接反映出该民族的历史状况和该民族先民的意识。还是以纳西东巴文为例，"财富"一字作，这恰恰反映了纳西族先民以牛为贵、对牛珍视的意识。又如东巴文的"女"作，假借作"大"；"男"作、，假借作"小"，这一现象反映出纳西先民当中女性地位高于男性。董作宾先生曾据东巴文的"镜子"（作、）证明纳西族的镜子是唐宋以后由内地传入的。

（五）文化学的价值

文字与文化的密切关系多年来尤其是近年来一直为学界所关注。以上所举的一些例子多半亦可看作证明文字与文化关系的例证。以下我们再举一些较为典型的例子。

从汉字与汉文化的关系的研究来说，虽然我们的相关研究还有不够成熟与不够准确的成分，但汉字与汉族文化的紧密联系确实是不争的事实，汉字所显示出的汉文化特征亦是十分明显的。

我国民族文字的状况亦是如此。为证实这一事实，我们可以举出许多民族文字的许多相关例子。但是，由于学界对于"文化"这一术语的看法存在太多的分歧，我们把例证的范围限于从文字本体学的现象（往往是文字的表词手段）的自身反映出的民族文化的文化特征。

前文曾介绍纳西东巴文字反映出来的以黑色表贬义的造字现象，此类做法在纳西东巴文中已经成为一种造字手段，也可以认为涂黑在东巴文中已经成为一个字素。如"花"涂黑后可表"毒草"一词，又如大凡含贬义的词往往含黑色字素。毫无疑问，这可以折射出纳西族先民曾经有过的一种贬黑的意识。而这种意识存在的更直接的证明是在纳西东巴经中得到记录的许多神话传说中反映出来的纳西先民的褒白贬黑的意识，如史诗《白黑战争》以白为正义的一方，而以黑为邪恶的一方。可见，既然一种民族的意识得以进入其文字结构方式并决定它的字素的意义，那么，民族文字在文化学上的认识价值显然是毋庸置疑的了。

（六）促进民族团结的价值

我国的各民族语言往往有着系统上的联系（如分别同属某些语系、语族或语支）或其他性质上的联系（如虽在系族上距离较远但互有词汇的借用、语音或语法的影响等等），自然有利于我国各民族间的团结。同时，一个民族的人民认识到本民族的文字不仅是中华民族文字大家庭中的一员，而且对整个中华民族的古文字研究具有不可或缺的重要作用,对各民族的民族自尊心和自信心的增强无疑是极富意义的。上述种种,对增强中华民族的团结,显然也会产生深刻而长远的影响。

The Definition of Ancient Nationality Writing Systems Including Ideographic Parts in China and Their Significance for Academic Research

Wang Yuanlu

(Center for the Study of Chinese Characters and Their Applications, ECNU, Shanghai 200062, China)

Abstract: There are about 50 Ancient Nationalifty Writing Systems in China. There are over 18 kinds which include ideographic parts among them. They can be certificated by different angles. The research on them is significant for written linguistics, linguistics, philology and history.

Key Words: Ancient Nationality Writing Systems; Ideographic Parts; Written Linguistics

（上接第 220 页）

Three Topics of Chinese Characters Teaching

Li Lingpu

(Center for the Study of Chinese Characters and Their Applications, ECNU, Shanghai 200062, China)

Abstract: this article puts forward three points of view on how to improve the teaching of Chinese characters. Firstly, the Chinese characters materialize the monosyllable morpheme, and turn the phonic Chinese language into concrete Chinese language in hearing and seeing. Chinese characters will not die until Chinese language dies. Secondly, the analysis of Chinese characters is based on the normative characters which record the normative language for thousands of years. We should pay much attention to the evolution of Chinese characters in the history, and distinguish normative characters from vulgar characters of regions and artistic characters. Thirdly, we should emphasize the teaching of essential function of normative characters, think much of the relationship between core meaning of morpheme and the meaning of characters when created, and thus grasp a system of character meanings through one character's learning.

Key Words: concrete Chinese language; normative characters; meaning of characters when created; core meaning of morpheme

以自源字为依据的水文的初期性质拟测

翟宜疆

【摘　要】 水文作为一种"拼盘文字",包含自源字、借源字和拼合字。通过对自源字的分析可知:一、自源字应是出现在借源字之前的一种原始文字;二、自源字创造之初主要是用于日常生活中的一般记事;三、水文作为卜筮文字性质的确立是在汉字的流入之后。综合以上三点可以构拟出水文的初期性质。

【关键词】 水文;自源字;借源字;原始文字;卜筮文字

一、引　言

随着研究的逐步深入,水文包含着自源字、借源字和拼合字的"拼盘文字"的特性已经为人们所认识。这对于水文内部自源字、借源字和拼合字的相互关系以及各自的造字机制、义类的研究,对于比较文字学、文字传播学乃至普通文字学的研究,都具有积极意义。就自源字而言,"水文自造字既有一部分造字构意与汉字不谋而合的字,又有一些显示出水族先民造字构想独特性的字。无论哪一类字,都足以成为比较文字学研究中的珍贵材料"[1]。通过对水文自源字的研究,可以为我们进一步加深对整个水文文字体系的认识系提供一个有效的视角。

一般研究者认为,水文从其发生起就一直是用于卜筮的一种文字。但是这种说法未经确切的论证。本文将以对水文自源字的观察为依据,来讨论水文的初期用途及它成为卜筮文字的时间。

本文所依据的材料为:《水文常用字表》(载刘凌《"水书"文字性质探索》,华东师范大学1999年度硕士学位论文),特向作者表示感谢。

二、水文自源字研究回顾

对水文文字体系的研究经历了一个不断深化的过程。

民国时期的《都匀县志稿》称:"水族诹吉占病有专书,至今传习其文,谓之水书,一称反书,大抵古篆之遗。"[2]同期稍晚的《三合县志略》沿袭了这一说法,称:"黔省土著中除大定有夷文外则惟水家有文字,他族则否。其文类似古籀、小篆。"同时还指出:"水家文字中除天干地支及象形文字外,居然有文武辅弼等字……"[3]划分出了天干地支字。

岑家梧先生的分类包括:干支与数目字、象形文字、借声象形字、指示字四类[4]。

王国宇先生的分类包括:类似古体汉字、类似变体汉字、象形字、简化象形字、假借字、指事字六类[5]。

【作者简介】 翟宜疆,华东师范大学中国文字研究与应用中心博士生,上海交通大学国际教育学院副教授。(上海 200062,上海 200030)

① 王元鹿:《水文在文字学研究中的认识价值与研究方法》,载《中国水书文化国际学术研讨会论文集》(内部出版),2007年1月。
② 转引自《贵州地方志举要》,第115页,张新民著,吉林省地方志编纂委员会、吉林省图书馆学会1988年出版。
③ 《三合县志略》,第501、492页,1968年12月台湾成文出版社根据胡嶧羽1940年铅印本影印出版。
④ 岑家梧:《水文与水家来源》,载《岑家梧民族研究文集》,第114—117页,民族出版社,1992年12月。
⑤ 王国宇:《水书与一份水书样品的释读》,载《民族语文》1986年第6期。

李旭练先生对水文的分类是：借字、创字和借创字三类[①]。

刘凌女士认为水文是一个包含"自源字"、"汉语借字"、"新造字"的杂糅系统[②]。

王元鹿先生正式提出了"拼盘文字"的概念，指出水文的文字体系包括自源字、借源字和拼合字三部分[③]。

上述观点有的是从文字形体的角度对水文进行定位（《都匀县志稿》），有的是以文字所表达的意义类别对水文进行描述（《三合县志略》），有的结合了文字的义类和文字的构字方式进行划分（岑家梧《水文与水家来源》），有的结合了文字形体和文字的构字方式进行划分（王国宇《水书与一份水书样品的释读》），也有的是从普通文字学和比较文字学的角度，从整个水文文字体系的构成着眼对其进行分类（王元鹿《"水文"中的数目字与干支字研究》）。笔者以为，从普通文字学和比较文字学的宏观角度出发对整个水文文字体系内部结构进行分析，易于凸现出水文在我国民族文字大家庭中的独特性并揭示水文在文字学研究中的认识价值。

由于水文"拼盘文字"的特性得到学界的认同，其自源字和借源字之间的关系也就自然而然地受到越来越多的关注。这方面的研究成果不断出现，为我们研究自源字提供了便利。王元鹿先生在其《"水文"中的数目字与干支字研究》和《水文方位字研究及其对普通文字学研究的启发》两篇文章中，较早论及自源字和借源字之间的关系。《水文方位字研究及其对普通文字学研究的启发》一文，通过对水文中"东"、"南"、"西"、"北"、"方"、"位"、"左"、"右"、"在"、"出"10个借源字，以及"上"、"中"、"下"、"倒"、"退"、"出"6个水文自源字的考察分析，首次提出了水文自源字的产生早于借源字的论断。该文还指出，水文自源字和汉字在造字理据上有相同之处[④]。《"水文"中的数目字与干支字研究》一文则通过对10个天干字、12个地支字和11个数字（一至十及百）的研究，发现干支字全部来自汉字并经过变形，都是借源字；数目字从一到三有自源字也有借源字，其余8个全都是借源字。结合原始民族思维的特点，得出了水文自源字的发生当在汉字流入之前的结论，并指出应对水文的自源字和借源字分别进行研究。朱建军先生通过分析水文记录词汇的实际情况发现，自源字主要记录动植物、日常生活用具，借源字和拼合字主要记录比较抽象的词汇，如天干地支、时间等，根据普通文字学原理，指出"我们不难推断出水文自造字的出现应当先于借源字和拼合字"[⑤]。

我们认为，通过文字传播的比较，也可以帮助我们进一步认识水文自源字和借源字的关系。依据文字传播的规律，"文字传播的方向，往往是从有文字的民族传向无文字的民族，或由文字系统较为发达的民族传向文字系统较为不发达的民族"[⑥]。汉字流入水族的结果并未建立起一套全新的文字体系，流入的汉字被改造、变形，而且所占比例只有一半左右，剩下的一半是以象形字为主的水文自源字。汉字的发展水平远远领先于水文，有了先进的文字系统却把它改变得面目全非，而且要再用最原始的手段去创制几乎一半的字，这是不合常理的。自源字的产生先于汉字的流入是一个合理的解释。

三、关于水文自源字的性质与义类

（一）自源字的结构方式分析

根据我们的统计，《水文常用字表》共收录水文883字，其中自源字417字，约占总数的47.2%。就其结构方式而言，主要有：

（1）象形。如：花、穗、鸟。

[①] 李旭练：《谈谈水族古文字》，载《都匀文史资料选辑》1991年（7）。
[②] 刘凌：《"水书"文字性质探索》，华东师范大学硕士学位论文，1999年。
[③] 王元鹿：《"水文"中的数目字与干支字研究》，载《华东师范大学学报》（哲学社会科学版）2003年7月。
[④] 王元鹿：《水文方位字研究及其对普通文字学研究的启发》，载《湖州师范学院学报》2003年4月。
[⑤] 朱建军：《从文字接触视角看汉字对水文的影响》，载《贵州民族研究》2006年第3期。
[⑥] 王元鹿：《普通文字学概论》，第180页，贵州人民出版社，2004年。

(2) 指事。如：子（𠃌）、孙（𡿦）、走（彐一）。
(3) 会意。如：塘（𤴓、𠔿）、屋（𠆢、𠆢）、井（𣶂、𠀎）。
(4) 假借。如：二十八宿之尾宿（𦊆）、凶（𠮷、𠆢）。
(5) 形声。如：肉（𠃜）、糖（𠆢）。

其各自所占比例分别为：

象形 262 字，约占自源字总数的 62.8%。
指事 119 字，约占自源字总数的 28.5%。
会意 27 字，约占自源字总数的 6.5%。
假借 3 字，约占自源字总数的 0.7%。
形声 6 字，约占自源字总数的 1.4%。

水文自源字中的象形字比例高达 62.8%，足以说明其造字方式的原始性。然而，造字方式的原始性并不足于证实这种文字只能用于宗教或巫术。尤其是水文的自源字达 417 个，应说数不在少，因此确定早期水文的功用，还需我们作进一步的考察。

（二）自源字的义类分析

以下我们从水文自源字的义类角度，来观察早期水文的性质与用途。

水文自源字主要表示的义类有：

自然天象（日、月、季节）、地形地貌（山、河、泉、塘）、人体部位和动作（手、足、走、踢）、社会生活（队伍、丧葬、祭祀、数字）、野生动植物（树木、花草、鸟兽）、家畜家禽水产（牛、马、猪、鸡、鱼虾）、生产生活用品（耙、斧、弓箭、屋、食品）、原始宗教（干支、鬼神）。

各义类所占比例分别为：

自然天象 39 字，约占自源字总数的 9.4%。
地形地貌 23 字，约占自源字总数的 5.5%。
人体部位和动作 39 字，约占自源字总数的 9.4%。
社会生活 85 字，约占自源字总数的 19.9%。
野生动植物 58 字，约占自源字总数的 13.9%。
家畜家禽水产 49 字，约占自源字总数的 11.8%。
生产生活用品 48 字，约占自源字总数的 11.5%。
原始宗教 76 字，约占自源字总数的 18.2%。

上述数据表明，水文自源字中的大部分还是用于记录水族人民的日常生活，占卜一类的原始宗教内容虽然也得到表现，但是所占比重有限。水文自源字虽然大部分是通过"近取诸身，远取诸物"而创造的，但是其数量占到整个水文文字系统的将近一半，所表义类涉及水族生活的方方面面，能基本表示日常生活中的相关词语，也能表示部分高度抽象的概念如鬼神、八卦等。这可能既是水文文字系统能够吸收部分汉字的基础的原因之一，也是汉字流入以后较为原始的水文自造字不但没有消失反而还产生了拼合字而最终形成水文拼盘文字特性的原因之一。

可见，水文的自源字虽然从产生的阶段来看还具有原始性，但是就文字记录语言的功能而言，其表意系统已经发达到能够比较圆满地记录语言的程度。

四、关于水文自源字的用途

对于水文的功用，一般认为是用来记录水族用于占卜及其他巫术活动的水书。岑家梧先生最早提出了"水书为水家（水族旧称）鬼师所用的占卜文字"的说法[①]。

---

① 岑家梧：《水文与水家来源》，载《岑家梧民族研究文集》，第 108 页，民族出版社，1992 年 12 月。

对"水文"功用的思考可以从水文发展的历史及水文文字体系内部构成两方面进行。文字的发生发展是一个渐进的过程,在不同的阶段可能呈现不同的特点。虽然目前发现水书抄本的年代最早不过明代,但根据普通文字学原理,我们有理由相信,水文应有更古老的形式,就如同我们可以断定甲骨文之前一定还存在更古老的汉字一样。目前收集到的水书抄本中所见的水文已经引入了高度发达的汉字,并将汉字变形改造,形成了一个拼盘式的文字系统,用于记录水书典籍。但在水文发展早期可能并非如此。水文的早期阶段应当是由自源字甚至是更早的图画文字构成的一个较为原始的系统。这样的系统其主要作用未必是或未必完全是为巫术、宗教服务。正如 B.R.伊斯特林所说:"把图画文字只看作具有巫术的用途或者只起记忆(回想)的作用是不正确的。除了记忆和巫术的作用外,许多图画符号还有别的一些用途——纪事性的(墓碑铭文、记载交换条件、重大事件)和交际性的(用图画符号通知战争和狩猎的消息、外交书信和情书等等)。"[1]

根据普通文字学原理,早期文字属于语段文字性质,文字符号和语言单位之间还不是一一对应的关系。极端的例子是在美洲的一个印地安人部落,在其宗教性质的典籍 *Walam Olum* 中有这样一句话:"这巨大的蛇坚决地伤害这个人。"这句话在印地安语中共有6个词,而文字记录的只是一条巨大的蛇的形象[2]。东巴文也存在着有词无字的现象,水文亦如此。水书《正七卷》在每个条目简要文字符号的基础上,还需要靠配字、配音、配歌使其成为完整的篇章[3]。可以推断,水文的早期阶段比我们目前所见的形态更为原始,只有自源字,还没有借源字。自源字字数虽然不是很多,但是应可以满足日常生活中的一般记事需求。

可以说此后才是汉字的流入。"文字传播现象的原因,主要在于文化——尤其是宗教——的传播。"[4]追溯水族历史可以发现,汉族文化对水族的影响是伴随汉字的流入同时发生的。水族是由古代南方"百越"族群中的一支发展而来的,随着汉唐时与中原交流的日益密切,中原地区的技术、文化、宗教也传入水族地区。"水书作为占卜、择日、招神用具,很自然地吸收了古代汉族占卜术的一些内容。"[5]汉族的一些宗教观念思想影响补充了水族的宗教思想,汉字的流入也为水族人民了解、掌握、运用新的宗教思想提供了可能与便利。

当下主要用于记录水书的水文系统中,起关键作用的是表示时间、方位、吉凶的一批字,如作为水书基础读本的《正七卷》,"使用频率最高的字是十二地支,其次为数词、天干名称、年月方位等字"[6]。这些字基本上是借源字和拼合字,它们主要是引进的汉字。我们已经知道,水文的干支字全部来自汉字,数目字除了一到三之外,其余也来自汉字。如果没有这部分字,水书将无法记录。在汉族的传统文化中,干支与十二生肖关系密切,二者常可以互相替代。其实这十二种动物的名字水文中都有,但因为都是象形字,书写不便,因此水文还是引进了汉字进行改造[7]。作为自源字的十二个动物字仍是主要用来表示日常生活中的动物。

因此,我们可以说,水文作为一个文字系统,其功用主要转向占卜和宗教,是从汉字流入以后开始的。

五、结 论

总结本文所述,我们至少可以得出以下三点结论:

(一)自源字应是出现在借源字之前的一种原始文字。

(二)自源字创造之初主要是用于日常生活中的一般记事。

---

[1] B.A.伊斯特林:《文字的产生和发展》,第50页,北京大学出版社,2002年9月第2版。
[2] 王元鹿:《普通文字学概要》,第4页,贵州人民出版社,2004年。
[3] 潘朝林、韦宗林主编:《中国水族文化研究》,第317页,贵州人民出版社,2004年。
[4] 王元鹿:《普通文字学概论》,第175页,贵州人民出版社,2004年。
[5] 刘日荣:《〈水书〉中的干支初探》,载《中央民族大学学报》1994年第6期。
[6] 潘朝林、韦宗林主编:《中国水族文化研究》,第324页,贵州人民出版社,2004年。
[7] 刘日荣:《〈水书〉中的干支初探》,载《中央民族大学学报》1994年第6期。

（三）水文作为卜筮文字性质的确立是在汉字流入之后。

综合以上三点结论，我们可以构拟出水文的大致发生与发展过程：

水文作为一种"拼盘文字"的特征是逐步形成的。在初创阶段，比较原始的自源字承担着水族文化的交流、传承的重任。汉字的传入打乱了水文的正常发展，拼合字的产生体现了两种文字接触中的冲突和妥协，同时也表明了水文文字系统在外来冲击面前所作的自我调整。但是水文发展的社会历史环境已经无法重建，社会经济的快速发展使人们对文字系统的选择取向简单、便捷。就像文字发展史上的许多文字一样，水文逐步退出了人们的日常生活，在宗教的世界中找到了归宿。在这一历史进程中，汉字的传入是一个非常重要的分水岭。

因此，我们可以说：水文的丰富多彩性不但体现在文字体系独特的构成上，也体现在其不同阶段社会功用的逐步变化上。

The Inference of the Initial Nature of "Shuiwen" Based on a Study of Its Self-source Characters

Zhai Yijiang

(Center for the Study of Chinese Characters and Their Application, East China Nomral University, Shanghai 200062, China)

Abstract: As a kind of "assorted-dish written language", "Shuiwen" was formed from a mixture of Chinese characters, taken from the original Chinese language. It also absorbed and based itself around the essence of Chinese characters itself and the new characters created by its people on the principle of Chinese characters. Based on a study of the self-source characters, some conclusions can be drawn as follows: the self-source characters in "Shuiwen" emerged earlier than its borrowing characters; the self-source characters were created initially for daily records purposes only; after Chinese characters were introduced, "Shuiwen" gradually became a form of divination in which its characters were used by wizards of the "Shui" minority. The above observations can deduce the nature of early "Shuiwen".

Key Words: "Shuiwen"; the self-source characters; the borrowing characters; primary characters; divination characters

（上接第 255 页）

Brief Review of Sawndip Research over the Past 50 Years

Li Ming

(Center for the Study and Application of Chinese Characters, ECNU, Shanghai 200062, China)

Abstract: Sawndip is a national writing system for ancient Zhuang people to record their languages. This paper reviews the research on Sawndip since the founding of the People's Republic of China, and describes the main perspective and general stages of the research, especially on the main results of the study of writing system.

Key Words: Sawndip; Research History; 50 years

近五十年来方块古壮字研究述略

李 明

【摘　要】方块古壮字是古代壮族人民用来记录壮族语言的一种民族文字。文章对新中国成立以来有关古壮字的研究进行了简要回顾，介绍了研究古壮字的主要视角及大致分期，着重述及古壮字文字学本体研究上的主要成果。

【关键词】古壮字；研究史；五十年

壮族与古壮字

本文所谓的方块古壮字是古代壮族人民用来记录壮族语言的一种文字，是指仿照汉字而创造的一种民族文字，在壮族地区曾被称作"方块字"、"土字"或"土俗字"，壮族人民称之为 Sawndip（"生字"）。

壮族是中国少数民族中人口最多的民族，主要聚居在广西壮族自治区、云南省文山壮族苗族自治州，少数分布在广东、湖南、贵州、四川等省。壮族族称来源于部分壮族的自称"布壮"。此外，还有自称布侬、布土、布样、布斑、布越、布那、侬安、布偏、土佬、高栏、布曼、布岱、布敏、布陇、布东等 20 多种族称。最早见于汉文史籍的壮族称谓是西瓯和骆越，它们是春秋战国时代"百越"（亦称百粤）的两个支系，俗合称瓯骆人。瓯、骆名称在历史上消失之后，壮族还先后有过乌浒（汉）、俚（汉）、僚（三国）、俍（晋）、僮（宋）等名称[1]。历史上岭南地区的乌浒、俚、僚、俍等称谓，是壮族的先称，但并不排除它们可能也包含了其他兄弟民族的泛称在内[2]。僮的名称初见于宋代，最初是指庆远、南丹的溪峒之民，宋人范成大《桂海虞衡志》说："庆远、南丹溪洞之民呼为僮。"元明以后关于僮的记载越来越多。顾炎武《天下郡国利病书》说："瑶乃荆蛮；僮则旧越人也。"新中国成立后，统称为僮族。1965 年根据周恩来总理的提议，经国务院批准，将"僮"改为"壮"。

壮族使用壮语，现在的研究认为其属汉藏语系壮侗语族壮傣语支。根据汉文史料记载，一般认为方块古壮字至少在唐代就已产生，目前最早的发现是在唐代的碑文中。唐永淳元年（公元 682 年），澄州刺史韦敬办撰写的《澄州无虞县六合坚固大宅颂》碑文中即有方块壮字，这块碑现在还完好地保存在今广西上林县麒麟山上。南宋范成大所著的《桂海虞衡志》中，对方块壮字作了较详细的记载："边远俗陋，牒诉券约，专用土俗书，桂林诸邑皆然。今姑记临桂数字。虽甚鄙野，而偏傍亦有依附。"宋代庄绰的《鸡肋编》和周去非的《岭外代答》对古壮字也有记载[3]。壮族人民长期地用这种文字来记录神话、传说、故事、歌谣、碑刻、药方、家谱、契约，用来书写家信，编写壮剧、宗教唱本，创作文学作品等，因此，壮族民间流传的大量文献资料均得益于方块古壮字而保存下来。

【基金项目】教育部人文社会科学重点研究基地重大项目"古汉字与其他民族古文字同义比较研究"，上海市哲学社会科学规划课题"中国文字数字化工程——中文信息化补缺建设"，华东师范大学 2007 年优秀博士生培养基金。

【作者简介】李明，华东师范大学中国文字研究与应用中心博士研究生，主要研究方向：古典文献学、汉语言文字学。（上海 200062）

① 覃国生、梁庭望、韦星朗：《壮族》，第 3—5 页，民族出版社，1984 年 6 月。
② 《壮族简史》编写组：《壮族简史》，广西人民出版社，1980 年 3 月。
③ 覃国生主编：《壮语概论》，第 230—231 页，广西民族出版社，1998 年 4 月。

研究古壮字的主要视角及大致分期

对于方块古壮字的研究，一些学者已从不同的角度进行了有益的探索，在许多方面产生了优秀成果。早在 1941 年，李方桂先生曾通过在广西的调查，写出了《武鸣土语》，其中专门有一节谈到了当地的文字，这是较早的对古壮字的开创性探讨（此书曾被中国科学出版社于 1953 年以《武鸣僮语》为名出版）。从目前可以查到的公开出版情况看，新中国成立后，比较早的对于方块古壮字的专门介绍和研究文章有韦庆稳的《广西僮族的方块文字》（1953）。按照时间的大致先后，其后有张元生《方块壮字》（1982）、《壮族人民的文化遗产——方块壮字》（1984），黄绍清《壮族方块字的创造和运用》（1982），黄革《上林地区壮族方块字的构造》（1982 年）、《方块壮字的产生及其作用》（1983），陆瑛《浅谈"方块壮字"》（1984），覃国生《关于方块壮字》（1986），李乐毅《方块壮字与喃字的比较研究》（1987），郑贻青《靖西方块壮字试析》（1988），罗长山《古壮字与字喃的比较研究》（1992），蓝利国《方块壮字探源》（1995），黄必庄《古壮字浅说》（1995），陈竹林《论壮族的文字》（1995），韦星朗《论推广新方块壮文的必要性》（1995），陆发圆《方块壮字的萌芽和发展》（1999），（美）Margaret Milliken《三种壮文的比较研究》（1999），近期有王彩的《方块壮文构造法与理据性新探》（2005）等。上述文章在不同程度和方面都涉及了从文字学本体角度对古壮字的研究。

另外，在《壮语概论》（覃国生，1998）中有专门一章《古文字》介绍了方块壮字。《壮语简志》（韦庆稳、覃国生，1980）、《壮族通史》（黄现璠、黄增庆、张一民，1988）、《壮族通史》（张声震，1997）中都有一定的介绍。近期出版的《壮语通论》（韦景云、覃晓航，2006）也有专门一节《方块壮字》对古壮字作了介绍。

将古壮字与古汉语、壮语及壮族文化相结合的研究是文字学本体研究之外的另一角度，广西师范大学1992 年度的硕士学位论文便有《古壮字和汉语音韵》（黄必庄），此外有郑作广《古壮字中的"古无轻唇音"遗迹及其成因》（1996）、黄笑山《方块壮字的声旁和汉语中古韵母》（2000）。这方面取得较多成果的有广西大学的林亦教授等人，如其在 2004 年第 3 期《民族语文》发表文章《谈利用古壮字研究广西粤语方音》，由其指导的硕士学位论文也以《借音壮字所反映的声母系统的研究》（季克广，2005）为题，而与此相关的国家社会科学基金项目（2003—2006）也是《古壮字与广西粤语平话的历史层次研究》。另外韦达教授等有《壮族古壮字的文化色彩》（2002）以及地名文化方面的研究。

除上述成果之外，聂鸿音、陆锡兴、王锋等在他们的著作中都有对方块壮字的研究和介绍。

在古壮字工具书的编纂上，1989 年由广西壮族自治区少数民族古籍整理出版规划领导小组主编的《古壮字字典（初稿）》则是对先前所收集到的古壮字的系统化整理，是历史上第一次对古壮字进行规范化，也为古壮字研究提供了基础，前述许多研究的展开也有赖于此。

对于古壮字文献的整理，1992 年天津古籍出版社出版了张元生、梁庭望、韦星朗的《古壮字文献选注》，2004 年广西民族出版社出版了张声震主编的《壮族麽经布洛陀影印译注》8 册。此外还有一些壮族民歌古籍被整理出版。

根据以上简况，我们可以把古壮字的研究阶段作一简单的分期：

新中国成立后，对于方块古壮字的研究已经开始，早期的研究大多集中在对古壮字的介绍方面，当然这种介绍也是在对古壮字材料的收集整理以及在古壮字研究的基础上进行的。如韦庆稳先生发表在《中国语文》1953 年第 1 期上的《广西僮族的方块文字》，在介绍方块古壮字时已经谈到了古壮字可能产生的时代及其"构成条例"。

20 世纪 80 年代之后，与古壮字相关的研究出现了比较繁荣的局面，一批专论性的介绍研究文章不断发表，同时伴随着研究壮族历史、语言、文化方面著作的出现，古壮字的研究也不断深化，研究的视角也进一步拓宽，并有学者将方块古壮字与壮族的其他文字类型进行比较，将古壮字与其他民族文字（字喃）进行比较。在文字学本体研究之外，许多研究者从语言文化历史等多方面审视古壮字，将古壮字放在壮族文化大背景下考察，这一时期一些学者比较关注利用古壮字研究汉语音韵及壮语的问题。80年代末在古壮字研究上的一项值得注意的突出成就是对古壮字的收集整理，出版了《古壮字字典》，这为古壮字的进一步研究提供了基础。

21世纪，在古壮字的研究上，有学者将古壮字放在整个"汉字文化圈"中考虑，将古壮字与其他汉字系文字比较，如陆锡兴先生《汉字传播史》、王锋先生《从汉字到汉字系文字》。而利用古壮字研究壮语、古汉语及方言仍是学者们关注的焦点，如广西大学的林亦教授等人所做的研究工作。此外有学者在探讨古壮字所反映的壮汉民族的历史文化，如广西民族学院的韦达教授等人在古壮字文化色彩及壮族地名方面的研究。这一时期的一批壮民族传统古籍的整理出版以及壮学研究的进展，都为古壮字的研究提供了广阔的背景。

古壮字的文字学研究

从文字学角度对方块古壮字的研究大致在以下几个方面：

1. 古壮字的来源

对于古壮字的来源，学者们在介绍研究古壮字的过程中基本上达成了比较一致的看法，古壮字是在借用汉字和仿照汉字构造的基础上创造出来的，这是对于整个古壮字的文字系统来说的，而对于古壮字中现存的少量象形字的来源，似乎还可进一步探讨。

2. 古壮字发生的时代

大多数学者的研究结果认为古壮字很可能产生于唐代，或至迟产生于唐代。如韦庆稳在《广西僮族的方块文字》中分析了方块壮字存在的证据，推断出其产生在唐代是颇有可能的，并列举了理由。认为汉族文人学者在两汉时代就开始用汉字作音符记录壮话，但是这种使用带有偶然性，是个别的，尚未形成通行的文字。后来大多数学者所持观点也与此类似。如李乐毅认为古壮字很可能产生于唐代，因所借汉字读音多为隋唐读音。陆发圆在《方块壮字的萌芽和发展》中认为方块壮字大致经历了萌芽、成形、流行、盛行等四个阶段，分别为汉代、唐代、宋代、明清。方块壮字成形之前，壮族先民曾借用汉字来记录壮语，这对方块壮字的成形产生了很大的影响，可以说这种借用文字是方块壮字的雏形。唐代是方块壮字"型变"时期，但此时期的方块壮字见于史籍的并不多，这表明方块壮字在唐代尚处于成形阶段，还未在壮族地区广泛流传。方块壮字到了宋代，屡见于史籍。明清时，方块壮字进入了盛行期，出现了许多以方块壮字撰文的长篇作品，使用范围从宋代的"牒诉券约"进一步扩大到文学作品（包括歌谣、神话、传说、故事、谚语、剧本、寓言等）、书信往来、楹联碑刻、经文药方、家谱地名等方面，流行区域也遍及壮族的各个聚居地方。

有学者认为在方块壮字产生之前，壮族人民中曾有一种更古老的文字，李富强在《壮族文字的产生、消亡与再造》中认为壮族的文字经历了产生、消亡与再造的过程，方块古壮字是壮族古文字的再造。孕育文字的母体是原始记事方法，壮族先民历史上用物件、符号和图画等各种方法进行记事。其后，原始文字——刻划文字经历了产生与消亡的过程，自商至战国时期由萌芽而逐渐成长，自战国以后，刻划文字逐渐枯谢。随着秦始皇统一岭南，先进的汉文字传入岭南，使壮族原始文字失去了存在的理由，而且导致了一种新的壮族文字——土俗字的产生。壮族人民对汉字的应用先是照搬汉字记壮音，到唐代，以汉字为依据创造壮文字的条件日趋成熟。所以，壮族的土俗字（又称方块壮字）在唐代便应运而生了。在宋代，壮族方块字在壮族民间已相当流行。自宋以后，方块壮字一直存在于壮族民间。而韦景云、覃晓航编著的《壮语通论》引《尔雅》中的字例，认为早在秦汉年间就出现了方块壮字。

在古壮字发生的时代上，大多数学者仍认为古壮字出现于唐，但始创于何时目前还很难下定论。

3. 古壮字的构字方式

这也是古壮字研究较多的方面，研究者们或针对某一地区，或利用自己所接触到的材料，对这一问题进行了探讨，在古壮字结构的分类原则与方法上也显示出一定的差异。

（1）一些研究者从古壮字的来源或古壮字与汉字的关系来分析，将古壮字中的借汉字（借用现成的汉字）与自造字（根据汉字仿造或将汉字变形）分开论述。

对于借用现成的汉字的分析和归类，大多研究者的观点比较接近，认为借汉字表达壮语主要包括以下几种类别：一、借音，通过借用字音与壮语相同或相近的汉字来表达壮义，又称假借字、音读字；二、借义，借用汉字意义而发壮音，又称训读字；三、音义兼借，即汉语借词；四、借形，只借用汉字的形体符号，来表达特定的壮义。早期韦庆稳先生在其介绍文章中分析了古壮字的七类"构成条例"，其中借用汉字的有：借音，借用汉字的声音来表达壮话的意思；音义兼借，实际语言的借字（按指字形字义与汉字相同，字音与壮语的读音相同或相近）；借义，借用汉字的意义而仅发壮音；借字，仅仅借用汉字的形体，而声音与意义同汉字都不相干。其中把"借形"称为"借字"。张元生先生先后于1982年和1984年分别在《中国民族古文字》和《中国民族古文字研究》上撰文介绍"方块壮字"，论及汉字表达壮语的方式、结构和使用情况，认为用汉字表达壮语，基本上是采取音译和意译两种形式。音译是借用汉字的读音来表达壮语相同或相近的读音。这种形式他称之为假借字。音译大体上可分为两类：全音译和半音译半意译。意译是借汉字的意义来表示壮语的词义。黄革分析上林地区古壮字中的借字主要是借汉字中的形和音，实际是借音，因为任何借字都要借助于汉字的形体。黄绍清分析壮字中的借音表义和译音表义都是通过读音来表达壮义。此外李乐毅、郑贻青、蓝利国、陆锡兴、王锋等都将古壮字中借用汉字单列进行分析，认为借用情况包括有借音、借义、借音义。蓝利国还将作为记号借用的列为一类，实际是借用汉字的形体符号，类似于韦庆稳所说的"借字"，王锋则直接称这类字为"借形"。对于兼借音义的"借词"，陆锡兴先生则称之为"音读字"，这是与其他研究者略有不同的地方。

对于古壮字中的自造字，不同的研究者在分析中存在程度不同的差异。韦庆稳将自造字分为形声、会意、自造方块字。张元生认为方块壮字通常是由两个部分组成，一个部分是用一个汉字的读音来表示壮语相同或相近的读音，另一个部分是用一个汉字（或汉字的偏旁）所表达的意义来表示壮语的词义。这一类的方块壮字也就是通常所说的形声字，方块壮字的结构以形声字为最多，并把形声字分为10种类型。李乐毅将自造字分为形声、会意、其他自造。郑贻青将其分为合体、形声、类形声、其他。蓝利国将自造字分为改造汉字与自行构造两部分，改造汉字有成分删除、结构变换、成分替换、成分添加，此外还有其他一些改造方法；自行构造的方法有状物象事、硬性规定或吸收某种记号记写壮语、利用汉字的构成成分重新组合。陆锡兴分析这类字为形声、会意、指事、反切。王锋将其分为仿造字、汉字省略字、汉字变体字、其他，而在仿造字中则分为形声等8类。关于自造字的构成方式，在古壮字中也相对比较复杂，因此研究者们根据各自掌握的材料所进行的分析也是异彩纷呈。前述研究者中，有的单独提及古壮字中的象形字，有的则未明确提到。

（2）另一些学者则借鉴汉字"六书"原理直接分析古壮字的构成方式，并未将古壮字中对现成汉字的借用单独作为一大类进行分析。如陆瑛《浅谈"方块壮字"》（载《壮文论文集》）认为从字形结构看，"方块壮字"大体有下列几种形式：假借字，借用同音或近音的汉字来表示壮语的意义；形声字，是一种"意符"和"声符"并用的造字法，仿照汉字形声结构；会意字，也叫"象意"，这种造字法是用两个以上的汉字或部首（偏旁）构成一个字，其中一部分作为指明意义类别的符号，另一部分作为指明与意义类别有关的符号；汉借字，即从汉语吸收到壮语里来的字；自造字，利用汉字的偏旁或取其一部分构成一个表示壮语某一特定意义的字，它和原汉字在读音、语义上都没有什么联系。罗长山分析古壮字结构为象形字、壮汉联姻字、单纯借音字、音意合体字、音意合成字、会意字、反切字。覃国生分析古壮字的主要结构为形声字、假借字、会意字、象形字、指事字。陆发圆分析古壮字结构为假借字、形声字、会意字、借汉字、象形字、特形字。韦景云、覃晓航编著的《壮语通论》则与此类似，但该书将古壮字的造字方法分为11种：假借、形声、双声、会意、反切、借汉、象形、截部、添笔、减笔、笔画。

4. 古壮字与其他文字的关系

将方块古壮字与壮族的其他文字类型进行比较的如 Margaret Milliken《三种壮文的比较研究》从语言学、社会语言学和教育学等角度对古代壮文、简化壮文和拼音壮文进行比较，揭示各自的优缺点，并对改进拼音壮文推广工作提出建议。李富强的《壮族文字的产生、消亡与再造》实际上也从历史发展的视角谈到了壮族历史上文字的关系。前述关于古壮字结构的某些研究从另一角度讲也反映了古壮字与汉字的关系问题。而通过借音壮字来研究汉语音韵不但涉及文字之间的关系，更涉及语言间的关系。李乐毅、罗长山将古壮字与喃字（字喃）的比较，陆锡兴、王锋等的研究使人们的视野由一种文字跳到多种民族文字以及文字的传播领域。

此外，在对古壮字的研究与介绍中，许多学者都论及了古壮字的历史地位与局限性。

当然，因古壮字本身构成较为复杂，涉及语言文字社会历史文化等多方面的研究，受本人所掌握材料和识见的限制，可能还有许多其他研究者的成果未能在本文中述及，关于古壮字构字方式的讨论，也远非本文"述略"所能容纳。作为一种在历史上形成并至今在一定领域中使用的民族文字，方块古壮字的存在有一定的合理性，对方块古壮字的研究无疑对于解释以之为载体的民族古籍、发掘民族传统文化有着重要的意义。方块古壮字的文字系统与汉字有着密切的关系，是在汉字的影响下发展起来的，它的文字制度和符号体态与汉字有着天然的联系。对方块古壮字的研究不但能使我们更好地认识其文字构成系统，而且可以使我们对文字形成的方式与途径有更进一步的了解，对历史汉字的演变传播规律有新的认识角度，同时也有助于对其他汉字系文字的研究以及对普通文字学和比较文字学的研究。除此之外，加强对方块古壮字的研究对于完善民族文字工具书的编纂、民族文字的规范普及以及新文字方案的制定都有积极意义。要进一步研究古壮字，对以往研究历史的回顾也是必要的，我们期待着古壮字研究未来的成果更丰硕。这也是本文目的所在，不妥之处尚祈方家教正。

【参考文献】

[1] 覃国生，梁庭望，韦星朗．壮族．北京：民族出版社，1984．
[2] 《壮族简史》编写组．壮族简史．南宁：广西人民出版社，1980．
[3] 韦庆稳，覃国生．壮语简志．北京：民族出版社，1980．
[4] 黄现璠，黄增庆，张一民．壮族通史．南宁：广西民族出版社，1988．
[5] 张声震．壮族通史．北京：民族出版社，1997．
[6] 郑贻青．中国少数民族语言方言研究之一·靖西壮语研究．中国社会科学院民族研究所，1996．
[7] 覃国生．壮语概论．南宁：广西民族出版社，1998．
[8] 李方桂．武鸣土语．北京：清华大学出版社，2005．
[9] 韦景云，覃晓航．壮语通论．北京：中央民族大学出版社，2006．
[10] 韦以强．壮文论文集．南宁：广西民族出版社，1984．
[11] 中国民族古文字．天津：天津古籍出版社，1982．
[12] 中国民族古文字研究．北京：中国社会科学出版社，1984．
[13] 陆锡兴．汉字传播史．北京：语文出版社，2002．
[14] 王　锋．从汉字到汉字系文字．北京：民族出版社，2003．
[15] 聂鸿音．中国文字概略．北京：语文出版社，1998．
[16] 覃乃昌．20世纪的壮学研究（上）．广西民族研究，2001（4）．
[17] 覃乃昌．20世纪的壮学研究（下）．广西民族研究，2002（1）．
[18] 覃乃昌．广西民族研究50年．广西民族研究，2000（1）．
[19] 陆发圆．方块壮字的萌芽和发展．广西民族研究，1999（3）．
[20] [美]Margaret Milliken．三种壮文的比较研究．广西民族研究，1999（2）．
[21] 李富强．壮族文字的产生、消亡与再造．广西民族研究，1996（2）．
[22] 蓝利国．方块壮字探源．广西民族学院学报（哲学社会科学版），1995年增刊．
[23] 韦庆稳．广西僮族的方块文字．中国语文，1953（1）．

（下转第250页）

上古汉语"二、两、双、再"用法再考察

张静静

【摘　要】　"二、两、双、再"这四个词来源不同，意义和用法也不尽相同。但在上古汉语中，四者用法有混淆之处。"二"、"两"、"再"在上古汉语中都适用于"～动量"格式，但它们之间不存在谁挤占谁的问题，而是在某一用法上谁战胜谁的问题，即主流与支流的关系。

【关键词】　二；两；双；再

关于"二、两、双、再"，学者多有探讨，但是分歧依在，而新出古文字材料给我们解决这一问题提供了契机，故笔者不揣浅陋，试图探讨它们的来源与用法，不求面面俱到，重析四者之异。

1．来源

1.1　"二"，《说文·二部》："地之数也，从偶一。"卜辞积画为数，"二"作"二"，其义甚明，即表示平行二物。

1.2　"两"，《说文·㒳部》："㒳，再也，从冂，阙。《易》曰：参天㒳地，凡㒳之属皆从㒳。"又云："兩，二十四铢为一兩，从一；㒳，平分，亦声。"段注："按兩者㒳黄钟之重，故从㒳也。"许慎分"兩"、"㒳"为二字，殊误。于省吾先生（1983：1—9）以近年来出土商和西周车的形制为考验，精辟地论证了"兩"、"㒳"本为一字，前人由于不明古代车形实际制度而说解多误。"甲骨文尚未见兩字，金文兩字作㒳，其所从的⺇，即由甲骨文车字上部的⺇形所演成，本象軥及衡。从（见前文所引盂铭）象双軶形，前引早期金文车字上部有的作㸚形，即兩字作㒳形的由来。"这就是说，"兩"字乃车之两軶。由于当时车马总是联系一起，无论二马、四马、六马之乘，其衡上之双軶只驾二马，即所谓"两服"，故"两"直接引申出"同驾一车之二马"义，再泛指成对之物，这也注定了它与"二"用法上的天然分工："'两'表对称或对立二物，'二'表平行二物。"

"兩"之形即"㒳"上加一短横作饰笔，此是战国文字常见现象，二者实为一字。其后，陈初生先生（1987：757）、汤余惠（1991：67—68）、何琳仪先生（1998：693）多取此说，此说似成定论。但亦有学者提出新解。朱芳圃先生（1962）认为"兩"即"一㒳之合文，结构与一白为百相同。《广雅·释诂》：'兩，二也，'此本义也。"① 当然铭文中出现"二㒳"合文，如《九年卫鼎》有"𠕲"②。但如将"兩"作合文，《函皇父鼎》中"两罍、两壶"就要解作"一两罍、一两壶"，显然非是。沈镜澄先生（1984：388—389）认为"㒳"既为古代"车"字的一部分，其本义也当指车。诚然，古文字资料中常有以部分代整体省形之例，但这是在字形整体废弃不用的情况下才出现的，不会有整体与部分同为一字而长期共存的现象。傅力先生（1996：382）则云："'㒳'的字形示意在于平分，表示自然界、社会上一种平分为二的现象。显然，'兩'的本义是以介开二入的这字形来表示分而为二的意义。"他的说解基于《说文·入部》"从，二入也，兩从此阙"，而"从"至今并未见诸古文字材料，故其说不足为证。因而我们比较赞同于省吾先生的"'两'表示对称或对立二物，'二'表平行二物"的观点。

1.3　"双"，《说文·雔部》："雙，隹二枚也，从雔，又持之。"至望山楚简中才出现，字形作 望山二·六，会手持两鸟之意。《说文·雔部》云："雔，双鸟也，从二隹。"又《隹部》："隻，鸟一枚也，从双持隹。"

【作者简介】　张静静，女，山东烟台人，中山大学中文系硕士，研究方向为古文字。（广东　广州　510275）

① 原载《殷周文字释丛》，中华书局，1962年11月，转引自李玲璞主编：《古文字诂林》第七册，第109—112页，上海教育出版社，2002年12月。

② 容庚编著，张振林、马国权摹补：《金文编》，第547页，中华书局，1985年7月。

持一隹曰隻，二隹曰雙。"但验之甲骨卜辞，便知"隻"象捕鸟在手之形，即"获"之初文，"鸟一枚"实后起义[1]。由此笔者猜测，"雙"之本义亦非"隹二枚"，因"雔"即寓有此义。《小学搜佚·群经字要》解曰："手持二鸟曰雙"[2]，可谓的诂。我们还注意到，"隻"、"雙"形、音、义之间均有关联。马叙伦先生业已指出："隹、雔同为舌面前音……隹、雔一字，则隻、雙亦一字也。"[3]《穆天子传》卷二："天子于是取玉三乘玉器服物，于是载玉万隻。"陈逢衡注："万隻之隻即古省雙字。"《绎史》引作"载玉万雙"，《类说》引作"载玉万毂"，而双玉为毂，故"隻"与"雙"可通用[4]。元李文仲《字鉴》："隻，俗作雙。""隻"、"雙"是否一字，尚待考证，但至少说明"隻"、"雙"之间有着密切的关系。"雙"最初何义，我们还不能断定，但很可能做动词，后引申指二鸟，再泛指成对事物。

龚曼丽先生（1995：95）则认为："其实要弄清此二词附加义的来历，犯不着繁琐的考释，只需凭情理推断也能作出结论来，鸟是会飞的动物，捕鸟决不能直接用手捉，必得借助于网、绳套、粘胶、弓箭等工具才行。故而'从又、从隹'的隻字，不应当会意为以手获一只鸟，而是会意为以手控制驾驭着鸟囮子——驯化后用去招诱其同类异性的媒鸟。同理，'雙'应会意为人控制的鸟囮子已招致了它的同类异性，匹配成了一对。"其解可谓新颖，但我们于字形中丝毫看不出鸟囮子从何方而来，单凭想象任意分析字义不足为取。

1.4 "再"，《说文·冓部》："一举而二也，从冓省。"林义光《文源》卷五云："按重复也，从一在冓上。"郭沫若先生于《金文丛考》亦道："下体之形正是再字，《说文》说'再'从冓省，不误。"李孝定先生则持异议："郭谓象篝形，以《说》篆文尚不相远，于卜辞之形殊不类。"[5] 何琳仪先生（1998：87）谓："甲骨文作 ▨（前7·1·3）。从冉（再字所从），从一，构形不明。战国文字均加二或口为饰。"甲骨文一期作 ▨ 前7·1·3，而何先生所摹字形稍有出入，下端少了一横画。王恩田先生则径将"再"析为"冉"，他说："甲骨文'再'字是在冉字的上下方各加一横，金文 ▨ 羌钟各加二横，陈璋壶上部加一横，下部加二横。战国陶文则把下部所加的二横移出体外写在右下方，形似重文或合文符号。"[6] 我们感到奇怪的是，《甲骨文编》[7]（第190—191页）、《金文编》（第267—268页）冓、再字条下所收诸字形下端无一作"▨"，所以"一"应该是构字部件，参与构义。笔者认为"再"实际并不从"冉"，而作二从 ▨。高鸿缙先生（1962）则认为："▨ 为向上之动象。兹作 ▨。动力下有一横画，而其上复有一横画，象动力已过一关又遇一关也，故有再二之意。副词。"[8] 其说颇为迂曲，且认为"▨"为向上之动力，纯属臆测。"▨"更似简化之鱼形， ▨（禹）义为"以手提鱼"，已成定谳，其下部正同"▨"。刘兴隆先生谓："▨ 合集7660，从二从鱼，引申作一再、重复之义。"[9] 此说似乎更合乎"再"之形义。

2. 性质

2.1 "二"、"两"作为数词，这是无疑的。而"双"、"再"是否也是数词，大家争论不一，根源还在于对数词的确定。

2.2 上古汉语中数词系统并不完善，有时借用量词（如"匹"）或名词（如"参"）表示。有的久假不归，便成了数词（如"参"、"五"）；但有些只是偶尔为之，并不是数词（如"匹"），还有些数词与量词纠

---

[1] 徐中舒主编：《甲骨文字典》，第390—391页，四川辞书出版社，1989年5月；另可参于省吾主编：《甲骨文字诂林》，第1671—1672页"隻"条。

[2] 转自宗福邦、陈世铙、萧海波主编：《故训汇纂》，第2448—2499页，商务印书馆，2003年7月。

[3] 《说文解字六书疏证》卷七，转自李玲璞主编：《古文字诂林》第四册，第85—88页，上海教育出版社，2001年12月。

[4] 以上文献均使用《四库全书》电子版查询系统检索，《景印文渊阁四库全书》，上海人民出版社、迪志文化出版有限公司，1999年11月。

[5] 以上引林、郭、李之说均转自李孝定《甲骨文字集释》卷四，第1403—1404页，台湾史语所，1970年10月。

[6] 《释冉、冓、禹、再》，载王宇信、宋镇豪主编：《纪念殷墟甲骨文发现一百周年国际学术研讨会论文集》，第194—200页，社会科学文献出版社，2003年3月。

[7] 孙海波著，中华书局，1965年9月。

[8] 《中国字例》，台北三民书局，1962年，转引自李玲璞主编：《古文字诂林》第四册，第286—288页，上海教育出版社，2001年12月。

[9] 《新编甲骨文字典》，第240页，国际文化出版公司，1993年1月。

结一起（如"成"、"倍"、"两"）。这种现象表明数词常常与量词、名词扭结在一起，它们之间常常感染，相互转化，这种现象在先秦汉语中尤为明显。数词与量词之间一般有数量混沌、数转量词、数词含量、量词含数四种形式[1]；数词和名词之间则常体现为名数互用、名数混沌、名数互含等现象，所以有时数、量、名的界限颇不明晰。

2.2.1 在考察现代汉语数词时，一般都将它放到"～量"格式中去检验，但先秦汉语量词尚处于萌芽期[2]，作为一个语法类别并未完全独立，根据能否用在量词前面来确定"再"是否是数词的办法在先秦并不适用[3]。描写上古汉语数词的主要分布规律无疑是第一步，如果一个词占有数词系统的多数语法位置，可初步归入数词范畴。但有时量词、形容词也可能占据一些相似位置，而且单个数词也不可能具有数词的全部语法功能，同时还有些数词常常突破系统的限制发生变异。所以我们必须考虑它的语义范围与语用价值。

2.2.2 "双"一般只做量词和形容词[4]，但也有部分学者认为应作为数词。周生亚先生（1984：449）："但是，在诗歌里更多的是把'双'直接放在名词的前头……这种'双'，与其看作量词，还不如看作数词。"史存直先生（1986：84）、何乐士先生（2000：329）亦主张"双"做数词。可考察诸先生所举例"双飞鸟"、"双白鹄"、"双鲤鱼"，此"双"仍是"一对"义，而且它不仅分布在"～+名词"结构中，还分布在"名词+数词+～"（玉一双）或"数词+名词+～"（一双犬）的位置上，与量词、形容词的语法功能无别，还不是真正意义上的数词。而且上古汉语数量概念混沌，数量往往彼此包容，不能因为"双"有"二"之用法就肯定它是数词。郭锐先生总结了上古汉语典型数词的七种主要分布类型：1.～名（定语）；2.～动（状语）；3. 主语～（谓语）；4.～位数；5. 系数～；6. 系数+位数+又（有）～；7. 系数+系数（表约数）[5]。如果不考虑"双"做序数时的情况（"天下无双"），它只存于1、2式中，就这点来说，"双"之数词用法不甚凸现。但是词类不完全是特征范畴，在很大程度上是原型范畴，单纯利用分布特征作为分类标准可能会把属于同一类的词分为不同的类[6]。综合考虑，我们认为"双"在表"二+单位词"暂作为形容词较好。

2.2.3 "再"多视为副词[7]，而王力先生（1989：20）把它作为数词："'再'字在上古时代用作数词，表示'两次'。……直到近代（大约在明代或较早），'再'字才发展为副词，表示'又一次'。"[8]麦耘先生认为："要将'再'视为真正的数词，要找到它用在确凿无疑的量词前面才能说明。""如果'再'修饰专门的名量词，如'马再匹'，或修饰名词与量词跨类词，如'再人'，则可认为'再'为数词。确定是否数词应该有不止一个视角，这恐怕要对数词的语法地位作全面考察后才能说得清楚。"[9]

郭锐先生则将"再"与上古汉语典型数词的七种主要分布类型作了对比，然后总结道："这些位置上，除系数～（系位组合）外，'再'都可以出现，因此'再'应该是数词，是一个系数词"，"当然，'再'在

---

[1] 现代汉语数词系统中还有数量合一的形式，如"俩（两个）"、"仨（三个）"，可参李宇明（2000）。
[2] [法]贝罗贝认为："量词（CL）出现在汉代（公元前2世纪），并在中古早期开始普遍使用。它们主要经过语法化过程后，从名（也从少数来自形容词或动词的）演变而来。这个过程可能历时很长，对大部分的量词来说，晚至中古后期才完成。到了那时，大多数的量化NP采用量词。"（《上古、中古汉语量词的历史发展》，载《语言学论丛》21辑，第99—122页，商务印书馆，1998年10月）郭锡良甚至提出："魏晋以后，单位词才完成了分化的过程，形成了一个独立的量词范畴。"（《从单位名词到量词》，原载《文科园地》1984年第7期，后见《汉语史论集》，第31—35页，商务印书馆，1997年8月）。这种说法可能过于保守，甲骨卜辞中出现了少数名量词（张玉金《甲骨文语法学》，第19—22页，学林出版社，2001年9月）。
[3] 袁毓林主张："数词是能用于量词'个'前面、不能直接用于名词前面的黏着词。据此，可以把数词的分布框架修正如下：(5b)S:_个&＊二_N。"（《一个汉语词类的准公理系统》，载《语言研究》2000年第4期，第1—28页）可它并不适用于位数亿、万、千、百与零数（0），同时还要排除后置情况（独一无二）。
[4] 吕叔湘主编：《现代汉语八百词》（增订本），第444页，商务印书馆，1980年5月。
[5] http://chinese.pku.edu.cn/bbs/thread.php?tid=5562&highlight=&page=4&showgood。周法高（1959：273—276）曾将数词在句中做形容词、副语、名语、述语等时的用法分为15类，可参。
[6] 袁毓林：《词类范畴的家庭相似性》，载《中国社会科学》1995年第1期，第154—170页。
[7] 中国社会科学院语言研究所、古代汉语研究室编：《古代汉语虚词词典》，第803页，商务印书馆，2000年1月。
[8] 王力曾称"再"为"副词性的数词"（《汉语史稿（中）》[修订本]，第255页，中华书局，1980年6月）。
[9] http://chinese.pku.edu.cn/bbs/thread.php?tid=5562。

定语位置罕见，这是因为'再'主要用来表示动量，与'二'有大致的分工，'一、三、四'等其他数词则既可表物量，又可表动量。这种大致的分工可与现代汉语'两'与'二'的分工比较，'两'用于计量，而'二'用于表顺序，但两者都是数词。即使'再'不出现于定语位置，由于可在其他典型数词出现的位置出现，也可确定其为数词。"①

张万禾先生指出："边缘问题真是很麻烦。把'再'划入数词，但又觉得它有点像副词；如果划入副词，又看它像数词。不过我觉得古代汉语的'再'更近似于数词，这因为'再'有时夹在一和三之间，还因为古代汉语的'再'以一为前提，用以佐证的是，现代汉语的'再'已经不以一为前提了。我觉得，目前划入数词要比划入副词好，因为其他数词大都有副词的功能，反过来说，作为副词却有数词的功能就比较费解。"②

"再"的本义为二鱼，这是它寓有"二"义的充足语义条件。"再"表"两次"或"又一次"时，应视为副词，例不烦举；而表数量"二"时，做数词。如下：

1）王之五路，一曰玉路，锡樊缨十有再就，建大常，十有二斿，以祀。（周礼·春官宗伯）
2）王合诸侯而飨礼，则具十有二牢，庶具百物备；诸侯长，十有再献。（周礼·秋官司寇）
3）国谷之分在上，国谷之重再十倍，谓远近之县里邑百官皆当奉器械备。（管子·臣乘马）
4）君以织籍籍于系，未为系籍，系抚织再十倍其贾。（管子·轻重丁）
5）唯廿又再祀。（䜌羌钟）
6）于是弘羊赐爵左庶长，黄金再百斤焉。（史记·平准书）
7）三人负麻人反十八束反复卅里人再反六十里（敦煌汉简1650）
8）三人负禀步昌人二反致六橐反复百八十八里百廿步率人行六十二里二百卅步（敦煌汉简1693）③
9）传言黄帝龙颜，颛顼戴午，帝喾骈齿，尧眉八彩，舜目重瞳，禹耳三漏，汤臂再肘，文王四乳，武王望阳，周公背偻，皋陶马口，孔子反羽，斯十二者，皆在帝王之位或辅主忧世，世所共闻，儒所共说。（论衡·骨相篇）

上揭例7与例8"人再反"与"人二反"两相对比，"再"之"二"义甚明。

3．用法

3.1 关于"二"，一般认为它主要做基数，周生亚先生（1984：447）就断言："'二'和'两'最大的不同点是'两'能做状语，而'二'不能。"但新公布的上博简（三）《彭祖》8有："狗（耇）老式（二）拜旨（稽）首曰……"，同于习语"再拜稽首"，也就是说"二"可做状语。另上揭例9"人二反"及《左传·成公八年》"礼无加货，事无二成"之"二"皆做状语。

陈斯鹏先生指出：以前认为上古表示动作发生两次说"再 V"不说"二 V"，其实只是根据现象归纳出来的，并说不出什么理据。相反地，原来应该是"二"更具备这种资格。因为其他数词（一般应是单音节的）都具备此品格。为什么单单"二"是特殊？现在新材料正好说明，"二"原本确实是有这种用法的。所以，我觉得现在主要的问题恐怕不是解释为什么"二"可以这样用，而是解释为什么"再"也可以这样用，甚至排挤"二"而处上风④。张万禾先生也曾提出："现代汉语中'二'这个数词在很多地方被'两'挤占了，比如'两发子弹'、'三发子弹'，但是'二发子弹'听起来很别扭，'二'使用的频率好像还不如'两'。我猜测，上古汉语中'再'会不会也是如此：是挤占'二'的表达动量的用法的。"⑤

二位先生的目光非常敏锐，这确实是一个发人深思的问题。但难点在于：为什么"两"、"再"会挤占"二"的用法？"二+动量"之用法为什么鲜有其例呢？

3.2 以前学者提到"二"和"再"或"两"的区别时，着眼点集中于"二"能否做状语，"再"能否

---

① 同上。
② http://chinese.pku.edu.cn/bbs/thread.php?tid=5562&highlight=&page=5&showgood。
③ 例7、例8见《敦煌汉简》下册，第283、285页，中华书局，1991年6月。
④ 《讨论："再"和"二"》，原载 http://chinese.zsu.edu.cn/jxhd/list.asp?boardid=16。（注：现帖子已误删）
⑤ http://chinese.pku.edu.cn/bbs/thread.php?tid=5562。

做基数词,"两"能否做分子,但现在看来这种区分点也成问题。

从"两"、"再"的字形析之,可见二者在上古汉语中就引申表数量"二",也就是说它们与"二"并不存在谁挤占谁的问题,而是在某一用法上谁战胜谁的问题,即主流与支流的关系。要之,"二"、"两"、"再"在上古汉语中都适用于"~动量"的格式。至于它们彼此的消长关系,则是语言简洁性与明确性相互作用的结果。语言的简洁性要求表示"二"的数词尽量统一,而"二"因易书写,表义清晰,语法功能强大,自然成了最佳选择,所以在表"二"的数词群中始终处于主流。但这也造成了其负担过重,故"再"、"两"就兼有数词部分职能,作为分流,而不是附加义变体[①]。而一般来说,副词修饰动词是颇易理解的,而"再"可做程度副词,自然就逐渐地取代了"二"这方面的用法。但因它的语义倾向于向"重复"发展,故"两"也常常挤占进来,最终取得统治性地位。

3.3 现在将"二、两、双、再"四者在句法与语义层次上的异同列表如下:

异同 数词	句法						语义
	主语	谓语	宾语	定语	状语	补语	
二(基数/序数/分数)	+	+	+	+	+	+	平行或并列
两(基数/分数)	-	-	+	+	+	-	对称或对立
双(基数)	-	-	+	+	-	-	匹配成对
再(基数/序数)	-	-	+	+	+	-	先后顺序

注:①"+"表有,"-"表无;②"双"非数词,仅为便于比较而列于表中。

4. 小结

综上所述,从来源上看"二"的本义为平行二物;"两"本义指车之两軛,后直接引申出"同驾一车之二马"义,再泛指成对之物;"双"最初很可能做动词,后引申指二鸟,再泛指成对事物;"再"本义为二鱼,后引申出"一再、重复"之义。从性质上看"二"、"两"是数词,这是无疑的;"双"在表"二+单位词"时暂做形容词较好;"再"看作兼类词较为合适,表"两次"或"又一次"时,应视为副词,表数量"二"时,看作数词。从用法上看"二"和"再"、"二"和"两"的区别不应集中于"二"能否做状语,"再"能否做基数词,"两"能否做分子上。"两"和"再"在上古汉语中就引申为表数量的"二",因此它们与"二"并不存在谁挤占谁的问题,而是在某一用法上谁战胜谁的问题,即主流与支流的关系。

【参考文献】

[1] 周法高. 中国古代语法(称代编)[M]. 台北:中央研究院,1959年4月.
[2] 于省吾. 释"两"[J]. 古文字研究(第十辑):1—9. 北京:中华书局,1983年7月.
[3] 沈镜澄. 说"network"[J]. 中国语文,1984(5):388—389.
[4] 周生亚. "二、两、双、再"用法比较[J]. 中国语文,1984(6):445—451.
[5] 陈初生. 金文常用字典[M]. 西安:陕西人民出版社,1987年4月.
[6] 王 力. 汉语语法史[M]. 北京:商务印书馆,1989年4月.
[7] 刘宝俊. 论原始汉语"二"的语音形式[J]. 语言研究,1990(1):37—50下转86.
[8] 汤余惠. 商代甲骨文中的"丙"和"两"[J]. 史学集刊,1991(2):67—68;语言文字学(人大复印资料),1991(7):136—137.
[9] 邢福义. 现代汉语数量系统中的"半"和"双"[J]. 语言教学与研究,1993(4):36—56.
[10] 栾允庆. 讨论"再"的词性与词义[J]. 北方论丛,1995(2):63—65.
[10] 孙向阳. 说"两"[J]. 广东社会科学,1995(2):90—93转106.
[11] 龚曼丽. 几个特殊数量词词义源流谈[J]. 怀化师专学报,1995(3):94—96.

---

① 萧国政、李英哲称"两"为"二"的附加义变体(《汉语确数词的系统构成、使用特点和历史演进》,载《武汉教育学报学报》1997年第1期,第34—44页)。

[12] 史锡尧. "再"语义分析——并比较"再"、"又"[J]. 汉语学习, 1996（4）：8—12.
[13] 傅　力. "双"、"两"释异[J]. 中国语文, 1996（5）：382—385.
[14] 萧国政, 李英哲. 汉语确数词的系统构成、使用特点和历史演进[J]. 武汉教育学院学报, 1997（1）：34—44.
[15] 殷国光.《吕氏春秋》词类研究[M]. 北京：华夏出版社, 1997年3月.
[16] 何琳仪. 战国古文字典——战国文字声系（上）[M]. 北京：中华书局, 1998年9月.
[17] 张涌泉. 现代字源"双"字小考[J]. 语文建设, 2000（3）：43.
[18] 李宇明. 量词与数词、名词的扭结[J]. 语言教学与研究, 2000（3）：50—58.
[19] 王贵元. 战国竹简遗策的物量表示法与量词[J]. 古汉语研究, 2002（3）：64—68
[20] 芫　崧. 谈谈连词"再"[J]. 语文学刊, 2002（3）：69—70.
[21] 郭　锐. 现代汉语词类研究[M]. 北京：商务印书馆, 2002年7月.

Further Discussion on Ancient Chinese "二、两、双、再"

Zhang Jingjing

（Chinese Department of Sysu University, Guangdong 510275, China）

Abstract: In Chinese, "二、两、双、再" have different origins, meanings and usage. But in ancient Chinese, their some usage is promiscuous. "二、两、再" can all be used in "～+V+CL". The relation among them is mainstream and anabranch.

Key Words: 二；两；双；再

象形指事之次第浅论

杨玲荣

【摘　要】 关于象形与指事在"六书"中的次第问题，目前学术界存在两种观点：一种认为象形当排第一，指事排第二；一种认为指事当排第一，象形排第二。本文试图说明：象形字与指事字在文字始创阶段应当是同时出现于文字系统之中，从文字产生的时间角度看，二者没有先后之分。

【关键词】 象形字；指事字；次第

关于"六书"的名序，分歧当始于汉代。东汉时，班固、郑众、许慎在不断总结前人关于汉字认识成果的基础上，相继把《周礼》中只有名称而无具体阐释的"六书"解释为六种造字方法，并提出各自的名称和次第，史称东汉"六书"三家说。后世研究"六书"的众多学者大多袭用班固在《汉书·艺文志》中的"六书"次第，而用许慎《说文解字·叙》中"六书"的名称。这样"六书"的名序应是：象形、指事、会意、形声、转注、假借。这种排序和名称是文字学界的一种主流。当然，不同声音也是存在的，以"六书"中象形与指事的次第而言，就有两种完全不同的看法：一种认为象形当排第一，指事排第二；一种正好相反，认为应该指事第一，象形第二。那么产生两种不同排序的根由在哪儿，到底该怎样排序更加合理呢？本文拟就这个问题谈一点自己的粗浅看法。为论述方便起见，我们姑且把前者称为象形论，后者称为指事论。

持象形论的学者认为在汉字的造字方法中，象形最原始，使用最早，其他造字方法不能与之相比，象形是汉字造字之本。具体说来，从文字的起源和发展来看，最初的文字是图画文字，这种文字多取象于客观实物的形体，"逼真"是它的一大特点。例如牛、羊、鱼、鸡等在甲骨文中就是依照实物形象描绘下来的文字。后来为了书写辨识上的便利，人们逐渐省去其繁复的线条，减弱它的图画性，只突出所代表实物的特征，增强它的符号性，这样就产生了真正意义上最古的文字——象形文字。但是象形字只能表现具体事物，而对抽象事物则无能为力，不能适应日益发展的社会的需要，为了改变这种情况，人们在象形字的基础上创造出了指事字，比如刃、甘、本、寸等。既然象形字是指事字的基础，那么当然先有象形后有指事。当然少数指事字出现也很早，诸如一（一）、=（二）、口（方）、〇（圆）之类，但这些不能成为指事字主流，从总体上还是象形字居领先地位。所以从汉字演变过程来看，象形是造字方法的基础，其余造字方法都源于象形，象形反映出汉字的根本性质，无疑是最基本的造字法，在"六书"中理应排名第一。

持指事论的学者则认为，当初许慎将指事排在第一的次序最为合理，这样的排序蕴含了他对汉字起源的科学认识，准确反映了汉字符号产生的原始逻辑。根据许慎《说文·叙》记载，文字产生以前先民是用结绳、画卦、图画等方法记事，汉字的产生应该是多源性的，而在整个发生源中，记号是汉字产生的第一步和最初表现。在人们正式创制文字时，最先选用的是长期使用的约定俗成的符号——记号，而由记号发展而来的字就是许慎所谓的指事字，它比象形字产生得更早。许慎正是认识到这一原始事实，所以才把指事次于"六书"之首。针对象形论者"指事字在象形字的基础上产生"的说法，他们指出，指事字应分为两种类型，一种是纯符号的，如一、二、上、下；一种是在象形字上添加指事符号的，如刃、亦、寸、牟。这两种类型，前者来源于"契刻记事"产生的刻画符号，因此发生在象形字之前。后者因要在象形字上添加指事性符号，必得在象形字产生之后才能创制，所以相对产生在后；然而在此类指事字中，象形字的作

【基金项目】 教育部人文社会科学重点研究基地基金资助项目"基于语料库的先秦两汉出土文献句法发展研究"（06JJD740011）相关成果。

【作者简介】 杨玲荣，女，华东师范大学中文系汉语言文字学 2005 级硕士。（上海　200062）

用只是一种背景参照物，主要的字义作用还得体现在那个指事性符号上，而这个符号又是抽象的，属于纯符号字的。就纯符号指事字和象形字发生次第而论，象形字又是发生在后的。基于以上理由，指事论者认为指事在"六书"次第当中，应列第一。

以上为象形论、指事论两派的基本主张，均堪称言之成理、持之有故。两家在论述各自的观点时，客观上使汉字起源与发展的历史轮廓越来越清晰地呈现在世人面前，功可谓大焉。可以看出，所谓象形第一或者指事第一，争论的实质是想以哪一种文字更早出现、更早得到运用来决出相应造字法的次第。在我们看来，上面两派的主张都有其合理的一面，又各有所不及。我们认为，象形字与指事字是同时出现于文字的始创阶段，若从两者在文字系统中谁先产生来论，二者并无次第之分。

汉字是自源文字，其形成过程是一个渐进而漫长的系统演化过程。既然有汉字的创制，就有汉字的源起，就应有汉字的前身。许慎在《说文·叙》论及文字始创时说："黄帝之史仓颉，见鸟兽蹄迒之迹，知分理之可相别异也，初造书契……"段玉裁在为《说文·叙》作注时也说："仓颉为记事之官，思造记事之法而文生焉。"①这些叙说都没有论及史官对先民记事符号的继承与扬弃，忽略了文字创制前所有的记事符号，显然是不符合事理逻辑的。文字不是突然产生的，也不是凭空产生的，更不是一个人就能造出来的。所以仓颉造字只能是一个传说。仓颉造字之说虽然不能成立，但也不是全无意义。首先它说明在文字的产生过程中，如仓颉之类的史官曾经出面整理、规范过文字。其次这个传说可以看作汉字产生在性质和时间上的一个相对分水岭（因为汉字创制的具体时间目前尚无定论）：在此之前，各种记事符号图形是汉字的前身；在此之后，一种全新而有效的记事手段——文字产生了。

有了这个分水岭，许多问题开始明朗起来。首先，文字的前身是什么？应该就是文字产生之前行使记事功能的各种符号及图形，它们不是文字却孕育了文字符号，是文字的渊源物，文字的产生受到它们的制约和影响，从某种意义可以说，文字是从文字前身脱胎而来，是对前身的继承发展、改造扬弃。据史料记载再加上考古的证实，汉字产生前人们曾用结绳、八卦、契刻、图形等方法记事。指事论者已经证明许慎所说的指事字就是从结绳、八卦衍化的符号发展而来；象形论者也已肯定汉字源于图画，象形字则直接继承其传统而诞生。综合以上论述我们是否可以得出这样的推论：汉字的前身应该是多元的，在汉字产生之前曾有相当一段时间，结绳、八卦、契刻、图画相互配合、相辅相成，并行不悖地行使着记事的功能，为人类的社会实践服务。而图画当为文字产生前夜各种记事手段的集大成者，因为图画不仅可以将代代相沿、约定俗成的结绳、八卦等符号用线条形式表现出来，让它们继续表达大小多少等抽象概念，还能将抽象符号大小多少所指向的具体实物描摹出来，抽象与具体的配合使用使所记的"事"更加清晰明确。

这种图画记事手段，《中国语言学大辞典》对它的解释是："用一幅画或一组画来传递信息的一种原始记事方法。它与供人欣赏的图画有区别，是记事的辅助性交际工具，具有突出的抽象性和象征性。图画记事与文字有着最接近的血缘关系，成为早期象形字的主要基础和来源。"记事图画的特点是用整幅画表示意思，本身不能分解成字，没有固定的读法。之所以要这么强调是因为自从20世纪30年代唐兰先生首倡"汉字产生于图画"②说以来，图画是文字之源的说法被广泛接受。象形论者的推理也由此出发，认为：既然汉字来源于图画，象形字又直接继承图画象形的特点，反映汉字的根本性质，是其他汉字的基础，自然最先产生。这种观点的不妥在于将图画与象形字直接挂钩、简单对应，使大众产生误解，以为在从图画到汉字的演变中只产生出一种形体的文字，就是象形字，它只不过是将图画线条简单化，并有了固定的音义而已。毋庸置疑，象形字的产生在字形上是受到图画中实物图形的启发和影响的，但审视图画记事的概念特点可以轻而易举地发现图画与象形字是两回事。简言之，从单位来说，图画以"幅"论，象形字以"个"算，不存在一幅画对应一个字的情况。从与语言的关系来说，图画需要用语言去解释，但具体选用什么语词是灵活的；象形字本身是记录语言的符号，与语言中的词严格一一对应。从反映内容上看，图画记事物，意义涵盖具体与抽象，范围宽广；象形字记实物，表义只限于自身。由这些不同不难想到，图画虽然是以

---

① 段玉裁：《说文解字注》，上海古籍出版社，1981年。
② 唐兰：《古文字学导论》，齐鲁书社，1981年。

象形的具体实物为主，其中也不乏一些表抽象概念的符号，只是数量较少，又不如象形图形易识易辨，容易被人忽视而已。举例来说，云南晋宁县石寨山滇人墓中出土的铜片上的图像是许多学者认可的图画文字，上面的图形"虽然残留着浓厚的图画残余，但许多动物已简化到以头代物，许多常用物已简化为以容器表所容物，而且产生了表数和表价值的符号"[①]。这样的例子并不少见。所以我们认为，在先人发明汉字前使用的最后一种记事手段——图画中，不仅含有象形字前身，也含有指事字前身；只看到图画与象形字的关系而将同时存在的抽象符号全部抛开是片面的。

换一个角度看，从图画到文字的演进中，也不可能只产生出象形字。如果文字始创之时只有象形字会出现什么样的局面呢？裘锡圭先生曾举例说："用'大鹿'表示'大鹿'，跟画一头很大的鹿来表示这个意思，是根本不同的两种表意方法。不知道大代表'大'，就无法理解'大鹿'说的是什么。如果把它们当图画看待，只能理解一个人跟一头鹿在一起。"[②]可见单靠象形字或象形图画的聚合表义是模糊的。而考察我们所有的象形字，其内容也多为山川鸟兽草木之名。如果全用这些字来写几句简单的话，就是我们现代人绞尽脑汁恐怕也难以做到。这是因为，现实的记录和交际不仅涉及人或物，还要涉及他们的运动、行为、变化、属性等。只具有名词性质的象形字要独自担当文字记录交际的功能明显不敷使用，在记事上甚至不如它的来源图画更有用。这样的文字能够独立诞生且有必要诞生吗？显然不能。这个道理同样适用于指事字。换句话说，先产生象形字，然后在此基础产生指事字，或者，先民造字最先选用的是由约定俗成的记号演变而来的指事字，这两种说法都是靠不住的。从创制文字的功用目的来说，文字体系产生之初客观上要求其必须至少同时具备象形字与指事字。

顺便对象形字基础上产生的指事字谈一点想法。长期以来，这部分指事字被看作是为了弥补象形字难表抽象的不足而产生，而事实是，很多以象形字为基础产生的指事字还是在表具体而并没有去表抽象，如我们熟知的刃、寸、本、亦等。由此可见，表抽象的问题并没有因这类指事字出现而得到彻底解决。我们认为，正因为这类指事字与相应象形字的关系密切，它们更可能是同时产生的。以刀、刃为例，试想，先民在有表"刀"意之需求时，同时也应有了表"刃"意之需求，那么先民写或者画下"刀"字之时，同时就有可能在刀刃的部位加上一个指事符号产生出"刃"字来。同理如"大"与"亦"，"又"与"寸"，"木"与"本"等。也就是说有这种对应关系的象形字与指事字，在象形字产生的同时很有可能相应的那个以其为基础的指事字也紧随其后诞生了。所以只凭前者在形体上做了后者的基础这一点，恐怕并不足以说明二者的产生有时期上的差距并进而影响到"六书"中的排序。而从这类象形字与指事字身上，恰恰又可以见出象形与指事两种造字法只是后人对已有汉字的归纳总结，在先民造字时这两种手段本来是交融在一起，共同为记事服务的。

综上所述，我们可以这样总结，在上古时期，各类记事手段先后出现并互相补充，图画记事是其集大成者。如果说汉字主要是从图画发展而来，那么这些图画中已经同时包含了象形元素与指事元素，记事的要求使它们不可分割地统一于种种图画中。在汉字有了正式确立的需要时，当先民有意识地从图画中整理、选用、改造，使其中的各种符号、图案趋于简单、规范、标准，使之成为真正意义上的文字时，象形字与指事字的前身元素作为文字系统中的不同功能部分同时被吸纳，从而产生出真正意义上的象形字和指事字。这应该是顺理成章、水到渠成的。也就是说，象形字与指事字同时产生于文字的始创阶段。

这一观点可以图示表达如下：

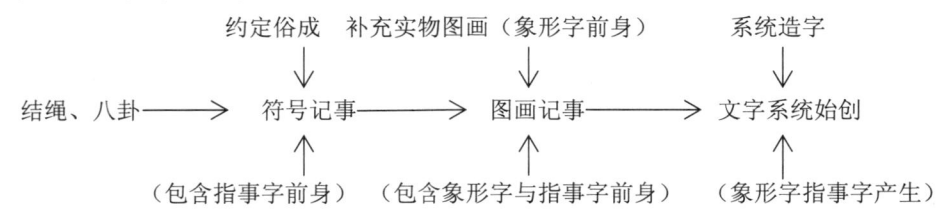

```
                    约定俗成    补充实物图画（象形字前身）    系统造字
                       ↓              ↓                      ↓
       结绳、八卦 ——→ 符号记事 ——→ 图画记事 ——————→ 文字系统始创
                       ↑              ↑                      ↑
                   （包含指事字前身）（包含象形字与指事字前身）（象形字指事字产生）
```

---

① 王凤阳：《汉字学》，吉林文史出版社，1989年。
② 裘锡圭：《文字学概要》，商务印书馆，1988年。

需要说明的是，在系统造字之前的一切记事符号、图画都不是文字，而是文字的渊源物，在文字系统始创时，对它们进行了形、音、义上的规范整理，它们才成为真正意义的文字。所以，先前象形论者与指事论者没有将文字前身和文字进行区别，想通过论指事字和象形字谁先产生来决定两种造字法在"六书"中的排序，其争论实质却指向二者的前身谁先产生。若"六书"以象形字、指事字的产生先后为标准排序，则应在二字真正产生时起进行论述，那应该是在文字系统始创之时。而二者在图画记事时代就互相配合、互补不足，互相借鉴，共同承担图画表义的功能，在正式选字时断无抛弃其中一个而只要另一个之理，也就是汉字史上没有纯粹的象形字时代，也没有纯粹的指事字时代。二者作为文字是同时产生的，不能以此决出二者在"六书"中的位次。

清代戴震在《答江慎修论小学书》中说："大致造字之始，无所凭依。宇宙间事与形两大端而已：指其事之实曰'指事'，一、二、上、下是也；象其形大体曰'象形'，日、月、水、火是也。……"这位几百年前的文字学家实际已经指出，造字之初同时具备指事字、象形字，这是由宇宙间"事"与"形"两大端所决定的。

以上就是我们关于象形、指事次第的浅见。那么，指事、象形到底该如何在"六书"中排序呢？我们认为为了教学研究的方便，按约定俗成来最好，但要明白这个排序并不说明相应文字产生的先后，"任何一种造字法（我们对形声字另作处理）都不是某一造字法停止生产之后才突然产生的"[①]。

【参考文献】

[1] 唐　兰. 中国文字学[M]. 世纪出版集团, 上海：上海古籍出版社, 2005.
[2] 郭沫若. 古代文字之辨正的发展[A]. 见：郭沫若著. 奴隶制时代. 北京：中国人民大学出版社, 2005.
[3] 王凤阳. 汉字学[M]. 长春：吉林文史出版社, 1989.
[4] 裘锡圭. 文字学概要[M]. 北京：商务印书馆, 1988.
[5] 王元鹿. 比较文字学[M]. 南宁：广西教育出版社, 2001.
[6] 赵伯义.《说文解字》象形发微[J]. 河北师范大学学报（哲学社会科学版）, 2005（3）.
[7] 商　中. "指事字"于"六书"中之次第[J]. 河南师范大学学报（哲学社会科学版）, 2004（2）.
[8] 连劭名. 象形考[J]. 北京教育学院学报, 2004（2）.
[9] 韩　违. 指事的内涵及其次第论[J]. 云梦学刊, 1997.
[10] 毛新强. 象形指事次第刍议[J]. 伊犁教育学院学报, 2000（2）.
[11] 商　中. "指事字"之界说[J]. 周口师范高等专科学校学报, 2001（3）.

One Opinion about the Order of the Pictograph and Self-explanatory Character

Yang Lingrong

(Center for the Study of Chinese Characters and Their applications, ECNU, Shanghai 200062, China)

Abstract: At present the academia has two viewpoints about the order of pictograph and self-explanatory character in the six categories. Some academicians think that pictograph should lie in the first place, and Self-explanatory Character in the second. The other academicians think that Self-explanatory Character should lie in the first place, and pictograph in the second. This article attempts to display that the pictograph and self-explanatory character appeared at the same time when the Chinese writing system had been established.So according to the time of Chinese writing coming into being, there has no order between the pictograph and self-explanatory character.

Key Words: pictograph; self-explanatory character; order

---

① 王凤阳：《汉字学》，吉林文史出版社，1989年。

《汉语大字典》所收"品"型字探索

韩彦佶

【摘　要】 本文通过调查《汉语大字典》中收录的"品"型字，试图探讨"品"型字在构形和意义方面的一些规律和特点。

【关键词】"品"型字；构字部件；意义规律

汉字构字方法多种多样，在象形、指事、会意、形声四大类之下还可细分诸多小类。本文讨论的是一类比较特殊的会意字，为数不多却自有特色。它是一类由三个相同的构字部件构成的合体之字，并在空间方位上严格按照"上、左下、右下"的结构排布[①]，为方便起见，本文且称此类字为"品"型字。

本文试图通过穷尽性地调查《汉语大字典》中所收录的"品"型字[②]，通过分析其字义与构字部件意义之间的关系，试图探讨"品"型字的构形特点及意义规律。

一

经调查，《汉语大字典》中共收录"品"型字 97 个。其中见于《说文解字》的 33 个，其中有"羸"字，虽今见于《广韵》，但其字条作："源，《说文》本作羸，篆文省作原，后人加水。"可见，此字亦当出于《说文》，由于版本流传问题而今不得见。另有 11 例不见于《说文》而为《玉篇》收录。其余的 53 个"品"型字则皆见于宋代以后的一些字典辞书，且多集中出现于《龙龛手鉴》、《改并四声篇海》和《字汇补》三部字书中：《龙龛手鉴》中出现 9 例；《改并四声篇海》中见 16 例；《字汇补》中最多，出现 30 例，其中 17 例为其首次收录，另有 12 例转录自《改并四声篇海》，1 例转录自《龙龛手鉴》。另外的 11 个"品"型字则见于其他字书或文学作品中。

可见"品"型字在许慎编纂《说文解字》时已形成了一定的规模。随着时代的推延，"品"型字在数量上有所增加，但鉴于《玉篇》多收魏晋以后的后起字、异体字，而《龙龛手鉴》、《改并四声篇海》和《字汇补》更是收录诸多僻字、俗字，"品"型字似乎逐渐成为构造僻字、俗字的一种方式。

二

经调查，《汉语大字典》中收录的"品"型字，其字义和构字部件的关系大致有以下几种：

（一）"品"型字的意义仅为构字部件意义的叠加

卉　"卅"字。《说文》："卉，三十并也。古文省。"《书·无佚》："享国卉有三年。"江声集注音疏曰："卉，正义本作三十，今作卅。案，卅是变文，依正文当作卉。"

简单意义的叠加正是"品"型字最初阶段的意义结合方式。卉，三十之和，故以三"十"叠加之。

此类字存在数量极少，《汉语大字典》中仅出现两例，除"卉"外，另有"弄"。徐珂《清稗类钞·盗贼类》将扒手写作"弄手"，也写作"扒弄"。"弄"字至清朝始出，其单字意义及读音都无法确定，与民

【作者简介】 韩彦佶，上海市人，华东师范大学中国文字研究及应用中心 2004 级硕士生。（上海 200062）
① 相同构字部件按"左中右"结构或"上中下"结构排布的合体字不在本文的考察范围之内。
② 甲骨文、金文中的"品"型字不在此文中加以分析。

间称小偷为"三只手"有很大关系，恐怕只是文人自娱之创。

（二）"品"型字的意义为构字部件意义虚化而得

1. 表示多、盛

较大部分"品"型字，其构字部件数量的"三"已经转而虚化为该字意义中的"多"的内涵。段玉裁在《说文解字注》中以"凡积三为一者，皆谓其多也"来概括此类字的意义特征。例如：

品 《说文·品部》："品，众庶也，从三口。"《汉书·贾谊传·鹏鸟赋》"品庶每生"，《史记·伯夷列传》则作"众庶冯生"。但，"品"表众多，却并非表示人所言、食之"口"的多。高鸿缙先生在《中国字例》中认为"口为物形，非口舌之口，三口谓众物也，故品有众庶意"①。且"口"在古文字中有时不仅表示口舌之口，也可为"肉"字在偏旁中的变体（据于省吾先生释甲骨文"豚"字）或作为无义的饰符（据何琳仪先生）②。由此，不妨将构成品的"口"意义虚化。品，即为多也。

雥 《说文》：群鸟也。

磊 《说文》：众石也。

此类字为"品"型字中的大族，在《说文》中多见。

而在此类字中有个有趣的现象。如：

森 《说文》作木多皃，从林从木。玄应《一切经音义》卷十八释"森森"条时注引《说文》却作长木皃。《玉篇》、《广韵》也释森为木长皃。王筠《说文句读》据玄应改为"多木长皃也"，并注"言多者，三木也；言长者，木出林上也"。综合可见，"森"的本义似乎并非仅为"木多"之意，还有木长、木秀于林的含义。其字形也正像一高木出林中，有一种空间排布的感觉。

"垚"字等的释义似乎也证明了这点。

垚 《说文》作土高也。徐锴系传："累土，故高也。"

厽 《说文·厽部》："厽，絫土为墙壁。"《说文解字注》："象坡土积叠之形。""厶"在典籍中虽解为"私"的初文，但从许慎、段玉裁对"厽"的释义来看，"厶"的造字本义似乎更应该是土块之类。

可见"森"、"垚"等字有不断堆积、垒高的内涵。鑫、淼、焱，这些字其实也具有一定的空间排布感。鑫，多金也。金堆于金之上故财富兴旺。淼，大水也。水上再水故水大也。焱，火华也。火苗高窜故火华更显也。

可见，这类构字部件主要以无生命的自然物质为主的"品"型字除了有表示多、盛的涵义之外，还有空间排布的特征，尤其是有高、长的内涵。

2. 表示具有相同类别事物的总称

构字部件的三叠衍生出了多、盛的意义，部分"品"型字进而成为种属概念，表示与构字部件同一类别的一类事物。

卉 《说文》释作"艸之总名也"。

蟲 古代对一切动物的通称。《说文》："蟲，有足谓之蟲，无足谓之豸，从三虫。"

秦 《字汇补·禾部》："秦，《谈荟》：古国字。"秦为国名，三秦叠之而表示"国"义，恐怕也应该是出于具象个体上升为抽象总称的造字意图。

3. 表示构字部件多、盛之后所具有的特征

为数不少的"品"型字的意义则是强化了构字部件多、盛之后凸现出的某种特征。如：

姦 《说文》："私也。"即淫乱、私通之意。《玉篇》："奸邪也。"《广雅·释诂四》："盗也。"《广雅·释言》："伪也。"各本字书对"姦"的释义各不相同，但它们却有一个共通点：具有很大的贬义。综观以"女"为部首之字，不难发现其中充斥着诸多贬义的色彩。"姦"字正是强化了"女"作为部首所具有的贬义内涵。

---

① 皆转引自贾加林《说"品"形字》。

② 同上。

羴　《说文》：“羴，羊臭也。羶，羴或从亶。”段注：“臭者，气之过于鼻者也。羊多则气羴，故从三羊。”羊有其独特的膻味，当羊聚集起来的时候，此味越发浓重，故三羊叠之表此意。

孨　《说文》：“孨，谨也。”徐灏注笺：“此当以弱小为本义，谨为引申义。三者皆孺子，是弱小也。”

惢　《说文》：“惢，心疑也。”段玉裁注：“今俗谓疑为多心，会意。”另《广雅》、《广韵》、《集韵》将此字作善解。多心而疑，多心而善，两义的唯一共通点就是都是心所具备的特性。

㡭　即闹。见于《字汇补·巾部》。《说文》：“市，买卖所之也。”买卖之所必然热闹非凡，三市叠加强化喧闹的意思。

皛　《字汇补》同"皎"，洁白光明。《小学搜佚·考声二》：“元气昊白者，天也。”《淮南子·原道》：“所谓天者，纯粹朴素，质直皓白，未始有与杂糅者也。”皛，突出天纯净、白亮的特色。

这些"品"型字在强化构字部件特征时具有较大的随意性，构字部件叠加而强化的特征并没有明确的规律性，我们只能在了解字义之后分析得出其凸现了构字部件的特征，而无法在看到字形之后立即判定其意义体现了构字部件的哪种特征。但以走兽名作为构字部件的一些"品"型字，其意义都主要表示走兽群体的动貌。

猋　《说文》：“猋，犬走皃。”段玉裁注：“引申为凡走之称。”

驫　《说文》：“驫，众马也。”王筠《说文句读》曰：“拟挩'行'字，《字林》：'驫，众马行也。'”

犇　牛惊走。见于《玉篇》。《正字通·牛部》：“奔，牛骇群走也。”"犇"、"奔"读音相同，音同义近，所以文献中有以"犇"代"奔"之例，如《荀子·大略篇》：“故吉行五十，犇丧百里。”

麤　《说文》：“行超远。”段注：“鹿善惊跃，三鹿齐跳，行超远之意。”

毚　《说文》：“毚，疾也。”段注：“兔善走，三之则更疾矣。”

还有一些"品"型字，其意义并不是强化构字部件本身的特征，而是突出三个相同的构字部件因叠压而变小、变细、变密，从而诞生新意。

鱻　《说文》：“鱻，新鱼精也。从三鱼。不变鱼。”三鱼叠之就大小来看明显小于独体的鱼字，因而以鱻字表示小鱼，进而引申为凡物新者之称。

毳　《说文》：“毳，兽细毛也。”段注：“毛细则严密，故从三毛，众意也。”徐灏笺：“三毛者，蒙茸细密之皃，叠集为用之意。”

宀　同"挤"。《字汇补·宀部》：“俗挤字。”客多则自然显得拥挤了。

（三）"品"型字的意义较之构字部件意义，只是程度有所加深

这类现象在晚起的"品"型字中多见，且用于构字部件的字的常用词性都为形容词。

夳　同"太"，是"太"的俗字。见于《龙龛手鉴·大部》。《广雅·释诂一》：“太，大也。”《资治通鉴·周纪一》"太子击立"，胡三省注引孔颖达曰：“太者，大中之大也。”《易·系辞》：“易有太极”。惠栋曰：“极大曰太”。可见，夳只是较之"大"程度更深而已。

尛　同"么"。见于《龙龛手鉴·小部》。《说文新附·幺部》："么，细也。"《广雅·释诂二》释为小也。《广雅·释诂四》释为微也。尛，比小的程度有所加深。

馫　同"馨"。见于《改并四声篇海·香部》引《类篇》，《篇海类编·花木类·香部》曰："馨，香之远闻也，或作馫。"

矗　《篇海类编·身体类·目部》：高耸。

嚞　《说文·口部》："嚞，古文喆。"喆，智也。《诗·大雅·抑》"靡哲不愚"，陆德明释文将哲解为智。《说文》："吉，善也。"善和智之间很难说是什么关系，但智是众善之一应该是没有问题的。

（四）"品"型字义即构字部件义

此类"品"型字的出现似乎并没有什么现实意义，其字义与构字部件义完全相当，可能更多地凸现了追求繁复的审美心理。如：

㗊　同凷（块），见《龙龛手鉴·凵部》。

厽　同厸，《说文·中部》："厽，籀文厸，从三厸。"

驫　《广韵·元韵》："源，《说文》本作驫，篆文省作原，后人加水。"

（五）其他

上文对"品"型字构字部件和字义的关系进行了初步分析，但其实"品"型字的发展并非如此清晰，有的字在字形发展，尤其在隶化的过程中有了很大的变化。如：

叒　《说文》："叒，日初出东方汤谷所登榑桑，叒木也。象形。"罗振玉《增订殷虚书契考释中》："卜辞诺若字象人举手而跽足，乃象诺时巽顺之状……古金文若字与此略同。"从罗振玉先生对此字甲骨文、金文字形的考释来看，叒即为若的初文，象人席地而坐将发理顺形。此字原先其实并非"品"型结构，现在书写作"品"型只是隶化过程中的一种偶然现象。

晶　《说文》："晶，精光也，从三日。"徐灏笺："晶即星之象形文，小篆变体有似于三'日'，而非从'日'也。古书传于'晶'字别无他意，'精光'之训，即'星'之引申，因声转为'子盈切'，遂歧为二字耳。"甲骨文"星"字象众多的星星形，星星之数三五不拘，到了小篆，则规范为三，会众多之意，并增声符"生"，作"曐"，后来简化成为"星"。而未加声符的字形则分化成"精光"的"晶"了。实则晶的构字部件并不为"日"。

劦　《说文》："劦，同力也。《山海经》曰：'惟号之山，其风若劦。'"其实"劦"字甲骨文象三耒形，为合力并耕之意，在隶化的过程中，后人根据合力的意思，以三"力"叠之表示。

有的"品"型字与构字部件之间联系较隐讳，甚至已经无从关联。如：

ヽ　佛书用字，同"伊"。典出《大般涅盘经·寿命品》："何等名为秘密之藏，犹如ヽ字三点，若并则不成伊，纵亦不成。如摩醯首罗面上三目，乃得成伊三点。若别亦不得成。"此字仅在佛书中使用，想来可能是为了与佛教神话人物的三目神眼象形而特造的字。

茻　虽有高耸的解释，但《玉篇》作草木茂盛解，就构字单位及结构上来看无法解释。

麤　除解释为行超远，《玉篇》、《礼记》还作粗糙、粗劣解。也同样无法获得解释。

畾　同"靁"（雷）。但《玉篇》作田间、田间的土地解。《墨子》则解为古时盛土器。

而其他诸如㿇，《字汇补·田部》释为"幕字甲声"或释为"雪中行"。塞，作窒塞解。飍，风声也。䨻，鸟名。都难以结合构字部件加以解释。

还有一部分的"品"型字，各类字书只是收录，并没有予以释义，这些字的意义恐怕只能等待出土文献的帮助了，如：

㠭、森、晶、畾、哥、毳、筞、晶、叒、䦥、壵、鑫、驫、飝、爨、蠱

三

造字之初，汉字的形体均为依类象形的独体字，所表示的意义也都应为与日常生活关系最为密切的可感可观的具体事物。而随着人类思维和逻辑能力的提升，人们逐渐学会用两个或多个象形字的组合来表达某些抽象的概念与范畴，于是会意字应运而生。其中，有一类会意字为了表示某样事物的多、成群，在构字时引入本身意义可以虚化为多的"三"，将相同的构字部件三叠。"品"型字因此而诞生。正是出于如此的构字本意，在《说文》、《玉篇》等早期字书中所收录的"品"型字，其构字部件几乎都为名词性的独体之文。

而后起的"品"型字却淡化了构字部件三叠衍生多、盛的功能，在意义上与构字部件义相差无二或完全等同。其在社会文化心理方面的功能倒越来越强，多出于审美的目的——"品"型字的底座左右对称、稳重，整个字形上下均衡，繁复中不失规则。甚至某些文人为了夸耀学识，在自身作品中或小范围内创造了并不能得到社会认同的"品"型字。因而后起绝大部分"品"型字或者音义不详，或者只是一些字的俗体、异体。

【参考文献】

[1] 汉语大字典编辑委员会. 汉语大字典（缩印本）. 武汉：湖北辞书出版社；成都：四川辞书出版社，1993.
[2] 许慎撰，段玉裁注. 说文解字注. 上海：上海古籍出版社，1988.
[3] 顾野王撰，胡吉宣校释. 玉篇校释. 上海：上海古籍出版社，1989.
[4] 行　均. 龙龛手镜. 北京：中华书局，1985.
[5] 梅膺祚，吴任臣. 字汇，字汇补. 上海：上海辞书出版社，1991.
[6] 何琳仪. 战国文字通论. 北京：中华书局，1989.
[7] 贾加林. 说"品"形字. 承德民族职业技术学院学报，2001（1）.
[8] 曹铁根. "品"型字形构命意之文化观照. 集宁师专学报，2000（1）.

An Exploratory Approach to the Characters of "品" (Pin) Structure in Chinese Dictionary

Han Yanji

(Center for the Study of Chinese Characters and Their applications, East China Normal University, Shanghai 200062, China)

Abstract: This paper makes a tentative approach to exploring the rules and features of the characters of "品" (Pin) structure in Chinese Dictionary.

Key Words: the characters of "品" (Pin) structure; radical; meaning and rule

走马楼吴简用字构件混淆释例

郑 蓓

【摘 要】 本文针对走马楼吴简用字中的构件混淆现象，将其分成十二类加以归纳整理，并举例说明。同时分析其形成原因，为考察这一历史时期社会用字情况提供线索，也有助于总结汉字的演变和传承规律。

【关键词】 走马楼吴简；构件；混淆

1996年，走马楼吴简于长沙市中心走马楼街被发现。该批吴简的数量多达14万枚[1]，超过20世纪以来全国发现的总量。字体上，其书风介乎隶、楷、行之间。华东师范大学中国文字研究与应用中心走马楼吴简资料库对其用字在形、义上进行了穷尽性的分析。本文就是在这一基础上形成的。所谓构件混淆，也称构件混用或讹误，是指某些构件在书写过程中因演变或讹写产生异化，其结果恰巧又与另一构件相同或相似[2]。这种混淆有时并非一个构件就一定与另一个构件混淆，有可能是一个构件同时演变成与多个构件混淆，也就是说，"A→B"，同时"A→C、D"。以下就走马楼吴简用字中构件混淆现象加以归类分析：

1. 木→扌

在走马楼吴简中将构件"木"写成"扌"的字很多，书写时为了图快捷是其中的一个原因，另外在小篆中，构件"朩"与"￥"的写法也有些相似，把"木"向下弯曲的那一笔写成向上的曲笔，就与构件"扌"相近，具体实例如下：

杨—扬 五·二九

简五·二九云："下俗丘男子五杨，佃田四町，凡七亩，皆二年常限。（下删）"

按：《说文·木部》："杨，木也。从木易声。与章切。"《玉篇·木部》："杨，余章切。杨柳也。"扬：《说文·手部》："扬，飞举也。从手易声。"两个构件因形近而混淆。

校—挍 四·三六二

简四·三六二云："……嘉禾五年三月十日，主者史张惕、赵野、陈通校。"

按：《说文·木部》："校，木囚也。从木交声。古孝切。"《玉篇·木部》："校，胡教切。械也。《周礼》：校人掌王马之政。又古效切。"

栋—㨂 五·六七六

简五·六七六云："……其熟田收钱亩八十，凡为钱三千二百，准入米二斛八斗，五年十一月廿日付仓吏张曼、周栋。（下删）"

按：《说文·木部》："栋，极也。从木东声。多贡切。"《玉篇·木部》："栋，都贡切。屋极也。"

樵—㸂 五·九零二

简五·九零二云："刘里丘男子郑樵，佃田十四町，凡十五亩，皆二年常限。（下删）"

按：《说文·木部》："樵，散也。从木焦声。昨焦切。"《玉篇·木部》："樵，昨焦切。薪也。"

杜—扗 四·六四

简四·六四云："小赤丘男子杜绦，佃田二町，凡廿亩，皆二年常限。（下删）"

【基金项目】 教育部社科研究基金"魏晋南北朝汉字发展史"（项目编号：05JJD740009）。
【作者简介】 郑蓓，女，华东师范大学中国文字研究与应用中心2004级硕士研究生。（上海 200062）

[1] 汪力工女士作为具体保管者，最新统计，J22埋藏的吴简将近14万枚（《王素：《长沙走马楼吴简研究的回顾与展望》，载《吴简研究》第1辑，第1—39页，崇文书局，2003年7月》）。
[2] 李运富：《楚国简帛文字系统研究》，第41页，岳麓书社，1997年10月。

按：《说文·木部》："杜，甘棠也。从木土声。徒古切。"《玉篇·木部》："杜，徒古切。赤棠也。又塞也。"

2. 木→忄

在小篆中，构件"朩"与"忄"的写法稍有些相似，所以"木"与"忄"也是因为形近而引起的混淆，具体实例如下：

栋—悚 五·九五七

简五·九五七云："……其熟田亩收钱八十，凡为钱一百六十，准入米一斗二升，五年十二月六日付仓吏张曼、周栋。（下删）"

按：《说文·心部》："心，人心，土藏，在身之中。象形。博士说以为火藏。凡心之属皆从心。息林切。""栋"的解释见上文。

桓—恒 四·五零九

简四·五零九云："囗丘州吏桓囗，佃田五町，凡六十五亩，悉旱，亩收布六寸六分。（下删）"

按：《说文·木部》："桓，亭邮表也。从木亘声。胡官切。"

3. 爿→木

蒋—塝 四·四五六

简四·四五六云："绪中丘男子邓蒋，佃田二町，凡十三亩，皆二年常限。（下删）"

按：《说文·艸部》："蒋，苽蒋也。从艸将声。子良切。"爿：《汉语大字典·爿部》："《段注说文》：'爿，反片为爿，读若墙。'孙海波《甲骨文编》：'《说文》有片无爿。《六书故》云：唐本有爿，古文一字可以反下正互写，片、爿当是一字。'"

4. 士→土

吉—吉 四·二九三

简四·二九三云："东溪丘男子王吉，佃田二町，凡七亩，皆二年常限。（下删）"

按：《说文·口部》："吉，善也。从士、口。居质切。"《玉篇·木部》："吉，居一切。《说文》云：善也。《周书》曰：吉人为善。"士：《说文·木部》："士，事也。数始于一，终于十。从一从十。孔子曰：'推十合一为士。'凡士之属皆从士。钮里切。"土：《说文·木部》："土，地之吐生物者也。二象地之下、地之中，物出形也。凡土之属皆从土。它鲁切。"两个构件在读音、意义上风马牛不相及，但由于形近而造成混淆。

5. 白→日

皆—皆 五·五八六

简五·五八六云："仓丘男子谢汉，佃十二町，凡廿三亩，皆二年常限。（下删）"

按：《说文·白部》："皆，俱词也。从比从白。古谐切。"白：《说文·白部》："白，西方色也。阴用事，物色白。从入合二。二，阴数。凡白之属皆从白。"日：《说文·日部》："日，实也。太阳之精不亏。从口一。象形。凡日之属皆从日。人质切。"构件"白"和"日"，因形近而产生异体字"皆"。

6. 力→刀

男—男 四·四三八

简四·四三八云："绪中丘男子原还，佃田十一町，凡卅三亩，皆二年常限。（下删）"

按：《说文·男部》："男，丈夫也。从田从力。言男用力于田也。凡男之属皆从男。那含切。"力：《说文·力部》："力，筋也。象人筋之形。治功曰力，能圉大灾。凡力之属皆从力。林直切。"篆文为"力"。刀：《说文·刀部》："刀，兵也。象形。凡刀之属皆从刀。都牢切。"篆文为"刀"。"力"与"刀"无论是小篆还是楷书字形都很相似，故容易产生混淆。

7. 禾→彳

穙—穙 竹·二一零二

简竹·二一零二云："入黄龙元年张穙田税米十一斛五斗"

按：《玉篇·禾部》："稪，方木切。又音复。"復：《说文·彳部》："復，往来也。从彳复声。房六切。"可见，"稪"与"復"是通假字，也是异体字。

8. 日→目
明—⿱日目　竹·一五六二

简竹·一五六二云："九日尽丘区明付车吏殷连受"

按：《说文·朙部》："朙，照也。从月从囧。凡朙之属皆从朙。武兵切。古文朙从日。"《玉篇·明部》："麋兵切。察也，清也，审也，发也。朙，古文。"明：《玉篇·目部》："明，莫兵切。视也。""明"和"⿱日目"意义相近，又"日"、"囧"与"目"写法也相似，故"⿱日目"被用作"明"的异体字。

9. 各→右/石
按：在小篆中，"各"写成"𠀠"，"右"写成"𠂇"，"石"写成"𠂆"。各：《说文·口部》："各，异辞也。从口、夊。夊者，有行而止之，不相听也。古洛切。"《说文·口部》："右，助也。从口从又。于救切。"《说文·石部》："石，山石也。在厂之下；口，象形。凡石之属皆从石。常只切。"三个字无论篆文还是楷书都颇有些相似之处，尽管读音、意义各自不同，但还是在组成他字的构件中造成混淆。走马楼吴简中的例子如下：

落—𦳋　四·四七四

简四·四七四云："刘里丘男子殷落，佃田卅五町，凡六十二亩。（下删）"

按：《说文·艸部》："落，凡艸曰零，木曰落。从艸洛声。卢各切。"

阁—閤　竹·三零四七

简竹·三零四七云："其廿斛民入付州中仓关𡏳阁李嵩吏黄讳潘虑受□中"

按：《说文·门部》："阁，所以止扉也。从门各声。古洛切。"

10. 㐺→水
眾—𠨧　五·二零三

简五·二零三云："石下丘男子烝众，佃田四町，凡五亩一百七十步，皆二年常限。（下删）"

按：构件"㐺"和"水"形近，因此造成混同，使"𠨧"成为"眾"的异体字。《说文·㐺部》："眾，多也。从㐺、目，众意。之仲切。"㐺：《说文·㐺部》："㐺，众立也。从三人。凡㐺之属皆从㐺。读若钦崟。"《玉篇·㐺部》："㐺，牛林切，又丘林切。众也。"

11. 它→宅
沱—㝹　五·八一九

简五·八一九云："沱丘男子黄利，佃田二町，凡四亩一百廿步，皆二年常限。（下删）"

按：构件"它"与"宅"形近，而造成"沱"字异写成"㝹"。沱：《说文·水部》："沱，江别流也。出崏山东，别为沱。从水它声。臣铉等曰：沱沼之沱，通用此字。今别作池，非是。徒何切。"宅：《说文·宀部》："宅，所托也。从宀乇声。场伯切。"

总之，走马楼吴简文字的一个很大的特点就是构件混淆，究其原因有二：书写原因和材质原因。书写上求简易是造成构件混淆的主要原因，汉字发展到隶书阶段，书写线条趋向平直化，平直的线条使书写者更易求快、求简，最终导致形近的构件产生混淆；就材质方面而言，毛笔的柔软加之竹木的平滑，使字体产生勾连，勾连间笔画的轻重最终也就演变成形近构件混淆。

【参考文献】
[1] [汉]许慎注，[宋]徐铉校定. 说文解字[M]. 北京：中华书局，1963.
[2] 汉语大字典编辑委员会. 汉语大字典（缩印本）[M]. 武汉：湖北辞书出版社；成都：四川辞书出版社，1990.
[3] 李运富. 楚国简帛文字系统研究[M]，长沙：岳麓书社，1997.
[4] 中国文字研究与应用中心. 走马楼吴简文献语料库[DB]，2006.

Illustrate of the Components Confusion Phenomena in Zoumalou WuJian

Zheng Bei

(Center for the Study of Chinese Characters and Their Applications, ECNU, Shanghai 200062, China)

Abstract: This essay will be aimed at the confusion phenomena of the components of Zoumalou wujian. In order to explain it clearly in this essay, it will be divided into 12 species to conclude and illustrate. At the same time, the reason of the wujian's forming will be analysed. The the exploration will help the development of the character in the period also help to summarize the evolvement and continuing of Chinese characters.

Key Words: Zoumalou wu jian; components; confusion.

(上接第 277 页)

The Variant-writing Models of Standard Scripts among Stele Inscription in Tai-he Period of Beiwei Dynasty

Li Taotao

(Center for the Study of Chinese Characters and Their applications, East China Normal University, Shanghai 200062, China)

Abstract: The paper give five variant-writing models: the change of space relations of strokes, the addition and abstraction of strokes, the connetion of strokes, the replacement of strokes and the position changes of strokes. These models play an important part in the development of standard scripts.

Key Words: variant characters of standard scripts; variant-writing models; stroke

北魏太和年间碑刻楷书异体字异写模式初探

李涛涛

【摘　要】 在对北魏太和年间碑刻楷书用字进行整理的基础上，将其中的异写字与《玉篇》字头相对照，通过对各组字的区别特征进行对比，总结出空间关系变化、增省、粘连、替代、易位等五种异写模式。

【关键词】 楷书异体字；异写模式；笔画

异写是指异体字之间在笔画层面上的差异。与异构相比，文字学界对异写关注较少。很多学者只是在讨论异体字时对异写稍稍提及而已，并未作深入的分析，认为异写只发生在笔画层面，没有构成构件层面上的差别，对异体字的整理没有太大意义，因此不作为异体字研究的重点。笔者认为笔画是汉字的基本组成单位，笔画写法的不同势必会对文字形体的发展产生影响，尤其是在一种字体由产生走向成熟的时期，异写对字形的定型起着非常重要的作用。魏晋南北朝时期是汉字从隶书向楷书转变并逐步定型的重要时期，由于楷书还处于发展过程中，没有一定的规范，这一时期出现了大量的异构字和异写字。这些异构字和异写字对后来文字的发展产生了重要影响。公元477年到公元499年的北魏太和年间正处于魏晋南北朝的中后期。这一时期楷书字形在激烈变化中趋于定型和成熟，而且出土的此时期的碑刻实物较多，语料较为丰富。本文以华东师范大学中国文字研究与应用中心开发的魏晋南北朝石刻用字语料库为基础，截取北魏太和年间的石刻用字加以整理，从中筛选出在笔画层面发生变异的字样，并将这些字样与《宋本玉篇》中的字头相对照，通过对各组字的区别特征进行对比和归纳，试图就碑刻楷书异体字的异写模式作初步探索。

异写模式是指异写发生的方式和途径。魏晋南北朝石刻用字语料库收录北魏太和年间的碑文11篇，共有汉字字样5525个。将这些字样去重以后与《宋本玉篇》的对应字头相对比，从中发现与《宋本玉篇》字头职能相同而在笔画层面存在差异的异写字195个。将这些异写字笔画差异进行对比和总结，我们认为异写字的异写模式至少有以下五种：

（一）笔画之间空间关系的变化。笔画之间的空间关系主要有三种：相离关系、相接关系、相交关系。异写字笔画变异有时会体现在空间关系的变化上。北魏太和年间碑刻楷书异写字笔画之间空间关系的变化主要是由相接关系向相交关系转变。如：

《附表》碑刻字（1）、（2）、（3）、（4）、（5）。（1）"余"构件竖钩笔画与横画的空间关系由相接变为相交。（2）"刀"构件撇笔与折笔的空间关系由相接变为相交。（3）"矢"构件在省撇后，其撇画与该构件上一横画的空间关系由相离变为相接。（4）撇画与三横、（5）右上横画与竖画之间的空间关系也是由相接变为相交。

空间关系的变化说明，在楷书还未完全定型的魏晋南北朝时期，笔画与笔画的空间关系是不固定的，仍在调整过程中。这种调整将使楷书汉字的间架结构更趋于合理。

（二）笔画的增省。笔画的增省指的是在原字的基础上增加或减少一些笔画，主要的趋势是省减笔画。这与汉字字形去繁从简的整体发展趋势是一致的。如：

《附表》碑刻字（6）、（7）、（8）、（9）、（10）。碑刻字（6）和（7）在原字的基础上增加了笔画。（6）在原字基础上增加了不具区别意义的两撇笔。（7）则增加了不具区别意义的一横笔和一撇笔。碑刻字（8）、（9）和（10）在原字的基础上省减了笔画。（8）"番"构件省去一撇。（9）"雨"构件省去两点。（10）"虫"

【基金项目】 教育部社科研究基金"魏晋南北朝汉字发展史"（项目编号：05JJD740009）。
【作者简介】 李涛涛，华东师范大学中国文字研究与应用中心2005级硕士生。（上海 200062）

构件省去一竖、一点。通过以上分析我们发现，笔画的增省造成的笔画差异一般不引起构件的实质性变化，增加或省减的笔画不具有区别不同构件的作用。但也有例外。此时期的"土"构件往往增加一点，以与字形相似的"士"构件相区别。

（三）笔画的粘连。笔画的粘连指书写过程中将两个或两个以上的笔画连为一笔。笔画的粘连主要发生在点和点之间，有时也发生在其他笔画之间。如：《附表》碑刻字（11）、（12）、（13）、（14）、（15）。（11）、（12）、（13）中发生的都是两点之间的粘连，而（14）是"辶"构件中点和下面折笔的粘连，（15）则是点和"中"构件中一竖的粘连。

粘连的发生显然是楷书受此时期草书和行书影响的结果。笔画的粘连本来就是草书的一个重要特征。魏晋南北朝时期草书、行书、楷书并行发展，虽然楷书是这一时期的通用字体，但是还未最终定型。草书、行书对楷书字形方面的影响在这一时期尤其明显。

（四）笔画的替代。笔画的替代指的是为书写方便用一些简单笔画替代较复杂和难写的笔画。笔画的替代又分两种情况：

1. 单一笔画对单一笔画的替代。指的是不同笔形之间的替代。现代汉语将楷书笔形分为八类，即点、横、竖、撇、捺、提、折、钩。八种笔形中点最易写，书写时费时最少，然后是横、竖、撇，然后是捺、提，折、钩最难写，费时最多。笔画对笔画的替换一般是用较易写的、书写费时较少的笔画替代较难写的、书写费时较多的笔画，因此点画最经常被用来替代其他笔画，如《附表》碑刻字（16）、（17）、（18）、（19）。（16）构件"赤"中的撇笔和钩笔均被点画所替代。（17）"亢"构件下部撇笔被点画所替代，折笔则为捺笔所替代。（18）"系"构件上部折笔为撇笔所替代。（19）"巛"构件折笔为短竖所替代。

2. 单一笔画对构件或多个笔画的替代。指的是以一相对简单的笔画替代几个较为复杂的笔画或构件。如《附表》中碑刻字（20）、（21）、（22）、（23）、（24）、（25）。（20）用一笔写成的竖弯钩代替较复杂的"乞"构件。（21）"屯"构件用一横笔代替一折笔和一短竖。（22）将两笔的"刀"构件用一折笔代替。（23）"勾"构件中的"人"形笔画组被短横替代。（24）"勾"构件在（23）替代的基础上左下折笔被横笔替代且与钩笔相连。（25）"属"笔画多，且多点画和折笔，不易书写。碑刻字将"蜀"构件中复杂笔画用一组简单易写的横笔和竖笔代替，从而提高书写速度。

简单笔画对复杂笔画的替代简化了汉字的字形，提高了汉字的书写速度，但这种替代由于着眼于没有意义的笔画而非音义结合的构件，或多或少地使一些构件符号化，这些构件的表义或表音功能也随之减弱。

（五）笔画易位。笔画易位指的是笔画空间位置的变化。这类异写在北魏石刻中很少。如《附表》中碑刻字（26）、（27）、（28）。（26）、（28）两例都是点画位置发生了变化，（27）则是撇画位置的变化造成异写。

笔画的易位在五种异写模式中发生得最少，因为易位相比于其他四种异写模式来说不能起到简化汉字字形、提高书写速度的作用。这种易位是当时楷书尚未完全定型，社会缺乏文字使用规范，人们书写随意性的表现。

以上五种异写模式，为我们展示了异写不同于异构的汉字字形演化风貌。五种异写模式在太和年间的异写字中经常同时出现，共同作用，但分布并不均匀。就我们对太和年间的异写字所作的调查，90个字中出现替代模式，占总字量的48.7%；60个字中出现粘连模式，占总字量的30.7%；59个字中出现笔画增省模式中的省减模式，占总字量的30.2%。替代、粘连、省减模式是这一时期主要的异写模式。其他模式发生的频率相对较少。空间关系变化模式出现19次，笔画增加模式出现28次，易位模式出现3次，分别占总字量的9.7%、14.3%、1.5%，是次要的异写模式。替代、粘连、省减作为这一时期楷书主要的异写方式，与草书、行书的变异方式是一致的。刘延玲在她的《魏晋行书构形研究》中就认为"草书的主要变异方式是连、省、代"，而"行书基本以连代为主，简省、点代为辅"[①]。在五种异写模式的影响下，195个异写字中有161个字的异写造成的影响局限于构件内部，不构成构件层面上的实质性差异。另外34个字的异写造成构件层面上的混同，但混同后的构件与整字不存在构形理据上的联系。可见异写造成的差异主要局限

---

① 刘延玲：《魏晋行书构形研究》，第70页，上海教育出版社，2004年。

于构件内部的笔画层面,而非构件层面。至少在这195个字上面我们没有看到汉字从异写发展到异构的痕迹。

附表

碑刻字	字头	出处	年代	碑刻字	字头	出处	年代
(1) 餘	餘	元弼墓志盖	太和二十三年(499)	(15) 衷	衷	元桢墓志	太和二十年(496)
(2) 芬	芬	元彬墓志	太和二十三年(499)	(16) 赭	赭	韩显宗墓志铭	太和二十三年(499)
(3) 族	族	元弼墓志盖	太和二十三年(499)	(17) 荒	荒	谢伯违造像记	太和年间(477—499)
(4) 倉	倉	元彬墓志	太和二十三年(499)	(18) 縣	縣	元简墓志残石	太和二十三年(499)
(5) 悼	悼	元彬墓志	太和二十三年(499)	(19) 雕	雕	韩显宗墓志铭	太和二十三年(499)
(6) 兔	兔	元彬墓志	太和二十三年(499)	(20) 乾	乾	元桢墓志	太和二十年(496)
(7) 展	展	崔承宗造像记	太和七年(483)	(21) 純	純	姚伯多供养碑之一	太和二十年(496)
(8) 蕃	蕃	元彬墓志	太和二十三年(499)	(22) 解	解	谢伯违造像记	太和年间(477—499)
(9) 霄	霄	元弼墓志盖	太和二十三年(499)	(23) 褐	褐	元弼墓志盖	太和二十三年(499)
(10) 雖	雖	韩显宗墓志铭	太和二十三年(499)	(24) 葛	葛	灵山寺塔下铭	太和元年(477)
(11) 怛	怛	姚伯多供养碑之二	太和二十年(496)	(25) 屬	屬	灵山寺塔下铭	太和元年(477)
(12) 錫	錫	韩显宗墓志铭	太和二十三年(499)	(26) 城	城	僧晕造像记	太和十六年(492)
(13) 晦	晦	元桢墓志	太和二十年(496)	(27) 紛	紛	元弼墓志盖	太和二十三年(499)
(14) 達	達	谢伯违造像记	太和年间(477—499)	(28) 茂	茂	灵山寺塔下铭	太和元年(477)

【参考文献】

[1] [汉]许慎著,[宋]徐铉校定. 说文解字[M]. 北京:中华书局,1963.
[2] [梁]顾野王. 宋本玉篇[M]. 北京:中国书店,1983.
[3] 王 宁. 汉字构形学讲座[M]. 上海:上海教育出版社,2002.
[4] 邵敬敏. 现代汉语通论[M]. 上海:上海教育出版社,2001.
[5] 北京图书馆金石组. 中国历代石刻拓本汇编[G]. 郑州:中州古籍出版社,1997.
[6] 刘延玲. 魏晋行书构形研究[M]. 上海:上海教育出版社,2004.
[7] 华东师范大学中国文字研究与应用中心. 魏晋南北朝石刻语料库[DB],2006.
[8] 华东师范大学中国文字研究与应用中心. 说文解字、玉篇、篆隶万象名义联合检索系统[DB],2003.

(下转第274页)

韩中词汇比较研究现状简述

[韩国] 元镐永

【摘　要】 本文主要介绍在韩国进行的韩中词汇研究及成果。从研究成果来看，初期主要是概括性研究。在此之后对研究对象和范围加以限定，进行更深刻的研究。现在又从新的角度进行研究。譬如，韩中词汇的异质化研究、词汇构造对比研究，此外还有因教学实践等特殊目的而进行的研究等。

【关键词】 中文；韩文；汉字；词汇比较

一、汉字的传入和发展

韩国地理位置上与中国毗邻，所以很早就引进汉字，将其作为重要的交流工具，开始了有文字的历史。对于汉字是哪个时期传入朝鲜半岛的并没有明确的记录，但估计是自汉武帝打败古朝鲜，设立汉四郡时期（前108）开始的，高句丽小兽林王二年（312）已建立了太学和扃堂[①]，开始教授汉字。由此可见当时汉字已经实用化。当时韩国没有本国的文字，所以汉字了无障碍地进入了朝鲜半岛。接下来就开始了言语和文字不同的所谓双重语言使用（bilingualism）的非正常的语言生活。进入新罗时代，成立了国学[②]，教授《周易》、《尚书》、《毛诗》、《论语》等汉学典籍，把行政单位名称和官职名称改为汉字，大大地促进了汉字的普及。中国文化最盛行的高丽时代，文学（又称"汉文学"）和哲学（性理学）的发达以及佛教的繁荣所引起的汉字实用化，比任何时期在本质上都更为深刻、更加普遍。这时期文化方面、学术方面的概念语全部用汉字重新命名，并压倒了韩国固有口语。甚至朝鲜世宗二十五年（1443）发明了韩文（当时称为"训民正音"）以后，汉字的实用化、普遍化依然如故。所以汉字语[③]通过韩汉文混用的文件、各种翻译文大量地产生，并渐渐代替了韩国固有语。而且由于朝日战争（1592）和朝清战争（1636），明军、清军进入朝鲜半岛，使朝鲜半岛有了对中国语的直接接触。在这个过程中白话文词汇大量地流入。汉字爆发性增长的时期是19世纪末，这时期表达西方文物和概念的新词汇通过中国和日本的翻译文章进入朝鲜，特别是在日本殖民地时期，日本式汉字词汇开始取代中国的汉字词汇。

二、韩中词汇比较研究主要论文与研究成果

现在韩国人的词汇系统是固有语（纯韩国语词汇）、汉字语[④]（来自中国语可使用汉字的词汇）、外来语，还有与汉字有关的混合语（来自不同的语言的要素结合在一起形成的词汇）。据《标准国语词典》（1999）统计资料可以看出，在韩国语的词汇中汉字语占57.12%，在韩国语词汇中占最大比率。考虑到存在着与汉字有关的混合语，韩国语词汇中与汉字有关的词汇几乎占了70%。虽然在语言系统上韩语和中国语不同，但是研究韩中词汇比较的理由正在于此。以前在韩国关于汉字语的比较研究的主流是日语与韩国语的比较，韩中建交（1992）以后，韩中词汇比较研究正积极地展开。到现在这方面的主要论文与研究成果如下：

【作者简介】 元镐永，韩国釜山人，华东师范大学中国语言文学系2002级中国语言文字学博士研究生。
① 高句丽的国立、私立教育结构。
② 新罗的国立教育结构。
③ 来自汉语的词汇称为"汉字语"，此"汉字语"的"语"是"词"的概念。
④ "固有语、汉字语"的"语"是"词"的概念。

首先，1977 年发表了成元庆的《韩、中两国现用的词汇比较考——以中国语的特殊词汇为中心》，论文把韩中两国词汇关系分为五种：（1）由中国古代汉语中来的韩国汉字语现在在中国不仅不使用，而且被当作外来语；（2）汉字的写法完全相同，但所表示的意思完全不同；（3）由于两国的生活方式和习惯不同造成的新词汇或不同表现方式、不同含义的词汇；（4）韩国汉字语跟汉语倒置的词汇；（5）成语中有差异的词汇。其中（3）是在韩中两国语言沟通中造成障碍的根本原因，在这篇论文中把它称为中国语的特殊词汇。

还有 1987 年郑崇义发表的《韩、中词汇变迁比较研究》，讨论了韩中词汇的变迁过程与使用现状，特别是集中讨论了两个字的汉字语与四个字的成语。韩中词汇中许多同形异义词与异形同义词造成了韩中两国人沟通的障碍，更进一步说，同形异义词的意义扩大、缩小、转移显示出多样化的差异，韩国词汇中独创的汉字语与日语中采用的汉字语表现为中国语的异形同义词。本文还整理了韩中词汇的同素反序词的现象，提出了同义反序和异义反序的概念。

1993 年黄慈仁在韩国全北大学《言学》期刊发表的论文《韩、中、日同形词汇对照义》里，主要说明了韩国语、日语里的汉字语和中国语的使用情况，以及韩、中、日三国对同形词汇的对照意义。

1994 年王克全发表的论文《关于韩、中汉字语比较研究——以现代国语为中心》中，把小学教科书上的所有的汉字语作为讨论对象。作者从中国人的角度对韩中词汇的意思、词类、使用习惯等几个方面作了比较，主要议论了形态相同的两个字的汉字语的含义变化。他将研究对象先分为韩中两国使用几乎相同的词汇和韩中两国使用不同的词汇，再把后者分为 6 种：（1）韩国语中使用的意思比中国语宽广的；（2）韩国语中使用的意思比中国语狭窄的；（3）韩国语中使用范围宽广，但中国语中限定的；（4）韩国语中使用范围限定，但中国语中宽广的；（5）韩中意思中仅有一部分重复的；（6）韩中意思不同的。作者是台湾人，所以举例中有很多和现在普通话的意思不同的部分。

中国延边大学的李得春在 1994 年的论文《在韩国汉字语和中国语的对照里出现的构造、意义的差别》里，把韩国的汉字语和中国语分为广义上的两大类：意义上相同而构造上有差别的，以及构造上没有变化而意义上有变化的。第一类里包括汉字顺序的差别与音节数的差别。第二类适用于同形词，分为"同字同形同义"、"同字同形异义"、"同字同形部分异义"三部分。李得春的论文对韩中词汇进行了比较，使用了广义分类方法，但遗憾的是研究的对象范围不全面。

1996 年李长镐发表的论文《韩（汉字语为主）、中词汇对比研究》着眼于韩国语和中国语词汇使用上的差别开展比较研究。文章从不同方面作比较研究——同义异形词、同形异义词、类似形、序反词、转移、双音节化、外来语。其不足之处是比较分散。

1997 年林淑珠发表的《韩、中同形词汇的对照比较研究》，以研究韩国人学中国语时的注意点为目的，将《中韩词典》（1989）中两个字的词汇作为研究对象。其中韩中同形异义词按程度分为：（1）意思完全不同的；（2）中国语中的意思在韩国语中只在特定时相同的；（3）韩国语的意思在中国语中只在特定时相同的；（4）意义上有共同点，同时各有不同意思的。论文在韩中两国语言的对照比较中作了共时的研究。

1998 年崔金丹发表《现代中国语和现用韩国汉字语动词的对比研究——以韩国初等学校用汉字语的动词为对象》，特别将研究对象设为初等学校教育用汉字词汇，他注意到文章里最重要的是动词，把动词限定为研究的范围。他的分类是：（1）同形同素对等词；（2）异形不完全同素对等词；（3）逆顺同素对等词；（4）同形同素异义词，共四类。由于研究对象是初等学校教育用汉字词汇，且研究是在动词的框架内进行，所以没有进行全面研究。

1999 年庙春梅发表《韩国语素倒置汉字语的产生和意义》，着重对韩国汉字语的组词方法进行了讨论，说明了语素倒置产生的构造性变化、意思变化和这种语素倒置的汉字语的特征。最后一章是语素倒置汉字语和中国语的比较。虽然不是韩语和中国语一对一的比较，但是本文从语素倒置方面对汉字语的概念和构造及意思变化作了深刻的研究。

同年郑恩惠发表《韩、中词汇的异质化研究——以意思和形态为中心》，对汉字语的意思异质化和形态异质化有深入研究。特别值得重视的是文中探讨韩中词汇的异质化原因的部分，文章认为，意思异质化的原因有语言上、历史上、社会上、心理上、新的名词的必要性、外来语的影响、语言借用国的保守性等七个方面,并指出形态异质化的原因有汉字影响的消失、日本的影响和创造韩国古有汉字语等三种。

2001 年李海慈发表《韩国汉字语与中国语对照研究》,分别讨论了普通词汇、有相同的形但顺序互换的词汇、在韩语和中国语中使用的字数不同的同义词。比较普通词汇时,分三种情况:(1)字形、意思相同的同形同义词;(2)字形相同,但意思不同的同形异义词;(3)字形不同,但意思相同或相似的异形同义词。同形异义词再分为意思完全不同的和一部分意思不同的,如:(1)中国语的意思更多,使用范围也宽广的;(2)韩国语意思更多,使用范围也宽广的;(3)韩中有共同意思,但使用范围不同的。但文章没有表明作为调查对象的词汇的范围。

2002 年范琦慧发表的《韩、中同形词汇比较考察》,把研究对象的范围限定在韩中基础词汇上,以2000年制定的《韩民族语言情报化、南北韩语言比较词典》中选定的 10000 个词作为基本语料,选出其中 3901 个两个字的汉字语作为研究对象。资料收集及意义比较使用的词典是韩国的《新国语词典》(1998)、《标准国语词典》(1999),中国的《现代汉语词典》(1983)、《新华字典》(2001),此外参考了《中韩词典》(1989)、《词海》(1988)。同形词分为含义相同或相似的同形同义词和一部分或全部含义不同的同形异义词。同形同义词又分为两类:一个是概念性含义相同,又几乎所有文章里能直译的绝对同义词;另一个是概念性含义相同而个别文章里直译不通的相对同义词。同形异义词分为含义没有重复的完全异义词和含义不同但有共同部分的部分异义词。根据这种分类方法调查,3901 个汉字语中,同形词有 3326 个(85.26%),异形词有 575 个(14.74%)。同形词中同形同义词 2966 个(89.17%),其中绝对同义词 2860 个(85.98%),相对同义词 106 个(3.19%)。同形词中同形异义词 360 个(10.83%),其中完全异义词 100 个(3.01%),部分异义词 260 个(7.82%)。

2004 年高漱发表的《韩、中使用词汇的比较研究》,研究对象除了从《分等级(等级类)国语教育用词汇》的 8358 个词中选择两个字的词 2912 个以外,研究目的和比较方法没有太特别处,没有新的内容。

2002 年金泰淑发表的《现行汉语、汉文[①]课本的两个字词汇比较研究》是强调实用性的研究成果,这部著作进一步从比较的角度研究了韩国现用的汉语和汉文课本里的词汇。但汉文教科书的汉字语与现实生活中所使用的汉字语有一定的距离,此外她把研究范围局限于两个字的词汇。2005 年韩金子发表了《汉字语和中国语词汇比较与利用方案——以 7 次初中学汉文课本为中心》。这些研究是在特殊状况(为了了解韩国语里的汉字语而学习汉字)下,为了提高教育效果而进行的研究。

同年金贞恩发表的《韩、中单音节词汇对比研究——以意思为中心》也反映了当时的研究特点。

2004 年马淑红《韩国语和中国语的词汇、造词法对照研究》与以前研究的角度有所不同,她以字形的异同、意思的异同为重点,研究两国词汇是如何组成的,不是词的一对一或比较偏重理论性的研究成果。

2006 年蒋周和发表的《韩、中异形同义词的比较研究》一文在各方面都值得关注。首先作者把研究对象范围缩小为"异形同义词",研究很专业,且作者使用的词汇也是值得信任的,他使用了 2003 年发表的《韩国语学习用词汇选定结果报告书》里的词汇(该报告书是 2000—2002 年由国家主导开展的工作的结果)。作者从 5985 个词中选定了 842 个异形同义词使用在论文里。异形同义词的类型分为三种,标准是:(1)两国词汇的对应与否;(2)两国词汇的字数;(3)两国词汇根据字形的位置分类。在这基础上将其分为对应(对立)、非对应两大类,对应再分为同义、缩小、补充等三种。

上面整理了到现在为止发表的韩中词汇比较研究的成果。从以上研究成果看,初期是以概括性研究为主流,研究者有黄慈仁(1993)、王克全(1994)、李得春(1994)、李长镐(1996)等。初期阶段以后为限定研究对象和范围的更深的研究,研究者有林淑珠(1997)、崔金丹(1998)、庙春梅(1999)、范琦慧(2002)、高漱(2004)、金贞恩(2002)、蒋周和(2006)等。也有从与以前不同的角度进行研究的,如研究韩中词汇的异质及其原因、过程和状态的郑恩惠(1997),通过韩中词汇构造对比说明二者相似、差异的马淑红(2004)。除此以外还有以中国语学习和汉字教育为目的,为了教学方面特殊目的而进行研究的

---

① 学习汉字及用汉字文章(文言文)的初、高中课目。

金泰淑（2002）、韩金子（2005）。

考虑到在韩国语中汉字语占的比率（约70%），两字同形词汇当中同义词占的比率（85.98%），很容易明白韩国人在学习汉语过程中正确地了解汉字语是多么重要。虽然汉字传到韩国后经历了几次环境大变化，致使这过程当中一些汉字语与现在汉语意思不同，但很明显，韩中词汇比较研究不仅对韩国人学习汉语有帮助，而且可以帮助我们正确地理解韩语（汉字语），帮助我们更深地理解母语，所以此项研究具有重要的意义。

【参考文献】

[1] 成元庆. 韩、中两国现用的词汇比较考——以中国语的特殊词汇为中心：〔学位论文〕. 建国大学，1977.
[2] 郑崇义. 韩、中词汇变迁比较研究：〔硕士学位论文〕. 首尔大学校，1987.
[3] 黄慈仁. 韩、中、日同形词汇对照义. 韩国全北大学期刊《言学》，1993.
[4] 王克全. 关于韩、中汉字语比较研究——以现代国语为中心：〔硕士学位论文〕. 首尔大学校，1994.
[5] 李得春. 在韩国汉字语和中国语的对照里出现的构造、意义的差别. 延世大学校期刊《말》第19辑，1994.
[6] 李长镐. 韩（汉字语为主）、中词汇对比研究. 三六大学校论文集，1996.
[7] 林淑珠. 韩、中同形词汇的对照比较研究. 京畿大学校第50届校庆纪念论文集，1997.
[8] 崔金卉. 现代中国语和现用韩国汉字语动词的对比研究——以韩国初等学校用汉字语的动词为对象：〔硕士学位论文〕. 成均馆大学校，1998.
[9] 庙春梅. 韩国语素倒置汉字语的产生和意义：〔硕士学位论文〕. 高丽大学校，1999.
[10] 郑恩惠. 韩、中词汇的异质化研究——以意思和形态为中心：〔硕士学位论文〕. 梨花女子大学校教育研究院，1999.
[11] 李海慈. 韩国汉字语与中国语对照研究：〔硕士学位论文〕. 京畿大学校教育大学院，2001.
[12] 范琦慧. 韩、中同形词汇比较考察：〔硕士学位论文〕. 全南大学校，2002.
[13] 金泰淑. 现行汉语、汉文课本的两个字词汇比较研究：〔硕士学位论文〕. 京畿大学校，2002.
[14] 金贞恩. 韩、中单音节词汇对比研究——以意思为中心：〔硕士学位论文〕. 成均馆大学校，2002.
[15] 高　漱. 韩、中使用词汇的比较研究：〔硕士学位论文〕. 忠南大学校，2004.
[16] 马淑红. 韩国语和中国语的词汇、造词法对照研究：〔硕士学位论文〕. 祥明大学校，2004.
[17] 韩金子. 汉字语和中国语词汇比较与利用方案——以7次初中学汉文课本为中心：〔硕士学位论文〕. 江源大学校教育大学院，2005.
[18] 蒋周和. 韩、中异形同义词的比较研究：〔硕士学位论文〕. 中央大学校，2006.

Brief Introduction of the State of Comparative Study on Lexicon of Korean and Chinese

Yuan Haoyong

Abstract: This article introduces the status of comparative study on lexicon of Korean and Chinese and its main achievements. In the early period, the study was mainly general. And then there were deeper studies in restricted ranges. Presently there are also studies in new perspectives, such as the heterogeneous study and the contrastive study on formation of words. Besides, there are studies in particular purpose of teaching practice.

Key Words: Chinese; Korean; Chinese characters; Comparative study on lexicon

中国文字研究与应用中心承担的部分重要科研项目

序号	项目名称	负责人	项目来源	批准日期
1	出土古文字与古文献语料库	臧克和	教育部人文社会科学跨世纪优秀人才培养计划基金项目	2001.12
2	《说文》、原本《玉篇》和《篆隶万象名义》比较研究	臧克和	教育部人文社科重点研究基地重大项目	2001.12
3	东汉时期用字调查	徐莉莉	教育部人文社科重点研究基地重大项目	2001.12
4	出土古文字电脑全息检索系统	刘志基	教育部人文社科重点研究基地重大项目	2001.8
5	楚简集释长编	詹鄞鑫	教育部人文社科重点研究基地重大项目	2001.8
6	古汉字与其他民族古文字同义比较研究	王元鹿	教育部人文社科重点研究基地重大项目	2002.12
7	古文字考释研究集成电子资料库	王文耀	教育部人文社科重点研究基地重大项目	2002.12
8	甲骨文资料库	高岛谦一	教育部资助聘请外国专家重点项目	2002.12
9	汉字笔画规范	徐莉莉	国家语委科研规划领导小组	2002.11
10	从西周金文与《说文》中的祭祀用字看中国古代的宗教形态	王平	德国科学研究联合会（DFG）	2003.12
11	对外汉字教学策略研究	张德劭	国家社科基金项目	2004.3
12	基于标准数字化平台的古文字发展史定量研究	刘志基	国家社科基金项目	2005.5
13	古文字属性库及先秦汉字发展定量研究	刘志基	教育部人文社科重点研究基地重大项目	2005.6
14	魏晋南北朝汉字发展史研究	王平	教育部人文社科重点研究基地重大项目	2005.6
15	唐宋字书收字时间层次研究	臧克和	教育部人文社科重点研究基地重大项目	2005.12
16	近十年来出土古文字集释电子资源库	董莲池	教育部人文社科重点研究基地重大项目	2005.12
17	中国文字数字化工程——中文信息化补缺建设	王元鹿	上海市哲社规划重大项目	2006.1
18	简帛文字与方技祭祀	臧克和	德国科学研究联合会（DFG）	2006.10
19	两周出土文献"语义知识网络"建设	张再兴	教育部人文社科重点研究基地重大项目	2006.12
20	基于语料库的先秦两汉出土文献句法发展研究	潘玉坤	教育部人文社科重点研究基地重大项目	2006.12

《中国文字研究》启事

1. 《中国文字研究》由中华人民共和国教育部主管，教育部人文社会科学重点研究基地华东师范大学中国文字研究与应用中心主办。作为中心的专业学术集刊，《中国文字研究》严格遵循教育部关于重点研究基地创办学术刊物规定的原则。

2. 《中国文字研究》以为文字学及相关领域研究者提供良好服务为己任，及时发布海内外学人的重要研究成果，建立高水平学术交流平台，以此推动中国文字本体研究和跨学科研究的繁荣发展。

3. 为了及时充分反映文字学及相关领域的最新研究成果，《中国文字研究》从 2007 年开始改为一年两辑。主要栏目包括：古文字研究、中古汉字研究、现代汉字研究、汉字数字化研究、汉字规范与应用研究、文字理论研究、古代语言研究、少数民族文字研究、海外文字研究、对外汉字汉语教学研究。其中"汉字规范与应用研究"专栏由华东师大校语委主办。竭诚欢迎投稿。

4. 稿件格式

△页面设置：页边距，上下 2.54 厘米，左右 2 厘米；文档网格，45 字符／行，43 行／页

△标题，宋体小二；副题，宋体小四

△作者姓名，楷体小四，上下各空一行

△［摘要］［关键词］，黑体小五；具体内容，仿宋小五；摘要一般在 200 字以内，关键词 3—6 个；关键词与正文之间空一行

△正文，宋体五号；小标题，黑体四号，间距为段前、段后各 0.5 行；成段引文，楷体五号

△［基金项目］（如有）［作者简介］，黑体小五；具体内容仿宋小五；作者简介一般含工作单位、职称、研究方向等

△注释采用脚注形式，每页自动编号，号码格式①②③，文字宋体小五

△正文下接参考文献空两行，下接英译空三行

△［参考文献］（如有），黑体小五；号码格式 [1] [2] [3]，具体内容仿宋小五；行距，固定值 14 磅

△参考文献与英译之间空三行，英文字体 Times New Roman

△英文题名、作者姓名，小四加粗；英文作者单位、摘要、关键词均用五号，其中 Abstract、Key Words 加粗；行距，固定值 14 磅

△凡电脑不能显示的古文字、难字、僻字，均做成 jpg 格式的图片插入，要求图片清晰，大小高低适中，字体与前后文一致，能够直接排印

5. 来稿通过电子邮件发送 word 文本，同时须寄送纸质文本（以纸质文本为准）。务请随文提供详细联系方式。

6. 《中国文字研究》实行匿名审稿制。请将有关作者姓名、工作单位、通信地址等背景数据另页单独填写。审稿处理意见一般有如下三种：（1）全文发表；（2）修改发表；（3）不宜发表。

7. 编辑部地址：

200062 中国上海市中山北路 3663 号（校内理科大楼 A 楼 213 室）

华东师范大学中国文字研究与应用中心

电话：021-62232050

传真：021-62232050

网址：www.wenzi.cn

电子邮箱：zgwzyjsh@sina.com